深圳律师实务丛书

The Review of Shenzhen Lawyers' Affairs

深圳律师实务丛书

The Review of Shenzhen Lawyers'Affairs

坚持信念　精通法律

维护正义　恪守诚信

深圳律师实务丛书

# 滥用市场支配地位之反垄断法反制实务

Anti Monopoly
Law Against Market Dominance

冯　江／主编

法律出版社
LAW PRESS·CHINA

深圳律师实务丛书

# 本册编委会

主　编　冯　江

副主编　徐孟君　潘献民　尹公辉　李琼英

编　委　韩东辉　张　伟　刘有名　李晓宁
彭俊清　肖喜梅　袁海雄　庄健龙
孟淑玲　孙明婵　蔡梦芳　许　露
戴丽芩　尤双双　周晓鸿　袁　清
陈　娴　倪　芳

# 总　序

随着移动互联、万物互联时代的到来，法律服务行业的发展出现了更多的机遇和挑战，这也意味着，这个时代对法律服务的效率和质量提出了更高要求。法律服务的效率和质量问题，说到底是法律服务领域供给侧改革的问题，供给侧改革与创新将成为破解当前律师行业发展“瓶颈”的重要路径选择。

我注意到，深圳市律师协会九届理事会明确回归和聚焦律师专业化建设，着力供给侧改革与创新，并在统筹规划专业委员会的定位和职责、组织引导律师著书立说等方面做了许多实实在在的工作。目前，深圳律师在专业学习、专业研究和专业成果转化等方面已经卓有成就。在短短两年多的时间里，深圳市律师协会已经出版各类律师著作近二十部，部分专著再版，部分作者被邀请参与全国性的专业会议，可以说受到了业界广泛关注和高度肯定。深圳律师的专业化建设大大激发了深圳律师行业发展的内生动力。在此，我要对深圳市律师协会在行业发展和专业化建设中所发挥的积极作用点一个大大的“赞”。

律师的专业化既是社会分工的必然，也是法律服务业纵深发展的必然。律师当以专业为本，当以服务立命。深圳律师应当以追求极致的匠人精神夯实专业基础，从而以专业化的服务满足客户多样化、个性化、精细化的需求。只有这样孜孜不倦的追求，我们深圳律师才有可能在厚重积蓄后，形成并爆发出强大的发展后劲。

深圳律师是全国律师改革和创新的先行先试者，尤其是在房地产、金融证券、知识产权、国际贸易、法治政府等专业法律服务领域做出了许多开创性的贡献。2016 年 11 月 24 日,深圳执业律师人数突破万人大关,整个行业的后续发展任重而道远。

从供给侧改革与创新的角度,深圳律师业需要继续加强法律服务需求端研发,努力推出更贴近各类主体需求的法律服务产品;需要继续加快专家型律师、领军型律师的培养,努力形成完备的法律服务人才结构;需要继续拓宽专业服务领域和行业发展路径,努力精准对接日新月异的经济社会发展的方方面面。如此,深圳律师才能呈现与深圳这座城市相匹配的活力与影响力,深圳才有望成长为中国南方实至名归的法律服务高地。

“骐骥一跃,不能十步;驽马十驾,功在不舍。”深圳律师业的光荣与梦想,离不开我们大家持之以恒的坚守和实践,更有赖于我们大家继续为之奋斗、艰苦奋斗、长期艰苦奋斗……

是为序。

**蒋溪林**

**深圳市司法局局长**

**二〇一六年十一月二十六日**

# 专业引领发展　积淀成就未来

专业化是律师行业发展的必然趋势之一。在互联网大数据、人工智能快速发展和社会分工不断细化的社会背景下，面对日趋激烈的竞争环境和不断更新的法律服务需求，专业化对律师们而言，不仅是发展问题，也是生存问题。

“君子务本，本立而道生。”专业是律师的立身之本，专业律师的成长离不开律师、律所及行业层面的共同努力。对于律师个人而言，不仅需要其在对基本业务领域通晓的基础上找准与自身能力、兴趣以及市场需求相结合的精准定位，做出适合自己的专业选择，也需要律师在做出选择之后有壮士断腕般舍弃其他案件的决心，以及甘于寂寞、潜心钻研、持之以恒的匠人精神。对于律所而言，需要其有相应的团队协作氛围、合理的人才培养及激励体制、科学的业务调配机制、强有力的组织形式和执行机构。而对于协会而言，就需要加大投入，为律师的专业化发展提供支持和保障，搭建交流合作平台，鼓励律师、律所朝向专业化发展。同时，加强与社会各界的交流联系，开拓专业领域，注重法律需求的引导和法律服务市场的培育，为专业律师发展营造良好的外部环境。

深圳律协资助会员出版实务专著的初衷，就在于倡导律师专业化发展，引导深圳律师和律师事务所不断做精、做强；也希冀能借此推出行业专业领军人物，在全国专业化发展的浪潮中树立一批深圳律师的专业品牌。2012年至今，协会资助会员出版实务专著的工作已连续开展六年，累计出版律师实务专著二十余本，涵盖建设工程、婚姻家事、刑事、知识产权、投融资、劳动关系等多个专业领域；举办律师专著出版交流论坛两次，邀请律师作者、专业审稿人、出版社编辑三方人员共同探讨如何将律师丰富的实务经验和专业理念凝练成实务专著。这些工作的开展在调动深圳律师撰写专著积极性、提升深圳律师专著写作水准、提高深圳律师业内知名度和影响力等方面取得一定的成效。

“不积跬步,无以至千里;不积小流,无以成江海。”今后,深圳律协还将持续推动律师实务专著出版工作,引导深圳律师多总结、多思考、多研究,不断提升专业能力和专著水平;同时,还将在业内营造浓厚的专业研究和著书立说氛围,传承和发扬深圳精神,让深圳律师成为中国律师界一面亮丽的旗帜。

林昌炽

深圳市律师协会会长

二〇一八年六月

# 回归专业　崇尚专业

律师专业化不仅仅源于社会分工的细化和知识结构的复杂化，也因为法律事务在多样化前提下逐渐呈现专门性趋势，需要律师专业技能的精细化以提供有针对性的解决方案，通才式解决某类案件或法律事务越来越困难。当事人合法利益的最大化有赖于律师能够游刃有余地运用法律的精深技艺，给出更专业的答案。

不少律师不太愿意在当事人或者同行面前坦言自己不懂某专业，也不愿意在专业细分方面做出改变的努力，这不仅不利于其自身专业领域知名度的打造，也失去了律师走专业化发展方向的机会。我们要放弃那种“博”即“精品”的认识和做法，直面自己的专业定位，在律师服务市场激烈竞争中打“差异化”“专业化”这张牌，努力将自身打造成所在专业领域的“精品”。

我们提倡的回归专业、崇尚专业并不是一句口号，它张扬的是一种职业思想、观念和意识，同时也要落实为执业过程中的行为准则和价值坚守，在形成行业共识的基础上引领律师行业发展，达到更高的水平。摆在读者面前的这套《深圳律师实务丛书》就是我们落实回归专业和崇尚专业的例证，并借此向全行业传递崇尚专业的精神。

经验应该被总结和传承。因地缘和政策优势，深圳律师在房地产、融资、科技创新、海商、国际贸易、破产清算、劳动等法律事务方面有着丰富的专业经验。深圳律师协会组编这套丛书，体现深圳律师在部分领域的执业状况和专业技能，希望成为丰富律师专业化的重要素材，并作为专业化样本能够对律师专业化水平提高有所帮助。

是为序。

高　树

时任深圳市律师协会会长

二〇一六年三月

# 专业化是律师行业发展的支柱

中国的律师行业经过30年的恢复与发展，已经初具规模，但是，与现代发达国家的律师行业相比，我们仍然处于“初级阶段”，与国家政治、经济、文化发展不能匹配。将律师行业“做强、做大”仍是业内最强的呼声。个人理解“做强、做大”，无外乎专业化、规模化、规范化、品牌化建设，而其中专业化实乃律师行业发展的支柱。

按照现代广泛运用的利伯曼“专业化”标准的定义解释，所谓“专业”，就应当满足以下基本条件：一是范围明确，垄断地从事社会不可缺少的工作；二是运用高度的理智性技术；三是需要长期的专业教育；四是从事者个人、集体均具有广泛自律性；五是专业自律性范围内，直接负有作出判断、采取行为的责任；六是非营利性，以服务为动机；七是拥有应用方式具体化了的伦理纲领。

就律师行业而言，专业化应以专业律师为基础，即律师根据特长和优势，精通本专业的法律规定和法理精髓，专门或偏重某一项或某几项法律事务；律师专业化以专业化的律师事务所为标志，即律师事务所主要人员和业务是为某个或某几个法律服务领域提供专门法律服务，具有自己的专业品牌；律师专业化以实现全行业的专业化最终目标，即大多数执业律师符合律师的专业化，形成自觉学习、研究法学理论与律师实务的风气和专业习惯，大多数律师事务所具有鲜明的专业品牌。

律师要实现专业化，首先要专业明确，确定适合自己的法律服务领域，之后针对该法律服务领域进行长期的专业研修，在该法律服务领域有自己的实务和理论研究成果，最终拥有业内公认能熟悉处理法律服务领域问题的专业技能。当然,专业化也是一个“舍得”过程,选择专业化就意味着舍弃某些自己熟悉且收入颇丰的业务,甚至要忍受短期内业务量下降的痛苦。只有专注才有专业,如果不舍弃已拥有的某些业务,心不能专,则难以在专业领域获得成就。此外,在长期执业过程中加入或组建一个强大的专业律师团队,也是律师成就专业之路不可或缺的途径。

律师专业化是一项艰巨、复杂的系统工程,除了律所在中长期发展目标上确定专业化方向,为律师和律师团队提供专业发展环境之外,律师协会也应为律师行业的专业化分工和发展提供完善的制度保障和政策支持,并且应该加大对律师专业化的培训力度,为律师的专业化发展提供坚强的智力支撑。

资助会员出版实务专著是深圳律协确定的一项具体工作和一项智力工程,目的有两个:一个是倡导律师的专业化发展,引导深圳律师和律师事务所普遍走上专业发展的道路;另一个是推出行业专业领军人物,在全国专业化发展的浪潮中树立一批深圳律师专业品牌。

深圳律协将每年资助出版一批律师实务专著,期许借此倡导专业发展之路,弘扬专业研究之风,发出业界深圳之声,更期许借此涌现一批律师专业领军人物。

余俊福

时任深圳市律师协会会长

二〇一二年一月

# 序　言

目前，在滥用市场支配地位之反垄断法反制实务领域，律师著书立说者尚少。深圳市律师协会公平交易法律专业委员会主任、广东百利孚律师事务所主任冯江律师，在承办大量案件的同时，长期坚持研究反垄断法的理论和司法实践，寒窗灯下，笔耕不辍，十易其稿完成一本 36 万字的《滥用市场支配地位之反垄断法反制实务》专著，这是其多年的经验总结和研究成果。

本书紧密结合理论与实践需求，有针对性地阐明滥用市场支配地位之反垄断法反制实务问题，内容覆盖了市场支配地位概述、市场支配地位与相关市场的关系、滥用市场支配地位的认定和责任、滥用市场支配地位的特殊问题、滥用市场支配地位与其他垄断行为的关系、各国对滥用市场支配地位行为的反制、滥用市场支配地位案件的行政反制、滥用市场支配地位案件的民事诉讼反制。论述较为全面，其中对反垄断诉讼反制中的举证责任论述颇具特色。作者将美国反托拉斯法、欧盟竞争法与中国反垄断法相结合进行分析比较研究，凸显其理论功底。本书共收集反垄断案例 60 个，案例中有案情简介、评析、律师提示，突出了律师的忠告和警示。书中除了法律分析，还有经济分析、实证分析，丰富了分析框架。目前，国内尚缺乏全面深入论述滥用市场支配地位之反垄断法反制实务方面的著作，本书的出版在一定程度上填补了这方面的空白。

本书中个别问题在理论上与实践中还有提升空间，所提出的某些反垄断操作建议还有待实践检验。但是，本书对于推进中国滥用市场支配地位之反垄断法反制实务发展，规范市场支配地位企业的反垄断合规审查，都具有较高参考价值，也可供人民法院、反垄断执法机构、知识产权管理机构、大专院校、科研机构、企业、律师参考。作为反垄断学者，我为本书的面世感到由衷高兴，希望本书的出版能够促进业界对中国滥用市场支配地位之反垄断法反制实务更深入的研究。

是为序。

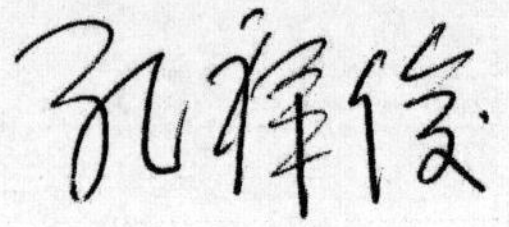

# 前　言

在新时代,中国市场经济蓬勃发展,方兴未艾。然而,有市场必然有垄断和不正当竞争。因各种原因,市场中涌现出一大批具有市场支配地位的经营者,这些经营者具有强大的市场力量,其种种举措背后都可能隐藏有影响竞争的动机。这些经营者只要有机会,就有可能谋划反对竞争者,吞噬其市场份额,这些行为有时会对市场竞争秩序、竞争者和消费者造成损害。这对我国反制滥用市场支配地位行为,保护市场竞争秩序提出了新的严峻的考验。

美国和欧盟的历史经验表明,某个国家的竞争政策对于市场的竞争政策宽严程度,往往会影响该国市场的发展与方向,足显其对经济基础的巨大反作用。竞争政策是以《反垄断法》为核心的一系列法律制度和行动措施的总和。竞争法,是指以商品交换中的竞争关系作为调整对象,以保护市场竞争为主旨,并以反垄断和反不正当竞争作为核心内容的各种法律规范的总和,广义的竞争法包括反垄断法和反不正当竞争法。

孟德斯鸠语:“一切被授予权力的人都容易滥用权力。”将这句话中的“权力”置换成“市场支配地位”也是成立的,因为市场支配地位也是一种强大的市场经济“权力”。滥用市场支配地位是《反垄断法》的三大支柱之一,也是较为复杂的一类垄断行为,存在许多理论和实践问题需要厘清。经营者拥有市场支配地位状态与实施滥用市场支配地位行为两者之间,好比是一枚硬币的两面,永远相伴相随,不仅要看到市场支配地位状态(硬币正面),还要看到滥用市场支配地位行为(硬币反面),从多次掷骰子的概率论分析,硬币正面与反面出现的概率是相同的。也就是说,既要保护市场支配地位状态,又要防止滥用市场支配地位行为,这样才符合辩证法。

“红尘俗世,莫不竞争。”古语曰:天下熙熙,皆为利来;天下攘攘,皆为利往。只要有利益的地方就会有冲突。因此,具有市场支配地位经营者的滥用行为,会对市场竞争者与消费者乃至市场竞争秩序造成损害,需要反垄断法加以反制。

在反垄断律师界,美国、欧盟等发达国家及国际组织已经有较高水准的律师队伍,美国律师协会已经设立了专业的反托拉斯分会,分会下设有克莱顿法委员会等组织。中国律师界反垄断专业高级人才资源匮乏,暂时难以与外国律师竞争。

据中国反垄断专家估计,20 年之内,中国反垄断法律服务市场需求将超过 20 亿美元,大有可为,值得关注。

早在 2004 年 1 月,笔者就建议并发起成立了深圳市律师协会反垄断反不正当竞争法律业务委员会(后更名为公平交易法律专业委员会),这是当年全国各地律师协会中最早成立的竞争法专业委员会,是开拓性的创新举措。后来,北京、上海等地律师协会也相继成立了竞争与反垄断专业委员会。多年来,本委员会荣幸地邀请到了原中国社科院法学研究所王晓晔研究员,国务院原反垄断委员会办公室主任、商务部反垄断局局长尚明博士、原最高法院民三庭(知识产权庭)庭长孔祥俊博士、对外经贸大学法学院黄勇教授、深圳大学法学院叶卫平教授等著名专家来深圳讲课。在经营者集中、滥用市场支配地位、垄断协议和滥用知识产权等领域,独立举办和参与各类业务培训研讨会 40 余次,累计参加人数 3000 余人。经过持续发展,如今,本委员会已经成为深圳律师在高端业务领域的一张“名片”,一大“亮点”。

2007 年 8 月 1 日,笔者在反垄断反不正当竞争律师网(www. ant – lawyer. com)上发表了《成立中国竞争法律师联盟倡议书》(见本书附件),建议在《反垄断法》实施之前,敏锐地把握先机,提前行动,搭建平台,联合建立中国竞争法律师事务所。2008 年 8 月 1 日《反垄断法》实施之后,主要从事反垄断业务的律师开始出现,为客户提供了专业的法律服务。但目前中国反垄断律师队伍人数少,市场份额小,参与的案件数量不够多,影响力有限。笔者呼吁中国反垄断律师树立信心,不甘落后,未雨绸缪,联合建立和培育自己的反垄断律师团队,发愤图强,迎头赶超国际先进水平,站稳中国反垄断法律服务市场阵地，展示中国反垄断律师的风采。

早在2016年5月7日、8日，笔者就参加了由北上广深四地律师协会在上海举办的首届"北上广深竞争与反垄断实务"论坛，并做了《经营者集中申报与审查》的讲演。2018年1月22日、23日，笔者参加了广东省律师协会与北上广深四地律师协会在广州举办的第二届"中国竞争与反垄断实务"论坛，做了《经营者集中反垄断审查律师实务》的讲演。2018年9月6日、7日，笔者参加了北上广深四地律师协会在北京举办的第三届"中国竞争与反垄断实务研讨会"论坛，做了《知识产权与滥用市场支配地位》的讲演。2019年10月24日至25日，第四届"中国竞争与反垄断实务"论坛在深圳举行，由深圳市律师协会联合广东省律师协会、北京市律师协会、上海市律师协会、广州市律师协会共同主办，深圳市律师协会公平交易法律专业委员会承办。笔者作为深圳市律师协会公平交易法律专业委员会主任，主要具体负责组织工作，并做了《算法合谋与行政执法》的讲演。

笔者为该届论坛设计了论坛议题，包括以公正监管促进公平竞争，近期价格监督和反不正当竞争执法通报，香港《竞争条例》实施三年回顾与展望，《反垄断法》实践面临数字经济的挑战，转售价格维持行为认定的反垄断分析方法，《反垄断法》前沿问题，数字经济中滥用市场支配地位的规制问题研究七个方面的主题演讲；行政垄断与公平竞争审查，算法合谋与行政执法，互联网不正当竞争的新发展，界定相关市场的新方法，互联网行业相关市场界定和反卡特尔政策，互联网行业的跨界竞争分析，粤港澳大湾区竞争执法实施协调问题，垄断纠纷原告举证责任若干问题，新形势下反垄断律师的机遇和困境，反垄断执法新规中的15个老问题等十个方面的专题演讲，以及反垄断行政执法的后继诉讼，创新、知识产权与《反垄断法》，企业经营合规与商业贿赂风险，仿冒与混淆，虚假宣传与商业诋毁，纵向垄断协议执法与司法审查标准的冲突与平衡，商业秘密侵权与诉讼七个主题的圆桌议题讨论。上述议题基本涵盖了中国竞争与反垄断的实务和热点问题。国家市场监督管理总局、广东省市场监督管理局和深圳市市场监督管理局的代表，国务院反垄断法委员会专家咨询组成员，来自全国各地高校、科研机构、律师事务所、企业的代表逾200人参加论坛，有40名嘉宾围绕上述议题做了演讲。

主持公平交易法律专业委员会工作期间，笔者萌发撰写竞争法实务专著系列丛书的愿望，经笔者发起，大家一致赞成继承历届公平交易法律专业委员会撰写专著的优良传统，届届相传。第一本书是笔者撰写的《中国企业并购的反垄断律师实务》，于2012年8月由法律出版社出版；第二本书是由笔者主编，公平交易法律专业委员会委员撰写的《中国网络市场之竞争法博弈》，于2015年3月由法律出版社出版；第三本书是笔者撰写的《中国知识产权滥用之反垄断反制实务》，于2018年1月由法律出版社出版；本书是第四本。笔者计划再撰写几本关于垄断协议、行政垄断等方面的专著，形成竞争法实务系列丛书。

本书从法律实务的角度对我国企业滥用市场支配地位之反垄断法反制的实务问题进行了全面深入研究，目的在于通过中外企业滥用市场支配地位之反垄断法案例的类型化比较研究，探寻如何在我国现有法律框架之下，对我国企业滥用市场支配地位进行反垄断法反制的实际操作问题。在分析范式上，采用美国、欧盟等国家和国际组织相关法律、条约与我国反垄断法相比较分析，并且增加了反垄断法的经济分析内容，提高了深度和广度。

本书共收集中外滥用市场支配地位典型案例60个（其中涉外案例29个），案例中有当事人，案情简介，法院审理、评析，律师提示等内容，突出了律师的忠告和警示。书后附件为《成立中国竞争法律师联盟倡议书》。

本专著凝结了深圳市律师协会公平交易法律专业委员会与广东百利孚律师事务所的智慧，也是笔者长期研究反垄断法和从事反垄断律师实务的经验总结。全书总体构思和各章架构由冯江负责，第一章由徐孟君、韩东辉撰写，第二章由冯江、肖喜梅、蔡梦芳、倪芳撰写，第三章由潘献民、张伟、尤双双撰写，第四章由冯江、彭俊清、袁海雄、周晓鸿撰写，第五章由冯江、刘有名、袁清撰写，第六章由冯江、尹公辉、孙明婵撰写，第七章由冯江、李晓宁、庄健龙、陈娴撰写，第八章由冯江、孟淑玲、李琼英、许露、戴丽芩撰写，冯江对全书做了审查、统稿和总纂。

目前，国内尚缺乏全面论述我国企业滥用市场支配地位之反垄断法反制实务方面的专著，本书的出版在一定程度上填补了这方面的空白。

本书的选题和框架针对反制滥用市场支配地位的前沿性需求，许多问题具有新颖性，甚至存在争议。加之时间较为仓促，水平有限，不足和疏漏之处在所难免，敬请各位读者不吝赐教。

书中的部分章节和案例，借鉴了相关学术文章的论述，列在参考文献之中，在此一并向相关作者致谢。

本书可供反垄断执法机构、人民法院、市场监督管理机关、大专院校、科研机构、企业、律师以及感兴趣的读者参考。

本书的出版发行得到了深圳市律师协会、法律出版社的大力支持，在此深表感谢。

主编 冯 江

# 摘 要

本书从法律实务的角度对我国企业滥用市场支配地位之反垄断法反制实务问题进行了全面深入讨论,目的在于通过中外滥用市场支配地位案例的类型化比较研究,探寻如何在我国现有法律框架之下,对企业滥用市场支配地位进行反垄断法反制的实际操作问题。

第一章论述滥用市场支配地位概述。包括市场支配地位的产生与利弊分析,滥用市场支配地位的概念,反制滥用市场支配地位应注意的几个问题。

第二章论述市场支配地位与相关市场。包括相关市场与市场支配地位的概述,论述了产品市场、地域市场和时间市场,网络相关市场界定的不确定性风险,技术市场与创新市场的概念,各国反垄断法关于相关市场的界定。

第三章论述滥用市场支配地位的认定和责任。讨论了滥用市场支配地位的分析原则,分析框架,认定市场支配地位的因素,测量市场支配地位的经济学方法,滥用市场支配地位的类型,滥用市场支配地位的法律责任。

第四章论述中国滥用市场支配地位的特殊问题。讨论了公用企业或其他依法具有独占地位经营者滥用市场支配地位问题,互联网经营者滥用市场支配地位问题,行业协会滥用市场支配地位问题,零售商对供应商的市场优势地位问题,跨国公司在中国市场滥用市场支配地位问题。

第五章论述滥用市场支配地位行为与其他垄断行为关系。包括滥用市场支配地位与经营者集中关系,滥用市场支配地位与垄断协议关系,滥用市场支配地位与滥用市场优势地位的关系,滥用市场支配地位与知识产权的关系。

第六章论述各国和国际组织对滥用市场支配地位行为的反垄断反制。包括美国反托拉斯法的演变,欧盟的行为主义立法,俄罗斯及部分转型经济国家对滥用市场支配地位行为的反制,日本对滥用市场支配地位行为和结构的双重禁止,澳大利亚和新西兰对滥用市场支配地位的反制,国际组织对滥用市场支配地位的反制,中国对滥用市场支配地位的反制。

第七章论述滥用市场支配地位行为的行政反制。讨论了中国的反垄断执法机构,行政法规对滥用市场支配地位行为的反制,滥用市场支配地位行为的行政责任。

第八章论述滥用市场支配地位案件的反垄断民事诉讼反制。讨论了滥用市场支配地位案件法院审理概况,滥用市场支配地位案件反垄断民事诉讼保全措施,反垄断民事诉讼主体,所涉合同的效力,民事损害赔偿和举证责任分配等问题。

本书共收录评析典型案例 60 个,其中涉外案例 29 个。书尾收录了参考文献,成立中国反垄断法律师联盟倡议书,案例索引,图表索引,反制滥用市场支配地位的常见法律、法规、规章、司法解释和规范性文件目录摘录。

# 本书部分法律法规名称、国际条约及其简称对照表

| | 全　称 | 简　称 |
|---|---|---|
| 中国法律法规 | 《中华人民共和国民法总则》 | 《民法总则》 |
| | 《中华人民共和国民法通则》 | 《民法通则》 |
| | 《中华人民共和国合同法》 | 《合同法》 |
| | 《中华人民共和国行政诉讼法》 | 《行政诉讼法》 |
| | 《中华人民共和国行政复议法》 | 《行政复议法》 |
| | 《中华人民共和国行政处罚法》 | 《行政处罚法》 |
| | 《中华人民共和国民事诉讼法》 | 《民事诉讼法》 |
| | 《中华人民共和国反垄断法》 | 《反垄断法》 |
| | 《中华人民共和国反不正当竞争法》 | 《反不正当竞争法》 |
| | 《中华人民共和国侵权责任法》 | 《侵权责任法》 |
| | 《中华人民共和国消费者权益保护法》 | 《消费者权益保护法》 |
| | 《中华人民共和国专利法》 | 《专利法》 |
| | 《中华人民共和国烟草专卖法》 | 《烟草专卖法》 |
| | 《中华人民共和国著作权法》 | 《著作权法》 |
| | 《中华人民共和国体育法》 | 《体育法》 |
| | 《中华人民共和国国家赔偿法》 | 《国家赔偿法》 |
| | 《中华人民共和国价格法》 | 《价格法》 |
| | 《中华人民共和国对外贸易法》 | 《对外贸易法》 |
| | 《中华人民共和国招标投标法》 | 《招标投标法》 |
| | 《中华人民共和国电力法》 | 《电力法》 |
| | 《中华人民共和国可再生能源法》 | 《可再生能源法》 |
| | 《中华人民共和国电信条例》 | 《电信条例》 |
| | 《中华人民共和国烟草专卖法实施条例》 | 《烟草专卖法实施条例》 |
| | 《中华人民共和国药品管理实施条例》 | 《药品管理实施条例》 |

续表

| | 全 称 | 简 称 |
|---|---|---|
| 中国司法解释及司法文件 | 《最高人民法院关于民事诉讼证据的若干规定》 | 《民事诉讼证据规定》 |
| | 《最高人民法院关于审理不正当竞争民事案件应用法律若干问题的解释》 | 《不正当竞争司法解释》 |
| | 《最高人民法院关于审理因垄断行为引发的民事纠纷案件应用法律若干问题的规定》 | 《垄断纠纷司法解释》 |
| | 《最高人民法院关于审理环境民事公益诉讼案件适用法律若干问题的解释》 | 《环境公益诉讼司法解释》 |
| | 《最高人民法院关于适用〈中华人民共和国民事诉讼法〉的解释》 | 《民事诉讼司法解释》 |
| | 《最高人民法院关于审理侵犯专利权纠纷案件应用法律若干问题的解释(二)》 | 《专利纠纷司法解释二》 |
| | 《最高人民法院印发关于适用〈中华人民共和国民事诉讼法〉若干问题的意见》 | 《民事诉讼法意见》 |
| | 《最高人民法院印发〈关于建立健全诉讼与非诉讼相衔接的矛盾纠纷解决机制的若干意见〉》 | 《建立健全诉讼与非诉讼相衔接的矛盾纠纷解决机制意见》 |
| | 《最高人民法院印发〈关于充分发挥知识产权审判职能作用推动社会主义文化大发展大繁荣和促进经济自主协调发展若干问题的意见〉的通知》 | 《发挥知产审判职能推动文化繁荣促进经济发展的意见》 |
| | 《最高人民法院关于认真学习和贯彻〈中华人民共和国反垄断法〉的通知》 | 《学习贯彻反垄断法的通知》 |
| | 《最高人民法院关于审理劳动争议案件适用法律若干问题的解释》 | 《审理劳动争议案件解释》 |

续表

| | 全　称 | 简　称 |
|---|---|---|
| 中国行政规章及规范性、指引性文件 | 《国务院反垄断委员会关于印发〈相关市场界定的指南〉的通知》 | 《相关市场界定指南》 |
| | 《国务院关于在市场体系建设中建立公平竞争审查制度的意见》 | 《建立公平竞争审查制度意见》 |
| | 《国务院关于禁止在市场经济活动中实行地区封锁的规定》 | 《禁止在市场经济活动中实行地区封锁的规定》 |
| | 《国务院关于整顿和规范市场经济秩序的决定》 | 《整顿和规范市场经济秩序的决定》 |
| | 《市场监督管理行政处罚程序暂行规定》 | 《市场监管处罚程序暂行规定》 |
| | 《市场监督管理行政处罚听证暂行办法》 | 《市场监管处罚听证暂行办法》 |
| | 《国家工商行政管理总局关于禁止滥用知识产权排除、限制竞争行为的规定》 | 《禁止滥用知识产权规定》 |
| | 《国家工商行政管理局关于禁止商业贿赂行为的暂行规定》 | 《禁止商业贿赂暂行规定》 |
| | 《国家工商行政管理局关于禁止公用企业限制竞争行为的若干规定》 | 《禁止公用企业限制竞争行为规定》 |
| | 《国家工商行政管理局关于如何认定其他依法具有独占地位的经营者问题的答复》 | 《认定其他具有独占地位经营者问题答复》 |
| | 《商务部、发展改革委、公安部等关于印发〈清理整顿大型零售企业向供应商违规收费工作方案〉的通知》 | 《清理整顿大型零售经营者违规收费工作方案》 |
| | 《中央社会治安综合治理委员会、最高人民检察院等关于印发〈关于深入推进矛盾纠纷大调解工作的指导意见〉的通知》 | 《推进矛盾纠纷大调解工作指导意见》 |
| | 《全国人民代表大会常务委员会关于加强网络信息保护的决定》 | 《网络信息保护决定》 |
| | 《商务部公告 2011 年第 55 号——商务部关于评估经营者集中竞争影响的暂行规定》 | 《评估经营者集中竞争影响暂行规定》 |
| | 《国家发展和改革委员会公告 2017 年第 6 号——行业协会价格行为指南》 | 《行业协会价格行为指南》 |

续表

| | 全 称 | 简 称 |
|---|---|---|
| 外国法律、国际条约及规范性、指引性文件 | 《欧洲经济共同体条约》(European Economic Community Treaty) | 《欧共体条约》 |
| | 《关于对各类纵向协议和协同行为适用〈欧盟运行条约〉第101条第(3)款的委员会第330/2010号条例(EU)》(Commission Regulation(EU) No. 330/2010 of 20 April2010 on the Application of Article 101(3) of the Treaty on the Functioning of the European Union to Categories of Vertical Agreements and Concerted Practices) | 《欧盟纵向限制集体豁免条例》 |
| | 《欧盟关于为欧洲共同体竞争法界定相关市场的委员会通知》(Commission Notice on the definition of the relevant market for the purposes of Community competition law) | 《关于为欧共体竞争法界定相关市场的通知》 |
| | 《欧盟纵向限制指南》(European Commission Guidelines on Vertical Restraints) | 《欧盟纵向限制指南》 |
| | 《适用〈欧共体条约〉第82条查处市场支配地位企业滥用排他行为的执法重点指南》(Guidelines on the commission's enforcement priorities in applying Article 82 of the EC Treaty to abusive exclusionary conduct by dominant undertakings) | 《欧盟滥用市场支配地位指南》 |
| | 《欧盟运行条约》(Treaty on the Functioning of the European Union) | 《欧盟运行条约》 |
| | 《联合国竞争法示范法》(Model Law on Competition) | 《竞争法示范法》 |
| | 《世界贸易组织与贸易有关的知识产权协定》(Agreement on Trade – Related Aspects of Intellectual Property Rights) | 《知识产权协定》 |
| | 《世界知识产权组织保护文学和艺术作品伯尔尼公约》(Berne Convention for the Protection of Literary and Artistic Works) | 《伯尔尼公约》 |
| | 《保护工业产权巴黎公约》(Paris Convention on the Protection of Industrial Property) | 《巴黎公约》 |
| | 英国《公平交易法》(Fair trade act) | 英国《公平交易法》 |

续表

| | 全　称 | 简　称 |
|---|---|---|
| | 英国《垄断法规》(The Statute of Monopplies) | 英国《垄断法规》 |
| | 英国《竞争法》(Competition Act) | 英国《竞争法》 |
| | 美国《斯姆特—霍利关税法》(The Smoot-Hawley Tariff Act) | 美国《关税法》 |
| | 美国《保护贸易和商业不受非法限制与垄断之害法》(An Act to Protect Trade and Commerce against Unlawful Restraints and Monopolies) | 美国《谢尔曼法》 |
| | 美国《联邦贸易委员会法》(Federal Trade Commission Act) | 美国《联邦贸易委员会法》 |
| | 美国《克莱顿反托拉斯法》(Clayton Act) | 美国《克莱顿法》 |
| | 《美国司法部与联邦贸易委员会横向并购指南》(Horizontal Merger Guidelines) | 美国《横向并购指南》 |
| | 美国《知识产权许可的反托拉斯指南》(Antitrust Guidelines for the Licensing of Intellectual Property) | 美国《知识产权许可的反托斯拉指南》 |
| | 美国《竞争者协同行为反托拉斯指南》(Antirust Guideline for Collaboration Among Competitors) | 美国《竞争者协同行为反托拉斯指南》 |
| | 德国《反对限制竞争法》(Gesetz Gegen Wettbewerbsbeschraenkungen) | 德国《反对限制竞争法》 |
| | 匈牙利《禁止不正当竞争法》(Law Against Unfair Competition) | 匈牙利《禁止不正当竞争法》 |
| | 澳大利亚《商业行为法》(Trade Practices Act) | 澳大利亚《商业行为法》 |
| | 俄罗斯《关于在商品市场中竞争和限制垄断活动的法律》(Competition Law and Restrictions on Monopolistic Activities in Commodity Markets Act) | 俄罗斯《关于在商品市场中竞争和限制垄断活动的法律》 |
| | 韩国《规制垄断与公平交易法》(Regulation of Monopolies and Fair Trade Act) | 韩国《规制垄断与公平交易法》 |
| | 新西兰《商业行为法》(Business Practices Act) | 新西兰《商业行为法》 |
| | 日本《禁止私人垄断及确保公正交易法》(Prohibition of Private Monopolies and Ensuring Fair Dealing Act) | 日本《禁止垄断法》 |

# 目　录

# 第一章 滥用市场支配地位概述

## 第一节 市场支配地位概述

### 一、市场支配地位的概念

市场支配地位，学界亦称作“控制市场地位”或是“市场控制地位”，其词源来自德国《反对限制竞争法》和《欧共同体条约》，而其他国家和地区在反垄断相关法律范畴中并不使用该术语，例如，美国的反托拉斯法[1]表述为“垄断力”；日本在其反垄断法律规范中称为“垄断状态”；我国台湾地区通过的“公平交易法”使用了“独占”；匈牙利的反垄断法律中则称为“占有经济优势”。尽管各国和地区在反垄断法中使用的称谓不同，但所代表的法律含义大致相同，均是指“一些企业享有的经济地位，这种地位使该企业的行为能在相当程度上独立于其竞争者以及客户，最终独立于消费者之外”。“在某个市场中一个或几个经营者所具有的在持续的一段时间内能营利性地将价格维持在竞争价格以上的能力。”“控制价格或排除竞争的能力。”中国借鉴德国的做法，也是使用“市场支配地位”这一术语，我国《反垄断法》第17条对市场支配地位的定义为：“是指经营者在相关市场内具有能够控制商品价格、数量或者其他交易条件，或者能够阻碍、影响其他经营者进入相关市

---

〔1〕 一般来说，美国《谢尔曼法》《克莱顿法》《联邦贸易委员会法》构成了美国反托拉斯法的基础，标志着美国反托拉斯立法体系的成立。

场能力的市场地位。”

## 二、市场支配地位的法学观点

综观世界各国及地区，市场支配地位作为反垄断法监督的对象，为防范和反制滥用市场支配地位相关行为，有些国家及地区、国际组织已在反垄断法律法规、国际条约范畴对“市场支配地位”进行了明确的规定（见表1－1），但也有些国家及地区并未做出规定，而是在实践中或者发生纠纷时再进行甄别与界定。需要明确指出的是，市场支配地位是在市场竞争过程中所奠定的经营者在市场中尤为突出的状态和地位，市场支配地位本身并不违法，法律允许经营者保持市场支配单位状态。那么，如何判定某一个经营者具有市场支配地位？笔者将分别从各国及地区、国际组织的法律法规、国际条约的角度归纳和阐述。

**表1－1　各国及地区、国际组织法律法规及国际条约对市场支配地位的名称及定义**

| 国家、地区或国际组织 | 法律法规、国际条约 | 对市场支配地位的名称定义 |
| --- | --- | --- |
| 美国 | 反托拉斯法 | 垄断力 |
| 欧盟 | 《欧共体条约》 | 市场支配地位 |
| 德国 | 《反对限制竞争法》 | 控制市场的经营者 |
| 日本 | 《禁止垄断法》 | 垄断状态 |
| 英国 | 《公平交易法》 | 垄断 |
| 澳大利亚 | 《商业行为法》 | 市场支配地位 |
| 匈牙利 | 《禁止不正当竞争法》 | 市场支配地位 |
| 我国香港特别行政区 | 《竞争条例》 | 市场权势 |
| 我国台湾地区 | “公平交易法” | 独占和寡占 |

### （一）各国及地区成文法及法规对市场支配地位的定义

1. 德国《反对限制竞争法》

德国在《反对限制竞争法》中规定了构成市场支配地位的三种情形：（1）一个企业，如作为某种商品或服务的供应者或需求者，没有竞争者或没有实质上的竞争,或相对于其他竞争者具有突出的市场地位,则该企业具有市场支配地位。(2)两个或两个以上企业之间就某种商品或服务不存在实质上的竞争,并且相对于其他竞争者具有突出的市场地位,则该两个或两个以上企业具有支配市场地位。(3)一个企业至少占有1/3市场份额的,推定其具有市场支配地位;该整体由三个或三个以下企业组成,它们共同占有50%的市场份额,或者该整体由五个或五个以下企业组成,它们共同占有2/3的市场份额,但这些企业能够证明在此竞争条件下它们之间能够开展实质上的竞争,或者这些企业在总体上相对于其他竞争者不具有突出的市场地位的,不在此限。

2. 日本《禁止垄断法》

日本《禁止垄断法》中采用"垄断状态"来表述市场支配地位,并将垄断状态定义为在某一商品或服务领域内,因市场规模、市场结构的原因产生市场弊害的情形,其应当具备以下三个构成要件:(1)一定的市场规模,是指经营者的某种产品在上一年度的销售额达到100亿日元。即对于市场规模予以量化,垄断状态需达到法定垄断数额才足以认定为具有一定的市场规模,适度的垄断并不能认定为具有市场支配地位。(2)一定的市场结构,是指一个经营者的市场份额超过1/2,或者两个经营者的市场份额合计超过3/4,并且由于该经营者占据了很高的市场份额,给其他经营者重新进入市场造成明显困难。(3)一定的市场弊害,是指在考虑了包括但不限于特定时间、供求关系、经营成本等影响相关价格的合理因素的情况下,该经营者提供商品或服务的价格都会发生明显的上升或者很少下降,而且该经营者获取了明显超过标准利润率的利润或支出了过高的经营相关费用。[1]

3. 英国《公平交易法》

英国在《公平交易法》中对市场支配地位作出了明确的定义,术语为"垄断"。该法规定,当一种特定的货物或服务不少于1/4是一个人、一组相关的法人团体或两个及两个以上彼此限制竞争的人购买或销售时,就存在垄断情形,即占据了市场支配地位。同时,该法还对有关出口方面的垄断情形进行了规定,以出口产品的生产份额来判断一个人或一组相关法人团体是

〔1〕 参见[日]林秀弥:《日本禁止垄断法的最新发展》,王先林等译,载《上海交通大学学报》(哲学社会科学版)2007年第4期。

否构成垄断情形。因此，英国反垄断法律范畴所涉及的垄断情形包括有关商品、服务及出口产品等类别。

4. 匈牙利《禁止不正当竞争法》

匈牙利《禁止不正当竞争法》规定，在相关市场上，在无须考虑供应商、竞争者、顾客和其他商业参与者反应的情况下，单独经营者或者多个经营者联合能独立地作出商业决策、在更广泛领域内开展商业活动的，参与方应被视为具有市场支配地位。

5. 我国台湾地区“公平交易法”

我国台湾地区“公平交易法”对支配地位的经营者规定了独占和寡占的情形。构成独占需要具备三个基本条件：一是特定市场；二是该事业在特定市场内没有其他同业存在；三是该事业在特定市场内虽有其他同业存在，但该事业却占有优势地位，迫使同业无法与其展开竞争，致使该事业独占市场。还规定：以上事业，实际上不为价格之竞争，而其全体之对外关系亦具有压倒性地位，具有可排除其他竞争者的能力，实际上，这是一种寡占的情形。无论独占还是寡占，对于市场支配地位的判断都离不开排除竞争的能力。

（二）各国及地区、国际组织判例法、国际条约对市场支配地位的界定标准

1. 美国

美国的反托拉斯法并未对市场支配地位进行明确的定义，其对市场支配地位的认定主要来自判例法，并不是确切的并可以重复使用的数据化、指标化的标准，主要通过案件审理过程，由法官对是否占据市场支配地位进行判定。美国反托拉斯法主要从“垄断力”的角度对市场支配地位进行调整，“垄断力”并非一般的“垄断”，而是经营者取得或维持垄断力的行为。依照判例法所确定的规则，“垄断力”可以归纳为经营者在某个特定的相关市场上具有控制价格或排除相关市场内的竞争的能力。判断经营者是否具有垄断力，并不要求已发生控制市场价格或者已将竞争者排除于市场之外等事实，只要能够证明经营者具有上述行为的能力即可。从美国反垄断判例中可见，判断“垄断力”通常会考虑经营者在相关市场的份额、产品是否具有替代性、经营者产品规模等因素，并分析该等因素是否使得经营者具备维持控制价格的能力及排除相关市场内竞争的能力。

2. 欧盟

欧盟反制市场支配地位的主要法源是《欧共体条约》，该条约使用了“支

配地位”的术语。《欧共体条约》第 82 条规定，一名或几名经营者如果在共同体市场或某个领域内滥用其市场支配地位，从而损害成员国之间的贸易，该行为与共同体市场不协调，应当予以禁止。按照《巴黎公约》的规定，所谓市场支配地位，是指该地位具有保护经营者免于遭受实质竞争的力量。然而，欧盟竞争法并未对市场支配地位的定义进行具体而明确的规定，具体如何判断和分析主要取决于欧盟委员会和欧洲法院的判例。总体而言，主要从经营者在相关市场中是否具有对产品质量、价格和销售等方面存在决定和影响的力量和地位来判定其是否占据市场支配地位。[1]

3. 澳大利亚

按照澳大利亚《商业行为法》关于反垄断的有关规定，滥用市场支配地位是指拥有市场支配地位的经营者从事下列行为：排除或实质性损害竞争对手，妨碍他人进入特定市场，阻止或妨碍他人在特定市场开展竞争活动。滥用市场支配地位的前提是经营者在某一特定市场中拥有市场支配地位。市场支配地位由法院根据每个案件的具体情况逐一认定。法院的认定标准一般有三点：一是市场份额；二是市场进入难易程度；三是在上述市场状况下，经营者不受竞争对手或潜在的竞争对手影响，自由从事经营活动能力的范围和程度。该法并不禁止经营者获得和拥有市场支配地位，但不允许拥有市场支配地位的经营者滥用其支配地位限制市场竞争。滥用市场支配地位属于本身违法行为，该法规定竞争与消费者委员会不得给予豁免。对违法者竞争与消费者委员会可以要求联邦法院颁布禁令（停止违法行为），并处以 75 万澳元至 1000 万澳元（针对经营者）或 50 万澳元以下（针对个人）的罚款。

4. 香港《竞争条例》

香港《竞争条例》于 2015 年 12 月 14 日正式生效，我国香港地区的竞争法虽然起步较迟，但好处是可吸收其他国家、地区的相关经验。香港《竞争条例》以欧盟、英国有关法例为蓝本。在该条例中的第二行为守则没有采用支配地位的标准，而以相当程度的市场权势作为适用标准：某业务实体无须垄断市场也能拥有相当程度的市场权势。

在认定一个业务实体是否具有相当程度的市场权势时，香港竞争委员

---

[1] 参见王宏：《欧共体竞争法对知识产权滥用行为之规制与借鉴》，华东政法大学 2007 年华东政法学院硕士学位论文，第 30 页。

会将考虑当该业务实体将价格维持在高于竞争水平时,其盈利能力受到制约的程度,具体的评估因素包括:该业务实体的市场份额、定价能力以及竞争对手进入市场的障碍等。

香港《竞争条例》并未规定低于某一具体市场份额就不会被认定具有相当程度的市场权势,尽管此前立法草案中曾设定市场份额为25%的"安全港"规则,但是正式出台的《竞争条例》中并没有这样的规定。

## 三、市场支配地位的经济学观点

### (一)市场支配地位之经济学概念

经济学方面,通常是通过"垄断"来阐述市场支配地位的。在资本主义经济里,垄断指少数资本主义大经营者,为了获得高额利润,通过相互协议或联合,对一个或几个部门商品的生产、销售和价格进行操纵和控制。政治经济学则将"垄断"概括为少数资本主义经营者凭借其控制的巨额资本、足够的生产经营规模和市场份额,通过协定、同盟、联合、参股等方法,操纵与控制一个或几个部门的商品生产或流通,以获取高额利润。

### (二)经济学对市场的分类

1. 完全竞争市场

完全竞争市场有极多的买主和卖主,二者之间不必固定买卖关系,单个买主与卖主之间的交易量同市场全部交易量比起来都很小,市场上交易的产品或服务都完全一样,没有任何差别,不存在不确定性和行业秘密,不存在进出障碍。

2. 垄断竞争市场

垄断竞争市场经营者数目有若干或很多,进入不受限制,产品有差别,经营者对价格有一定的控制能力,是介于完全垄断市场与完全竞争市场之间的状态。

3. 寡头垄断市场

寡头垄断市场经营者数目较少,进入受到限制,产品属性有差别,需求曲线向下倾斜,相对无弹性。

4. 完全垄断市场

完全垄断市场经营者数目只有一个,进入受到限制或完全受阻,产品独一无二,经营者对价格有着强大的控制力。

(三)垄断行为的通常表现形式

经济学上典型的支配或垄断市场的行为主要体现为两种情形:独占(独买或者独卖)和寡占。一般将独占市场区分为独买或者独卖两种市场类型,其是存在于市场的唯一生产者或经营者,并具有独立的控制市场的力量。而寡占是指寡头市场,即市场为少数厂商所控制,而且在少数厂商中有一个以上的规模大到足以联合总体市场,影响市场价格。从经济学的角度看,现代社会中几乎每个经营者多多少少都有一定的经济实力,实力强的经营者往往可以达到独占或寡占的市场地位,这里的垄断显然侧重市场结构而非市场主体的行为。在法学上或反垄断法上,垄断主要指垄断行为而非寡占或独占的市场结构。反垄断法上具有市场结构意义的概念是"市场支配地位",但根据各国及地区、国际组织反垄断法律法规、国际条约的界定,市场支配地位的外延比寡占和独占要广。总之,经济学上市场支配地位的确定并不仅仅解决经济学的问题,它是法律解决技术问题的有效工具和手段。在许多情况下,经济学上的一些概念与法学上的概念是相通的,甚至可能是完全相同的。经济学上的垄断与法学上的垄断的概念便是相通的,有助于分析和界定市场支配地位及其滥用行为。

(四)相关经济学理论

1. 古典经济学理论(自由竞争理论)

古典经济学派开创了竞争理论的先河,把竞争做了一个较为精辟的比喻——看不见的手。竞争对市场的调节发挥着深远的作用,但其无形性通常被忽略。其中的代表人物亚当·斯密认为,个人追求自身利益的结果,往往促进社会经济增长,而此社会增长更会超出最初所欲到达的社会效能。古典经济学派提出的自由竞争模型具有五个前提,要求竞争者独立无约定的行动,竞争者数量足以均化利润,市场主体对市场足够了解,有摆脱社会限制的自由和足够的时间完成生产。

2. 新古典经济学理论(完全竞争理论)

与古典经济学理论不同,新古典经济学主要围绕市场的均衡理论和价格理论而形成,同时依然主张"看不见的手"对市场的作用。完全竞争理论有着严格的假定条件,与现实情况差别十分大。完全竞争学理论主要模型包括以下四点:(1)市场上没有可以左右价格的势力;(2)市场内产品可以完全代替;(3)市场内生产要素自由;(4)市场的信息是完全对称的。

3. 不完全竞争理论

所谓的不完全竞争市场，是指竞争和垄断并存的市场类型。与完全竞争理论相比较，不完全竞争理论更接近现实中的市场。不完全竞争理论认为，不完全竞争市场的存在要求有以下四点：(1)产品的差别性；(2)进退相关产业较易；(3)大量经营者，使每一单个经营者市场份额较小；(4)行业间存在非价格主导的竞争。

4. 有效竞争理论

有效竞争理论认为市场不完善因素或者垄断因素，不仅不会影响竞争的强调和广度，反而会使竞争更为有效，其不但能促使经营者的持续创新，还能促使经营者改进经济技术。在此基础上，有效竞争理论代表人，美国经济学家约翰·莫里斯·克拉克认为，“完全竞争不存在并且不能存在，可能从来也没有存在过”。

5. 产业组织理论

产业组织理论认为，市场竞争应该是在没有国家干预条件下市场力量自由发挥的过程，国家应当尽量减少对市场竞争过程的干预。其主要不足表现为：(1)过分相信市场力量，忽视政策调节作用；(2)重视大经营者而忽视小经营者的发展；(3)竞争目标仅为消费者利益最大化，忽视市场监督机制的作用；(4)把国家政策作用限定于价格控制上。尽管如此，产业组织理论对竞争法中有关市场支配地位的理论仍有着深厚的影响。

（五）垄断竞争市场分析

如图 1－1 所示，P 为价格，Q 为产量，D 为需求曲线，MR 为边际收益曲线，AR 为平均收益曲线，MC 为边际成本（短期、长期），AC 为平均成本（短期、长期）。

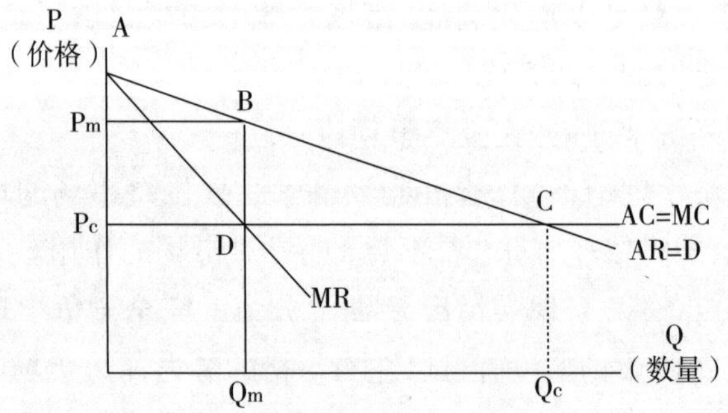


**图 1－1　垄断竞争市场示意**

通过图 1－1 可以看出，若供给增加，价格下降，需求就会增加，若供给减少，价格上升，需求就会减少。供给影响价格，价格与需求成反比，故需求曲线 D 是一条向右下方倾斜的曲线。

在完全竞争市场中，一般竞争者所面对的需求曲线是水平的，任何人都无法通过供给改变市场价格，所有竞争者的价格（P）= MC = MR = AC，没有任何超额利润产生。但是，在不完全竞争市场，如图 1－1 所示，当垄断者将产量确定在 MC = MR 的 D 点时，其价格（P）在 B 点，因而获得了超额垄断利润（D、B、Pm、Pc）。

垄断竞争市场长期均衡条件：

（1）边际收益 MR = 边际成本 MC（长期）；

（2）价格 P = 平均收益 AR = 平均成本 AC（长期）。

## 四、市场支配地位的类型

许多国家的反垄断法律法规在界定市场支配地位时，分别就市场支配地位的不同形态作出了规定。根据德国《反对限制竞争法》和我国台湾地区“公平交易法”的规定，市场支配地位分为独占与准独占、突出的市场地位和寡头分占三种情形，这是依据市场集中程度的不同进行划分的。市场支配地位的类型，能为认定一个经营者或几个经营者作为一个整体是否拥有市场支配地位提供依据，也就是说，如果出现上述类型，就可以认定这个经营者或这些经营者作为一个整体拥有市场支配地位。市场支配地位类型，如表 1－2 所示。

**表 1－2 市场支配地位类型**

| 类型 | 定 义 |
|---|---|
| 独占 | 是指经营者在相关市场上没有竞争者，即独家市场支配地位，即完全垄断市场结构 |
| 准独占 | 是指经营者在相关市场上没有实质性的竞争者，具有准垄断的地位 |
| 寡占 | 是指在相关市场上存在两个或两个以上经营者，这些经营者作为一个整体共同控制着市场上商品或服务的价格、数量等情形 |
| 共同市场支配地位 | 是指寡头垄断市场结构的条件下，经营者之间形成相互作用和影响的条件，或者通过“默示合谋”形成共同市场支配地位 |

续表

| 类型 | 定 义 |
|---|---|
| 突出的市场地位 | 突出的市场地位又称压倒性的地位，是指经营者在相关市场上不仅有竞争者，而且已经形成一定程度的实质性竞争，但是与其竞争者相比，该经营者具有十分突出的优势地位，使实质性的竞争限制在小范围、低层次和低强度下进行 |
| 优势谈判地位 | 是指在具体交易过程中，交易一方在资金、技术、市场准入、销售渠道、原材料采购等方面处于优势地位，交易相对方对该经营者具有依赖性，难以转向其他经营者 |

(一)独占与准独占

1. 独占

独占，是指经营者在相关市场上没有竞争者，即具有独家市场支配地位。这在经济学上称为“完全垄断市场结构”。形成这种结构有很多原因，可以是源于自然性质、法律的规定或者经济发展的结果，但一般可分为两类：自然垄断和人为垄断。自然垄断涉及规模经济、天然资源和经济效益等方面的因素；人为垄断则包括了法律保障、政府授意和经营者恶性竞争等原因。在独占状态下，经营者取得了完全垄断地位，没有面临任何现实的或潜在的竞争威胁，可以自行决定商品的价格、数量等交易条件来操纵市场，因此，认定其具有市场支配地位应不存在任何异议。

2. 准独占

准独占，是指经营者在相关市场上没有实质性的竞争者，具有准垄断的地位。一般来讲，在准垄断状态下，经营者在相关市场上有竞争者，但是，基于其与竞争者之间在市场份额、综合实力、核心技术等各方面的“天壤之别”，竞争者根本无法与该经营者进行实质上的竞争。因此，该经营者可以在相当程度上自主决定商品的价格、数量等交易条件，而不必考虑其竞争者的存在。因此，同独占一样，准独占也是一种市场支配地位的形态。

(二)寡占与共同市场支配地位

1. 寡占

寡占，是指在相关市场上存在两个或两个以上经营者，这些经营者作为一个整体共同控制着市场上商品或服务的价格、数量等情形，这些经营者之间因明示或默示达成一致的行为，从而不存在实质性的竞争，经济学上称为

"寡头垄断"。"寡头垄断"状态下的寡头可以是两个,也可以是十几个,但数量过多的经营者之间很难协调一致其经营行为。构成寡占的要件有两个:一是两个或两个以上的经营者之间不存在实质上的竞争,这是就特定经营者之间的内部关系而言的;二是这些经营者必须符合一定的条件,即拥有独占、准独占或突出的市场地位,这是就特定经营者相对于其他经营者的外部关系而言的。据此,有学者认为,寡占分为两种情况:一是各寡头合起来即为市场独占或准独占者,在相关市场中,没有其他竞争者或没有实质上的竞争;二是各寡头合起来即具有绝对优势,在相关市场中具有绝对的自由决策权和对其他竞争者的绝对影响。所以,如果相关市场上的数个经营者之间因明示或默示达成了一致的行为,从而使其他经营者无法与之进行有效竞争,那么它们作为一个整体,具有了共同市场支配地位。

2. 共同市场支配地位

(1)共同市场支配地位产生的市场条件。在寡头垄断市场结构的条件下,容易产生共同市场支配地位的经营者。市场上两个以上经营者能否形成共同支配地位,一个关键性的条件是这些经营者能否具备或形成相互作用和影响的条件。因此,反垄断法在考察共同支配地位时,往往需要界定经营者间哪些因素和条件将有利于共同市场支配地位的形成。寡头垄断经营者们可以在不必签订垄断协议的情形下,共同意识到提价可能更有利于经营者们的集体共同利益。在这种共同提价的选择下,虽然形式上经营者是各自独立法人,但是,经营者之间的竞争关系消亡,从而形成一个虚拟的经营者联合体,即共同市场支配地位。

(2)共同市场支配地位的认定标准。第一,欧盟的经验。欧盟在认定形成共同市场支配地位时,必须证明三个标准得到了满足:①必须有充分的"市场透明度"使每一个具有支配力的寡头有能力知晓其他企业的行为,从而监督他们是否正在采取共同的决策;②必须有一种方式使其他寡头成员能够对违反共同决策的成员进行报复,从而使寡头成员有遵守共同决策的动机;③必须证明可预见的目前的竞争者和潜在的竞争者以及消费者可能采取的应对措施不会危及共同决策带来的后果。第二,欧盟对共同市场支配地位的审查方法:①案例中所关涉的寡头垄断市场是否呈现易于形成隐蔽共谋的市场特征;②企业是否基于共同政策体现出进行协同行为的动机;③这些企业是否基于报复机制而内在地存在相互制约;④这些企业是否受到来自其他竞争者以及消费者的竞争约束。

(3)我国《反垄断法》等规定的不足。我国《反垄断法》第19条关于可以推定经营者具有市场支配地位之第2项:“两个经营者在相关市场的市场份额合计达到三分之二的”;第3项:“三个经营者在相关市场的市场份额合计达到四分之三的”的规定,是以市场份额作为共同市场支配地位的推定标准,但未明确其适用条件。然而,单纯以市场份额作为共同市场支配地位的推定标准,没有考虑经营者之间是相互竞争还是相互合作。可能会不合理地扩大共同市场支配地位的主体范围,存在不足之处。

《禁止滥用市场支配地位行为暂行规定》第13条规定:“认定两个以上的经营者具有市场支配地位,除考虑本规定第六条至第十二条规定的因素外,还应当考虑市场结构、相关市场透明度、相关商品同质化程度、经营者行为一致性等因素。”但是,该规定没有考虑经营者之间的互动频率、经营者利用算法等技术手段合谋问题,不够完善。

《评估经营者集中竞争影响暂行规定》第4条第2款指出:“当集中所涉及的相关市场中有少数几家经营者时,还应考察集中是否产生或加强了相关经营者共同排除、限制竞争的能力、动机及其可能性。”说明我国现行法律法规在对经营者集中的反垄断审查中,考虑了共同市场支配地位问题,但行政规章的法律层次较低。

(4)适用垄断协议规定转换为适用滥用市场支配地位规定。只要具有充分的“市场透明度”与“经营者之间的互动频率”,共同市场支配地位的经营者们完全可以在不需要签订垄断协议的情形下,借助人工智能、大数据、定价算法和线上交易,最终导向共同定价(平行行为),极其隐蔽地利用技术手段达到垄断目的。由于缺乏合谋证据,这对适用我国《反垄断法》第13条关于垄断协议的规定构成巨大挑战。在垄断协议规定不能反制寡头垄断市场经营者们“默示合谋”的情况下,可以考虑将符合条件的寡头垄断市场经营者们认定为共同市场支配地位,从而适用我国《反垄断法》第17条关于滥用市场支配地位的规定进行反制。

(三)突出的市场地位

突出的市场地位又称压倒性的地位,是相对于相关市场上的其他竞争者而言的,是一个相对的概念。具体来讲,是指经营者在相关市场上不仅有竞争者,而且已经形成一定程度的实质性竞争,但是与其竞争者相比,该经营者具有十分突出的优势地位,使实质性的竞争限制在小范围、低层次和低强度下进行。必须指出的是,认定经营者具有突出的市场地位时,不仅要考察其市场份额,还要考察其自身的财力、进入采购或销售市场的渠道、与其他经营者的联合、其他经营者进入市场所面临的法律上或事实上的限制、住所设在境内外的经营者的事实上或潜在的竞争、将其供应或需求转向其他商品和服务的能力以及市场交易对象转向其他经营者的可能性。经营者占有突出的市场地位,使其在实际上可以不考虑其竞争者、销售者以及供应者而有较大的自由决策权和对其他经营者具有决定性的影响,因此认定其具有市场支配地位。

(四)优势谈判地位

目前,理论上暂无权威文献对优势谈判地位作出明确界定。结合国内外相关研究成果,基本可以将优势谈判地位定义为在具体交易过程中,交易一方在资金、技术、市场准入、销售渠道、原材料采购等方面处于优势地位,交易相对方对该经营者具有依赖性,难以转向其他经营者。如果某类商品或服务的中小供应商或购买方在某种程度上依赖某经营者,以致实际上已不存在向其他经营者转移的充分及合理的可能性,即除该经营者之外,市场上已不存在其他能够且愿意以合理的条件为该交易相对方提供商品或服务的经营者,那么,该经营者对于依赖其生存的交易相对方而言即具有谈判上的优势地位,类似于相对市场优势地位。

从性质上来讲,此种优势地位并非市场主体相对于其他横向竞争对手而具有的竞争优势,而是一种在垂直交易层面上的优势,通常典型地表现为处于产业上下游的经营者之间纵向关系交易中的相对优势。当交易一方具有这样的经济优势时,与其交易的相对方就处于相对的劣势,往往不得不接受该优势主体提出的种种不合理的交易条件。认定谈判优势地位的核心在于认定是否存在"依赖性"。且此种依赖具有严格的相对性,一旦形成,则依赖方除被依赖方外没有"足够的和可期待的转向可能性",若贸然转向其他交易对象,则必然以其市场竞争力的受损为代价。

## 第二节 市场支配地位的产生与利弊分析

### 一、市场支配地位的产生

(一)行政垄断

从行为性质来看,行政垄断表现为具体行政行为和抽象行政行为。具体行政行为是国家行政机关和行政机关工作人员、法律法规授权的组织、政府机关委托的组织或者个人在行政管理活动中行使行政职权,针对特定的公民、法人或其他组织,就特定的具体事项做出的有关公民、法人或其他组织权利义务的单方行为。抽象行政行为,是指行政主体针对广泛不特定的对象设定具有普遍约束力的行为规范的行为。一般不针对特定的对象,而是只规定在何种情况下,行政主体和行政相对人的行为规则和权利义务。

行政垄断,亦即通过政府授权取得的垄断,主要通过政府的行政力量给予了特定经营者排除其他实质竞争的提供产品或者服务的权利,常见的表现形式有法律授权、政府批准、行政命令授予等,通俗而言即为授予特许经营。因此,行政垄断尽管借助于行政力量取得了排除潜在竞争者的支配地位,但在价格或者生产和投资方面必须受到国家(或地区的管制或约束)。同时,目前世界各国特许经营领域越来越少。

(二)自然垄断

自然垄断主要产生于资源型产品开发或者经营的经营者,由于资源的稀缺性、有限性和独占性,生产或经营方式的特殊性,产品生产的独特工艺,产品的不可储存性或运输方式的特殊性,投资的规模性和长期性等特点,自然赋予了某些在经济上具有优越性的经营者占据和维持垄断的地位,从而形成自然垄断,例如供电、供水、供热等资源型经营者,自然而然占据市场支配地位。

(三)经营者合法经营取得

主要包括基于创新扩大规模、具有远见卓识赢得巨大市场份额、利用知识产权本身的垄断特性、通过竞争优势做强、做大等方式,经营者在合法经营的过程中通过上述方式逐渐形成市场支配地位。

（四）通过非法行为取得

主要涉及通过反垄断法律所禁止或者限制的卡特尔、滥用市场支配地位、不正当经营行为经营者并购、滥用知识产权等非法手段排挤竞争对手。由于经营者的市场支配地位取得的前提已属非法，一经确认为占据及滥用市场支配地位，所面临的损失和代价都是相当巨大的。

## 二、市场支配地位的正负两面性

市场支配地位是竞争的产物，其地位本身并不违法，并且并非仅有坏处。市场支配地位对市场和竞争可能产生诸多负面影响，主要发生在滥用市场经济地位的情形下禁止或者限制、损害或者削弱了竞争，但也可以对经济发展起到积极的促进作用，可以促进规模效益的形成。一些占据市场支配地位的大经营者，在规模经济下可能发挥节约成本、提高质量、激发创新、促进科技进步等积极作用，从而带动整个行业及市场的发展和进步。由此可见，市场支配地位是具有两面性的，只有鼓励发展规模经济与反制市场支配地位同步完善，才能充分发挥市场支配地位对市场竞争和发展的正面作用。

## 三、市场支配地位的影响

（一）市场支配地位对市场结构的影响

市场结构指的是某一市场中各种要素之间的内在联系及其特征，包括市场供给者之间、需求者之间、供给和需求者之间以及市场上现有的供给者、需求者与正在进入该市场的供给者、需求者之间的关系。市场支配地位一般具有较大的市场份额，因此，市场份额是分析市场支配地位的起点。突出的表现是成本、价格、供应量、交易价格、产品差异等的变化，从而直接影响到市场结构中各个主体的实际利益，乃至导致其相互关系的变化。在市场支配地位作用下的垄断更为强势地干预着包括市场供给者之间、需求者之间、供给和需求者之间以及市场上现有的供给者、需求者与正在进入该市场的供给者、需求者之间的关系。

（二）市场支配地位对市场竞争的影响

市场支配地位对市场竞争的影响既有积极的一面，也可能为其他的竞争者参与市场竞争带来屏障和威胁。占据市场支配地位的经营者在市场竞争中与其他竞争者固然都是享有平等交易权利的，然而在滥用市场支配地位的情况下，它们利用在相关市场上的重大影响和发言权，有能力随时启动影响价格或者交易自由的行为，从而限制或杜绝实质性的竞争。经营者的市场支配地位多数存在于寡头垄断市场、完全垄断市场，少数存在于垄断竞争市场。因此，从保护市场良性竞争和自由竞争的角度，为保障市场的良性运转，国家（地区）应当严格禁止或限制滥用市场支配地位的行为，维护正常的市场竞争机制。

（三）市场支配地位对消费者的影响

市场支配地位除了对交易相对人、其他竞争者等市场相关主体产生影响以外，还会对消费者产生必然的影响，如价格、供应量等的变化。市场支配地位相关经营者对市场的支配权，主要表现在对商品或者服务的定价。正常的市场竞争环境中，市场上的产品或者服务的价格是其合理价值的体现，即便因市场竞争、供需关系发生价格浮动，也不会严重偏离其自身价值和相应合理价格。如果市场上产生市场支配地位的情形，价格可能偏离正常的浮动规律，出现巨大幅度的上涨，同时供应量也随之降低，从而损害消费者的合法权益，反过来奇货可居的状态下，新一轮的价格上涨也必然导致消费者花费更为高昂的代价。

（四）市场支配地位对社会利益分配的影响

良好的市场竞争和发展秩序是社会利益公平分配的基础，因此，市场支配地位在影响市场结构、消费者利益、市场竞争等的同时，相对应地影响着资源和利益在市场供给者与交易相对人之间、市场供给者与需求者之间等的分配。占据市场支配地位的经营者一旦形成滥用，即有可能占据或控制资源，从而产生社会利益分配的倾斜，必然导致其他竞争者和消费者的相关利益受损。

## 第三节　滥用市场支配地位概述

### 一、滥用市场支配地位的概念

滥用市场支配地位，是指经营者在相关市场内具有能够控制商品或者服务的价格、数量或者其他交易条件，或者能够阻碍、影响其他经营者进入相关市场的能力。较为常见的滥用市场支配地位行为包括：垄断定价、掠夺性定价、搭售行为、限制交易、拒绝交易、差别待遇和价格歧视等。

## 二、滥用市场支配地位的形式

### （一）剥削性滥用

剥削性滥用，是指拥有市场支配地位的经营者利用其市场地位和能力，不受竞争的实质性制约，向交易相对人提出不合理或者不平等的交易条件，主要体现为：不公平高价或低价、差别待遇、不公平交易条件等行为。该种性质的滥用导致交易相对人丧失协商、议价的权利，毫无反抗地被迫接受非正常的对价或条件，而滥用市场支配地位的主体则据此达到了剥削的目的。

### （二）妨碍性滥用

妨碍性滥用又称排斥性滥用，是指经营者利用其市场支配地位对其他竞争者实施排斥交易的相关行为，主要体现为拒绝交易、独家的或者排他性交易、捆绑与搭售、掠夺性定价、利润挤压、忠诚折扣等行为，经营者利用其市场支配地位对潜在竞争者设置市场进入障碍，导致其他竞争者丧失进入市场的基础。

上述两种滥用市场支配地位的形式的特点对比，如表1－3所示。

**表1－3 滥用市场支配地位的形式**

| | |
|---|---|
| 剥削性滥用 | 不公平高价或低价 |
| | 差别待遇 |
| | 不公平交易条件 |
| 妨碍性滥用（排斥性滥用） | 拒绝交易 |
| | 独家的或排他性交易 |
| | 捆绑与搭售 |
| | 掠夺性定价 |
| | 利润挤压 |
| | 忠诚折扣 |

## 第四节　反制滥用市场支配地位应注意的几个问题

### 一、反制滥用市场支配地位与发展产业经济关系

发展产业经济关系，无法避免地带着将来经营者做强做大的愿望和目的扩大规模，然而，规模经济本身也是存在缺陷和风险的。一方面，经营者规模越来越大，其效率无法与其规模相匹配，发展无法达成正比，可能非常迅速地被淘汰出市场；另一方面，经营者规模越来越大，虽有可能导致垄断，但也有可能提高经济效率。因此，反制滥用市场经济地位显得尤为重要，必须解决好允许垄断的合理存在与界定和承接滥用市场经济地位之间的关系。一方面，不能给发展产业经济带来障碍和束缚，以便促进规模经济为提高效率带来更多的自由和便利；另一方面，严格反制滥用市场经济支配地位，为梳理良好的市场结构和维护良性的市场竞争保驾护航。总而言之，反垄断法应当成为发展产业经济关系的后盾，而不应该成为大经营者、经营者集团发展和壮大的“绊脚石”。

### 二、传统理论与新经济的衔接

传统的反垄断理论建立于工业经济时代，其经济目标和所面对的形势与现在不可同日而语，甚至包括反垄断的宗旨也有不同程度的改变。纵观反垄断法的发展历史，可以发现一个规律，反垄断与经济发展和国家的经济目标紧紧联系在一起。反垄断的目标是维护竞争，防止垄断造成对市场竞争的危害。但是，在新的形势下，一个国家（地区）执行任何经济政策或法律，都是为国家经济发展总目标服务的，当前谈维护竞争秩序，在很大程度上要结合新经济特点，以促进和鼓励创新为目标，反垄断法不应成为新经济发展的“绊脚石”。适应新经济，就应该对传统的竞争经济理论进行改造，因此，现在需要在产业组织传统竞争理论的基础上，通过博弈论、行为经济学等工具的改造，逐步形成新的所谓的“新产业组织理论”或“新竞争理论”。

### 三、科技创新与反制滥用市场支配地位

随着社会的进步和科技的创新,界定市场支配地位越来越难,反制滥用市场支配地位所涉及的范围越来越广。以反制网络市场中滥用市场支配地位为例,垄断随着自由竞争逐渐在互联网市场上显现,近年来无论是国内还是国外,互联网垄断纠纷频频发生,而许多互联网经营者事实上已经在相关市场上占据了支配性地位。对于如何认定和推定市场支配地位,在我国主要体现在《反垄断法》第19条的规定,相对简单而笼统,然而,受到网络效应的影响,互联网行业竞争的因素变得十分活跃并且难以预测,从而导致垄断行为也变得更加难以认定。目前,我国互联网市场发展迅速,因此,反垄断执法者对互联网运作模式及其中蕴含的经济原理的掌握程度有待加强,针对该领域的反垄断反制和有效的反制原则及方法有待完善。反制滥用市场支配地位的法律只有不断紧跟科技创新的脚步进行增补和完善,才有可能在维护良好市场竞争秩序中发挥实效。

## 第五节 案例评析

### 一、中国电信集团有限公司和中国联合网络通信集团有限公司被反垄断调查案

(一)当事人

当事人:中国电信集团有限公司、中国联合网络通信集团有限公司

当事人:国家发展和改革委员会

(二)案情简介

作为具有主导地位的网络运营商,中国电信集团有限公司(以下简称中国电信)和中国联合网络通信集团有限公司(以下简称中国联通)在宽带接入市场采取大量排挤对手的竞争手段,引发市场不满。中国电信和中国联通长期以“同一种产品,三种价格”策略来进行“价格歧视”。两家公司给作为竞争对手的、处于弱势的运营商网间流量结算价格超过100万元/G·月,而增值服务提供商的结算价有10万~30万元/G·月,到了内容服务提供

商,就仅为3万~10万元/G·月,三种用户之间的差异巨大。

面对此困境,其他运营商为了规避高额费用,几乎都采用穿透接入的方式进行结算。即并非直接用自身的名义去跟电信、联通进行交易,而是通过第三方购买流量,然后借为己用,以此来发展自身固网业务。但显然,这让中国电信、中国联通通过价格歧视政策获取的巨额利益流于无形。2012年8月,中国电信下发文件,全面禁止运营商的穿透流量接入。一石激起千层浪,此举导致铁通等运营商损失惨重。以当时的“重灾区”广东铁通为例,据统计,在电信清查开始不到1个月的时间内,铁通用户申诉达37,477件,越级投诉39件,37,443户没有缴费,28,210户面临退网。

国家发展和改革委员会(以下简称国家发改委)接到举报后,展开了对中国电信、中国联通涉嫌价格垄断案的调查。调查的主要内容是:中国电信、中国联通在宽带接入及网间结算领域是否有利用自身具有的市场支配地位阻碍影响其他经营者进入市场等行为。

(三)国家发改委处理

针对国家发改委对中国电信和中国联通宽带市场的反垄断调查一事,两大运营商于2012年12月2日在官网同时发布声明,称已进行了全面的自查,并向国家发改委提交中止反垄断调查的申请,并承认经营者在互联网及价格上存在不合理行为,同时承诺整改,将提升网速并降低宽带资费。中国电信和中国联通随后承诺,将进一步规范互联网专线接入资费管理,实现充分互联互通。中国电信还表示,将梳理现有协议,适当降低电信和联通在宽带接入领域内的垄断造成用户市场资费难以下降的问题,两家公司承诺,“十二五”期间,将大幅提升光纤接入普及率和宽带接入速率。中国电信还拿出了具体的实施时间表,“5年内公众用户上网单位带宽价格下降35%左右,并立即着手实施”。最后,国家发改委终止了调查。

(四)评析

根据《电信条例》第10条的规定,经营基础电信业务,经营者为依法设立的专门从事基础电信业务的公司,且公司国有股权或者股份不少于51%。目前,三大电信经营者均为上市公司,国有股占比均超过51%,具体情况如下:

(1)中国电信:国有股70.9%,公众股29.1%;

(2)中国移动:国有股74.2%,公众股25.8%;

(3)中国联通:国有股57.8%,公众股42.2%。

这种股权结构,能够保证经营者控制权在政府手中,也因此中国的电信行业天然具有垄断地位,往往容易实施以下滥用市场支配地位行为:

1. 设置互联互通障碍。随着电信主管机关对妨碍互联互通事件的处罚力度加大,限制互联互通的方式也开始向越来越隐蔽的方向发展,从最初的砍电缆、人为中断网间通信,逐步发展到发话或落地拦截、不定时修改数据、不采用统一的网间互联信令、人为限制增加网间互联电路等,实质上是拒绝交易行为。

2. 网间结算费。"网间结算",是指不同通信网之间的债权债务结算。例如,中国移动手机用户拨打给一个中国联通手机用户的电话号码,通话费用由主叫支付给中国移动,但是,在此期间中国联通同样提供了服务。因此,中国移动也需要向中国联通支付部分通信费用。其他跨网运营商的语音呼叫、短信等业务同样遵循此规则。三大电信经营者与中小网络运营商跨网互通时,往往采取提高网间结算费方式强制交易,限制中小网络运营商的市场竞争。

3. 利用定制终端,排斥竞争对手。某些通信公司会定制电脑和手机等终端设备,这种电脑和手机仅能用特定通信公司自己的上网卡或手机卡,其他通信公司的上网卡或手机卡不兼容,无法使用。例如,某些通信公司定制手机是3G手机,只有自己专有的3G网络才能使用。这是通信公司利用定制终端设备分割封锁网络,设置市场进入壁垒,排斥竞争对手的行为。

(五)律师提示

1. 中国的电信行业自20世纪90年代初期以来,一直处于高速发展的历程中。从1994年中国联通成立之日,中国电信网络开始从中国电信单一主体变为多家网络主体共存。电信体制曾经多次改革,2008年电信体制再次改革,中国移动与中国铁通合并,运营TD-SCDMA网络,中国电信与中国联通C网合并运营CDMA2000,而中国网通和中国联通G网合并运营WCDMA,三家新运营商同时也获得全业务牌照。中国虽然一直存在电信监管机构,但主要依靠行政力量,此种监管模式在计划经济时代当然行之有效,当电信网络市场化后,监管就显得力不从心了。2008年机构改革后,主要的监管机构为工业和信息化部,但并无法定调解或仲裁机构,一旦电信经营者发生纠纷,除通过监管机构行政协调外,就只能通过诉讼的方式予以解决。

2. 通过诉讼方式解决行业内部的问题,效率明显要打折扣。一是诉讼审理周期过长;二是相关人员专业性不足。具体到电信互联互通方面,法院往往缺乏足够的专业技术来处理问题。正是基于这两方面的原因,2002 年至 2003 年,电信经营者互联互通纠纷很多,但很少通过诉讼方式解决。以致一些问题一拖再拖,虽然经过监管机构协调,问题最终解决,但效率上已经大打折扣。反观日本,其争议委员会之所以可以做到公平而有效的解决纠纷,主要得益于它拥有独立的争议解决机构、明确的职责权限、完整的电信争议解决机制以及有效的争议解决的流程。

## 二、北京兆信信息技术有限公司等四家经营者诉国家质量监督检验检疫总局行政垄断案

(一)当事人

原告:北京兆信信息技术有限公司、东方惠科防伪技术有限责任公司、中社网盟信息技术有限公司、恒信数码科技有限公司等

被告:国家质量监督检验检疫总局[1]

(二)案情简介

从 2005 年 4 月开始,国家质量监督检验检疫总局(以下简称国家质检总局)不断推广一家名为中信国检信息技术有限公司(以下简称中信国检)的经营者经营的中国产品质量电子监管网(以下简称电子监管网)的业务,要求生产经营者在所生产的产品的包装上加印监管码。消费者可通过短信、电话、上网等方式,向电子监管网查询监管码的有效性,从而确定所购产品是否为假冒产品。为此,加入电子监管网的经营者需缴纳数据维护费,消费者查询需支付查询信息费和电话费。为了推广电子监管网的经营业务,国家质检总局从 2005 年 4 月起,单独或联合其他国家机关挂名,发布了近百个文件,同时还召开多种形式的会议,并由国家质检总局的有关领导出席、发表讲话,以督促各地经营者对产品赋码加入电子监管网。北京兆信信息技术有限公司、东方惠科防伪技术有限责任公司、中社网盟信息技术有限公司、恒信数码科技有限公司四家经营者(以下简称四家经营者)提起诉讼,认

[1] 现为国家市场监督管理总局。

为国家质检总局信息中心是中信国检的股东之一，国家质检总局强力推行电子监管网的背后，可能掺杂商业利益，并且，国家质检总局的行为违反了《反不正当竞争法》(1993 年)第 7 条规定的“政府及其所属部门不得滥用行政权力，限定他人购买其指定的经营者的商品，限制其他经营者正当的经营活动”和《反垄断法》有关反行政垄断的规定。四家经营者提起诉讼的第二天，国家质检总局即约见这四家经营者的代表，希望他们撤诉，但遭到拒绝。此外，上海中商网络有限公司、江苏南大数码科技有限公司等四家防伪经营者也表示，将对国家质检总局提起同类诉讼。

（三）法院审理

2008 年 9 月 4 日，北京市第一中级人民法院认为，当事人应当在法定期限内向法院提起行政诉讼，本案当事人起诉超过法定期限，不符合法律规定，裁定不予受理。

（四）评析

1. 这是我国首起行政性反垄断诉讼，具有重大意义。有学者认为，四家经营者在我国《反垄断法》实施第一天提起诉讼，表明了公众对该法充满期待，并使用它维护自己的权益，这个标志性事件对我国《反垄断法》来说是个良好的开始。行政性垄断，是指行政机关或其授权的组织滥用行政权力，限制竞争的行为。实际上，无论在中国还是在外国，无论是在过去、现在还是将来，政府限制排除竞争都是对竞争损害最甚的行为。因此，在研究反垄断问题时，不能把目光仅仅投向经营者的限制排除竞争行为，还应当注意行政机关的行为，防止行政机关滥用行政权力，限制竞争。该案件对反垄断法实施的象征性意义大于案件本身的争议。

2. 该案可能是我国《反垄断法》实施后第一件提起诉讼的案件，也是网络行政性垄断案例中为数不多的事例之一。

3. 行政性垄断具有违法性的原因是行政权力滥用，认定滥用行政权力的判断标准应主要以行政法为依据，即在实践中应当以以下两条进行判断：第一，某项行政权力的行使是否有明确的法律依据以及某项行政权力的行使是否依法定程序进行。如果存在行政行为无法律依据或违反法定程序的情形，则应认定滥用行政权力，该项权力的行使具有违法性。第二，要认定该行政行为是否构成行政性垄断，还需根据我国《反垄断法》判断该行政权力的行使是否具有排除、限制竞争的效果。如果存在排除、限制竞争的效果,则该滥用行政权力的行为构成行政垄断。

(五)律师提示

1. 网络行政性垄断的危害性是毋庸置疑的。第一,网络行政性垄断损害了正常的网络市场竞争环境,妨碍统一市场形成,降低了经济效率和社会福利。第二,行政性垄断行为损害了其他网络经营者的合法权益,也损害了被保护经营者的长远利益。第三,行政性垄断行为损害了消费者的权益。第四,在行政性垄断的环境下,容易形成权力寻租,滋生腐败,阻碍体制改革和法治化进程。更为重要的是,行政性垄断所带来的高额垄断利润导致社会资源和财富的不公平分配,引发大众不满心理,对社会的稳定、和谐具有危害。

2. 实现对行政性垄断的有效反制是一项长期复杂的系统工程,需要综合运用行政、经济等法律手段来治理。我国《反垄断法》将行政性垄断作为其反制的重要内容之一,这为反制行政性垄断提供了重要的法律依据,但"徒法不足以自行",反行政性垄断工作依然任重而道远。

3. 行政性垄断之所以屡禁不止,重要的原因是法律责任不明确、不严厉,不应仅限于责令改正或撤销决定,而应追究行政机关的行政责任,应特别强调首长责任制。还应当对行政性垄断行为的直接受益者或者参与行政性垄断行为的经营者规定制裁措施,处罚依靠行政性垄断获益的经营者。

### 三、深圳市斯维尔科技有限公司诉广东省教育厅侵犯公平竞争权案

(一)当事人

原告:深圳市斯维尔科技有限公司

被告:广东省教育厅

(二)案情简介

2014 年 4 月 2 日,教育部主管的全国职业院校技能大赛(以下简称"国赛")组织委员会办公室发布了《"工程造价基本技能"赛项规程》,明确规定使用由广联达股份软件有限公司(以下简称广联达公司)独家提供"广联达网络考试系统",并在"软件要求"中明确规定了使用由广联达公司提供的广联达土建算量软件 GCL2013、广联达钢筋算量软件 GGJ2013 和广联达安装算量软件 GQI2013。深圳市斯维尔科技有限公司(以下简称斯维尔公司)认为"国赛"组织委员会指定使用广联达软件程序的做法违反了《反垄断法》等

法律规定，故向法院提起侵犯公平竞争权的诉讼，并将广联达公司列为此次诉讼的第三人。

（三）法院审理

2014 年 6 月 26 日，该案在广州市中级人民法院进行一审开庭审理。2015 年 2 月 2 日，广州市中级人民法院作出一审判决，认定广东省教育厅在“工程造价基本技能赛项”省级比赛中指定广联达公司软件为独家参赛软件的行为，违反《反垄断法》规定。斯维尔公司提出的要求赔偿其调查、制止被诉行政行为相关费用的请求被驳回，理由是根据《国家赔偿法》相关规定，只对直接财产损失进行赔偿。

一审宣判后，广东省教育厅和第三人广联达双双提出上诉，要求二审法院确认“指定软件”行为合法有据，不存在违反《反垄断法》的情况。2015 年 5 月 28 日，该案在广东省高级人民法院进行二审公开审理，广东省高级人民法院向社会全程公开了庭审过程。

广东省高级人民法院对该案作出判决，认定广东省教育厅在“工程造价基本技能赛项”省级比赛中指定广联达软件为独家参赛软件的行为，属于滥用行政权力，产生了排除、限制竞争的效果，违反了《反垄断法》的规定，为此驳回广东省教育厅和广联达公司的所有上诉请求，维持一审判决。

（四）评析

广东省教育厅在法律未有明确规定其指定行为应遵循何种法定程序的情况下，应当经过公开、公平的竞争性选择程序，来决定使用相关商家免费提供的软件。除非有正当理由，否则属于滥用行政权力。而广东省教育厅虽有专家组评议决定与“国赛”保持一致，但没有进行合法性以及合理性论证，也未能提供其他证据证明其经过公开、公平的竞争性选择程序。因此，不足以证明其独家“制定”是经过公开、公平的竞争性选择程序。而对于独家“指定”行为是否会造成限制竞争的结果，终审判决则相较于一审判决更详细解释道：广东省教育厅独家“指定”使用广联达软件的后果，排除了其他软件供应商，包括斯维尔公司作为合作方参与竞争提供赛项软件的权利，影响了其他公司的公平竞争权。同时，此行为也可导致参赛学校师生相应的使用习惯，并且对于提高广联达公司的市场声誉有极佳效果，从而提高了广联达公司软件在相关市场的占有份额，最终导致斯维尔公司等同类竞争者的产品在市场占有份额下降，进而损害市场公平竞争秩序，产生排除、限制竞争的效果。因此,省教育厅的“指定”使用属于滥用行政权力,排除、限制竞争的行为。

《反垄断法》第32条规定:“行政机关和法律、法规授权的具有管理公共事务职能的组织不得滥用行政权力,限定或者变相限定单位或者个人经营、购买、使用其指定的经营者提供的商品。”广东省教育厅“指定独家参赛软件”行为构成行政垄断的要素条件。至于“滥用行政权力”,法院依据《行政诉讼法》“行政机关应对自己的具体行政行为负有举证责任”的规定,认定广东省教育厅对自己“指定独家参赛软件”行为不能提供证据证明其合法性,为此教育厅构成“滥用行政权力”。

(五)律师提示

对于行政性垄断行为,《反垄断法》明确规定:行政机关和法律、法规授权的具有管理公共事务职能的组织不得滥用行政权力,排除、限制竞争。行政机关和法律、法规授权的具有管理公共事务职能的组织不得滥用行政权力,限定或者变相限定单位或者个人经营、购买、使用其指定的经营者提供的商品。也就是说,是否“滥用行政权力”是判断行政垄断的一个关键要件。判断行政行为是否构成行政性垄断,是否“造成排除限制竞争结果”并非判断要素,关键是看是否“滥用行政权力”。依据《行政诉讼法》中“行政机关应对自己的具体行政行为负有举证责任”的规定,认定广东省教育厅对自己“指定独家参赛软件”行为不能提供证据证明其合法性,为此广东省教育厅构成“滥用行政权力”。

## 四、刘某某、广东粤超体育发展股份有限公司诉广东省足球协会、广州珠超联赛体育经营管理有限公司垄断案

(一)当事人

原告:刘某某、广东粤超体育发展股份有限公司

被告:广东省足球协会、广州珠超联赛体育经营管理有限公司

(二)案情简介

2009年7月8日,广东省足球协会(以下简称广东省足协)与广州珠超联赛体育经营管理有限公司(以下简称珠超公司)签订了《新广东省室内五人制足球联赛协议书》(以下简称《协议书》),约定:广东省足协批准珠超公司独家在广东省境内投资、组织、管理、运营和举办广东省室内五人制足球

联赛,制定有关的规章、规则、标准和制度,决定参赛球队的数量和加盟球队的资格;珠超公司独家拥有广东省室内五人制足球联赛相关的知识产权和一切商业的经营开发权利。同年8月17日,广东省足协向珠超公司发出《举办广东省室内五人制足球联赛批准书》(以下简称《批准书》),以批准书形式确认珠超公司享有上述权利。

2012年6月,刘某某、广东粤超体育发展股份有限公司(以下简称粤超公司)共同向广州市中级人民法院起诉称:《协议书》《批准书》具有排他、限制竞争的效果,是限制同行业之间竞争的排他性协议,违反了《反垄断法》的规定,以及中国足球协会章程、广东省足球协会章程的宗旨性规定,不利于团结、动员广东省足球工作者提高本省足球运动水平。因此,请求判令《协议书》《批准书》无效,本案诉讼费由广东省足协、珠超公司承担。

(三)法院审理

广州市中级人民法院经审理认为,刘某某以足球爱好者身份提起本案诉讼,未能提供其参与了广东省五人制足球联赛并因《协议书》《批准书》受到损失或因此引发争议的证据,不能证明其与本案有直接利害关系,不符合《民事诉讼法》关于"原告是与本案有直接利害关系的公民、法人和其他组织"的起诉条件之规定,以及《垄断纠纷司法解释》第1条的规定,遂作出(2012)穗中法民三初字第400号民事裁定,驳回了刘某某的起诉。

刘某某不服,向广东省高级人民法院提起上诉。

广东省高级人民法院经审理作出(2015)粤高法民三终字第242号民事裁定,以与广州市中级人民法院前述裁定基本相同的理由,驳回刘某某上诉,维持一审裁定。

刘某某不服广东省高级人民法院(2015)粤高法民三终字第242号民事裁定,向广东省高级人民法院申请再审,广东省高级人民法院裁定驳回刘某某的再审申请。

(四)评析

本案争议的行为是广东省足协"独家"批准珠超公司在广东省境内举办广东省室内五人制足球联赛,该行为具体表现在两个方面:一是2009年7月8日,广东省足协与珠超公司签订了一份《协议书》;二是2009年8月17日,广东省足协向珠超公司发出了《批准书》。《协议书》与《批准书》的内容基本一致,主要是广东省足协批准珠超公司独家在广东省境内投资、组织、管理、运营和举办广东省室内五人制足球联赛，制定有关规章、规则、标准和制度，决定参赛球队的数量和加盟球队的资格；广东省足协批准珠超公司独家拥有广东省室内五人制足球联赛相关的知识产权和一切商业开发的权利；珠超公司每年向广东省足协支付劳务费 10 万元，广东省足协为珠超公司提供联赛相关劳务，包括争取有关政府机构和主管部门对联赛的支持和批准、为珠超公司组织和管理比赛提供顾问服务、引荐高水平的比赛监督员和高水平的裁判员、协助珠超公司和地方足协联络以及安排比赛、协助珠超公司和电视转播机构进行沟通和谈判、为联赛参赛运动员提供注册服务、为珠超公司和香港足协和澳门足总提供协调沟通服务等。

对于上述《协议书》《批准书》的性质，粤超公司认为：(1)广东省足协的行为违反了《反垄断法》第 16 条"行业协会不得组织本行业的经营者从事本章禁止的垄断行为"的规定。(2)《协议书》《批准书》构成了垄断协议，一审中粤超公司主张其为《反垄断法》第 13 条第 1 款"禁止具有竞争关系的经营者达成下列垄断协议"中的第 5 项"联合抵制交易"，二审中主张其为第 2 项"限制商品的生产数量或者销售数量"。(3)《协议书》《批准书》还构成了滥用市场支配地位行为中的"没有正当理由，对条件相同的交易相对人在交易价格等交易条件上实行差别待遇"。(4)再审程序中，粤超公司提出证据证明广东省足协与广东省体育局下设的广东省足球运动管理中心是"两块牌子、一套人马"，据此认为广东省足协实施了滥用行政权力排除、限制竞争行为。

珠超公司不同意上述指控，提出即便没有广东省足协的批准，粤超公司亦正常举办了"城市冠军杯""粤超联赛"等室内五人制足球联赛，所以，《协议书》《批准书》不具有排除、限制竞争的效果。广东省足协也提出了自己的观点：(1)广东省足协不属于《反垄断法》规定的行业协会，也不属于《反垄断法》所定义的、能够独立参与市场经济活动的经营者，其依据章程行使权利不受反垄断法调整。(2)广东省足协系社团法人，不是行政管理部门，不可能实施滥用行政权力排除、限制竞争行为。(3)广东省足协作为中国足球协会会员，根据《中国足球协会章程》规定被授权在广东省内承接和负责开展包括室内五人制足球联赛在内的各项协会内足球竞赛项目，有权决定采取何种方式来行使赛事权利。因此，广东省足协通过协议方式将室内五人制足球联赛独家授权给珠超公司投资、组织、管理、运营和举办，是自主行使项目赛事权利的体现,不构成《反垄断法》上的垄断行为。

从刘某某一审提起的诉讼请求和理由看,本案系因垄断行为引发的民事纠纷案件,各方争议的焦点是刘某某是否具有本案诉讼主体资格,亦即是否系适格原告。《民事诉讼法》第 119 条第 1 项规定:“原告是与本案有直接利害关系的公民、法人和其他组织”,这是民事诉讼中认定原告主体资格的一般性规定。《垄断纠纷司法解释》第 1 条对该一般性规定作了具体细化,对可以提起垄断民事诉讼的主体规定了两种情形:一是因垄断行为受到损失的自然人、法人或其他组织;二是因合同内容、行业协会章程等违反《反垄断法》而发生争议的自然人、法人或其他组织。就《垄断纠纷司法解释》第 1 条所规定的第一种情形而言,受到损失的自然人、法人或其他组织,显然与案件有直接利害关系,只要证明损失的存在就是适格原告;就《垄断纠纷司法解释》第 1 条所规定的第二种情形而言,因合同内容、行业协会章程等违反反垄断法而发生争议的,如果提起诉讼的是合同一方当事人或行业协会会员,其显然亦与案件有直接利害关系,无疑亦是适格原告。

但是,如果提起诉讼的是合同当事人或行业协会会员以外的自然人、法人或其他组织,因其是否与案件具有直接利害关系不像前述情况那样显而易见,其只有提供证据证明有关合同或协会章程侵犯了其本人合法权益或致其受到损失,或其与案件有其他直接的利害关系,才可以被认定为适格原告,否则,无异于动摇了《民事诉讼法》规定的“原告与本案有直接利害关系”的标准,任何不特定主体均可以作为原告对他人之间的合同或行业协会章程主张无效,将导致不必要的滥诉现象,给合同当事人或协会当事人造成沉重的诉讼负担。

就本案而言,一审法院受理刘某某的起诉后,在本案审理过程中,刘某某未提供证据证明《协议书》《批准书》给其造成了何种具体损失,不能依据《垄断纠纷司法解释》第 1 条关于第一种情形的规定认定其为适格原告;刘某某既非广东省足协会员,又非《协议书》《批准书》的一方当事人,其以《协议书》《批准书》当事人之外的第三人身份对该两份文件主张无效,不能仅依“因合同内容、行业协会章程等违反反垄断法而发生争议”为由认定其为适格原告,其应当举证证明该两份文件侵犯了其何种民事权益或与其具有何种其他的直接利害关系。

但刘某某不能证明自己系五人制足球比赛的经营者,也不能证明何时何地因《协议书》《批准书》致使其以个人身份参与五人制足球赛事的权利受到限制、禁止或侵犯，或其与本案具有何种其他的直接利害关系。因而法院驳回刘某某的诉讼请求。

（五）律师提示

本案案由为垄断纠纷，但在审理过程中当事人主要就原告的主体资格是否适格进行辩论，最终法院亦认为原告主体不适格从而驳回全部的诉讼请求。广东省足协与珠超公司签订的《协议书》《批准书》构成《反垄断法》第13条第1款规定的“联合抵制交易”或“限制商品生产数量或销售数量”的指控并不能成立。因为第13条规定的是横向垄断协议，协议当事人属于竞争关系，本案中的《协议书》《批准书》显然不具备这一主体要件。根据前文的分析，广东省足协作为经营者，从事的经营行为要么是直接举办赛事，要么是提供赛事服务。只有在直接举办赛事时，广东省足协和珠超公司之间才构成竞争对手关系，而本案中的广东省足协并未举办赛事，相反其是放弃了赛事举办权，转而向珠超公司提供赛事服务，所以其与珠超公司之间不存在竞争，而是成了交易伙伴。

基于该交易行为，是否可以说《协议书》《批准书》构成一项纵向垄断协议呢？这似也不妥。一方面，《反垄断法》上的纵向垄断协议主要是供应商与销售商之间，或者批发商与零售商之间达成的限制竞争协议，协议当事人之间不仅是上下游关系，而且双方均不是终端用户或最终消费者。换言之，竞争法规很少被用于解决消费者和经营者之间的冲突，而是更多地用于经营者之间的冲突。本案中的珠超公司从广东省足协购买赛事服务之后，并不用于再售，其本身就是这种服务的终端用户，故而这种赛事服务合同本身就不属于反垄断法上纵向垄断协议的范畴。另一方面，纵向垄断协议本质上是一种纵向限制，即一方对另一方的限制，主要是对另一方经营自由权，转售价格、转售地域、转售客户或交易对象选择等方面的限制。

本案中，广东省足协如果要求珠超公司只能选择其提供的赛事服务，则可能构成排他性交易的纵向限制，但很显然广东省足协并未对珠超公司施加这方面的限制。如果非要以垄断行为来定性《协议书》《批准书》的话，那么最接近的应该是滥用市场支配地位行为。认定滥用市场支配地位行为，首先应界定相关市场。然而，本案的一审、二审法院并未对相关市场作出界定。虽然粤超公司在二审中主张相关市场为“广东省内的五人制足球比赛经营市场”,但是,法院认为这一界定不够明晰而未予采用。相关市场界定的目标是找出涉案行为标的的竞争性商品及地域范围,前文的分析已经表明,广东省足协既可从事举办赛事的经营行为,也可提供赛事服务,如果涉案行为是赛事举办,那么将相关市场界定为“广东省内的五人制足球比赛经营市场”可能是妥当的。

本案各方争议的焦点从表面上看是赛事举办权。如前所述,举办室内五人制足球比赛与广东省足协的“批准”没有任何关系,所以,《协议书》《批准书》在本质上并不是一种赛事举办权的安排,更像是一项赛事服务合同。基于此,本案的相关市场界定为“广东省内室内五人制足球比赛赛事服务市场”可能更具有实质上的合理性。在赛事服务市场上,广东省足协具有市场支配地位应当是可以确认的。因为任何一项足球联赛的顺利开展都离不开当地足协提供的各种赛事服务,引进裁判员、提供运动员注册等,甚至按《体育法》的规定,运动员注册只能在相应的体育协会进行,故在这类赛事服务提供方面,广东省足协具有其他经营者不可比拟的优势。

## 五、唐山市人人信息服务有限公司诉北京百度网讯科技有限公司垄断纠纷案

(一)当事人

原告:唐山市人人信息服务有限公司

被告:北京百度网讯科技有限公司

(二)案情简介

唐山市人人信息服务有限公司(以下简称唐山人人公司)成立于2007年1月22日,主要经营范围为医药信息咨询,其为全民医药网的实际经营者。唐山人人公司主张:全民医药网曾先后使用过两个域名,域名一 www.qmyyw.com 在2008年10月6日被停用,同日域名二 www.qmyy.com 启用(在启用前的两年内并没有内容)。

北京百度网讯科技有限公司(以下简称北京百度公司)成立于2001年6月5日,经营范围主要为互联网信息服务业务(含利用 www.baidu.com、www.hao123.com 网络发布网络广告和除新闻、出版、教育、医疗保健、药品、医疗器械以外的内容)等,是百度网站(www.baidu.com)的实际经营者。百度搜索的结果排名方式有两种:自然排名与竞价排名。自然排名是一种

非营利搜索服务模式,被收录网站无须交纳任何费用,具体的排名顺序由百度网站所设定的算法规则决定。竞价排名是搜索引擎服务商的一种营利模式,客户付款的数额与排名的顺序直接相关,付款数额越多排名顺序越靠前。

自然排名部分的搜索结果后均标注有"百度快照"四字,竞价排名部分的搜索结果后有"推广"二字。在根据网络用户输入的关键词显示搜索结果时,自然排名结果与竞价排名结果一般分列在网页的左、右侧,但在显示搜索结果的首页时,部分竞价排名结果与自然排名结果同时出现在网页左侧的列表中。

2008 年 3 月 3 日,唐山市人人公司通过一次性缴费的方式开始参与百度网站(www. baidu. com)竞价排名。2008 年 5 月开始降低竞价排名的投入,至 2008 年 7 月投入额降至最低。全民医药网在 2008 年 7 月 9 日的访问量为 2666IP,浏览量为 10331PV,2008 年 7 月 10 日,全民医药网的访问量为 701IP,浏览量为 6322PV。2008 年 7 月 11 日的访问量为 626IP,浏览量为 6210PV。在百度网站的搜索关键词部分输入"site:qmyyw. com"后,共有 4 项自然排名部分的搜索结果符合查询要求。北京百度公司主张,因网络中存在大量指向全民医药网的"垃圾外链",其在自然排名部分对全民医药网采取了减少收录的措施。

(三)法院审理

北京市第一中级人民法院认为,唐山人人公司既未能举证证明北京百度公司在"中国搜索引擎服务市场"中占据了支配地位,也未能证明北京百度公司存在滥用市场支配地位的行为。相反,北京百度公司已经通过证据证明其对全民医药网实施的减少收录数量的措施系对其存在大量"垃圾外链"行为的处罚,其涉案行为具有正当性。唐山人人公司主张北京百度公司滥用市场支配地位的主张缺乏事实与法律依据,对其提出的要求赔偿经济损失并解除对域名一 www. qmyyw. com 屏蔽的诉讼请求,不予支持。唐山人人公司 2008 年 10 月 6 日开始使用域名二 www. qmyy. com,此前两年内该域名无内容,且其未向法院提交证据证明北京百度公司对域名二所指向的网站也采取了减少收录数量的措施,因此有关域名二的诉讼请求并无可依据的事实和理由,北京市第一中级人民法院判决驳回唐山人人公司的诉讼请求。

一审宣判后，唐山人人公司不服提出上诉，其主要理由为：唐山人人公司所提交的证据已经足以证明北京百度公司占据了中国搜索引擎服务市场的市场支配地位，北京百度公司屏蔽全民医药网的行为属于滥用市场支配地位的行为，系暗示交易相对人强制与之进行交易。综上所述，请求二审法院撤销一审判决，支持唐山人人公司的全部诉讼请求。

二审法院北京市高级人民法院查明的事实与一审相符。法院认为：唐山人人公司提出北京百度公司滥用市场支配地位的主张因证据不足不能成立，北京百度公司实施涉案屏蔽行为具有正当性的，故唐山人人公司诉讼请求均缺乏事实与法律依据。一审判决认定事实清楚，适用法律正确，北京市高级人民法院判决驳回上诉、维持原判。

（四）评析

本案是我国《反垄断法》正式实施后，中国法院较早受理的、也是北京法院作出判决的第一起垄断纠纷案。由于《反垄断法》及互联网应用技术两个新兴领域的问题在本案中交织在一起，大大增加了案件审理的难度。

1.“相关市场”的界定

“相关市场”是《反垄断法》中最为基础和重要的一个概念，界定相关市场的目的是明确经营者进行竞争的市场范围，在涉及滥用市场支配地位这一垄断行为的案件中，相关市场的界定对于判定经营者的市场份额和其行为对市场竞争的影响等问题都具有重要的意义。

（1）本案中“相关市场”范围的确定。根据《反垄断法》第12条第2款的规定，相关市场是指经营者在一定时期内就特定商品或者服务进行竞争的商品范围和地域范围。因此，当经营者所提供的是服务时，相关市场包括相关服务市场和相关地域市场两个方面。参照《相关市场界定指南》第3条的规定，相关服务市场，是根据服务的特性、用途及价格等因素，由需求者认为具有较为紧密替代关系的一组或一类服务所构成的市场。相关地域市场，是指需求者获取具有较为紧密替代关系的服务的地理区域，这些区域表现出较强的竞争关系，可以作为经营者进行竞争的地域范围。原告在本案中主张的相关市场是“中国搜索引擎服务市场”。

对此笔者认为，搜索引擎服务，是指服务商根据网络用户的搜索请求，利用一种互联网应用软件系统，在对相关网页进行搜索和抓取后，经过一定的处理和组织，将查询到的结果反馈给网络用户的互联网信息查询服务。

虽然随着互联网技术的快速发展，除了搜索引擎服务外，网络新闻服务、即时通信服务、电子邮件服务、网络金融服务等互联网应用技术在广大网络用户中也具有较高的使用率，但搜索引擎服务所具有的快速查找、定位并在短时间内使网络用户获取海量信息的服务特点，是其他类型的互联网应用服务所无法取代的，即作为互联网信息查询服务的搜索引擎服务与网络新闻服务、即时通信服务等其他互联网服务并不存在构成一个相关市场所必需的紧密的需求替代关系。因此，搜索引擎服务本身可以构成一个独立的相关市场。同时，考虑文化背景、语言习惯等因素，中国的网络用户选择并可以获取的具有较为紧密替代关系的搜索引擎服务一般来源于中国境内，即中国境内相关服务的提供者会表现出较强的竞争关系。由此可见，"中国搜索引擎服务市场"是本案中《反垄断法》意义上的"相关市场"。

(2)"免费"服务能否构成《反垄断法》意义上的相关市场。被告对于本案是否存在"相关市场"这一问题存在不同观点，其主要理由是，由于搜索引擎服务相对于广大网络用户而言是免费的，免费服务不是《反垄断法》所约束的领域，因此，本案并不存在《反垄断法》意义上的相关市场。被告的这一抗辩实际上来自美国加利福尼亚北区法院在 2007 年 3 月 16 日曾经作出的一起同样涉及搜索引擎问题的垄断案件中，被告提出的"免费"服务抗辩事由。

根据目前中国搜索引擎服务的现状，网络用户在借助关键词并通过搜索引擎寻找自己所关注的网站或者网页内容时，确实不需要向搜索引擎服务商支付相应的费用。但作为市场主体营销策略的一种方式，部分产品或者服务的免费提供常常与其他产品或服务的收费密切结合在一起。搜索引擎服务商向网络用户提供的免费搜索服务不能等同于公益性的免费服务，它仍然可以通过吸引网络用户并借助广告等营销方式来获得现实或者潜在的商业利益。因此，被告以是否付费为标准衡量是否存在"相关市场"的观点是不具备事实与法律依据的。

2. 被告是否具有"中国搜索引擎服务市场"中的支配地位的问题

《反垄断法》第 18 条规定，认定经营者具有市场支配地位，应当依据下列因素：该经营者在相关市场的市场份额，以及相关市场的竞争状况；该经营者控制销售市场或者原材料采购市场的能力；该经营者的财力和技术条件；其他经营者对该经营者在交易上的依赖程度；其他经营者进入相关市场的难易程度;与认定该经营者具有市场支配地位有关的其他因素。《反垄断法》第19条同时规定,在涉及一个经营者时,其市场份额在相关市场当中达到1/2时,可以推定其具有市场支配地位。

认定经营者是否具有市场支配地位,原则上应当根据《反垄断法》第18条所规定的市场份额、竞争状况、控制销售市场和原材料市场的能力等因素进行判断。当然,在经营者的市场份额能够予以准确确定的情况下,也可以根据《反垄断法》第19条的规定进行市场支配地位的推定。《反垄断法》之所以规定了可以以市场份额为依据对经营者是否具有市场支配地位进行推定,是因为市场份额这一因素与竞争状况、经营者控制销售市场和原材料市场的能力等因素相比,更容易通过经济分析的方式进行比较精确的计算从而具有较强的客观性。因此,当反垄断民事诉讼中的原告选择适用上述推定条款来证明被告具有市场支配地位时,应当就其对被告市场份额的计算或者证明方式提供充分的证据予以支持。

原告在本案中主张,其提供的新闻报道或文章中的内容显示:被告所占市场份额已经远远超过了1/2,足以证明其具有市场支配地位。可以看出,原告系选择适用《反垄断法》第19条的规定,通过市场份额来推定被告具有市场支配地位,在这种情况下,原告应当对被告市场份额的计算或者证明方式提供充分的证据予以支持。原告所提交的两篇文章中虽然都提及了被告的市场份额,但是,上述两文中所提到的"市场份额"所依据的相关市场的范围与本案中所定义的相关市场的范围是否一致无法确定,而相关市场范围的大小与市场份额的计算直接相关,所以,不能确定文章中市场份额的计算是以范围相同的相关市场为依据。另外,原告对于文章中市场份额的计算方式、方法及有关基础性数据均没有提供证据予以支持,未能使法院确信该市场份额的确定源于科学、客观的分折。由于原告所提供的证据内容自身所存在的缺陷及缺乏有力的佐证,仅凭现有证据不足以证明被告确实已经占据中国搜索引擎服务市场1/2以上的市场份额,即不足以证明被告获得了市场支配地位。

3. 被告是否有"滥用市场支配地位"的行为

在本案有关的互联网应用技术问题的介绍中,被告北京百度公司是一家主要提供搜索引擎服务的网络服务商,所以,本案涉及的技术问题多围绕的是搜索引擎的工作原理、搜索引擎的反作弊机制等内容。

在目前的互联网服务领域,各个服务商所使用的搜索结果的排名算法、反作弊机制的实施均没有统一的标准或者行业规范。百度搜索自然排名的算法规则涉及内容权值(网页内容与关键词的关联度)和超链权值(网页获得的链接数量)两项因素。网页内容与关键词的相关程度越高,网页内容获得的链接数量越多,该网页在排名结果中的次序就会越靠前。而所谓的"超链作弊",就是指通过人为设置大量与网页内容无关的链接(所谓垃圾外链),提高网站或网页在自然排名中的位次的行为。如果一个网站存在垃圾外链,该网站在百度搜索自然排名中的位置将会受到影响。当垃圾外链被搜索引擎的反作弊机制识别后,搜索引擎将会自动对其进行处罚。目前,百度搜索的处罚方式有两种:一为降低作弊网站的超链权值,即把作弊网站中属于作弊部分的超链权值去除,并根据其作弊行为的严重性额外扣除一定的超链权值;二为减少作弊网站网页的收录数量,即减少作弊网站被搜索引擎收录的网页数量,严重的情况下甚至会不收录作弊网站。

4. 被告是否存在滥用行为

《反垄断法》并不禁止经营者通过自身的发展形成规模经济,从而占据一定的市场支配地位,《反垄断法》禁止的是占据市场支配地位的经营者所实施的,能够影响市场结构,破坏市场竞争秩序的行为和措施。如果经营者所实施的行为具有正当理由,也没有产生破坏市场竞争秩序的后果,即不构成《反垄断法》所禁止的滥用行为。

被告虽然承认对原告所拥有的全民医药网(www. qmyyw. com)的自然排名结果实施了减少收录数量的技术措施,但其抗辩称自己的行为具有正当理由,即该行为是对全民医药网(www. qmyyw. com)存在垃圾外链行为进行的处罚。笔者认为,首先,被告在其网站的相关页面上所登载的"百度搜索帮助—站长 FAQ"中的内容,实际上已经在一定程度上向社会公众公布了百度搜索引擎的算法规则及针对作弊行为的处罚方式,原告完全有途径了解百度搜索反对网站设置垃圾外链的行为,并会对这种行为实施处罚。而且,其处罚措施针对的是所有设置了垃圾外链的被搜索网站而非单独指向全民医药网(www. qmyyw. com)。其次,原告经营的全民医药网(www. qmyyw. com)也确实存在垃圾外链。由此可见,全民医药网(www. qmyyw. com)被百度搜索减少收录的原因是其网站本身存在的垃圾外链被搜索引擎识别后,搜索引擎的反作弊机制对其进行了减少收录数量的处罚措施所致。

由于上述反作弊机制的实施是为了使搜索结果更为真实和可靠,从而保证广大搜索引擎用户的利益,同时,现有证据亦无法证明被告采取的上述措施对原告而言存在歧视性或者胁迫性,故被告基于全民医药网(www. qmyyw. com)存在大量垃圾外链的事实而对其实施了减少自然排名部分收录数量的技术措施是正当的。

(五)律师提示

《反垄断法》第50条规定,经营者实施垄断行为,给他人造成损失的,依法承担民事责任。唐山人人公司主张北京百度公司实施了滥用市场支配地位的行为,并以上述规定为法律依据提起本案诉讼。在审理本案的过程中,首先应当明确是否存在相关市场并对相关市场的范围予以界定,其次应对经营者是否占据相关市场支配地位以及是否具有滥用市场支配地位的行为进行判断。

1. 关于相关市场的界定问题

本案中,北京百度公司主张其提供的搜索引擎服务属于免费服务,因此不存在《反垄断法》意义上的相关市场。但是,免费并不能作为其市场行为免责的充分理由。根据已经查明的事实,北京百度公司所经营的搜索引擎服务的对象不仅限于那些提出搜索请求的普通用户,还包括那些意图通过付费方式实现商业价值的网站,因此其仅仅以普通用户免费搜索为由主张其提供的是免费的搜索引擎服务是缺乏事实依据的。在显示搜索结果的首页会有部分竞价排名结果与自然排名结果同时出现在网页左侧的列表中。由于首页部分往往最受用户关注,这种安排反映了其通过搜索引擎服务实现商业利益的本质。竞价排名作为一种搜索引擎的营销模式,是基于自然排名而建立的,它根据用户使用搜索引擎的方式,利用用户检索信息的机会尽可能地将营销信息传递给用户,通过"排名靠前"的方式获得最大的来自搜索引擎的访问量,从而产生相应的商业价值。

根据《反垄断法》第12条第2款的规定,相关市场,是指经营者在一定时期内就特定商品或者服务进行竞争的商品范围和地域范围。鉴于本案所涉及的是北京百度公司作为经营者所提供的服务,对相关市场范围的界定包括相关服务市场和相关地域市场两个方面。所谓相关服务市场,是根据服务的特性、用途及价格等因素,由需求者认为具有较为紧密替代关系的一组或一类服务所构成的市场。唐山人人公司主张本案的相关服务市场为搜索引擎服务市场。搜索引擎服务主要是通过搜索引擎自己的网页抓取程序,连续地抓取网页,提取关键词,建立索引文件,当用户输入关键词进行检索时,搜索引擎可以从索引数据库中找到匹配该关键词的网页,将网页标题和 URL 地址(互联网上标准资源的地址)提供给用户,用户通过点击可以直接进入相关网页,在满足用户搜索需求的同时也为网站提供了提高关注度的平台。

搜索引擎服务本质上属于互联网信息检索、定位服务,鉴于目前尚不存在形成需求替代关系的相关服务,搜索引擎服务构成本案的相关服务市场。所谓相关地域市场,是指需求者获取具有较为紧密替代关系的服务的地理区域,这些区域表现出较强的竞争关系,可以作为经营者进行竞争的地域范围。唐山人人公司主张本案的相关地域市场为中国,北京百度公司则以网络无国界为由反驳上述主张。本案中北京百度公司以提供中文搜索引擎服务为主,虽然互联网信息服务具有跨越国界的特点,但是使用中文搜索引擎的多数用户位于中国,而中国用户可以选择并获取的具有较为紧密替代关系的搜索引擎服务一般也来自中国境内,即中国境内相关服务的提供者会表现出较强的竞争关系,因此可以确定中国为本案的相关地域市场。

2. 关于市场支配地位问题

唐山人人公司依据《反垄断法》第 19 条规定主张北京百度公司在中国搜索引擎服务市场占有超过 1/2 的份额,因此具备了市场支配地位。根据《反垄断法》第 19 条的规定,一个经营者在相关市场的市场份额达到 1/2 的,可以推定经营者具有市场支配地位,被推定具有市场支配地位的经营者,有证据证明不具有市场支配地位的,不应当认定其具有市场支配地位。因此,若选择适用该条款主张经营者具有市场支配地位,则应当就经营者所占据的相关市场份额承担举证责任。

唐山人人公司在本案一审、二审期间就其前述主张先后提交数份证据,其中包括《中国证券报》相关文章、百度网站相关文章、www. eryi. org 网站相关文章、《CNNIC 发布中国搜索引擎市场广告主与用户行为研究报告》、北京正望咨询有限公司网站(www. iaskchina. cn)、《2009 年搜索引擎用户调查报告发布》、《2008 年搜索引擎用户调查报告》等证据。唐山人人公司认为上述证据所显示的相关市场范围即为本案的相关市场,证据内容也足以证明北京百度公司已经占据了中国搜索引擎服务市场超过 1/2 的市场份额,且北京百度公司也在其公司网站相关文章中对这一事实予以认可。

第一，www. eryi. org 网站相关文章仅援引了有关报告的内容，在缺乏其他证据佐证的情况下无法直接认定其证明力；第二，《CNNIC 发布中国搜索引擎市场广告主与用户行为研究报告》显示全国搜索用户中有 76.9% 的用户首选使用百度，在无其他证据佐证的情况下法院无法确定该报告调查的市场范围与本案相关市场范围一致；第三，《中国证券报》相关文章、北京正望咨询有限公司网站的相关文章提及的市场范围虽与本案相关市场范围基本一致，且在一定程度上披露了调查方法，但是其作为证明经营者具有市场支配地位的证据缺乏应有的经济分析过程内容，不足以使法院确信该调查结论的科学性和客观性；第四，北京百度公司虽在其网站相关文章中提及“全球最大的中文搜索引擎”，但适用自认规则应当以当事人自认发生在诉讼过程中为条件，北京百度公司在诉讼外对上述事实的认可仍应比照一般证据进行举证、质证，同时北京百度公司所认可的内容，不仅事关其作为本案当事人的市场经济地位，而且关乎相关市场的竞争秩序及经济发展，因此不能简单地适用民事诉讼证据制度有关自认的规则，从而免除唐山人人公司的相关举证责任。

3. 关于滥用市场支配地位行为的问题

即使北京百度公司占据了中国搜索引擎服务市场的支配地位，其涉案行为亦具有一定正当性，不属于滥用市场支配地位的行为。理由如下：

在本案中，唐山人人公司主张北京百度公司在涉案期间屏蔽全民医药网网站的行为属于《反垄断法》第 17 条第 1 款第 4 项规定的，没有正当理由，限定交易相对人只能与其进行交易或者只能与其指定的经营者进行交易的滥用市场支配地位的行为。其将屏蔽界定为“在自然排名部分几乎不收录全民医药网网站”的行为。对于在涉案期间对全民医药网网站减少收录的事实，北京百度公司不持异议。

北京百度公司主张，其对全民医药网网站实施屏蔽具有正当性，原因在于全民医药网网站存在垃圾外链，这种垃圾外链被搜索引擎识别后会受到相应的处罚，其中包括减少收录数量。唐山人人公司对于全民医药网网站存在垃圾外链的事实不予否认，但认为在未查明设链者身份的情况下即实施屏蔽缺乏正当性。为证明其上述主张，唐山人人公司向法院举证证明垃圾外链的设置过程，并进而主张涉案垃圾外链的设置者并不必然是唐山人人公司,同行业的恶意竞争者、北京百度公司为获取竞价受益都有可能成为本案垃圾外链的设置者。对此,法院注意到,互联网经济是注意力经济,用户的关注度对于网站的经营发展至关重要。通过人为地针对搜索引擎设置大量与网站内容无关的链接,能够提高自然排名部分的位次,从而吸引用户点击。如果对其听之任之,则不仅会加剧各网站利用垃圾外链无序竞争,同时也会大大降低用户的检索质量。考虑到应当尽可能地以最迅捷的手段降低垃圾外链对用户利益的损害,即使在未查明垃圾外链设置者身份的情况下,北京百度公司实施涉案屏蔽行为也是具有一定正当性的,唐山人人公司的前述主张依据不足,法院不予支持。

# 第二章 市场支配地位与相关市场

## 第一节 市场支配地位与相关市场概述

### 一、相关市场概述

我国《反垄断法》第12条第2款规定:"本法所称相关市场,是指经营者在一定时期内就特定商品或者服务(以下统称商品)进行竞争的商品范围和地域范围。"《相关市场界定指南》第3条规定:"相关市场是指经营者在一定时期内就特定商品或者服务(以下统称商品)进行竞争的商品范围和地域范围。"《禁止滥用知识产权规定》中指明,本规定所称相关市场,包括相关商品市场和相关地域市场。

一般而言,相关市场包括产品市场、地域市场和时间市场(因素)。产品市场是指同类产品或具有替代关系的产品的范围,地域市场,是指同类产品或具有替代关系的产品之间相互竞争的地域范围,时间市场,是指同类产品或具有替代关系的产品在同一区域内相互竞争的时间范围。三种相关市场的分类及界定如表2-1所示,下文会分别对三种相关市场进行介绍。

**表2-1 相关市场分类界定**

| | 定义 | 界定方法 |
|---|---|---|
| 产品市场 | 同类产品或具有替代关系的产品之间相互竞争的范围 | 需求弹性分析 |
| | | 供给弹性分析 |

续表

| | 定义 | 界定方法 |
|---|---|---|
| 地域市场 | 同类产品或具有替代关系的产品之间相互竞争的地域范围 | 需求替代分析 |
| | | 供给弹性分析 |
| 时间市场（因素） | 同类产品或具有替代关系的产品之间相互竞争的时间范围 | 产品周期律在时间市场运用 |
| | | 互联网环境下的时间市场特殊性 |

相关市场包含所有可替代的产品与地区。这些产品与地区能对调查的产品与地理提供了显著的竞争上之约束。外国专家于 1995 年提供一个有趣的指导原则，表示“相关市场是值得独占的某个事物”；某种意义上，这只在该“市场”内的产品不会受到市场以外的产品的显著竞争上的约束时才有可能，相关市场包含所有可替代的产品，如果能控制该市场，让独占者调高这些产品的价格至独占水准，就能够获取更高的利益。

经营者能够将其产品价格调高至偏离正常竞争水准多大的程度，取决于消费者购买可替代商品的可能性，以及供应此类产品的其他公司的能力。该产品越少可替代性及或其他经营者越难开始提供此类产品，该产品的需求曲线弹性就越小，且越有可能出现较高的价格。基于上述所有理由，有必要为依据法律施行的不同个案定义其相关市场。

### 二、市场支配地位与界定相关市场关系

市场支配地位，是指经营者在相关市场内具有能够控制商品价格、数量或者其他交易条件，或者能够阻碍、影响其他经营者进入相关市场能力的市场地位。根据《反垄断法》第 3 条的规定，市场经济条件下的垄断行为包括垄断协议、滥用市场支配地位和经营者集中三种形式，并且一切垄断竞争行为均发生在一定的市场之类内，所有的排除、限制竞争的行为，亦需在一定的市场范围内展开，因此，认定垄断行为首先需要对相关市场进行界定。

市场支配地位与界定相关市场之间关系是界定相关市场及确定市场支配地位的前提条件，因为只有界定了相关市场范围，确定了产品市场、地域市场和时间市场，才能够确定经营者在相关市场所占有的市场份额和地位等因素。同时，根据《反垄断法》第 18 条规定的六个因素，认定经营者是否具有市场支配地位，或者根据《反垄断法》第 19 条的规定，推定经营者是否

具有市场支配地位。因此,判定一个经营者是否居于垄断地位或者市场支配地位,是否排除、限制了市场竞争,一般情况下,应当以界定相关市场为前提。

只有界定了相关市场的范围,认定经营者是否具有市场支配地位,才能进一步判断经营者是否实施了滥用市场支配地位行为,才能判断某一具体行为有益于还是有害于竞争,从而才能评价该行为是否应当受到《反垄断法》的反制。因此,界定相关市场是反垄断执法的关键步骤,直接影响甚至决定着反垄断案件的处理结果。但是,美国2010年《横向并购指南》指出一个观点:界定相关市场不是目的。也就是说,不是所有竞争分析每次都从相关市场界定开始。

### 三、界定相关市场的规定

我国《反垄断法》对相关市场只进行了最基本的界定,其中并未涉及相关市场界定时需考虑的因素或方法。《相关市场界定指南》是对《反垄断法》关于界定相关市场的具体规定。从中可以看出,构成相关市场的基本范围是产品市场、地域市场和时间市场(因素),相关市场界定最为核心的要素是产品经营者的有效竞争产品之间的可替代性。

界定相关市场的方法不是唯一的。在反垄断执法实践中,根据实际情况,可能使用不同的方法:一是按照传统的界定方法,基于商品的特征、用途、价格等因素进行需求替代分析,必要时进行供给替代分析;二是按照"假定垄断者测试"[1]的分析思路来界定相关市场;三是在经营者竞争的市场范围不够清晰或不易确定时,反垄断执法机构考虑根据案件具体情况运用客观、真实的数据,借助经济学分析方法来界定相关市场。无论采用何种方法界定相关市场,都要始终把握商品满足消费者需求的基本属性,并以此作为对相关市场界定中出现明显偏差时进行校正的依据。就界定相关产品市场而言,应当从产品本身的特性、价格、用途、消费者需求和偏好、需求和供应替代性等角度进行分析。就界定相关地域市场而言,申报方必须从行业特点、产品性质、运输、关税、保险、消费习惯等角度分析,前述这些分析在实务当中都必须有相关数据来支持。

---

〔1〕其是指非临时性的幅度不大但有意义的价格上涨,英文全称为 Small but Significant and Non－transitory Increase in Price,又称 SSNIP 测试。

## 第二节 产品市场

### 一、产品市场概述

产品市场,又称商品市场,是指有形物质产品或劳务交换的场所,经营者在这里出售其产品(服务)。是确定相关市场最主要的方面,也是界定相关市场的第一步。产品市场是根据产品的特性、用途及价格等因素,由需求者认为具有较为紧密替代关系的一组或一类产品所构成的市场。也就是市场上可以与之形成有效竞争的商品和服务的范围,在反垄断执法中可以作为经营者进行竞争的产品范围。

美国《知识产权许可的反托拉斯指南》认为,产品市场是知识产权许可技术生产的中间产品或最终产品的市场。当知识产权市场所涉及的商品为实物时,可对其产品市场进行界定。在分析某经营者产品市场范围时,一般较少单独以知识产权来界定产品市场,除非该产品市场的存在主要系于某项知识产权,软件产品主要取决于著作权对源代码的保护,美国、欧盟竞争主管机关便曾经要求微软公司公开部分源代码。

网络相关产品市场是由相互之间具有竞争关系的网络建设、运营、产品(服务)所组成的,即由消费者根据产品(服务)的特征、价格以及预定的用途而认为可以互换或者替代的所有产品(服务)构成的市场。

### 二、界定产品市场的方法

(一)需求替代分析

在竞争法中对产品市场的界定主要是分析和认定产品的相互竞争关系。对竞争关系的分析则主要是通过对产品的替代性关系进行分析完成的,两个产品彼此之间替代程度越高,竞争关系就越强。在界定相关市场时,应当首先采用需求替代分析。需求替代能够解决的,就不再考虑供给替代分析。

需求替代,简言之就是站在消费者的角度来判断消费者是否愿意将一种产品当成另一种产品的替代品。如果消费者认为两种产品是可以相互替代的，则该两种产品就属于同一市场。反之，如果消费者在购买这种产品时对产品作出了区别对待，即这种产品不能满足消费者的实际需求，则应认定为多个相关产品市场。

界定相关产品市场的一般步骤为：第一，确定相关产品或服务的用户群，因为这些用户群是定义相关市场的基础；第二，确定每一用户群的实际需求，这些需求一般包括产品或服务的质量、价格、地域等方面的内容；第三，确定经营者能提供产品或服务的地域范围。

需求替代分析法考虑的因素如下：

（1）需求者因商品价格或其他竞争因素变化，转向或考虑转向购买其他商品的证据。

（2）商品的外形、特性、质量和技术特点等总体特征和用途。商品可能在特征上表现出某些差异，但需求者仍可以基于商品相同或相似的用途将其视为紧密替代品。

（3）商品之间的价格差异。通常情况下，替代性较强的商品价格比较接近，而且在价格变化时表现出同向变化趋势。在分析价格时，应排除与竞争无关的因素引起价格变化的情况。

（4）商品的销售渠道。销售渠道不同的商品面对的需求者可能不同，相互之间难以构成竞争关系，则成为相关商品的可能性较小。

（二）供给替代分析

需求替代说的不足之处，在于所谓的替代性产品有时很难划分。如果相关市场内的产品仅系遥远的替代产品，把它们包括在内就夸大了其重要性；如果把有弹性交叉关系的产品排除在相关产品市场以外，则又低估了其在竞争中的重要性。在界定相关市场时，如果可替代产品间的界限不是很清楚，反垄断执法机构往往可能采纳范围较广的相关产品市场划分标准。例如，即使美国到中国的机票大幅度上涨，乘客也不大可能换乘火车或轮船；如果上海到北京的机票价格大幅度上涨，则乘客就很可能换乘火车。因此，在前一情形中，火车和飞机就不具有弹性交叉关系；而在后一情形中飞机和火车之间则存在弹性交叉关系。

界定产品市场的相关市场的方法是供给弹性分析。供给弹性较大，即当相关产品的价格上升一定的比率时，市场上相同产品的供给量随之增加，表明潜在的竞争者较易进入该市场，相关市场的范围也就比较大，反之范围就比较小。供给弹性的大小往往与绝对费用、规模经济、产品差异和资本差异等各种市场进入壁垒及潜在的竞争者转换生产所需要的时间的长短以及生产产品品种的多寡等因素关系密切。

(三)假定垄断者测试方法

1. 假定垄断者测试

假定垄断者测试是最常用的方法之一,具体是指:"相关市场被界定为一种或一组产品以及地理区域,一个假定的利润最大化的厂商在该区域是这些产品唯一的销售商,且能够在非短暂的时间内将价格提高到一个不大、但显著的水平。进行假定垄断者测试检验要从某产品的市场上存在一个假定的垄断资本入手,假定的垄断者能在规定的时期内将产品价格提高到规定的水平(一般是一年以内价格提高5%)后,有足够多的消费者转向购买其他产品,从而使假定的垄断者无利可图,那么就可以断定在这样一个范围内,厂商并不具备为获利而提高价格的市场力量。进一步的检验要加进次优的替代产品或者地理区域,这个过程一直持续到假定的垄断者可以获利为止,这些替代性产品或者地理区域就构成了一个相关市场。"可见,假定垄断者测试法是在需求价格交叉弹性分析基础上进一步发展和完善而来,引入了经济学上更为精确和可计量的相关市场界定方法。根据《相关市场界定指南》的规定,一般情况下,假定垄断者测试法价格上涨幅度为5% ~ 10%,不同涨价幅度将导致相关市场外延范围的不同。

2. 临界损失分析新方法

1989年美国提出假定垄断者测试新的临界损失分析方法,是指为使垄断者涨价失败所必需的销售额或产出额的减少幅度,这个幅度与实际中涨价后可能发生的销售额或产出额的减少相比较,可以确定某个替代产品或地理区域是否属于同一个市场,如果假定垄断者的产出额或销售额损失小于估计临界损失,那么5%的价格上涨就是有利可图的,由此界定出临界产品(地理)市场。比该市场稍大的市场,企业就可以从涨价中获利;比该市场稍小的市场,企业就不能从涨价中获利。

(四)界定产品市场的其他因素

产品市场的其他重要因素有:需求者偏好或需求者对商品的依赖程度;可能阻碍大量需求者转向某些紧密替代商品的障碍、风险和成本;是否存在区别定价等。

当生产周期、使用期限、季节性、流行时尚性或知识产权保护期限等已构成产品不可忽视的特征时，界定相关市场还应考虑时间市场（时间因素）。

在技术贸易、许可协议等涉及知识产权的反垄断执法工作中，可能还需要界定相关技术市场，创新市场等因素的影响。任何因素在界定相关商品市场时的作用都不是绝对的，可以根据案件的不同情况有所侧重。

## 三、互联网环境下的产品市场

由于互联网行业明显的网络外部性、非对称性的价格结构等特性，互联网产品市场的边界模糊，假定垄断者测试法面临适用困境，界定相关市场的一般方法不能完全适用于互联网行业。互联网产品分类及对应竞争性产品的考察对互联网经济及其产品有广义和狭义的理解。狭义的互联网经济仅指以计算机网络为中心的新兴行业，目前主要包括电子商务、即时通信、搜索引擎、社交网络、网络游戏等细分区域。广义的互联网经济指通过计算机互联网在社会经济各领域中的普遍应用，使知识、信息的成本大幅度下降，不断渗透人类生活。它既带来了全新的信息交换类产品，也通过渠道的创新为人们获取传统产品提供了新方式。逐渐成为核心生产要素的全球化经济形态。

"网络产品"与"传统产品"之间可能存在的交叉替代性将影响反垄断执法中的市场界定。鉴于功能上的替代性，对互联网带来的全新信息类产品及社会上既有的传统产品应做一个相对而不是绝对的理解。互联网新产品的某些功能也可以通过传统产品部分实现。谁也不否认搜索引擎、电子邮件、即时通信、微博、门户网站、社交网站、网络游戏、团购网站，等等。都是基于互联网发展起来的全新产品，但其大部分功用在一般性传统产品中也可实现，只是后者在速度、便捷性或者价格上具有劣势。诚然，传统邮件、传真、电话等都可以部分替代电子邮件和即时通信的功能，报纸杂志可以实现门户网站的新闻服务功能，电子商务出现之前，商店也可以满足人们的购物需求。但是，互联网使人们获取信息的速度和广度大幅提升，两者是否能够相互替代尚需具体分析。这一特点促使我们思考互联网反垄断市场的横向与纵向界定。横向上，需要跨越产品依存的载体考虑传统产品中所有可与该互联网产品功能接近、可进行相互替代的商品，因为它们存在被消费者替代选择的可能;纵向上,则需要考虑所有在互联网行业内具有竞争性的经营者及其生产产品的替代可能性。

## 第三节 地域市场

### 一、地域市场概述

地域市场也称地理市场或空间市场,是指需求者获取具有较为紧密替代关系的产品的地理区域,它是产品或服务之间进行有效竞争的地理区域或者空间范围。是界定相关市场过程中,在确定了产品市场之后的第二个重要步骤,有时候地域市场的重要性会超过产品市场。《关于为欧共体竞争法界定相关市场通知》第 8 条指出,相关地域市场是指相关经营者供给产品或者购买产品或者服务的地域,且它们在这个地域内的竞争条件基本上是一致的。地理市场可以是一个较小的城市范围,也可以是更大的省、国家、跨国市场甚至是世界市场。地域市场是从地域成本上对产品市场范围的竞争约束。

知识产权的地域市场是知识产权产品(服务)的地域市场。相关地域市场是指某个地理区域,在该区域中,经营者无法在不吸引其他卖方进入该区域或导致消费者转向区域外卖方的情况下提高商品价格。知识产权相关地域市场的特征是虚拟性和无边性。网络知识产权与传统地域市场不同,有可能超越了国界的地理限制。先前依赖传统销售渠道的经营者,在网络传输作用下,有可能扩张成全国性、全球性市场。但是,并不意味着网络知识产权市场是全球性的,物理技术上的传输范围不能代替地域市场界定范围,界定地域市场仍然要考虑地理上的替代性对市场竞争的约束力。就地理区域而言,知识产权权利人在任何一个国家所获得的知识产权权利均相互独立,彼此之间无竞争或替代关系,各个国家的知识产权许可市场均属各自相互独立的相关市场。

### 二、地域市场的界定方法

(一)需求替代角度界定

(1)需求者因商品价格或其他竞争因素变化,转向或考虑转向其他地域购买商品的证据。

(2)商品的运输成本和运输特征。相对于商品价格来说,运输成本越高,相关地域市场的范围越小。

(3)多数需求者选择商品的实际区域和主要经营者商品的销售分布。

(4)地域间的贸易壁垒,包括关税、地方性法规、环保因素、技术因素等。关税相对商品的价格来说比较高时,则相关地域市场很可能是一个区域性市场。

(5)其他重要因素。包括特定区域需求者偏好;商品运进和运出该地域的数量等。

(二)供给替代角度界定

从供给替代角度界定相关地域市场时,一般考虑的因素包括:其他地域的经营者对商品价格等竞争因素的变化做出反应的证据;其他地域的经营者供应或销售相关商品的即时性和可行性;将订单转向其他地域经营者的转换成本等。

地域市场的大小,取决于产品的性质以及购买和销售该产品的人们的特点,常常面临的问题是消费者愿意跑多远去寻找替代品。因此,需求弹性和供给弹性都非常重要。在诸多考察因素中,有两个因素对界定地域市场的范围至关重要:一是产品的运费与其价值的关系,水泥、石头建材等笨重且价值较低的产品的销售区域要比黄金、石油等重量较轻且价值较高的产品的销售区域小得多;二是产品的易腐性,易腐烂、难保存的产品其地域市场的范围也相对较小。

界定地域市场还要注意法律、传统文化和语言等因素的影响。在法律上,各国对互联互通网络市场有保护性限制。在一般情况下,大部分中国的消费者不会去浏览外文网站内容,同样,国外居民也很少浏览中文网站内容。因此,网络地域市场往往被限定在传统文化相同语言普及的区域内。

### 三、互联网环境下的地域市场

信息交换类互联网产品的地域市场界定对于产品和服务只存在于互联网之上的聊天服务、网络广告、电子邮件等数据交换服务,互联网是否可被定义为相关地域市场?确实有学者提出互联网本身就是这些产品的地域市场。争论在于互联网本身作为地域市场的边界不确定性。1999年“美国在线公司诉 Greatdeals. Net 一案"中,美国法院在界定相关地域市场时认为,关于竞争发生的相关地域市场,法庭认为互联网不能被界定为外在边界。它不是一个地方或地点,它是无穷的。

在现实世界中,地理的远近对商品或服务的价格与送达的影响是巨大的,互联网却不存在这样巨大的限制。价格、送达对于寄托于互联网之上的信息类产品都不再是问题,互联网之上的同类产品几乎都可以在功能上进行替代,需要考虑的往往是政府法律与政策的规定以及语言和使用习惯的限制。然而,互联网作为一个庞大的、无边际的网络,将其界定为地域市场对反垄断执法的意义不大。有意义的做法是可以按照这类产品的消费者所在的地理位置来界定该类产品的地域市场。互联网信息类产品,搜索引擎、电子邮件、在线音乐等,考虑到语言和使用习惯的限制,其地域市场应当是语言和使用习惯区域内。在这种界定的基础上,再适当考虑外国竞争对本国互联网产品的潜在影响。而对互联网上销售的传统产品的地域市场的界定,运费较低、运输方便的产品,其地域市场可能就更加广阔。传统生活消费类产品的地域市场需要考虑相关商品的运输成本在产品价格中所占的比例,水泥这样运输成本很高的商品,其地域市场肯定是局限在当地市场的;而书籍、化妆品、服装、食品等商品,在电子商务和物流充分发展之后,如果没有地域间贸易壁垒,其地域市场可以是全球的。

总体来说,互联网的发展使得诸多产品的销售空间大大扩展,也相应扩大了地域市场的范围。对于在互联网上销售的传统产品,可以在先界定传统产品的基础上,将互联网引入的竞争加以考量。除了利用需求分析和供给分析来界定市场外,可参照运输数据理论来分析电子商务是否对产品的销售构成了实质性的冲击,并结合电子商务消费者所在地理位置来分析产品的地域市场究竟是地区性、全国性还是国际性的。

## 第四节 时 间 市 场

### 一、时间市场的概念

时间市场,是指某一产品与其同类产品或者替代品在同一区域内相互竞争的时间范围。相关产品市场和相关地域市场总是随着时间而变化发展的,时间无疑对界定相关市场具有重要意义。产品的使用期限、产品的季节性以及产品随技术的发展而更替的频度等是时间市场界定时经常需要考虑的因素。时间市场不是一个独立性的市场,其依附于相关商品市场与相关地理市场的界定。本质是对相关产品市场和相关地理市场时效性的一个界定,即在一定的时间跨度内,相关产品市场和相关地理市场的界定是有效的,否则需重新界定相关市场。

某些产品由于其特性而使其竞争有较强时间性,季节性产品或过多的为技术发展所左右的产品,其相关市场只是暂时存在的,圣诞礼物、新鲜水果都是典型的例子,消费者的需求无法在各个期间实现相互替代,或者生产者的供给无法在各个期间实现相互替代。相关产品受知识产权保护,通常在知识产权有效期内和知识产权保护期满后应区分为不同时间市场。

确定相关时间市场的意义不仅在于使执法机关和司法机关在界定产品市场和地域市场范围时要考虑时间变化的影响,而且在界定相关产品市场和地域市场时还应当有一定前瞻性,考虑到随时间变化在可预见范围内将出现的市场变化。特别是在分析产品市场或地域市场供给替代性时要高度关注时间因素。

各国及地区对时间市场在相关市场确定中的地位有不同的观点,欧洲法院、德国法院的判例表明其将时间市场作为与产品市场、地域市场并列的因素;美国立法和司法判例没有将时间市场纳入相关市场界定过程中。多数观点认为,时间市场应是确定相关市场的重要因素,也是重要步骤之二。在某些情况下,时间对于产品的销售具有决定性意义。质量相同的西瓜在相同的地方,冬季与夏季的销售价格大不相同。某些产品因季节性、时尚性或为迅速发展的技术因素所左右,市场情况往往会随时间的变化而发生变化。因此,在确定相关市场时需要考虑时间因素。

实际上,任何竞争者对任何产品在一定区域和时间内的市场地位是特定的,时间市场是从时间角度对相关市场的考察。随着当今世界科学技术的迅速发展,速度和效率备受推崇,许多产品的技术含量越来越高,更新换代的速度越来越快,也许经营者的某种产品在某一时间确实具有支配地位,但这种市场支配地位很可能是暂时的或稍纵即逝的。因此,在市场节奏和科技发展越来越快的今天,判断经营者是否具有市场支配地位,特别是认定高科技经营者否拥有市场支配地位时,时间市场是至关重要的。一般情况下,在司法实践中,市场进入的及时性一般是指一年期间内,同时,需要考察具有市场支配地位经营者能否连续保持一年以上的稳定的持续时间,如果具有市场支配地位经营者不能保持一年以上的稳定的持续时间,则难以认定其具有市场支配地位。

## 二、产品周期理论在时间市场的运用

市场上没有永远畅销的产品,任何一种产品在市场上的存在都有时间长短之分,这是由产品生命周期理论决定的。产品是为了满足市场上消费者的需求而产生的,不同时期的消费者存在不同的消费倾向,所以对产品也提出了不同的要求。能够适应消费者需求的产品会在市场上存在;过时的、不能满足消费者需求的产品,会因失去在市场上存在的理由而被市场所淘汰。产品的市场生命周期是指产品从进入市场到退出市场所经历的时间。产品的市场生命周期要经历四个阶段,即导入期、增长期、成熟期和衰退期。

运用产品的市场生命周期理论主要有三个目的:第一,可以使自己的产品尽快尽早为消费者所接受,缩短产品的导入期;第二,尽可能保持和延长产品的增长阶段;第三,尽可能使产品以较慢的速度被淘汰。

## 三、互联网环境下的时间市场

时间市场实际上并非一个独立的市场,它是对"产品市场"界定有效期的界定。时间市场意味着在对市场进行界定时要考虑时间因素,超过一定时间的市场界定将不再有效,这要求适当地将未来市场份额变动的可能性考虑在内。市场界定时效性一般考虑如下具体因素:产品的使用期限、产品的生产周期、产品有无季节性、产品是否受知识产权保护。

随着科技的发展,相关市场界定的时效性还应在多观察行业产品流行的时间、行业创新速度带来的产品替代频率的基础上进行综合考量。时间因素对互联网市场界定的影响是非常明显的。这源于互联网是一个创新密集型行业。"雅虎"网曾提出著名的"60 天理论",即在互联网时代,两个月是一个公司所能预期的最远将来。因此,在互联网环境下,传统市场进入及时性时间(一年期间内)已经不能适用。在网络知识产权时间市场中,许多竞争行为是以"秒"为单位计算的。例如,2016 年 11 月 11 日(双十一购物节),“天猫”商城宣布限时打折销售,全世界有200多个国家和地区的消费者立刻抢购,在第一个小时内交易量即达到353亿元。因此,在网络市场中,传统时间市场的概念有可能被颠覆。

互联网条件下技术进步、技术创新、财富积累的速度十分迅速。一个主妇会在拖把损坏后购买一个新拖把,而手机消费者却往往在手机还可使用时就购买下一款新手机。这是因为,拖把产品的创新是缓慢而有限的,而手机产品创新的速度以及由此带来的更新换代速度却非常快,消费者往往不会等到损坏后才购买此类新产品。创新速度的加快使得现有优势经营者垄断的时间逐步缩小。现有的优势经营者必须在创新的每一个阶段都获得成功,才能稳固竞争优势,否则其领导者地位很容易失去。因此,对于高科技行业和互联网行业来说,产品市场的时间跨度定义应长于传统经营者,以便正确反映市场竞争状况,否则,难免夸大经营者的市场支配地位。

## 第五节　技术市场与创新市场

### 一、技术市场

#### (一)技术市场的概念

技术市场,是指由行使知识产权所涉及的技术和可以相互替代的同类技术之间相互竞争所构成的市场。美国《知识产权许可的反托拉斯指南》中明确规定技术市场是指由被许可的知识产权(被许可技术)及其近似替代品所构成的市场,而近似替代品是指具有足够的相似替代性,能明显地限制被许可知识产权的市场支配力的技术和产品。

知识产权与使用知识产权技术生产的产品在市场上是分别交易的,技术通过不能用货币量化的方式许可使用时,通常需要界定技术市场。即需要通过确定与被许可技术成本相当的技术或产品来界定技术市场。当专利权与使用专利权制造的产品分别销售时,该专利所有人仅以专利授权许可为经营模式,自身不进行实质性生产,因此,其无须依赖相关领域的其他专利权人,亦无须与之交叉许可,故其市场支配力并未受到有效制约。滥用市场支配地位的可能性增加。如微软将 Windows 操作系统和 IE 浏览器的代码"混合"在一起,达到两者必须同时安装的目的,以消除浏览器竞争对手入侵微软操作系统市场的威胁。

(二)技术市场的界定

1. 通过相似替代性来界定技术市场。在数据允许的情况下,首先确定出市场最小集合的技术和产品,这些技术和产品的假想垄断者有可能利用该技术和产品来行使市场支配力,通过施行小幅但很明显、非临时性的提价来测试替代性。

2. 知识产权许可方式常常不容易以金钱来量化。如果被许可的技术通过不能用货币量化的方式许可使用时,可以采用确定与购买者使用被许可技术成本相当的技术或产品来界定技术市场。但是,由于技术成本的复杂性,技术市场界限较为模糊。

3. 技术市场往往影响产品市场。在分析对产品市场竞争影响时,同时分析特定知识产权行为对技术市场竞争的影响,即使对于产品市场没有不利竞争的影响,但对于技术市场竞争有不利的影响,仍然有可能被认定违反反垄断法。

## 二、创新市场

(一)创新市场的概念

创新市场是美国《知识产权许可的反托拉斯指南》提出的新概念,是针对某一新型或改进型产品或方法的研究开发而预测有可能产生的一个未来的新市场,我国《禁止滥用知识产权规定》没有单独明确界定创新市场,而只是强调在界定相关市场时需要考虑创新的因素。这是因为创新市场的概念和界定方法尚存在争议,并且,创新市场往往适用于因经营者集中或者垄断协议而产生具有延缓阻止开发新技术或新产品的能力和积极性的情形。但是,也不排除知识产权许可对创新市场竞争的影响。例如,两个没有销售产品却拥有优秀高科技研发人才的公司之间的合并,理论上应该受到高度关注,应当进行审查。

(二)设立创新市场的必要条件

在评估技术市场现有和潜在的参与者的竞争性时,还要考虑市场份额、购买者和市场参与者对技术市场参与者竞争重要性的评估等证据,能够合理地确定某些参与者拥有从事垄断行为所需的能力和积极性,即当研发能力和积极性与某一特定厂商的特定财产或特性产生关联，对现有的产品市场或技术市场的分析已经无法充分地评估知识产权许可对发明创新所产生的竞争效果，可能影响到尚未问世产品的研发，可能影响到市场上新型或改进的产品或方法的研发，这时候，就需要界定出一个创新市场。但是，如果不能合理地识别出那些拥有所要求的能力和积极性的厂商，则将不会试图对创新市场进行界定。

（三）创新市场界定分析

1. 对创新市场的独立竞争效果的分析。如果知识产权许可安排可能对新型或改进的产品或方法的研发竞争具有负面影响，将对某一创新市场的独立竞争效果进行分析。首先，考察知识产权许可安排在创新市场中是否有实际的或潜在的竞争对手，需要搜集购买者和市场参与者对于创新市场参与者的竞争重要性的证据；其次，对新型或改进型产品或方法的替代品进行考察。

2. 统计每个参加者研发创新所需要的成本。在明确创新市场时，向市场的所有参与者调查创新市场参与者在市场上的重要性，尽可能地获取市场份额数据，如果无法获得或者获得的数据不具代表性，可以考虑购买者和市场参与者对创新市场参与者与竞争者重要性等证据。如果相关信息不易取得，也可分析知识产权许可对于各项相关产品的影响。根据每个参加者占有的研发创新所需要的成本的市场的份额、占有研究和发展的支出份额、占有相关产品的份额等因素，来确定其在创新市场的份额。分析知识产权许可行为对创新市场有利竞争的益处和反竞争的弊害，从而判定其是否违反反垄断法。

3. 将产品市场、技术市场与创新市场三者一并分析。一项知识产权许可合同即使不会对产品市场和技术市场产生不利影响，但是，如果其影响对研究开发进行投资的积极性和能力，影响创新市场的竞争，会受到高度关注，有可能被认定违反反垄断法。近年来，美国在评估制药业和医疗技术领域的活动时，由于涉及社会公共利益，将知识产权许可安排在创新市场中广泛地运用。技术市场与创新市场的对比，如表 2 – 2 所示。

**表 2－2　技术市场与创新市场界定对比**

<table>
<tr><th></th><th>技术市场</th><th>创新市场</th></tr>
<tr><td>概念</td><td>由被许可的知识产权（被许可技术）及其近似替代品所构成的市场</td><td>针对某一新型或改进型产品或方法的研究开发而预测有可能产生的一个未来的新市场</td></tr>
<tr><td>市场界定</td><td>如果知识产权与使用知识产权技术生产的产品在市场上是分别交易的，技术通过不能用货币量化的方式许可使用时，通常需要界定技术市场</td><td>对现有的产品市场或技术市场的分析已经无法充分地评估知识产权许可对发明创新所产生的竞争效果，可能影响到尚未问世产品的研发，可能影响市场上新型或改进的产品或方法的研发时，需要界定创新市场</td></tr>
<tr><td rowspan="8">市场界定分析方法</td><td>相似替代性</td><td>未来一个创新市场竞争效果分析</td></tr>
<tr><td>成本相当法</td><td>统计每个参加者研发创新所需要的成本</td></tr>
<tr><td>分析特定知识产权行为对市场竞争的影响</td><td>产品市场、技术市场与创新市场三者一并分析</td></tr>
<tr><td colspan="2">需求替代性</td></tr>
<tr><td colspan="2">供给替代性</td></tr>
<tr><td colspan="2">假定垄断者测试（“临界损失分析”）</td></tr>
<tr><td colspan="2">利润来源法（互联网企业等新业态）</td></tr>
<tr><td colspan="2">市场竞争分析新方法（向上定价压力测试法）</td></tr>
</table>

## 三、互联网环境下的创新市场与技术市场

创新作为一种重要的非价格竞争因素，导致原有市场界定方法受到挑战。需求交叉弹性与假定垄断者测试界定法（小幅持续涨价测试标准）都是建立在价格分析基础之上的，无法评估创新因素对需求及供给的影响。意味着假定垄断者测试界定法需要考虑用产品功能和质量来替代价格提高的测试，即一个产品功能和质量的提高能否导致其替代另一种产品，如果答案是肯定的，那么，即使产品基于两个相互排斥的技术也应该被界定成一个相关产品市场。

在以创新为主要特征的网络产业中，将高新技术、核心设施等创新因素纳入市场的视野，客观合理地评价市场份额的作用，是互联网新经济条件下市场界定的新动向。

关于技术市场的界定，对技术市场是否仅仅包含技术，而不包括与某类技术存在竞争且能够相互替代的商品？相互替代是指技术上的可替代，还是技术上可替代且商业上也可替代？相互替代考量因素有哪些？知识产权领域的特殊性会给相关市场界定的一般原则和方法带来哪些挑战？都需要认真研究。

## 第六节　若干界定相关市场方法评析

### 一、互联网行业的特性对传统单边市场界定的挑战

相关市场界定是反垄断分析的重要因素之一，但是，界定相关市场本身不是反垄断法的目的。但在某种程度上市场界定对竞争性替代选择的评价是重要的，随着相关市场的界定，可以确认市场参与者、测量市场份额和市场集中度，进一步确认在这些市场中，经营者的行为是否存在实质上削弱竞争的可能性。然而，互联网行业由于其双边市场所具有的交叉网络外部性、双边市场、兼容性、标准化、动态性和创新性，很难适用传统单边市场理论，互联网平台化的经营增加了相关产品替代性分析的难度，网络市场与传统市场的重叠模糊了相关市场边界。以价格为核心要素的传统界定方法在互联网行业免费产品领域失灵，互联网新型垄断市场更是引发了对市场份额推定法等传统界定的质疑。在相关市场界定、市场支配地位认定以及滥用市场支配地位认定方面遇到了困境。

借鉴发达国家对互联网行业反垄断的实践经验，避免原告因相关市场界定不清晰而“普遍”败诉的情况发生，可以考虑弱化相关市场界定的精准性。因为，在反垄断诉讼案件中，往往界定相关市场的责任在原告，法院通常要求原告提供产品范围的“清晰界线”。在美国，如果原告不能证明清晰的市场边界，其诉讼就有可能被驳回，这对原告造成很大举证负担。例如，2004 年美国司法部之所以没能阻止甲骨文和仁科之间的合并，很大程度上是因为初审法院认为美国司法部没能证明指控中所界定的产品市场和地域市场，尽管美国法官也认为“很难有足够证据认定替代品链的断裂处就是市场的清晰边界，尤其是在提供近似却有区别的产品市场中”。另外，前文所

述“唐山市人人信息服务有限公司与北京百度网讯科技有限公司垄断纠纷案”(详见第一章第五节案例评析)中,原告败诉的原因是法院认为原告没能提供足够的证据来证明百度的市场垄断地位。

## 二、认定互联网平台双边市场势力与界定相关市场

网络外部性特征也在双边市场中呈现,即一边市场发生的变化可以影响到另一边市场。例如,如果计算机以操作系统拥有庞大的用户群,则会吸引很多应用软件开发商基于该操作系统进行研发,研发活动增加了操作系统的价值,反过来会吸引更多的消费者安装该操作系统,下载使用相关应用软件,产生正反馈效应。也就是说,一边市场的产品提高价格会导致用户的需求转移,用户规模的变化又会使另一边市场随之发生需求转移。其收益不仅取决于交易平台一边同类型用户的数量,更取决交易平台另一边同类型用户数量。一边市场“免费”培育出大量的用户,在免费用户达到一定规模后,又以免费用户为资源与另一边用户进行收费交易,如刊登广告等。在单边市场中,采用假定垄断者测试法可以测试需求的变化,但是,小而显著的价格上涨效果在双边市场中会被放大,导致假定垄断者测试效果会大于单边市场。

网络外部性特征产生实质上是基于双边市场产品之间的互补性,对双边市场用户采取交叉补贴策略,从而达到收费市场补贴免费市场,实现盈利的目的。这种互补来自网络平台企业内部,是一种非功能性的互补。并且,在界定网络平台企业的相关市场时,如何评价来自网络平台企业之间的竞争以及其与来自不具有网络平台企业特征的传统产业的竞争呢?例如,中介网络平台企业有淘宝、易趣等,对于淘宝来说,来自同样是服务于个人用户和一些小型商家的易趣的竞争,是否可以依据传统的相关产品市场界定,从产品的功能、用途、价格、消费偏好等角度出发,判断两者是否属于同一产品市场?不具有网络平台企业特征的实体商家店铺是否与淘宝构成竞争?如果构成竞争,又如何界定相关地域市场?网络平台企业特征使市场界定问题变得更加复杂,对相关市场界定分析提出了挑战。

## 三、在网络市场界定中注重供给替代因素

供给替代是需求替代的次要选择,如果需求替代能够界定相关市场,一

般不需要再进行供给替代分析，只有在需求替代不能够准确界定相关市场时，才考虑供给替代分析，供给替代主要从现实竞争者与潜在竞争者的数量和质量视角来评价竞争压力。但是，供给替代与需求替代相比较，供给替代对相关市场界定的范围的弹性空间较大，存在更大的不确定性。

需求替代说的不足之处，在于所谓的替代性产品有时很难划分。如果相关市场内的产品仅系遥远的替代产品，把它们包括在内就夸大了其重要性。如果把有弹性交叉关系的产品排除在相关产品市场以外，则又低估了其在竞争中的重要性。由于需求替代性方法在技术和创新市场的界定中不是非常有效，供给替代性方法在网络市场界定中的应用要比传统市场界定更常用，用户对供给替代作出反应的可能性、有效性、及时性较高。在评估网络产品（服务）供给替代性指标时，应关注网络经营者的转产能力、所需时间和生产数量等衡量尺度。对于市场界限模糊的技术和创新市场，供给替代性是一个可以选择的方法。从供给替代角度看，网络产品（服务）经营者将单一功能的产品不断升级为集合功能的产品，而集合功能的产品与单一功能的产品相比，认定替代关系更为复杂。

## 四、界定相关市场不是目的

现行反垄断执法中，相关市场界定被置于非常高的地位，如果未完成相关市场界定，案件分析就难以继续下去。但是，在没有精准界定相关市场的情况下，未必就不能认定市场支配地位。美国 2010 年《横向并购指南》在市场界定部分中提出，反垄断执法机构的分析不需要每次都从市场界定开始，一些竞争效果的分析工具并不依赖于市场界定，认为竞争效果证据可以为相关市场界定带来信息，正如相关市场界定可以为竞争影响提供信息一样。反垄断执法机构的分析不需要必须从市场界定开始，市场界定只是反垄断执法机构在评估竞争效果时可能运用的一系列工具中的一种，当能够获得反映竞争效果的直接证据时，反垄断执法机构将更倚重那些直接证据而非市场界定。这些都为市场界定适度模糊化提供了实际支持。例如，美国第二巡回上诉法院指出："如果原告可以证明被告的行为对竞争产生了直接的不利影响……这可以说是比复杂市场份额计算来证明市场力量的更直接的证据。"因此，在相关市场界定不明晰或者存在争议的情况下，可以不拘泥于相关市场界定本身，而是从《反垄断法》第 18 条规定的六大因素直接进行分析,采用对《反垄断法》第 18 条规定的六大因素进行分析的结果反过来对比印证相关市场界定结果是否正确,这比仅仅界定相关市场的做法更加开拓了认定市场支配地位的空间,解决了界定相关市场困难或者争议的难题,详见本章第九节案例评析:"四、北京奇虎科技有限公司诉腾讯科技(深圳)有限公司等滥用市场支配地位案",此处不再赘述。

## 五、利润来源法

利润来源法,直译即获得收入的方式。在几个国外案件中被用来界定互联网产业相关市场,这种市场界定方法最初运用于媒体产业,是一种新的界定相关市场的方法。

一些学者探讨可以通过确定平台产品的盈利模式来确定互联网企业的相关市场,即从互联网产业双边市场所提供产品(服务)功能的差异分析,基于利润来源为标准重新划分互联网市场、从利润来源角度进行假定垄断者测试,确定相关市场范围,实现双边市场中收费市场假定垄断者测试与免费市场对接,并考虑双边市场的网络外部性对垄断力量的传递效果。

利润来源法不失为对互联网产品进行相关市场界定的一个补充性思路,但是,我国《反垄断法》在相关市场界定方面没有规定营业利润来源因素,导致法院在审理时往往从广告服务等角度否定有争议的收费市场,低估市场势力。另外,当前互联网企业通过不断附加新服务来增强用户黏性,不断探索新的利润点。因此,互联网企业的盈利来源也是动态的,完全依据盈利产品来界定相关市场,不能全面地反映互联网企业在双边市场的竞争意图。

## 六、假定垄断者测试增加非价格因素

目前,中国大多数网络产品(服务)对消费者是免费使用(特殊价格歧视),一旦网络产品(服务)经营者开始收费,绝大多数消费者都会转换至其他提供免费产品(服务)的经营者。因此,在大多数网络产品(服务)对消费者是免费使用的情况下,假定垄断者测试法有可能失灵,因为在零价格前提下,网络产品在功能、品质等方面的竞争大于在价格上的竞争。而且,假定垄断者测试是建立在单边市场基础上,以一年内 5% ~10% 小幅度提高商品的价格来考察商品的替代程度,以此来确定相关商品市场的范围。

在网络产品差异化非常明显的功能、质量、服务、创新、用户体验等非价格竞争领域，由于价格的重要性降低，网络市场难以价格小幅上涨来测定，增加了界定相关市场的难度。因此，临界损失分析可以考虑假定垄断者测试变革方法，即将小幅涨价方法改为小幅降低功能和服务质量的方法来测试。这意味着假定垄断者测试法需要增加产品功能、质量等因素。但是，以产品功能和质量等来界定相关市场非常困难，因为功能和质量难以像价格一样被量化，功能和质量提高或降低的幅度并没有明确的标准。

## 七、市场竞争分析新方法

### （一）“向上定价压力”测试法

美国2010年《横向并购指南》介绍了反垄断执法机构分析市场竞争效果的新方法，即“向上定价压力”测试法[1]。采用向上定价压力测试法不需要依赖于传统的市场界定或者对市场份额及市场集中度进行计算，具有取代传统市场界定和市场集中度测算方法的潜力。同时《横向并购指南》还指出，竞争分析并不需要从市场界定开始，可以使用一些分析工具来评估不依赖于市场界定的竞争性影响，而向上定价压力测试法就是一种分析工具，可以不通过界定相关市场路径，直接进行竞争分析。

### （二）差异化产品分析模型

向上定价压力测试法由美国联邦贸易委员会现任首席经济学家约瑟夫·法瑞尔和美国司法部现任首席经济学家卡尔·夏皮罗设计建立了差异化产品分析模型，只要能收集到模型所需要的数据，包括“转移率”和毛利润率等，就可以直接对两个差异性产品经营者之间合并的市场竞争效果进行模拟分析，直接得出结论。这里的“转移率”是指因第一种产品价格的一次上涨而导致的转移到第二种产品上的那部分销售比例，即消费者将合并另一方的产品作为替代品而产生的销售损失比例。

### （三）优缺点

虽然向上定价压力测试法对模拟数据要求不高、相对成本比较低，但适用范围有限，往往适用于创新市场中因经营者集中或者垄断协议而产生具有延缓阻止开发新技术或新产品的能力和积极性的情形。而且，向上定价压力测试法需要产业组织经济学等理论功底，掌握难度大。

---

[1] 英文全称为 Upward Pricing Pressure，又称 UPP 测试法。

## 第七节　网络相关市场界定的不确定性风险

### 一、网络相关市场界定不确定性风险的原因

（一）主观原因

在网络相关市场界定中，由于涉及的权衡因素特别多，不同主体之间存在主观认知差异。如企业与反垄断执法机构或法院之间的认知差异，会造成企业无法准确地预期其如何界定相关市场，这在比较复杂的反垄断案件中表现得尤为明显。

（二）客观原因

1. 数据的多源性

从数据来源的主体上看，一是政府部门，国家统计局、商务部、国家发展和改革委员会等；二是行业组织；三是专业市场调查（信息）公司等；四是企业的数据统计部门。数据来源往往是多元化的。

2. 网络相关商品市场界定的复杂性

（1）从需求替代角度界定相关商品市场时，虽然相关因素存在先后排列序列，最终用途、物理特征、消费者偏好、价格、消费转换成本和转换供给成本等，但是任何一个权衡因素都可能对其他因素产生重要的影响，权衡因素相对无序。

（2）从供给替代角度看，寡头网络经营者将单一功能的产品不断升级为集合功能的产品；从需求替代角度看，贪图便利使消费者更偏好选择集合功能的产品来替代单一功能的产品；而集合功能的产品与单一功能的产品相比，认定替代关系更为复杂。

3. 网络相关地域市场界定的复杂性

（1）界定相关地域市场时，相关因素不仅没有可循的序列，而且它们之间在权重上也没有大小之分，任何一个因素都可能对其他因素产生实质性影响。

（2）不同国家、地域之间的语言和文化差异构成了交流限制，语言偏好难以穿透。需要考虑传统文化形成的巨大区域障碍。

4. 网络产品的价格隐蔽,没有可比性和统一性

网络产品价格没有行业统一的标准,显然,以金钱为标准确定市场份额已经不合时宜,某些性能相差无几的计算机软件,有的收费,有的免费。许多网络经营者向用户提供“零价格”(免费)服务,然而免费服务并不是用户无成本使用,用户支付的隐蔽价格包括对弹出广告浏览、界面不稳定性、捆绑消费的容忍度等机会成本,难以量化。目前,在网络知识产权市场服务对消费者大多数都是免费的情况下,市场占有份额计算有一定特殊性,由于网络产品的边际生产成本很低,很难确定产品的单位生产成本,因此,产品在功能和品质上的竞争大于价格上的竞争,活跃而稳定用户的数量比价格因素更为重要。因为可以利用提高现有安装基础用户的转移成本所付出的高代价来锁定用户。

5. 网络经营者市场的双边性

目前,在网络知识产权市场服务对消费者大多数都是免费的情况下,网络市场经营者一般不采取垄断价格的定价策略,而是采用双边市场交叉补贴策略,即网络经营者面对两个市场:一个市场对应广告商和软件商等群体,网络经营者与广告商和软件商等群体之间是收费市场;另一个市场对应消费者,网络经营者与消费者之间是免费市场(游戏消费市场例外),网络经营者用收费市场的收入补贴免费市场的支出,即交叉补贴。因此,对网络经营者来说,仅仅界定免费市场是不完整的,还应当界定收费市场,才能够完整的界定相关市场,从而进一步确定网络经营者的市场份额以及市场地位。

6. 假定垄断者测试法涨价幅度的个案性

《相关市场界定指南》规定,一般情况下,假定垄断者测试法价格上涨幅度为5% ~10%,但在执法实践中,可以在规定幅度内,根据个案情况,选择某个涨价幅度,不同涨价幅度将导致相关市场外延范围的不同。而且,还存在网络产品差异化问题;因此,在网络产品的价格不作为主要因素的情况下,假定垄断者测试法未必是最有效的方法。

## 二、网络相关市场界定不确定性风险的降低和避免

### (一)定性分析的改善

1. “定性”的数据化

定性分析应当与定量分析相结合,从相关市场界定涉及的诸多数据来

看,传统重要的是有关产品价格与成本的数据,认定消费者在确定某类网络产品的使用量时,虽然会将获取该产品所消耗的"隐性"机会成本作为考虑的因素之一,但是一旦该产品开始收费,消费者的第一选择是改用其他免费产品,即与免费花时间容忍广告消耗机会成本相比,价格对选择产品的作用更为关键。所以,需要对价格是否能够决定相关市场范围大小作出判断。同时,成本数据也可以产生决定性的影响,必须做好成本的核算工作。

2."定性"的对应化

定性分析需要合理的对应化,这些对应的主体主要包括三类,即消费者、竞争者和相关行业协会。消费转换成本认定方面,需要考虑消费者是否愿意花费足够的时间去搜寻潜在的替代产品、消费者是否愿意学习使用其他替代性产品、是否将消费转换可能发生的成本视为选择其他替代产品的现实障碍而不能简单地用自我判断来替代消费群体对转换成本的反应和认识。

(二)定量分析的改善

1. 数据遴选规范化

(1)确立不同数据来源的选用梯队关系。相关市场的数据来源至少有四个,即政府部门、行业组织、专业性公司和企业自我统计等。对于这些不同来源的数据选用,应当确立它们之间选用的一般顺序规则和同一来源的数据选用规则,可以根据上述组织的社会公信力、组织的专业性程度等标准来确定。

(2)建立数据缺失情况下的替代选用规则。从实践来看,具体个案中的相关市场,政府部门、行业组织、专业性公司甚至企业,都没有完整的数据统计。当数据出现缺失时,可以依次选用次优数据进行替代分析。

(3)应当确定数据选用的修正规则。有些情况下不排除确定梯队关系中的后列数据在准确性上高于前列数据的情形。由于专业化关系,不少专门进行市场调查统计的公司在数据的收集、分析等方面比政府或者行业组织更精确。在这种情况下,应当优选使用更为精确的数据。

2. 假定垄断者测试法的发展完善

虽然有关假定垄断者测试法的涨价幅度(5% ~10%)有上限和下限,但是,由于在5% ~10%还存在浮动性空间,使个案中的涨价幅度选择具有相对的不确定性,直接影响着替代性适用的范围,从而影响着相关市场范围的宽窄。根据我国《相关市场界定指南》第 11 条的规定，一般情况下，价格上涨幅度为 5% ~10%，但在执法实践中，可以根据案件涉及行业的市场竞争状况、盈利水平等多个因素不同情况，对价格小幅上涨的幅度进行调整。

（三）多渠道征求意见制度

在相关市场界定过程中应当广泛听取竞争者、消费者、行业主管机关和行业协会等相关组织的意见和看法，可以采用问卷调查、征询函、召开座谈会等方式，提高相关市场界定的准确性。

（四）自身论证与专业论证相结合

不同的经营者、不同的专业机构和专家与反垄断执法机构对于同一个相关市场的界定结论可能不同。如果有分歧，反垄断执法机构的裁量权较大。经营者对此应当有充分的预计。由于相关市场界定涉及法律和经济两方面的问题，建议聘请反垄断律师、专业市场调查机构和产业经济学专家，共同完成相关市场的界定工作。

（五）分析相关市场界定之外的其他因素来达到界定相关市场的目的

我国《反垄断法》第 18 条规定："认定经营者具有市场支配地位，应当依据下列因素：（一）该经营者在相关市场的市场份额，以及相关市场的竞争状况；（二）该经营者控制销售市场或者原材料采购市场的能力；（三）该经营者的财力和技术条件；（四）其他经营者对该经营者在交易上的依赖程度；（五）其他经营者进入相关市场的难易程度；（六）与认定该经营者市场支配地位有关的其他因素。"

在界定相关市场发生不确定或者争议的情况下，可以考虑相关市场界定之外的其他因素来直接印证界定相关市场的目的，因为界定相关市场的目的是确定经营者是否具有市场支配地位，而《反垄断法》第 18 条规定，从市场份额，相关市场的竞争状况，被诉经营者控制商品价格、数量或者其他交易条件的能力，该经营者的财力和技术条件，其他经营者对该经营者在交易上的依赖程度，其他经营者进入相关市场的难易程度等方面明确规定了经营者是否具有市场支配地位的认定因素。

在相关市场界定存在争议的情况下，也可以不拘泥于相关市场界定本身，相关市场界定不是必经程序，对相关市场的界定也不需要十分精确，还可以直接采用对《反垄断法》第 18 条规定的六大因素进行分析的结果反过来对比印证相关市场界定的目的，即经营者是否具有市场支配地位，这种方法比仅仅界定相关市场的做法更加开拓了认定经营者是否具有的市场支配地位的空间,解决了相关市场准确界定困难的难题,值得研究。详见本章第九节案例评析:“四、北京奇虎科技有限公司诉腾讯科技(深圳)有限公司等滥用市场支配地位案”,此处不再赘述。网络相关市场界定不确定性的主、客观原因,如表2-3所示。

**表2-3　网络相关市场界定的不确定性风险原因及避免方法**

| | |
|---|---|
| 主观原因 | 在网络相关市场界定中,由于涉及的权衡因素特别多,不同主体之间所存在主观认知差异。企业与反垄断执法机构或法院之间的认知差异,会造成企业无法准确地预期其如何界定相关市场 |
| 客观原因 | 数据的多源性 |
| | 网络相关商品市场界定的复杂性 |
| | 网络相关地域市场界定的复杂性 |
| | 网络产品的价格隐蔽,没有可比性和统一性 |
| | 网络经营者市场的双边性 |
| | 假定垄断者测试涨价幅度的个案性 |
| 相关市场界定不确定性风险避免 | 定量分析的改善 |
| | 多渠道征求意见制度 |
| | 自身论证与专业论证相结合 |
| | 分析相关市场界定之外的其他因素来达到界定相关市场的目的 |

## 第八节　各国及国际组织反垄断法关于相关市场的界定

### 一、美国2010年《横向并购指南》中的相关市场界定

美国2010年《横向并购指南》中界定相关市场的核心方法与旧指南一样,主要是运用假定垄断者测试去确定产品市场与地域市场,美国2010年《横向并购指南》就这种方法的应用以及可能影响其应用的事实的变化提供了例证,强化了该方法在合并分析中的重要性。明确执法部门进行假定垄断者测试时,一般将合并没有发生时市场上稳定的主导价格作为假定垄断

者测试的基准价格。市场上的价格在不发生合并时可能改变，如果由于创新或者市场进入导致价格变化，则执法部门可能利用预期的未来价格作为测试的基准价格。如果由于协调行为的瓦解而使得价格可能在不发生合并时下降，则执法部门可能利用那些更低的价格作为测试的基准价格。同时指出，在特殊情况下，执法部门实施假定垄断者测试所使用的方法主要关注合并前的经营者与假定垄断者之间在市场激励方面的区别，在这种情况下，一般不需要明确的基准价格。此外，该指南还提到，当反映经营者对于产品价值之特定贡献的明确或隐含的价格能够被合理明晰地确定时，执法部门也可能基于这些价格进行假定垄断者测试。美国 2010 年《横向并购指南》还强调了执法部门对假定垄断者测试具体运用的灵活性，执法部门对于假定垄断者测试的运用将基于产业特征而变化，价格增幅可能高于或低于5%。这实际上也反映了过去执法部门的实践，美国联邦贸易委员会就曾宣称对石油行业以及超市行业的特定交易一般只采用 1% 的假定垄断者增幅进行测试。

美国 2010 年《横向并购指南》还对“临界损失分析”作为一种假定垄断者测试的实施方法予以了明确。临界损失要考察使假定垄断者涨价失败（不能盈利）所必需的销售额的减少幅度，将假定垄断者由于涨价而实际可能减少的销售额称为预期损失，并指出，如果预期损失小于临界损失，则涨价对于假定垄断者就是盈利的。在评估预期损失时，执法部门会考虑各种消费者替代的证据，包括对备选市场中合并前产品的利润进行关注。美国 2010 年《横向并购指南》提到，除非经营者实施协调行为，合并前产品的利润越高一般意味着经营者的产品面临的需求价格弹性就越低，因此预期损失也就越低。此外，值得注意的是，《横向并购指南》还加强了在界定地域市场时消费者所处地理位置的重要性。以前发布的旧指南主要基于供应商所处的地理位置来界定地域市场，而 2010 年发布的《横向并购指南》则指出，当因目标消费者所处位置使供应商的价格歧视可行时，地域市场也可能基于消费者所处的位置而被界定。

美国 2010 年《横向并购指南》介绍了反垄断执法机构分析市场竞争效果的新方法，即“向上定价压力”测试法，采用此方法不需要依赖于传统的市场界定或者对市场份额及市场集中度进行计算，具有取代传统市场界定和市场集中度测算方法的潜力。

## 二、1997年欧盟《关于为欧共体竞争法界定相关市场的通知》

美国在1982年《横向并购指南》中首先提出了假定垄断者测试法，欧盟1997年颁布的《关于为欧共体竞争法界定相关市场的通知》也采用了这一方法。根据欧盟的通告，在界定相关市场时，需要回答的是：在被考虑的产品和地域内，假设一个小幅（幅度为5%～10%）但是持久的价格上涨，当事方的顾客是否会转向购买可以得到的替代品，或者转向其他地区的供应商。由于涨价会减少销售数量，在替代程度大到足以使涨价无利可图的情况下，这些替代品或扩大了的区域就应当包括在相关市场之中。扩大相关产品市场或相关地域市场的这个过程会持续下去，直至这个小幅但持久的涨价可以使当事方有利可图为止。

假定垄断者测试把市场看作一组产品群或一个区域，寻找最小的产品群（最窄的地理区域）来判断假定的垄断者是否能够营利性地维持高于竞争价格的价格（通常假定增长5%）至少一年，如果假定的垄断者在最小产品群中实施价格上涨而不能营利，就把下一个最接近的替代产品加入相关市场中并再次运用假定垄断者测试分析，这个测试过程反复进行，一直持续到假定的垄断者可以营利性地施加一个5%的价格上涨为止，这样界定的产品范围或地理区域就构成相关市场。

## 三、2004年日本《企业合并的反垄断法审查指南》

日本是世界范围内反垄断立法较为发达的国家之一。企业合并控制规则，作为日本反垄断法的重要组成部分，较好地体现了反制经营者合并、阻却经济力量过度集中的客观合理性。日本公平交易委员会在2004年发布的《企业合并的反垄断法审查指南》中规定：在考察消费者的替代性时，当局首先假定特定产品的提供是由一个特定地区内的单个垄断者来完成。在这个假定的前提下，它将考虑消费者在单个垄断者追求利润最大化而持续实施了一个价格"数额不大但很重要且非临时性涨价"情况下购买其他代替性产品或者转向其他地区购买涉案产品的程度。如果转向购买其他代替产品或者转向其他地区购买涉案产品的程度比较小，则单个垄断者因涨价行为而获得更多利润的行为就比较容易成功。

### 四、2004 年英国《相关市场界定——理解竞争法》

英国公平交易局在 2004 年发布的《相关市场界定——理解竞争法》中规定：相关市场的界定通常是从建立最具有替代的产品或者产品群开始的，那些替代产品是对涉案产品供给者的最有效约束。为了确立哪些产品具有足够的替代性，当局通常采用假定垄断者测试法，该测试法的本质目的是建立一个最小范围的产品群和地理区域，在该地理区域内掌控产品供给的垄断者能够成功地实施一个超过竞争状态下的价格水平行为。

### 五、1999 年澳大利亚《并购指南》

澳大利亚竞争与消费者委员会在 1999 年发布的《并购指南》中规定：相关市场的界定可以视为建立一个包括产品、功能和地理在内的最小区域，在该区域内，一个假定的现在和潜在的以利润最大化为目的的垄断者能够实施超过正常竞争水平的“数额不大但很重要且非临时性涨价”。

### 六、2003 年新西兰《合并指南》

新西兰商业委员会在 2003 年发布的《合并指南》中指出：为了对市场竞争进行有效评估，目前一种全球通用的做法是推定相关市场是这样的一个最小范围：一个不受市场进入制约的以利润最大化为目标的唯一供给者能够在此成功地实施一个“数额不大但很重要且非临时性涨价”。

## 第九节　案例评析

### 一、美国 18 家图像技术服务公司诉柯达公司案

（一）当事人

原告：18 家图像技术服务机构

被告：柯达公司

（二）案情简介

美国柯达公司在生产复印和微缩设备的同时，也为其生产的这些产品

提供配套服务。在20世纪80年代早期，一些图像技术服务机构(ISO，独立服务组织)也开始提供这些服务(出售零部件、维修和出售二手柯达设备)，并与柯达公司形成了竞争。此类图像技术服务机构的顾客包括美国联邦、州和地方政府，银行，保险公司，工业经营者和提供特殊复印和所谓拍摄服务的经营者。虽然他们的服务质量并不比柯达差，甚至在许多消费者看来还要更好一些，但收费价格常常比柯达公司要低许多。

尽管如此，从1985年年末至1986年，柯达公司采取措施限制图像技术服务机构获得柯达产品的更换零部件，而只将产品出售给柯达设备的购买者，使图像技术服务机构难于同柯达公司在柯达设备服务市场上展开竞争。在此之前，柯达向三类对象销售更换部件：(1)使用柯达服务的消费者；(2)不使用柯达服务的消费者，包括自行维修以及使用图像技术服务机构服务的消费者；(3)图像技术服务机构。而现在，柯达公司只向使用柯达服务以及自行维修的消费者出售仪器零部件。柯达公司同时还向柯达产品所有者以及独立供销商施压，让他们不要将零部件销售给图像技术服务机构。由于无法得到零部件，许多图像技术服务机构被迫退出经营，他们的市场份额被柯达公司吞噬。

1987年，18家图像技术服务机构在美国加利福尼亚州北区的联邦地区法院联合向柯达提起诉讼，诉称柯达把提供服务与销售零部件捆绑在一起是非法的，并认为这导致了柯达公司在其产品服务和零部件市场上形成了垄断，控制了近乎100%的零件市场和80% ~95%的服务市场，违反了美国《谢尔曼法》。

(三)法院审理

通过调查，美国联邦地区法院初审判决柯达公司胜诉。图像技术服务机构不服，提起上诉。联邦第九巡回上诉法院推翻了联邦地区法院的审判结果，认为产品市场的竞争不一定就能阻止零部件市场上的市场势力。最终，柯达公司的两次上诉都被联邦第九巡回上诉法院和联邦最高法院判决败诉。

法院认为由于市场不完备(缺乏信息、转换成本)，使即便在初始设备市场上存在竞争，在维修市场对扩展垄断进行惩罚也是困难的，容易产生封闭垄断问题。因此，联邦最高法院判决柯达公司败诉。

（四）评析

1. 联邦地区法院接受了柯达公司提出的观点，认为根据经济学理论，产品市场上的竞争必然会有效地阻止在后续产品市场上市场势力的使用，因此，认为柯达在产品市场上的竞争使其无法在服务市场上对消费者构成损害。

2. 联邦第九巡回上诉法院认定相关产品市场包括产品市场和零部件市场。产品市场的竞争不一定就能阻止零部件市场上的市场势力，虽然理论上柯达公司在设备市场上的竞争可能会阻止其在零部件市场上拥有市场势力，然而市场不完善可能使经济学理论对消费者行为的解释偏离现实，同时，联邦地区法院没有考虑市场势力问题，而且所用记录也并非完全来自调查发现，因此，联邦第九巡回上诉法院判决柯达公司败诉。

3. 联邦最高法院同意联邦第九巡回上诉法院观点，即市场不完善可能使得经济学理论对消费者行为的解释偏离现实。一个经济学理论是否正确是一个经验性问题，它必须在法庭上通过对市场现实状况的调查才能确定，而不仅仅是求助于理论上的判断。法庭倾向于要求原告进行市场分析，找出具体的市场不完善的证据。联邦最高法院多数法官确认了布莱克南法官提出的在服务和零部件市场"市场不完善"的观点，图像技术服务机构确实提供了充分的证据，反映了柯达公司在服务和零部件市场上的市场势力。

（五）律师提示

美国联邦最高法院把一个品牌的产品定义为一个相关市场。这在美国反托拉斯法的历史上是罕见的。一般来说相关市场界定出来的次级市场可能有三种情况：一是次级产品和初级产品市场共同构成一个统一的市场；二是初级产品构成一个市场，而所有品牌的次级产品市场构成另一个市场；三是初级产品市场构成一个市场，而特定品牌的次级产品市场分别构成一个独立市场。在前面两种情况下经营者在次级产品市场上都没有垄断力，而只有最后一种情况经营者才拥有垄断势力。柯达公司虽然在复印机设备产品市场不具备垄断地位，却在次级市场即零部件市场上占有接近100%的市场份额，正符合第三种情况，明显地具有市场支配地位。

本案还有一突出特点，就是法院没有直接应用需求价格弹性以及经济结构性评价标准，而是以涉案行为及其对市场竞争活动的影响为基础进行的反垄断分析，这种结合策略行为进行市场界定、评估市场势力的方法被评价为新经济时期反垄断分析的首要原则。这种首要原则的不断推广说明反垄断分析正在由研究“市场在哪里”的问题转向“竞争效果如何”的问题,这种趋势为动态竞争条件下,如何进行反垄断分析提供了重要的线索。

在本案中,美国联邦最高法院要求垄断者柯达公司举证证明其拒绝和竞争者进行在服务和零部件市场交易的合理商业理由,由于柯达公司不能够举证证明具有说服力的理由,被美国联邦最高法院认为柯达公司拒绝交易缺乏正当性,这也是柯达公司败诉的重要原因之一。

在中国,提起反垄断之诉时,原告首先要对被告具有市场支配地位进行举证,其次还需对其滥用市场地位行为进行举证,举证难度大。相较而言,笔者认为美国法院“在法庭上通过对市场现实状况的调查才得以确定”的做法,将市场支配地位认定作为法院需要调查的事实,减轻了原告的举证责任负担,避免因原告举证不能而导致放纵了被告实施市场支配地位行为的危害后果,更公平合理,符合实际。

## 二、美国 SunGard 公司、Comdisco 公司并购反托拉斯案

(一)当事人

原告:美国司法部

被告:美国 SunGard 公司、Comdisco 公司

(二)案情简介

SunGard 公司和 Comdisco 公司是两家提供网络服务的公司,当计算机遇到损害时,对其系统内保存的资料进行保护和复原(以下简称损害修复服务)。这两家公司以“共有网站”方式提供上述服务。所谓“共有网站”方式,指的是几家公司的用户相互间共同享有计算机设施,当发生损害时,后备设施便开始工作,自动地将计算机系统内的数据转换到别的计算机系统,对用户的计算机进行修复。而 IBM 公司是这两家公司的主要竞争对手。如果仅以“共有网站”方式来界定相关市场,并购双方的市场占有率将达到 71%。但是,除此之外,市场上还存在以“共有网站”之外的其他方式提供损害修复服务的公司,包括“公司内部网站”方式,即用户在公司内设置用于修复的计算机设施的一种服务方式;“快船服务”方式,即在损害发生时,迅速地提供替代用的计算机系统的一种服务方式。如果将其他方式的服务也包括在相关市场内的话,并购双方的市场份额就会降至 35% 以下。

2001 年 10 月，SunGard 公司收购了 Comdisco 公司的全部资产。美国司法部在审查合并的过程中，仅将“共有网站”服务方式界定为一个相关市场，并据此对该项并购案的“合法性”提出了质疑，进而请求美国联邦地区法院命令并购双方暂时停止实施该项并购。

（三）法院审理

SunGard 和 Comdisco 两家公司收集了有关用户选择替代品转换到其他公司的转换数据，并作为证据向美国联邦地区法院提供。从有关用户的转换数据来看，从“共有网站”转换为“公司内部网站”的用户最多。因此，并购双方认为在相关市场内至少应包括“共有网站”和“公司内部网站”两种服务方式，如果这样界定相关市场，并购双方的市场份额将降到 35% 以下。联邦地区法院采纳了 SunGard 和 Comdisco 两家公司用户发生转换的数据，接受了“共有网站”和“公司内部网站”作为替代供应商，同时进行了“转换分析”，根据转换分析预测，该项并购实施后，损害修复服务的价格将上升 2.38%。联邦地区法院认为，这一价格上升的额度并不显著，据此驳回了司法部阻止并购的要求。

（四）评析

本案中，SunGard 公司和 Comdisco 公司是两家具有竞争关系的公司，SunGard 公司收购了 Comdisco 公司的全部资产，在美国司法部对其进行反托拉斯审查中，仅将“共有网站”服务方式界定为一个相关市场，认为并购双方的市场占有率达到 71%，并据此对 SunGard 公司实施该项并购提出了质疑。并购双方据理力争，向联邦地区法院提供了大量证据，证明在相关市场内至少应包括“共有网站”和“公司内部网站”这两种网络服务方式，获得联邦地方法院认可，这样一来，市场份额下降到 35% 以下。从而取得了并购的成功。

（五）律师提示

本案中，SunGard 公司和 Comdisco 公司积极主动地收集用户发生转换供应商的数据，证明相关市场中“共有网站”和“公司内部网站”具有替代性，说服了美国联邦地区法院重新界定其在相关市场的份额，从而并购成功。

网络产品市场界定的不确定性很大，准确地界定相关市场，对并购成功与否起决定性的作用。由于网络市场经济的特点，传统反垄断理论对产品市场和地域市场的界定受到一定挑战，需要更新理念。

### 三、华为技术有限公司诉美国国际数据公司滥用市场支配地位和专利许可费率案

（一）当事人

原告:华为技术有限公司

被告:美国国际数据公司

（二）案情简介

1. 滥用市场支配地位案

2011年7月26日,美国国际数据公司(International Data Corporation,以下简称美国IDC公司)向美国国际贸易委员会提交诉状,同时还在美国特拉华州联邦地区法院提起了民事诉讼,指控华为技术有限公司(以下简称华为公司)的3G产品侵犯了其7项专利。此后,美国国际贸易委员会针对包括华为公司在内的若干中国经营者启动"337调查",以确定相关3G、4G无线设备产品是否侵犯美国公司专利权。根据美国1930年《关税法》第337条的规定,对涉嫌侵犯美国经营者知识产权的外国经营者进行调查,并可采取排除令、禁止令等措施,限制被认定侵权的进口产品进入美国市场。

由此可见,如果经调查确定华为公司3G、4G无线设备产品侵犯美国IDC公司专利权,美国有权签发"禁止令",如果华为公司不接受美国IDC公司苛刻的交易条件,美国IDC公司将要求美国法院签发"禁止令",华为公司面临的直接法律后果是同类产品将永远无法进入美国市场。为了避免不利后果,华为公司除正面应对美国方面的调查和诉讼以外,还依据事实和法律针对美国IDC公司提起了"反诉"。2011年12月6日,华为公司以美国IDC公司滥用市场支配地位为由,向深圳市中级人民法院提起反垄断诉讼,请求法院判令美国IDC公司停止垄断行为,并赔偿华为公司2000万元。

华为公司起诉称,美国IDC公司利用参与各类国际技术标准制定,将其专利植入其中,形成标准必要专利,并占据市场支配地位。华为公司认为,美国IDC公司无视公平、合理、无歧视的专利许可三原则,对其专利许可设定过高价格,附加不合理条件,涉嫌搭售。同时,认为美国IDC公司还通过美国国际贸易委员会启动"337调查"和在美国联邦地区法院起诉来拒绝与华为公司进行交易,损害市场秩序,请求中国法院认定美国IDC公司在美国和中国两个市场构成滥用垄断地位。

2. 标准必要专利许可费率案

2011 年 12 月 6 日，原告另行起诉被告，请求法院按照 FRAND 原则[1]，判决确定被告就其中国标准必要专利（包括 2G、3G、4G 在内的中国标准必要专利及专利申请）许可原告的许可费率或费率范围。

（三）法院审理

1. 滥用市场支配地位案

一审中，经法院查明，美国 IDC 公司对华为公司的 4 次报价均明显高于对其他公司的许可，甚至高达百倍。法院认为，美国 IDC 公司针对全球手机销量远不如苹果、三星等公司的华为公司索要高价，明显缺乏正当性、合理性。同时，为了迫使华为公司免费许可其名下所有专利给美国 IDC 公司使用，美国 IDC 公司反而提起"337"调查和诉讼，强迫给予免费交叉许可。据此，深圳市中级人民法院判定，美国 IDC 公司实施了不公平的高价销售行为，构成垄断侵权行为，判令美国 IDC 公司赔偿华为公司损失 2000 万元。但是，对于华为公司主张美国 IDC 公司对必要专利"一揽子"许可构成捆绑搭售行为，法院不予认可。法院认为，对全球范围内必要专利进行打包许可，这对华为公司这类跨国公司而言符合效率原则，不构成垄断行为。

本案经二审，广东省高级人民法院维持了深圳市中级人民法院的一审判决，判定美国 IDC 公司因实施了垄断行为，赔偿华为公司损失 2000 万元。同时，驳回华为公司提出美国 IDC 公司对必要专利"一揽子"许可构成捆绑搭售行为的诉求。

2. 标准必要专利许可费率案

深圳市中级人民法院认为，本案所要解决的是因原告实施中国通信标准，而必须要实施的被告中国专利的授权许可问题。原告生产、销售通信产品必须保证其符合中国通信标准，这意味着原告不可避免要实施被告的中国标准必要专利。根据中国法律，被告亦应将其标准必要专利以 FRAND 原则授权给原告使用，被告负担的此项 FRAND 原则贯穿于标准必要专利授权许可谈判、签订、履行的整个过程。

在通常情况下，就标准必要专利许可费问题而言，若双方达成专利许可协议，则无须司法机关介入。而本案双方自 2008 年年底开始谈判以来，与被

---

[1] FRAND 原则，即 fair, reasonable, and non - discriminatory terms，公平、合理和非歧视原则。

告给予苹果、三星等公司的标准必要专利许可费相比，被告向原告的要约存在过高定价的歧视性待遇，由此可见，被告违背其承诺的 FRAND 原则。原告若不寻求司法救济，除被迫接受被告单方面所提出的条件外，其无任何谈判余地。

根据中国法律，依据双方在本案中提交的证据，综合考虑被告标准必要专利数量、质量、价值，业内相关许可情况以及被告中国标准必要专利在被告全部标准必要专利中所占份额等因素，判决被告中国标准必要专利对原告许可费率以相关产品实际销售价格计算，以不超过 0.019% 为宜。被告不服从一审判决，提起上诉。二审法院经审理作出驳回上诉、维持原判的终审判决。

（四）评析

2014 年 2 月，被告就中国反垄断执法机构的反垄断调查作出承诺，称对中国通信设备制造经营者专利许可遵循公平、合理、无歧视的原则，不再收取歧视性的高额许可费；不再将 2G、3G、4G 无线移动标准专利进行捆绑许可，充分尊重中国经营者的选择权。本案判决对标准必要专利 FRAND 原则的认定，以及标准必要专利权行使的反垄断法反制产生了巨大影响，使本案判决具有里程碑意义。

法院在本案中界定相关市场的方法是清晰的，也是科学的。法院主要考虑的问题是，华为公司取得美国 IDC 公司在 3G 无线通信标准必要专利是其生产经营活动不可缺少的环节，也就是说，即便一部智能手机或者一台计算机有几百个标准，每个标准也许有几百甚至几千个必要专利，由于每个标准必要专利对潜在被许可人来说都具有不可替代性，它们在具体案件中都可能构成一个相关市场。

1. 相关市场和市场支配地位的界定

本案中，一个技术标准的必要专利会被多个专利权人所拥有，这些专利在功能上相互不可替代，且市场上也没有可替代它们的技术。鉴于一个标准中各个必要专利在功能上的差异，生产商如果要生产符合技术标准的产品，得与所有的标准必要专利权人进行谈判，分别取得这些必要专利的使用权。这种情况下，一个标准的各个必要专利在谈判中都可能构成一个相关产品市场。

在无线通信技术产品标准中，每一个标准必要专利许可市场，均构成一个独立的相关商品市场；专利权具有地域性，每一个主权国家内的标准必要专利许可市场又是一个独立的相关地域市场。本案涉及无线通信2G、3G以及4G的主流技术标准，特别是3G技术标准，因这些标准涉及国际电信联盟（ITU）关于国际频谱资源的统一分配，需要各国政府之间的协调与合作，因此，全球几乎所有的国家和地区都采用了这些标准。

本案相关地域市场是中国市场和美国市场，相关商品市场是被告方在3G无线通信技术中的WCDMA、CDMA2000、TD－SCDMA标准下的每一个必要专利许可市场构成的集合束。换句话说，美国IDC公司在中国和美国的3G无线通信技术标准（WCDMA、CDMA2000、TD－SCDMA）中的每一个必要专利许可市场，均构成一个独立的相关市场，本案的相关市场是该一个个独立相关市场的集合束。

基于3G标准中每一个标准必要专利的唯一性和不可替代性，美国IDC公司在3G标准中的每一个必要专利许可市场均拥有完全的份额，具有阻碍或影响其他经营者进入相关市场的能力。这种情况下，凡是涉及这些技术标准必要专利许可的市场上，美国IDC公司自然占市场支配地位。如果标准必要专利权人在标准必要专利使用费谈判中，违反公认的FRAND原则，实施过高定价、歧视性定价、搭售等滥用市场支配地位的行为，将被认定为构成垄断，应承担相应的赔偿责任。

市场支配地位是指经营者在特定市场上所具有的某种程度的支配或控制力量，即在相关产品市场、地域市场或者时间市场上，拥有决定产品产量、价格和销售等各方面的控制能力。正如法院判决指出的，“本案IDC拥有全球（包括中国和美国）3G通信领域WCDMA、CDMA2000、TD－SCDMA标准中的必要专利，基于3G标准中每一个必要专利的唯一性和不可替代性，IDC在其3G标准每个必要专利许可市场拥有完全的份额，IDC在相关市场具有阻碍或影响其他经营者进入的能力”。

2. 关于滥用市场支配地位行为

华为与美国IDC公司就许可费用进行长期、正常谈判的情况下，美国IDC公司突然向美国地方法院和美国国际贸易委员会提起侵权诉讼。故华为公司在本案中主张美国IDC公司该行为属于拒绝交易行为。美国IDC公司作为专利权人，其以专利权受到侵害为由在美国提起相关侵权诉讼并要求颁发禁令，形式上并无问题，其主要目的也并非拒绝与华为交易，而只是作为一种逼迫华为接受高价的手段。因此,仅就该诉讼行为,不能定性为属于拒绝交易的滥用市场地位行为。但是,该行为意在迫使华为接受美国 IDC 公司的报价,使双方从本可以平等协商谈判的报价变成了美国 IDC 公司的单方定价,华为公司如不接受该定价,即很有可能在侵权诉讼中处于不利局面并被禁止出口销售,直接影响其生存发展。

本案中,美国 IDC 公司对华为公司的多次报价均明显不合理、不公平地高于其给其他公司的定价,显属价格歧视(差别待遇)。故该诉讼行为与多次不公平过高定价以及其他不合理回授条款行为结合在一起,可以认定美国 IDC 公司存在以不公平的高价销售商品的行为。因此,标准必要专利权人若不顾及专利使用人的善意谈判,为压迫专利使用人接受过高定价而提起诉讼的行为,虽然不能独立认定为侵权行为,但可以结合其他过高报价或提出不合理交易条件等行为,考虑该诉讼行为是否使其他行为的性质、双方谈判空间和地位产生了变化,来确定是否共同构成其他滥用市场支配地位的行为。

3. 关于标准必要专利许可费的 FRAND 条件

本案中,法院分析 FRAND 原则时考虑了很多因素:(1)许可费高低应考虑实施该专利或者类似专利所获的利润,以及该利润在被许可人相关产品销售利润或者销售收入中所占的比例。鉴于技术、资本、被许可人的经营劳动等各种因素共同创造了一项产品的最后利润,专利许可费只能是产品利润的一部分而不应是其全部;而且,鉴于任何专利权人都不可能提供产品的全部技术,专利权人仅有权收取与其专利比例相对应的利润部分。(2)专利权人所作的贡献是其创新的技术,其仅能就其专利获取报酬,而不能因专利纳入标准而获得额外的利益。(3)标准必要专利权人应就技术标准中的必要专利收取许可费,要求被许可人就其非标准必要专利支付许可费是不合理的。(4)专利许可费共计不应超过产品利润的一定比例,专利权人之间应就这一定比例的许可费进行合理的分配。

法院认识到,上述因素虽然有助于判断标准必要专利的许可是否公平合理,但是通过这些因素确定许可费可能是一种理想化的做法。因为现实中,一个高科技产品可能涉及很多技术标准,一台电脑可能涉及上百个标准,一个标准可能涉及几千个必要专利,再加上缺乏评价这些必要专利的质量及其对最终产品贡献大小的实践经验,法院评估一个标准必要专利公平合理的许可费时就会遇到巨大的困难。

法院将美国IDC公司授权给苹果、三星等公司的专利许可条件,与美国IDC公司向华为公司发出的要约条件进行比对后发现,无论是按照一次性支付专利许可使用费为标准,还是按照专利许可使用费率为标准,美国IDC公司拟授权给华为公司的专利使用费均远远高于苹果、三星等公司。美国IDC公司强迫华为公司给予其相关专利的免费许可,企图通过免费交叉许可获取额外利益。上述事实表明,因双方谈判未果,美国IDC公司恶意提起诉讼,属于逼迫华为公司接受超高价专利许可交易条件之手段的行为。因此,构成滥用市场支配地位的过高定价和歧视性定价行为。美国IDC公司还将必要专利与非必要专利搭售,也构成滥用市场支配地位的行为。

(五)律师提示

华为与美国IDC公司案的判决回答了一系列问题:(1)专利拥有者负有向标准实施者以FRAND原则许可其专利的义务;(2)标准实施者在难以与专利拥有者就许可条件,尤其是在对FRAND许可费率达不成一致的情形下,有权向中国法院提起诉讼,请求判决确定合理的许可费率;(3)中国法院在确定标准必要专利的许可费率时,考量因素包括被告标准必要专利数量、质量、价值、业内相关许可情况以及被告中国标准必要专利在被告全部标准必要专利中所占份额等因素;(4)每件标准必要专利均构成单独的相关市场,专利拥有者在相关市场内具有支配地位;(5)专利拥有者在与标准实施者就许可费率谈判过程中,若滥用其市场支配地位,将依照中国反垄断法承担相应的法律责任,包括停止垄断行为、赔偿因垄断行为给标准实施者造成的损失等。

在国内知识产权产业不断发展壮大迈向国际舞台的今天,“一流经营者做标准,二流经营者做产品”,经营者利用参与制定国际、国内标准的机会,将自有的专利植入行业技术标准,专利搭载标准而增值,大大增加了专利许可谈判地位。标准必要专利问题已成为经营者参与全球市场竞争所面临的最重要的风险。该案是中国首例标准必要专利使用费纠纷案,开创了中国知识产权反垄断案件的先河,对通信行业解决滥用市场支配地位问题产生重要影响。

由于禁令请求权会成为必要专利权人强迫潜在被许可人接受其不合理许可费的方式和手段,对必要专利权人的禁令请求权或者停止侵害请求权应当受到限制,条件是要求提起禁令抗辩的潜在被许可人或侵权人也应处于善意状态。鉴于不同国家和地区的法院或反垄断执法机关对侵权人的“善意状态”有不同要求,德国的“橘皮书标准”案提出了很高的要求,欧盟的案例“善意状态”要求侵权人“愿意按照 FRAND 原则订立许可协议”。潜在被许可人如何做才算是善意?这在审判实践中是一个迫切需要解决的问题。

本案中,华为公司在与美国 IDC 公司正常谈判的情况下,美国 IDC 公司突然向美国联邦地区法院和美国国际贸易委员会提起专利侵权诉讼,同时启动“337”调查。其目的是通过“337”调查和侵权诉讼逼迫华为公司接受垄断高价,如果华为公司选择就本案在美国法院提起反垄断反诉,则需要向美国法院法官证明美国 IDC 公司在美国相关市场具有市场力量和滥用市场力量,这样做需要耗费大量人力、财力和时间,比较困难,而且没有胜诉把握。考虑天时地利人和的重要因素,华为公司选择在中国法院另案起诉,请求中国法院认定美国 IDC 公司在中国市场构成滥用垄断地位,而向中国法院证明美国 IDC 公司对中国市场的垄断,要比向美国法院证明美国 IDC 公司对美国市场的垄断要容易一些,这样,在美国和中国两个市场中,华为公司至少能够证明美国 IDC 公司对其中一个市场垄断,从而比在美国直接提起反垄断反诉增加了几分胜诉把握。所以,华为公司选择不在美国法院直接提起反垄断反诉,而另辟蹊径,选择在中国法院另案提起反垄断诉讼,得到中国法院的支持,对美国 IDC 公司产生了反垄断反制的约束力。华为公司在起诉时仅请求中国法院解决在中国市场范围内双方的许可费纠纷,华为公司胜诉后,大大提高了其谈判地位。最后,双方当事人在全球市场范围全面达成“和解”协议,取得了超出中国市场范围解决纠纷良好的效果,华为公司非常明智的博弈策略,为中国经营者在国际市场开展反垄断维权开创了成功先例。

## 四、北京奇虎科技有限公司诉腾讯科技(深圳)有限公司等滥用市场支配地位案

### (一)当事人

原告:北京奇虎科技有限公司

被告:腾讯科技(深圳)有限公司、深圳市腾讯计算机系统有限公司

（二）案情简介

北京奇虎科技有限公司（以下简称奇虎360）诉腾讯科技（深圳）有限公司、深圳市腾讯计算机系统有限公司（以下简称腾讯QQ）滥用市场支配地位案源于2010年的“3Q大战”，起因是腾讯QQ模仿奇虎360的产品安全卫士推出QQ医生（后改名为QQ电脑管家）。2010年2月12日，腾讯QQ以升级时默认捆绑的方式，全面推广QQ医生。随后，奇虎360推出了一款名为360“扣扣保镖”的安全工具。奇虎360称该工具全面保护QQ用户的安全，包括阻止QQ查看用户隐私文件、防止木马盗取QQ以及给QQ加速、过滤广告等功能。腾讯QQ对此反应强烈，2010年11月3日，腾讯发布《致广大QQ用户的一封信》，宣布在装有奇虎360软件的电脑上停止运行QQ软件，用户须卸载奇虎360软件才可登录QQ，且必须“二选一”，以至于大量用户被迫删除了奇虎360的软件。两公司激烈对抗，消费者反应强烈，在工业和信息化部的调停下，腾讯QQ恢复兼容奇虎360软件，两公司分别向用户致歉。2011年9月，腾讯QQ起诉奇虎360不正当竞争案（本篇不探讨）。2011年11月15日，奇虎360起诉腾讯QQ滥用市场支配地位，提出1.5亿元赔偿请求。

（三）法院审理

1. 一审判决

2013年3月28日，广东省高级人民法院认定，即时通信与微博、社交网络等构成紧密替代关系，而且相关地域市场为全球市场，相关市场上存在充分竞争，因此，腾讯QQ不具有市场支配地位。虽然一审法院认定腾讯强迫用户进行“二选一”的做法属于限制交易行为，但一审法院同时认定腾讯不具有市场支配地位，因而，认为其行为不构成滥用市场支配地位。据此，广东省高级人民法院驳回了奇虎360对腾讯QQ的全部诉讼请求。

2. 二审审理

奇虎360不服广东省高级人民法院一审判决，向最高人民法院提出上诉。2013年11月26日，最高人民法院开庭审理奇虎360上诉腾讯QQ滥用市场支配地位一案。最高人民法院法官总结了本案的五个争议焦点：第一，如何界定本案中的相关市场；第二，被上诉人是否具有市场支配地位；第三，被上诉人是否构成反垄断法所禁止的滥用市场支配地位行为；第四，一审法院审理程序是否违法；第五，本案相关民事责任的承担。

2014 年 10 月 16 日,最高人民法院作出终审判决,一审判决认定事实基本属实,适用法律正确,裁判结果适当。上诉人的上诉理由虽部分成立,但不足以影响本案裁判结果。判决驳回上诉,维持原判。

(四)评析

本案的背景原因是 2011 年 4 月,腾讯 QQ 在广东省高级人民法院起诉奇虎 360"扣扣保镖"不正当竞争案,索赔 1.25 亿元。腾讯公司诉称,360"扣扣保镖"破坏和篡改了腾讯 QQ 软件的功能,同时屏蔽客户广告,破坏了腾讯的商业模式。本案经过两审,最后法院判定奇虎 360 向腾讯 QQ 赔偿 500 万元,并且需要连续 15 天在其网站首页上和其他媒体的显著位置上刊登赔礼道歉。

本案是《反垄断法》出台后最高人民法院审理的第一例网络反垄断案。奇虎 360 提出 1.5 亿元赔偿请求,是中国网络史上诉讼标额最大的反垄断案,一审判决和二审法官归纳的争议焦点,都对网络市场反垄断提供了极具价值的思考和启发,也是网络滥用市场支配地位的一个典型案例,对分析和反思网络滥用市场支配地位的反垄断法反制具有十分重要的理论和实践意义。

1. 一审法院对即时通信产品价格敏感度的认定

一审判决认定消费者在选择即时通信产品时,虽然会将获取该产品所消耗的机会成本作为考虑因素之一,但是,一旦该产品开始收费,消费者因高价格敏感度而选择改用其他免费产品,即免费使用经济成本与花时间浏览容忍广告消耗机会成本相比,前者对相关市场界定的作用更为关键。否定原告诉称的技术通信产品的竞争主要不在价格竞争,而是隐性成本和服务质量竞争的主张。

2. 一审法院对产品市场的界定

一审判决认为原告关于消费者只会用综合功能的即时通信软件替代单一功能的即时通信软件的主张不成立,综合性的即时通信与文字、音频以及视频等单一的即时通信之间具有紧密的可替代性,属于同一相关市场的商品集合,原告关于综合性的即时通信产品及服务构成一个独立的相关商品市场的主张不能成立。关于腾讯 QQ 与社交网站、微博服务之间的可替代性,从功能用途上来看,微博、SNS 社交网站等产品均提供网页形式的即时通信服务和单独即时通信软件服务,与腾讯 QQ 属于同一相关市场的商品集合。

3. 一审法院对地域市场界定错误

一审法院认定本案相关地域市场应为全球市场。对此，二审法院认为，首先，境外经营者可向中国大陆地区用户提供即时通信服务并不等于其能够及时进入并对境内经营者形成有力的竞争约束。其次，相关地域市场界定关注的是境外经营者能否及时进入并对境内经营者形成有力的竞争约束，境内经营者是否向境外用户提供服务以及境外用户是否使用境内经营者提供的服务与此并无直接关联性。况且，本案证据表明，境外用户使用腾讯 QQ 即时通信服务的数量较小且多为与国内亲友保持联系。因此，二审法院认为一审法院关于本案相关地域市场的界定欠妥，予以纠正。

（五）律师提示

关于即时通信服务地域市场界定：(1)虽然境外即时通信服务商可以向中国大陆地区用户提供即时通信服务，但是，其在中国境内市场份额有限，未能对腾讯 QQ 的市场地位构成竞争挑战。(2)网络物理上的传输范围与界定地域市场无关。(3)不同国家间的语言、文化差异，构成了交流的地域限制，中国网民一般不会浏览境外的外文网站。反之同理，境外即时通信经营者很难逾越中国传统文化形成的巨大障碍。(4)腾讯 QQ 的大多数用户为中文消费者，相互之间大多数是在腾讯 QQ 上用中文联系沟通。因此，本案地域市场界定为中国大陆地区是正确的。

最高人民法院在界定了即时通信服务的产品市场和地域市场之后，并没有满足于以相关市场界定来认定腾讯 QQ 是否具有市场支配地位。而是根据《反垄断法》第 18 条的规定，从市场份额、相关市场的竞争状况、被诉经营者控制商品价格、数量或者其他交易条件的能力、该经营者的财力和技术条件、其他经营者对该经营者在交易上的依赖程度、其他经营者进入相关市场的难易程度等方面，对被上诉人是否具有市场支配地位进行了分析。这说明在相关市场界定存在争议的情况下，也可以不拘泥于相关市场界定本身，还可以从《反垄断法》第 18 条规定的六大因素进行分析，采用对《反垄断法》第 18 条规定的六大因素进行分析的结果反过来对比印证相关市场界定的结果，这比仅仅界定相关市场的做法更加开拓了认定腾讯 QQ 是否具有的市场支配地位的空间，解决了界定相关市场困难或者争议的难题，值得研究。

最高人民法院从市场份额、相关市场的竞争状况、被诉经营者控制商品价格、数量或者其他交易条件的能力、该经营者的财力和技术条件、其他经营者对该经营者在交易上的依赖程度、其他经营者进入相关市场的难易程度等方面，对被上诉人是否具有市场支配地位进行了分析，认定即时通信市场竞争充分，即使腾讯QQ具有某些竞争优势，也是暂时性和动态性的，其优势地位未必保持长期稳定。因此，不能认定腾讯QQ具有市场支配地位。"产品不兼容"行为（用户二选一）不构成限制交易行为，也未构成捆绑搭售等行为，所以，本案二审法院最终结论与一审法院相同。但是，也有一些专家对该判决持不同意见，认为最高人民法院将一审法院地域市场从全球市场更正为中国大陆地区市场后，仍然认定腾讯QQ在中国市场即时通信服务不具有市场支配地位是错误的。

**五、云南盈鼎生物能源股份有限公司诉中国石化销售有限公司云南石油分公司等拒绝交易案**

（一）当事人

原告：云南盈鼎生物能源股份有限公司

被告：中国石化销售有限公司云南石油分公司、中国石化销售有限公司

（二）案情简介

原告云南盈鼎生物能源股份有限公司（以下简称云南盈鼎公司）成立于2006年12月，系采用地沟油加工生产生物柴油的经营者，在昆明市嵩明杨木工业开发区建有生产能力为15,000吨/年的地沟油制生物柴油生产线，已经投产多年。为了解决该公司产品的销售问题，2011年5月26日，云南省能源局向中国石化销售有限公司云南石油分公司（原名称为中国石油化工股份有限公司云南石油分公司，以下简称中石化云南分公司），中国石化销售有限公司发出云能源油气函〔2011〕23号函，请上述公司积极协助开展生物柴油试点销售，尽快将原告公司生产的达标合格的生物柴油纳入其销售配送体系面向社会配送销售。同年7月18日，云南省能源局给云南省成品油流通行业协会发出云能源油气函〔2011〕35号函，请该协会协调协会中有一定实力的经营者与原告公司合作，试点销售其生产的生物柴油。回收地沟油用于生产生物柴油是国家鼓励的项目，2012年3月29日，云南省人民政府办公厅为了落实《可再生能源法》，向中石化云南石油分公司、中石油云

南销售分公司以及各州市人民政府等部门发出《关于做好地沟油制生物柴油工作的指导意见》。

被告中石化云南分公司是云南省内最具实力的石油成品油销售经营者,在营加油站1200余座,2011年跻身云南省百强经营者第七位。在云南省地区成品油销售市场占有率为67%。被告以原告从未提出过明确的交易条件和交易请求,导致被告无法作出承诺、或再要约的商业回应,以及原告的产品不符合国家标准拒绝与其交易,拒绝将原告生产的生物柴油纳入其销售体系。

原告以《反垄断法》为依据提起本案拒绝交易的诉讼,将被告起诉至法院,认为被告无正当理由拒绝收购原告提供的生物柴油,已经构成滥用市场支配地位,违反法律规定,要求被告承担责任。

(三)法院审理

法院认为,《可再生能源法》第16条第3款所担负的法定义务不宜用强制命令的方式在不考虑任何条件的前提去完成,而是应当遵循社会主义市场经济规律,遵守公平和诚实信用原则,按照《合同法》的规定,经过相关市场主体协商一致达成交易。违背这些规律和原则,不经过协商一致强行交易,既不符合上述法律规定的本意,在现实中也不具有可行性。

本案的相关市场应为云南省石油成品油销售市场。中石化云南分公司在云南石油成品油销售市场所占的份额达到了1/2,从市场结果标准来看,可以推定中石化云南分公司在云南成品石油销售市场具有市场支配地位。被告中石化云南分公司在云南石油成品油市场上占据相对经济优势地位。

本案被告的被控行为不属于无正当理由拒绝交易的垄断行为。原告云南盈鼎公司与被告中石化云南分公司之间未能建立交易关系,在地沟油制生物柴油的销售问题上并不存在竞争关系,被告中石化云南分公司的行为,也没有产生排除、限制竞争的效果。

被告中石化云南分公司没有与原告建立地沟油制生物柴油交易关系,不能认定为违反《可再生能源法》规定的义务,因此不产生该法第31条所规定的责任。综上所述,法院认为原告的诉讼请求没有事实依据,依照《反垄断法》第17条第1款第3项的规定,判决驳回原告云南盈鼎公司的诉讼请求。

（四）评析

1. 对相关市场的界定

相关市场的界定通常是对竞争行为进行分析的起点。根据《相关市场界定指南》的规定，界定相关市场需要遵循一定方法，依据充分的市场证据予以确定，而不是凭个人直觉确定。该指南指出："任何竞争行为（包括具有或可能具有排除、限制竞争效果的行为）均发生在一定的市场范围内；界定相关市场就是明确经营者竞争的市场范围。科学合理地界定相关市场，对识别竞争者和潜在竞争者、判定经营者市场份额和市场集中度、认定经营者的市场地位、分析经营者的行为对市场竞争的影响、判断经营者行为是否违法以及在违法情况下需承担的法律责任等关键问题，具有重要的作用；相关市场是指经营者在一定时期内就特定商品或者服务（以下统称商品）进行竞争的商品范围和地域范围；在市场竞争中对经营者行为构成直接和有效竞争约束的，是市场里存在需求者认为具有较强替代关系的商品或能够提供这些商品的地域，因此，界定相关市场主要从需求者角度进行需求替代分析。当供给替代对经营者行为产生的竞争约束类似于需求替代时，也应考虑供给替代。"

本案中，原告、被告双方对相关市场的地域范围在云南省境内无异议。对商品市场，按原告云南盈鼎公司主张，由于云南省人民政府办公厅《关于做好地沟油制生物柴油工作的指导意见》明确规定"地沟油制生物柴油经营者应当将所生产的生物柴油全部销售给成品油销售经营者，不得直接面向成品油终端市场销售"，相关市场只能是石油成品油销售市场，被告中石化云南分公司及其专家辅助人则认为地沟油制生物柴油的主要成分是脂肪酸甲酯，而脂肪酸甲酯在工业上有多种用途，并非仅限于销售给成品油市场，还存在其他多种销售渠道和购买者，因此相关市场应为脂肪酸甲酯销售市场。而《相关市场界定指南》给出的相关市场的界定方法和基础，主要是从需求者，即买方的角度出发来衡量相关市场，进而对供给者，即卖方反垄断作出反制，但未涉及买方相关市场的界定。

本案原告云南盈鼎公司所诉的行为系买方垄断，此时，对相关市场很难以《相关市场界定指南》指出的方法进行界定，而只能从经济学的范畴出发，将审查的重点放在供给者，即卖方的产品能够在哪些市场上获得流通和销售；或是卖方的产品具备哪些显示或潜在的买家等因素来界定相关市场。

对地沟油制生物柴油而言，从普遍意义上讲，其性能、用途和可销售的市场具有多样性，但当其被限定作为生物液体燃料使用时，能够购买地沟油制生物柴油的主体，仅可能是石油成品销售市场中的主体。故本案的相关市场应为云南省石油成品油销售市场，原告对相关市场的界定成立。至于被告所指的相关市场，由于没有考虑地沟油制生物柴油的用途及销售渠道被限定的情况，在范围上过于宽泛。

2. 被告在相关市场内是否具有支配地位

所谓支配地位，是指经营者在相关市场内具有能够控制商品价格、数量或者其他交易条件，或者能够阻碍、影响其他经营者进入相关市场能力的市场地位。《反垄断法》第 18 条规定了认定经营者具有市场支配地位所依据的因素，包括市场份额、竞争状况、财力、技术条件等。这其中，市场份额是一个较为重要的衡量因素，一般而言，经营者在相关市场上的市场份额数值越大，其所具有的市场支配能力或者行使市场力量的可能性就越大。依据《反垄断法》第 19 条规定，有下列情形之一的，可以推定经营者具有市场支配地位：(1)一个经营者在相关市场的市场份额达到 1/2 的；(2)两个经营者在相关市场的市场份额合计达到 2/3 的。一个经营者在相关市场的市场份额达到 1/2 的，可以推定经营者具有市场支配地位。

本案中，从原告的举证和被告对外公布的信息可知，中石化云南分公司在云南石油成品油销售市场所占的份额达到了 1/2，从市场结果标准来看，可以推定中石化云南分公司在云南成品石油销售市场具有市场支配地位。此外，从原告云南盈鼎公司的角度来讲，在被告中石化云南分公司占据上述市场份额时，假设被告中石化云南分公司对原告云南盈鼎公司待售的生物柴油提出了一个不利的交易条件，原告云南盈鼎公司在云南石油成品油市场上另寻其他交易对象达成合理交易价格并实现可期待的成交量在现实中并不容易，这也从另一个方面凸显被告中石化云南分公司在云南石油成品油市场上占据相对经济优势地位。当然，《反垄断法》上述条文的第 3 款为了给当事人提供救济途径，还特别规定：被推定具有市场支配地位的经营者，有证据证明不具有市场支配地位的，不应当认定其具有市场支配地位。本案中，被告并没有举证证明其在云南省石油成品油市场上不具有支配地位。

3. 被告的被控行为是否属于无正当理由拒绝交易的垄断行为

拒绝交易是具有市场支配地位的经营者滥用市场支配地位的一种表现,指的是具有支配地位的经营者没有正当理由,拒绝与交易相对人进行交易。在一般商品交易领域适用合同自由原则,当事人可以根据自己的意志,选择自己的相对交易方,不存在拒绝交易权行使的限制问题。但对于具有市场支配地位的经营者而言,其市场实力过于强大,交易相对人和消费者除了与其交易并没有更多的选择余地,因为这些交易相对人从其他渠道难以获得该产品、服务,替代性产品、服务的获得也比较困难。因此,具有市场支配地位的经营者由于本身市场力量的强大或提供产品、服务的独特性(尤其是在其拥有关键设施时),在没有正当理由的情形下是不能拒绝与交易相对人进行交易的。

云南省能源局《关于请协助云南盈鼎生物能源股份有限公司生物柴油进行试点销售的函》《关于请协助支持云南盈鼎生物能源股份有限公司生物柴油试点销售的函》,以及云南省人民政府办公厅《关于做好地沟油制生物柴油工作的指导意见》属于政府相关部门的行政行为,虽然可以起到倡导原被告建立交易关系、传达原告的交易愿望的作用,但是该行政行为不能视为原告云南盈鼎公司向被告中石化云南分公司发出的交易请求,只有 2013 年 9 月 3 日的律师函可以作为原告向被告发出的交易请求。由于律师函当中并没有提出具体明确的交易条件,从合同法的角度看,此律师函只能算作要约邀请,不是要约。被告对原告发出的要约邀请未做回复,并不属于《反垄断法》第 17 条第 1 款第 3 项规定的"没有正当理由,拒绝与交易相对人进行交易"的行为。

被告中石化云南分公司据此认为原告生产的生物柴油尚不具备对外推广的市场基础,因而无法收购原告的地沟油制生物柴油。对此,从经营者的正常发展和商业选择看,由于地沟油生物柴油用作生物燃料的试点推广工作遇到现实困难而又未获解决,从公平的角度出发,被告中石化云南分公司的做法符合其自身正常经济效益以及消费者利益之间的共生互利,且此举也未给被告中石化云南公司本身带来垄断利益。另外,虽然根据《可再生能源法》第 16 条第 3 款的规定,被告中石化云南分公司有法定义务收购原告生产的地沟油制生物柴油,但国务院能源主管部门和云南省人民政府尚未制定出台相关的针对地沟油制生物柴油销售的配套政策,因此,关于地沟油制生物柴油的销售主体、销售数量(或配额)、销售定价、销售方式、销售奖励和亏损补贴等问题都不明确,基于此,双方未能建立交易关系,也不属于违反《反垄断法》上述条款的行为。其实在目前情况下,原告云南盈鼎公司与被告中石化云南分公司之间在地沟油制生物柴油的销售问题上并不存在竞争关系,被告中石化云南分公司的行为也没有产生排除、限制竞争的效果。

(五)律师提示

《反垄断法》并不禁止经营者取得市场支配地位,但是,具有市场支配地位的经营者,由于拥有强大的经济实力和经营能力,能够控制相关市场上商品的价格、数量和其他交易条件,这种支配地位对市场竞争是一种潜在的威胁,如果其滥用这一市场支配地位,从事排除、限制竞争的行为,将会严重影响市场竞争秩序。然而,根据欧美反垄断判例显示,一般情况下,反垄断法语境下的拒绝交易行为通常是指拒绝销售,而不是拒绝购买。

从《可再生能源法》的立法精神来看,本案原、被告双方所要建立的应当是一种既符合经济规律又兼顾经营者、消费者和社会公共利益的交易关系。而这一关系的建立,需要在政府公共政策和产业政策指引和支持下,在遵循市场经济规律的前提下,双方自愿建立。在诉讼中,被告中石化云南分公司还提出了原告生产的生物柴油有若干不符合国际标准等问题,但这些都是技术问题,只要双方有意愿达成互利共赢的结果,这些问题不难解决。但是,原告通过诉讼方式强制对方与自己建立交易关系,未免欲速则不达。

### 六、刘某某诉湖南华源实业有限公司、东风汽车有限公司东风日产乘用车公司垄断纠纷案

(一)当事人

原告:刘某某

被告:湖南华源实业有限公司、东风汽车有限公司东风日产乘用车公司

(二)案情简介

2009 年 6 月,刘某某购买了一辆东风汽车有限公司东风日产乘用车公司(以下简称东风日产公司)生产的天籁汽车,2010 年 10 月 22 日,因汽车左前门车锁损坏到湖南华源实业有限公司(以下简称 4S 店)维修。4S 店工作人员告知,维修工时费需 300 元,刘某某即提出要求购买配件自行维修。工作人员拒绝并且强调,这是东风日产公司制定的政策,所有东风日产 4S 店

均不对外销售配件，且整个市场均不可能买到东风日产系列车的配件。刘某某称，迫于无奈，其只能支付607元（其中配件费307元、维修费300元）更换了两个极小的普通零件。事后刘某某查明，被告提供的配件价格远远高于市场同类型价格3倍以上，而维修费竟远超市场价的7倍以上。刘某某认为东风日产公司滥用市场支配地位，制定垄断经营政策，伙同其4S店共同排斥竞争者，榨取高额利润，严重侵犯了消费者的合法权益。东风日产公司作为汽车生产厂家，有义务保障汽车售后的配件供应，湖南华源实业有限公司（以下简称华源公司）作为汽车4S店，应履行4S内涵赋予的职责，提供其应有的4S服务[1]。因此，请求法院判令两被告停止垄断经营行为，以合理的价格向其终端用户提供汽车配件销售服务，以维护自己及广大消费者的合法权益。湖南省长沙市中级人民法院一审判决驳回其诉讼请求。刘某某不服，提起上诉。

（三）法院审理

1. 一审判决

一审法院认为，原告未对汽车零配件市场和汽修市场进行足够的调研，提交的证据无法证明被告的市场支配地位。对两被告存在不公平高价的行为，原告提交的证据既不是两被告尤其是东风日产公司的公开财务资料，也不属于公开发布的市场占有信息。被告对其服务网络提供的售后服务进行统一管理，并不意味着该管理行为必然具有反竞争性。故原告的诉讼请求缺乏证据支持。

2. 二审判决

湖南省高级人民法院经审理认为，本案所诉损害事实仅涉及天籁汽车的门锁配件，且天籁汽车的原厂门锁配件与副厂门锁配件之间存在可替代性，因此，本案的相关市场应界定为"适用于天籁汽车的门锁配件市场"。刘某某应当对东风日产公司及其4S店在相关市场内具有支配地位承担举证责任，但刘某某未提交证据予以证明，应承担举证不能的法律后果，其上诉主张不能成立。遂判决驳回上诉，维持原判。

（四）评析

在反垄断民事诉讼中，滥用市场支配地位的垄断行为是阻碍竞争的事

---

[1] 4S的含义为：整车销售（Sale）、零配件（Spare part）、售后服务（Service）、信息反馈（Survey）。

实，证明该事实的存在应该有较严格的证据标准。一般需要进行周详的市场调查、经济分析、专题研究或利用公开的统计数据等方面的研究成果对市场支配地位进行定量分析，确定其支配地位。原告未对汽车零配件市场和汽修市场进行足够的调研，提交的证据无法证明被告的市场支配地位。对两被告存在不公平高价的行为，原告提交的证据既不是两被告尤其是东风日产公司的公开财务资料，也不属于公开发布的市场占有信息。被告对其服务网络提供的售后服务进行统一管理，并不意味着该管理行为必然具有反竞争性。

（五）律师提示

本案是湖南省法院审理的首起垄断纠纷案件，涉及汽车零部件的市场供应问题，社会关注度较高。本案原告虽然败诉，但该案引起社会对垄断问题的思考和讨论，对于维护正常市场经济秩序具有重要意义。本案重点探讨并归纳运用了垄断案件中相关市场的主要界定方法和原则：

1. 商品市场的适度细分

在当事人所主张的相关市场范围过大并可能涵盖数个不同的商品市场时，应当根据行业和公众的一般看法对整个市场进行适度细分，尽可能地寻找最小的商品市场，从而准确地识别紧密的竞争关系。本案中，当事人所主张的相关市场为“原厂汽车配件市场”。但由于汽车零配件种类繁多，不同的汽车零配件因其特性、用途不同，构成不同的商品市场，将全部汽车零配件归于同一市场，势必导致市场外延过大。因此，应将“相关市场”界定在汽车门锁配件市场。

2. 商品市场与损害事实的关系

在以招致损害为由提起的垄断诉讼中，损害事实所涉及的商品是判断相关商品市场的重要依据。本案所诉损害事实主要涉及天籁汽车的门锁配件，因此，与本案相关之商品市场范围应当限于适用于天籁汽车的门锁配件商品市场。

3. 商品的可替代性

具有紧密替代性的商品应认定其属于同一市场。本案中，就适用于天籁汽车的门锁配件商品而言，市场上除有由东风日产公司提供的原厂配件外，还有由其他经营者生产和销售的副厂配件。由于副厂配件与原厂配件在功能、特性、用途上相同，当原厂配件的价格过高时，消费者必然考虑选择其他副厂配件,二者事实上形成紧密的替代关系,并在同一市场中进行竞争。因此,由原厂配件和副厂配件共同组成的适用于天籁汽车的门锁配件商品市场是本案所界定的相关市场。

## 七、宁波科元塑胶有限公司诉宁波联能热力有限公司技术服务合同案

(一)当事人

原告:宁波科元塑胶有限公司

被告:宁波联能热力有限公司

(二)案情简介

原告、被告于2008年6月5日签订一份《供用热合同书》,合同约定:被告向原告供热,正常情况下原告保证向被告每年购买蒸汽不少于28万吨。同时约定,原告不按期交清汽费,应承担违约金,违约金以次月5日起算,每天按欠费总额的3‰计算。经被告催交,原告仍未付清汽费的,被告有权在次月20日开始停止向原告供汽。合同还约定了双方的其他权利义务。合同有效期限10年,从2008年6月5日起至2018年6月5日止。2008年6月30日,原告、被告又签订《补充供用热合同》约定汽费结算的折扣率及汽费结算方式。上述合同签订后,原告自2009年10月开始向被告供热。

2011年6月22日,原告、被告签订一份《供用热协调会议纪要》,经双方友好协商,主要达成如下协议:(1)原告在2011年6月20日至8月30日每月补偿被告蒸汽损耗费用30万元,在当月汽费结算中支付,当2011年七八月两个结算月份的月用汽量超过14,000吨时,每月补偿蒸汽损耗费用减为20万元,考虑到原告近阶段的经营困难,2011年6月20日前的蒸汽损耗费用由被告承担;(2)原告承诺在2011年8月30日前投运新的用汽设备,正常蒸汽流量达到15吨/小时,瞬间流量不低于10吨/小时,被告于2011年8月30日起在运行的计量仪表中设置10吨/小时的底度流量,自2011年9月起的每月结算量在9000吨至10,800吨时,原告另行承担5%的损耗费用,月结算量在9000吨以下时,原告承担10%的损耗费用。同时约定,鉴于管网安全及控制原因,原告在蒸汽使用中确保瞬间流量不低于5.8吨/小时,被告自2011年6月20日起在运行的计量仪表中设置5.8吨/小时的底度流量。

因原告未按计划投运新的用汽设备,经原告申请,双方又于2011年9月29日签订《供用热协调会议纪要的补充》一份,该纪要载明:(1)原告在2011

年8月20日至10月20日的每月补偿原告蒸汽损耗费用30万元，结算的月用汽量超过14,000吨时，每月补偿蒸汽损耗费用减为20万元；(2)原告承诺在2011年10月20日前投运新的用汽设备，正常蒸汽流量达到15吨/小时，瞬间流量不低于10吨/小时，被告于2011年10月20日起设置10吨/小时的底度流量，自2011年11月起的每月结算量在9000吨至10,800吨时，原告另行承担5%的损耗费用，月结算量在9000吨以下时，原告承担10%的损耗费用，2011年10月20日前被告未能达到新的用汽要求，结算按每月补偿30万元进行；(3)原告受北仑电网改造影响，预计在2011年10月3日至10日安排停工，其间有段时间流量可能较小，在原告书面申请时段内被告不要求最低使用流量(5.8吨/小时底度流量照常)。

2011年7月至11月，因原告用汽没有达到约定的用汽量，双方按照上述纪要及补充中的约定，由原告每月补偿被告30万元，具体支付时将该30万元折算成用汽量后一并计算当月用汽费用。原告的蒸汽费用支付至2012年2月20日止，之后至2012年5月7日的蒸汽费用为6,503,143.35元，原告当时未予支付。2012年5月7日，被告以原告未按约支付汽费为由向原告发送《停汽函》，停止蒸汽供应。之后，原告、被告来往函件围绕停汽和付款等问题进行了交涉。

从2009年11月至2012年2月期间，原告存在未按合同约定迟延支付费用的情况。为此被告依据供用热合同就原告欠付汽费、违约金诉至一审法院，法院经审理作出(2012)浙商外初字第32号民事判决，原告不服上诉后，浙江省高级人民法院作出(2013)浙商外终字第24号民事判决，维持原判。

(三)法院审理

本案争议焦点涉及相关市场界定、被告作为公用经营者是否具有相关市场支配地位及其是否构成滥用市场支配地位。在首要的相关市场界定中，涉案商品为通过管道运输的热蒸汽。法院鉴于该商品的特有属性，通过供给替代、需求替代分析、假定垄断者测试等多种经济分析方法的比较界定，分别确定时间、商品、地域三要素的各自相关市场，再最终合成三维的相关市场。被告作为公用经营者，并不必然在相关市场具有市场支配地位，而根据相关市场结构和竞争状况的具体分析，相比开发区热电公司，被告在相关市场的市场份额、控制原材料采购市场或者销售市场的能力、财力和技术条件上均不具有优势地位。其他经营者在供热市场的产业链上对被告不具有明显的依赖关系。相关市场进入存在必需设施供热管道和较高资金、技术要求的障碍或壁垒。被告与开发区热电公司虽属间接关联公司但无证据证明两者不存在实质性竞争关系。

综合上述因素,在本案相关市场内,虽然被告作为公用经营者有其供热行业性的市场进入障碍或壁垒,但在相关市场内仍存在有效竞争,被告不处于显著的优势地位,从而不具有足够控制商品价格等交易条件,排除、限制竞争的能力,故法院判决认定,原告的诉讼请求依据不足,不予支持。被告在相关市场不具有市场支配地位,原告关于被告涉案行为构成滥用市场支配地位的指控不能成立。

(四)评析

1. 本案的相关市场如何界定

界定相关市场的要素一:时间跨度范围。依据原告诉状指控,被告滥用市场支配地位的行为发生时间主要从2011年5月10日被告致函原告《关于供热管道安全运行的几点要求》起至2012年5月断汽事件致损时止,即涉案相关市场的时间跨度或时间市场为2011年5月至2012年5月。

界定相关市场的要素二:商品市场范围。相关市场概念下的商品范围是指相关商品市场,这是根据商品的特性、用途及价格等因素,由需求者认为具有较为紧密替代关系的一组或一类商品所构成的市场。在本案中,被告向原告提供的商品为热蒸汽,并特定为通过管道运输的热蒸汽。

依照替代性分析的路径,从需求替代的角度,可通过该类商品的消费需求者对商品功能用途的需求、质量的认可、价格的接受以及获取的难易程度等因素,从需求者的角度确定不同商品之间的替代程度。涉案商品热蒸汽主要用于满足需求者的用热、气压及水的需求,具有一定的温度、气压以及安全的质量要求,并且价格约为250元/吨,热蒸汽一般需由热源发生地通过管道运输获取,获取成本较高。就需求者而言,热蒸汽因其物理特殊性,其他类的商品难以完全替代其功能,而通过管道长途运输的热蒸汽可以替代为就近设置锅炉直接生产蒸汽使用,事实上,原告在被告采取停汽措施后确曾自设锅炉生产蒸汽使用,并自述用热成本大幅提高到300多元/吨,长期难以承受。故从需求替代而言,设置锅炉所直接生产的蒸汽因其价格或成本过高致替代程度不高,故两者不具较强的竞争关系,相关商品市场应确定为通过管道运输的热蒸汽。

从供给替代的角度,可通过分析其他不销售该类商品的经营者改造生产设施的投入、承担的风险、进入目标市场的时间等因素,从经营者的角度确定不同商品之间的替代程度。涉案管道运输的热蒸汽,对输汽管道有特殊的压力、保温等安全要求,其他管道、水管等难以替代,而且管道架设需从热源厂或现有供热管道铺设到需求者所在地,管道投资大,建设周期长,可能的用地审批、征用的风险也很大,故显然其他经营者的供给替代程度非常低。

综上所述,涉案相关市场的商品范围(商品市场)应界定为:通过管道运输的热蒸汽商品。

界定相关市场的要素三:地域市场范围。相关市场概念下的地域范围是指地域市场(或地理市场),这是需求者获取具有较为紧密替代关系的商品的地理区域。其特征在于,经营者在这个区域内销售商品,但该经营者的消费者在这个区域内可以购买到与其相竞争的其他经营者的商品。地域市场可以看作和被告的产品进行有效竞争的地理区域,实质是从地域成本上对相关商品市场范畴的限定。

据已查明的事实,原告所在青峙工业园区内,主要存在两家经营供热经营者:一为开发区热电公司,由其热力分公司主营供汽业务,其供热管道自园区西端起往东到中北部止主要连接区域内大型经营者宁波中新腈纶有限公司,并不通往数百米之远的原告所在东部区域。二为被告,通过铺设的青峙联合热网管道工程(东西走向横跨青峙工业园区,西端连接开发区热电公司,东端连接工业区外的数公里之外的北仑电厂),主要连接工业区内原告、广厦水泥公司、宁波新桥化工有限公司,并在京甬路附近连接至北仑食品公司。

本案中,如上所述,相关商品市场应确定为通过管道运输的热蒸汽,参考《相关市场界定指南》第9条界定相关地域市场考虑的主要因素,从需求替代角度,首先应考虑商品的运输成本和运输特征,通过管道运输的热蒸汽商品,其热蒸汽的物理特性决定其运输特征为必须通过专门管道运输,管道的铺设既是该商品运输的前提,也是其必要的运输成本。原告作为需求方除了被告管道所供应的热蒸汽之外,如果需要向其他供给方另行交易热蒸汽,现实的可选择供给方是分别位于其东西两端热源厂即北仑电厂和开发区热电公司,但两者除了被告所铺设的青峙联合热网管道工程,并无现成管道与原告相连接,均需另行铺设管道。

但从地理距离上看,因原告距东面热源厂北仑电厂有4公里多之远,而原告距离其西面另一热源厂开发区热电公司的供热管道相对距离在数百米之内(开发区热电公司该供热管道通过青峙园区西端往东到中北部止连接宁波中新腈纶有限公司),故从管道成本考虑,原告的需求更有可能从距离其仅数百米之遥的开发区热电公司现有管道中获得满足。而北仑电厂如需构成供给,参考被告自述的2008年至2009年铺设长约10.76公里青峙联合热网管道工程的总投资成本约3000万元,考虑到相应期间物价上涨因素。现需成本至少约1500万元,显然运输的经济成本较高,且建设周期较长,故难以满足原告的需求。

从供给替代角度,因当地只存在上述两家热源厂(热源厂的直接供给不再赘述),以及和被告经营方式相同的贸易型供热经营者(经营方式为从热源厂购汽并向需热方销汽)宁波北仑南区热力有限公司、宁波北仑热力有限公司,而这些经销型供热经营者在青峙工业园区均未铺设管道,故其如需供给,必然需要新铺从需热方到热源厂或已有管道之间的管道,其经济成本非常高。

进一步采取假定垄断者测试分析的思路,以青峙工业园区为目标地域,在其他地域的销售条件不变的情况下,假定垄断者(被告)对目标地域内的供热汽价进行持久小幅涨价(持续1年涨价5%),按每年14万吨(2011年正常供汽年度被告向原告供汽总量),平均汽价250元/吨上涨5%计算,则该年额外获利约175万元,比较如上所述至少需1500万元的铺管成本,和较长的铺管周期,这些园区之外的供热经营者也不具有在一年内供应相关商品的即时性和较高的经济性,相反此种情况下园区之内在近处铺有管道的开发区热电公司则有可能受经济驱动而替代供应。故基于假定垄断者测试分析的思路,界定被告和开发区热电公司均铺有供热管道的青峙工业园区的供热市场为本案相关市场的地域市场是妥当的。

综上所述,鉴于需管道运输的热蒸汽商品的运输成本和特征,以及当地的热源经营者地理分布和现有管道地理位置,通过需求、供给替代分析及假定垄断者测试的进一步分析,开发区热电公司因其现有供热管道距离原告仅数百米之遥,改造延长成本相对销汽营业额应在可接受范围内,其与被告在该青峙工业园区地理范围内可构成有效的竞争,而其他供汽经营者主要限于管道建设成本和时间成本的因素,并不能有效参与到该区域的竞争中,故本案相关市场的地域范围(地理市场)应界定为:热蒸汽商品供给方被告和开发区热电公司开展竞争的大致青峙工业园区地域范围。

综合上述时间、商品、地域要素的分析,本案的相关市场可界定为:2011年5月至2012年5月,大致青峙工业园区地域通过管道运输的热蒸汽商品市场。

2. 被告在该相关市场是否具有市场支配地位

原告主张:被告因经营供热故属于公用经营者,可当然认定其在相关市场内具有市场支配地位。被告则辩称:被告并不生产蒸汽,只是经销蒸汽,故不属于公用经营者,而属于公用经营者的下游经营者,即使其是公用经营者也不必然具有市场支配地位。双方的争议在此层面上涉及被告是否属于公用经营者,以及公用经营者的市场支配地位认定问题。

(1)被告是否属于公用经营者。依照《禁止公用企业限制竞争行为规定》第2条的规定,公用经营者是指涉及公用事业的经营者,包括供水、供电、供热、供气、邮政、电讯、交通运输等行业的经营者。本案中被告作为贸易型供热经营者,通过管道在特定区域内销售其从热源厂购入的蒸汽,究其主营业务仍应属于供热行业的经营者,故应属于公用经营者性质。

(2)公用经营者是否当然在相关市场内具有支配地位。根据《垄断纠纷司法解释》第8条的规定,原告应当对被告在相关市场内具有支配地位和其滥用市场支配地位承担举证责任。该司法解释第9条又规定:"被诉垄断行为属于公用企业或者其他依法具有独占地位的经营者滥用市场支配地位的,人民法院可以根据市场结构和竞争状况的具体情况,认定被告在相关市场内具有支配地位,但有相反证据足以推翻的除外。"

原告对被告在相关市场内具有市场支配地位负有举证责任,是一般举证原则。而公用经营者或者其他依法具有独占地位的经营者所在的市场往往是自然垄断或者是市场竞争不充分的市场,其市场支配地位或是其自身固有或是依法确立的,基于此类市场主体和市场竞争的特殊性,依据司法解释应适当减轻原告相应的举证责任,但这并不意味只要原告证明被告属于公用经营者,就完成了举证责任,当然得出公用经营者在相关市场内具有支配地位的结论,仍应由法院按照认定市场支配地位的市场竞争标准,根据举证证明的市场结构和竞争状况的具体情况来依法认定。

(3)被告作为公用经营者在相关市场的市场支配地位如何认定。依据《反垄断法》第18条关于市场支配地位认定的规定,结合本案案情,认定被告是否具有市场支配地位的相关因素具体可分解如下:被告在相关市场的市场份额、竞争状况。

依据已查明事实,在青峙工业园区内,2011年度宁波经济技术开发区热电有限责任公司总供汽量约35万吨,被告总供汽量约14.67万吨,分别约占市场份额的70.5%和29.5%。2012年度宁波经济技术开发区热电有限责任公司供汽约36万吨,被告供汽约6.6万吨,分别约占市场份额84%和16%。故在该相关市场中,被告的市场份额浮动在29.5%~16%,相比另一竞争经营者开发区热电公司,其不到30%的市场份额明显不具有优势的市场地位。被告不具备控制原材料采购市场或者销售市场的能力。

经营者控制原材料采购市场或者销售市场的能力,分别是经营者向上控制原材料采购市场或向下控制商品销售市场的能力,主要指控制采购原材料和销售商品方面的渠道的能力。经营者这种上下游渠道能力越强,其在相关市场中的竞争力就越强。

在供热市场,管道中的热蒸汽一般均来自就近的热源厂,经过经营者的管道及处理设施后供给用户,从交易环节来看,热源厂初产的热蒸汽属于半成品原材料,经营者购买后(或热源厂作为经营者自营)经必要的技术处理,通过其控制的管道直接供给用户,故这种情况下,原材料采购市场是指向热源厂取得热蒸汽的渠道,销售市场是指连接用户的供热管道销售渠道。

在本案中,被告在上述相关市场中的青峙联合热网管道工程西接热源厂开发区热力公司,东接热源厂北仑电厂,被告向青峙工业园区内所供应的热蒸汽均有相当一部分分别来自两家热源厂,而开发区热电公司则自营热源厂直接向其分公司提供热蒸汽。所以从原材料采购市场来看,开发区热电公司自营热源厂,无中间环节,不仅在一般采购成本上更具优势,而且只要热源厂正常生产,在采购渠道上就不受制于人,其具有更强的渠道控制能力。从商品销售市场来看,被告和开发区热电公司均通过各自铺设的管道开展直接销售,差别不大。

据已查明事实,被告注册资本1500万元,工商注册经营范围为:蒸汽、热水的供应、供热设备的安装、检修、维护、检验、管理及相应的技术服务等。

开发区热电公司注册资本14,000万元,工商注册经营范围为:电热的生产供应管理,热水供应,区内供电,供热工程的安装、维护及工程项目及相应技术服务等。从注册资本、经营范围以及实际的经营规模来看,被告相比开发区热电公司在财力和技术条件明显较弱。

(4)其他经营者对被告在交易上的依赖程度。一般而言,其他经营者对相关市场内该经营者在交易上的依赖程度,是指其他经营者与该经营者之间的交易量、交易关系的持续时间、转向其他交易相对人的难易程度等。如果该经营者拒绝与其他经营者进行交易,而致使其他经营者在另行选择交易对象时缺乏足够的合理选择,则存在比较显著的依赖关系,该经营者在这种具有依赖属性的倾斜的供求关系中具有优势地位。

本案中,被告作为贸易型而非生产型的供热经营者,其他经营者在供热市场的产业链上对其不具有明显的依赖关系。

(5)其他经营者进入相关市场的难易程度。其他经营者进入相关市场的难易程度,是指市场进入障碍或壁垒,这是衡量相关市场的新进经营者比现有的经营者所需付出较大成本的指标,也是判断市场支配地位的重要指标。其他经营者进入市场的难易,会直接影响市场内现有经营者在相关市场内能否获得控制商品价格等交易条件,排除、限制竞争的能力。

市场进入障碍或壁垒越低,则潜在竞争越强,相关市场内的经营者在潜在竞争压力牵制下,难以随意地控制改变商品价格、数量或者其他交易条件。市场进入障碍或壁垒越高,则潜在竞争越弱,相关市场内的经营者依赖该障碍或壁垒形成成本优势,在缺乏竞争压力之下,更易获得控制商品价格等交易条件,排除、限制竞争的市场支配地位。现实中,市场进入障碍或壁垒是多种多样的,包括市场准入制度、拥有必需设施的情况、销售渠道、资金和技术要求、知识产权以及成本等。

本案中,市场进入障碍或壁垒比较显著地体现在相关市场内供热管道属于交易的必需设施和进入市场有较高的资金及技术要求这两方面。如上所述,青峙工业园区地域通过管道运输的热蒸汽商品市场只存在被告和开发区热电公司两家经营者,其他经营者进入该供热市场,在自身需具备较高的资金和技术要求的条件下,在供热管道必需设备上只能选择高成本自建管道或者向现有两经营者租赁管道,无论何种选择,相对现有两经营者均具有较高的进入成本。这两方面的障碍实质上容易造成排除其他经营者进入相关市场,或者延缓其他经营者在合理时间内进入相关市场,或者其他经营者虽能够进入该相关市场,但进入成本提高难以在市场中开展有效竞争的效果。

(6)与认定市场支配地位有关的其他因素。进一步分析与认定市场支配地位有关的市场竞争状况,还需要考虑被告的工商资料显示其由宁波联贸实业投资有限公司投资1050万元占70%股份、开发区热电公司工会委员会投资450万元占30%股份设立公司,故不可否认,原告所称,被告与开发区热电公司因间接的股东关系属于关联公司。但一方面开发区热电公司工会委员会在被告中属于小股东,两公司仍就供热产品存在竞争的利害关系,另一方面原告并未提供证据证明被告与开发区热电公司存在达成垄断协议或者具有排除、限制竞争效果的经营者集中的行为,也未证明两公司在市场经营决策和市场竞争上因存在间接的股东关系,而相互之间不存在实质性竞争关系的事实。故两公司属间接关联公司的关系在本案中对认定市场支配地位不构成重大影响。

(五)律师提示

本案是涉及公用经营者的滥用市场支配地位垄断纠纷的典型案例,也是国内屈指可数的垄断判决案例,特别是在相关地域市场的界定上创新运用欧美国家的假定垄断者测试的分析方法,在公用经营者是否当然具有市场支配地位的问题上在国内首次以判决实证的方式解读了司法解释,体现了涉及公用经营者市场支配地位的举证责任分配,具有较高的示范性意义。

任何竞争行为(包括具有或可能具有排除、限制竞争效果的行为)均发生在一定的市场范围内。界定相关市场就是明确经营者竞争的市场范围。只有在相关市场内才能考察经营者是否具有市场支配地位,从而进一步定量或定性地分析竞争行为,判断经营者是否滥用市场支配地位实施了排除限制竞争的行为。所以,相关市场的界定是判断经营者是否构成滥用市场支配地位,进而构成垄断行为的起点。《反垄断法》第12条第2款的规定:相关市场是指经营者在一定时期内就特定商品或者服务进行竞争的商品范围和地域范围。据此,相关市场的界定包括三要素:(1)时间跨度,竞争行为所发生的一定时期;(2)商品范围,存在竞争关系的商品或服务的范围;(3)地域范围,存在竞争关系的产品和相关的地域。

《反垄断法》第17条第2款规定:本法所称市场支配地位,是指经营者在相关市场内具有能够控制商品价格、数量或者其他交易条件,或者能够阻碍、影响其他经营者进入相关市场能力的市场地位。所以,市场支配地位的核心是经营者在相关市场内获得了控制商品价格等交易条件,排除、限制竞争的能力。

# 第三章 滥用市场支配地位的认定和责任

## 第一节 滥用的市场支配地位的分析原则

### 一、分析原则

（一）合理原则与本身违法原则概述

1. 合理原则的概念

合理原则，是指某种市场行为虽然限制竞争，但因为有其合理性，不被视为非法。合理原则的含义，是指经营者某种限制竞争行为并不当然被视为违法，是否违法必须根据案件本身进行具体分析，标准是考查其行为的合理性；而是否合理又以是否实质性地排除限制竞争为依据。如果此种行为只是减少了不必要的竞争，从市场整体出发有益并促进了竞争，特别是对社会整体公共利益有益，则不应当视为违法。

合理原则的产生将法院从刻板地解释美国《谢尔曼法》的桎梏中解放出来，它使法院认识到，反垄断法的根本目标在于维护与促进公平竞争，如果竞争并未被实质削弱，则行为不应受到惩罚。[1]1911 年，美国联邦最高法院首席法官怀特在审理"标准石油公司案"时，对《谢尔曼法》作出解释："法院应分析被告所定的价格和其他条件是否合理，如果价格合理，则不应判被告

---

〔1〕 参见余东华：《从"本身违法"到"合理推定"——美国反垄断违法判定原则的演进》，载《华东经济管理》2008 年第 9 期。

有罪”。1918 年,美国联邦最高法院在审理“芝加哥期货交易所诉美国案”中又作了进一步的论述:“合法性的真正标准是,限制是否仅仅管制并因而可能促进竞争,还是抑制或破坏竞争。要确定这一问题,法院通常必须考虑实施限制的经营者的具体事实、实施限制前后的条件、限制的性质和实际或可能的效果。限制的历史、相信存在的罪恶、采取特定救济的理由、旨在寻求实现的目的,都是相关事实。”

《欧共体条约》中,合理原则通过对豁免的规定得以体现,《欧共体条约》第 81 条第 3 款直接规定了禁止性规定的不适用情形,即豁免或者例外,根据第 3 款,如果经营者间的任何协定、经营者联合组织的任何决定以及任何联合行动,有助于改进生产或分销产品或者促进经济或技术进步,同时使消费者获得相当的利益,且相关经营者受到的限制对于实现上述目标是不可缺少的,以及限制尚未达到严重影响竞争的程度,则这些协议、决议或者协调行为不适用于《欧共体条约》第 81 条第 1 款。

合理原则的分析步骤:(1)原告必须证明被告行为已经损害或者可能损害竞争。(2)如果原告证明了第一步,则被告必须提供促进竞争的证据。(3)衡平法原则:如果被告提供证据证明了促进竞争效果,则原告必须提供证据证明被告的行为是反竞争的。(4)对损害赔偿的请求,原告需要提供遭受损害的证明、需要界定相关市场、证明市场力量以及该限制可能损害竞争的性质和效果。然而,如果存在实际损害的效果、减少产出等,法院可以免除审查市场力量。即证明了实际损害竞争的效果可以替代证明市场力量。

2. 本身违法原则的概念

所谓本身违法原则,是指某些市场竞争行为,因其本身具有非常明显的限制或禁止竞争的性质,法律对此明文规定加以禁止,因此无论其动机如何,也无论其后果怎样,只要被提起指控均被宣布违法。这一原则提供了简洁明了的标准,即本身违法原则仅仅集中于特定的行为是否发生,只要发生特定的行为就可以构成违法行为。可见,本身违法原则是在美国司法实践中产生和发展起来的,这个原则判定法律明文禁止的市场行为,并不考虑有何例外的情形。

1897 年和 1898 年,美国联邦最高法院审理的“密苏里运输协会案”和“联合交通协会案”中,美国法院就面临是否考虑被告辩解其价格协议的目的合理性问题。1898 年,塔夫脱法官在审理“美国诉阿迪斯顿管子与钢铁公司案”时说道:“……美国法院并不对定价、地区分割或一致拒绝交易的合理性进行考查。限制贸易的所有契约本质上都是非法的,都不能履行,契约的目的并无差别,若一家厂商不是通过成本最小化的方法而获得垄断地位,这便被看作是非法行为。”1956 年,美国最高法院首席大法官沃伦在审理“美国诉麦克卡森与鲁宾逊有限公司案”中表述说:“违反《谢尔曼法》的固定价格是与竞争政策背道而驰的,说它违法的根据并非它的不合理性,因为在结论上它早已被推定为不合理。这是早已清楚而毋庸讳言的,至于参与者的动机是善意还是恶意,固定价格是通过公开的契约还是比较隐晦的方式达成,参与者是否具有市场控制力,州际商业所受影响的大小,或者协议的结果是提高还是降低了价格,都是无关紧要的。”

《欧共体条约》第 81 条第 1 款明确规定了对限制竞争协议的禁止:凡经营者间的协议、经营者集团的决议以及行为的相互协调是以阻碍、限制或者妨害竞争为目的,或者实际上能够起到这种作用,从而损害成员国间贸易活动,则得予以禁止。第 82 条规定:禁止一个或者几个经营者在共同体市场或者其重大领域通过滥用市场支配地位限制或者妨碍成员国之间的贸易活动。《欧共体条约》的这种禁止性规定就是本身违法原则的具体体现。

这里所指的滥用既包括对具有供求关系的经营者实施的剥削滥用(垂直滥用),又包括对生产同类产品的经营者实施的妨碍的滥用(横向滥用)。

(二)美国、欧盟的合理原则和本身违法原则与中国《反垄断法》的异同

合理原则与本身违法原则主要是美国法院解释《谢尔曼法》第 1 条(限制竞争协议)禁止贸易限制规定时产生的两种方法。在反垄断的长期实践中,这两种方法逐步发展成为对垄断行为进行违法认定的基本原则。

这种立法规范的结构表明,法律对于垄断协议所采用的是“原则上禁止、有条件豁免”的思路。在这种思路和模式中,由于存在广泛的豁免情形,因此原则禁止实际上已经演变成为一种“弱化”的“本身违法规则”。也就是说,一种在形式上符合禁止条件的行为,也未必一定会受到禁止,因为如果垄断协议符合法定的条件,还应当给予豁免。

我国《反垄断法》非常明确地规定禁止具有竞争关系的经营者达成垄断协议以及经营者与交易相对人达成垄断协议,法律还列举了一些典型的垄断协议。与此同时,《反垄断法》还规定了一系列豁免适用的除外情况,譬如,经营者能够证明达成的协议是为改进技术、研究开发新产品的;为提高

产品质量,降低成本,增进效率,统一产品规格、标准或者实行专业化分工的;为提高中小经营者经营效率,增强中小经营者竞争力的;为实现节约能源、保护环境、救灾救助等社会公共利益的等情况下,不适用禁止性的规定。当然,为此经营者还应当证明所达成的协议不会严重限制相关市场的竞争,并且能够使消费者分享由此产生的利益。

尽管原则禁止并不能直接等同于本身违法规则,但这一规定在实践上却有重要的操作意义。这意味着在一般情况下,只要存在垄断协议,反垄断执法机构就可以加以禁止和处罚,这实际上相当于在按照本身违法规则判断,只有在经营者举证证明其行为符合特定豁免条件时,才由执法机构根据合理规则加以裁量和判断。由此可见,尽管我国《反垄断法》与美国的判例法传统在形式上存在巨大差异,但是从实际效果来看,我国《反垄断法》对垄断协议监管制度的规定却类似于美国反垄断法实践中的本身违法原则和合理原则。

(三)本身违法原则与合理原则在反垄断法中的适用

1. 本身违法原则适用范围

主要适用于横向垄断协议、固定价格、限制数量、划分市场的有限类型情形,本身违法原则适用范围是比较小的。一项知识产权许可安排使得那些本可能利用不同技术来进行竞争的经营者之间划分市场,固定价格时,就会对市场竞争造成损害。如果知识产权许可导致几家竞争对手之间达成协议,降低产量,大幅提高价格,也会对竞争产生负面影响。

2. 合理原则使用范围

合理原则主要适用于市场支配地位滥用、纵横混合并购、纵向垄断协议、关键必需设施使用、标准必要专利许可、交叉许可联盟组织、独占许可、搭售、回馈授权、效率分析等情形。如果某项知识产权许可导致相关市场上仅有的几家从事研发技术的经营者中的两家合并,则可能会损害相关市场开发新产品的竞争。

(四)滑动游标尺分析方法

采用滑动游标尺弹性分析法对案件进行分析,是指将本身违法原则—合理原则—相关市场界定—本身合法原则作为滑动游标尺坐标点,以本身违法原则为标尺一端,以合理原则以及相关市场界定、本身合法原则等为标尺另一端,将游标尺反复来回滑动,分析滥用市场支配地位案件的方法。如果经过分析,在本身违法原则阶段就未通过审查,则可以不再继续评估。如果通过了合理原则分析,则在合理原则与相关市场界定、本身合法原则之间反复滑动游标尺,进行竞争分析,直至得出结论。美国反托拉斯机构经常采用滑动标尺弹性分析法来分析反托拉斯案例。

在分析滥用市场支配地位行为时,应注意根据案件具体情况,反复运用本身违法原则—合理原则—相关市场界定来进行评估,鉴于相关市场界定具有不确定性,故应反复多次验证(见图3-1)。

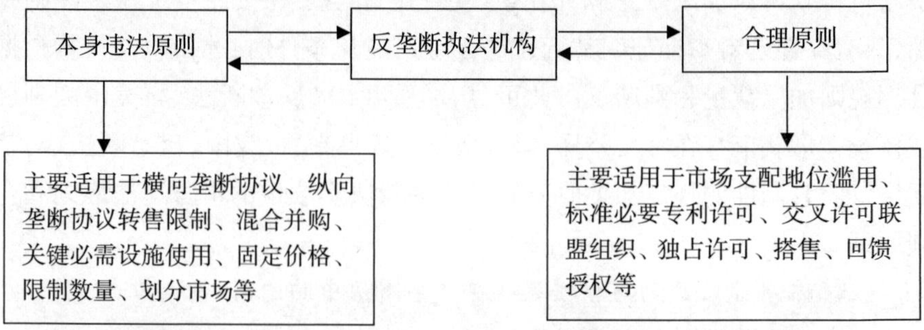


**图3-1 滑动游标尺分析法示意**

## 二、我国《反垄断法》《禁止滥用市场支配地位行为暂行规定》

### (一)《反垄断法》第17条、第18条、第19条规定

《反垄断法》第17条规定:"本法所称市场支配地位,是指经营者在相关市场内具有能够控制商品价格、数量或者其他交易条件,或者能够阻碍、影响其他经营者进入相关市场能力的市场地位。"并且规定了七种禁止具有市场支配地位的经营者从事滥用市场支配地位的行为。《反垄断法》第18条规定认定经营者具有市场支配地位,应当依据六大因素。《反垄断法》第19条规定了三种可以推定经营者具有市场支配地位情形。

### (二)《禁止滥用市场支配地位行为暂行规定》

《禁止滥用市场支配地位行为暂行规定》第6~10条规定,则对《反垄断法》第18条规定的认定经营者具有市场支配地位应当依据的相关因素作了进一步更为细致的解释说明。

## 三、假阳性错误与假阴性错误

### （一）司法实践犯假阳性错误与假阴性错误的概念

经济学家薛兆丰在其《反垄断法的经济学基础》一文中指出：司法是会出错的，错误分两类：第一类称为假阳性错误（概率论中的第一类错误），即把本来是促进市场竞争的行为错判为反垄断违法；第二类称为假阴性错误（概率论中的第二类错误），即把本来具有反竞争效果的行为错判为合法。[1]

### （二）假阳性错误对社会的损害

反垄断学者兼美国联邦巡回上诉法院法官伊斯特布鲁克分析了两种错误的不同后果。他解释，法庭即使犯了假阴性错误，即放过了有害的商业行为，市场力量也很容易纠正这种错误；但如果法庭犯了假阳性错误，即错杀了无害的商业行为，则会对社会造成持久的伤害。

伊斯特布鲁克法官写道："我们假设每个法庭犯假阳性错误的概率是1/10。那么如果有10个案子进入独立的司法程序，其中至少有一个案子被假阳性错误所累的概率就是65%，由于任何一个联邦法官都可以颁布全国范围的禁令，一次假阳性错误就足以使被控告的行为绝迹。如果假阳性错误的概率是15%，那么10个案子的累计概率就达到81%，也就是说对消费者有利的活动就极有可能受到压制。这些数字应该引起极大的焦虑才是。一些大经营者（微软只是一例）会因为同一项行为面临十宗以上的独立诉讼。法官的表现可能比这里假设的做得更好一点：假如，假阳性错误的概率为5%，那么10件案子中有1件错判有罪的概率就'只有'40%，对不起，可我还是忧虑。出错率不降到1%的程度，我的忧虑就不会缓解。我必须告诉你们，我认识的法官们出错的概率常常高于那个程度，包括我在内。"因此，在分析时，需要避免犯"假阳性错误"和"假阴性错误。"

---

〔1〕 参见薛兆丰：《反垄断法的经济学基础》，载《北京大学学报》（哲学社会科学版）2008年第6期。

## 第二节　滥用的市场支配地位的分析框架

### 一、界定经营者的相关市场

科学合理地界定相关市场,对识别竞争者和潜在竞争者、判定经营者市场份额和市场集中度、认定经营者的市场地位、分析经营者的行为对市场竞争的影响、判断经营者行为是否违法以及在违法情况下需承担的法律责任等关键问题,具有重要的作用,因此,相关市场的界定通常是对竞争行为进行分析的起点,是反垄断执法工作的重要步骤。

《相关市场界定指南》第三章对于界定相关市场的一般方法做了详细规定(详见本书第二章,此处不再赘述)。

### 二、认定经营者是否具有市场支配地位

根据《反垄断法》第18条规定的六大因素、《禁止滥用市场支配地位行为暂行规定》第6条至第10条的规定来进行认定,一般在界定相关市场范围基础上,确定经营者的市场份额、市场集中度、市场进入等因素来认定经营者是否具有市场支配地位(详见本章第三节,此处不再赘述)。欧盟1971年在"大陆罐头公司案"中明确:"如果一家企业无须顾忌其竞争对手、采购方或供给方的反应,我行我素地开展经营,则它就是具有市场支配地位的。"美国2010年《横向并购指南》提出,界定相关市场并不是认定垄断行为的目的。不要求对每一起横向并购案件都进行相关市场界定,竞争分析并不需要一律从市场界定开始,可以使用一些分析工具来评估不依赖于市场界定竞争性的影响。特殊情况下,也可以不必界定相关市场,直接认定经营者具有市场支配地位。例如,在符合我国《反垄断法》第19条的情形下,对于公用企业和其他依法具有独占地位的经营者,可以直接推定其具有市场支配地位。

### 三、认定经营者是否实施滥用市场支配地位的行为

(一)分析经营者滥用市场支配地位行为的特征

市场支配地位本身并不违法,反垄断法并不禁止市场支配地位本身和

状态,而只是禁止滥用市场支配地位的行为。如何判定一个具有市场支配地位的经营者是否实施了滥用行为,借鉴世界各国及地区反垄断法律及法规中所列举的支配地位行为之情形,笔者认为滥用市场支配地位滥用行为的特征主要有四个方面:

1. 主体的特定性

经营者已取得市场支配(或优势)地位。这是经营者实施支配地位滥用行为的前提条件,也是支配地位滥用行为的主体要件。

并非任何一般的经营者都有资格成为滥用市场支配地位的行为主体,只有那些拥有市场支配地位的经营者才可能实施滥用市场支配地位的行为。对于经营者市场支配地位的认定,因其主体具有特定性,通常应该考虑以下几项要素:第一,经营者是否达到一定的市场规模;第二,经营者支配地位是否已持续一定时间;第三,经营者的市场支配地位是否在一定范围内产生影响,以此认定或者推定经营者是否具有市场支配地位。

2. 主观的恶意性

任何一个拥有市场支配地位的经营者都具有滥用其支配地位的倾向,其行为的主观目的在于破坏其他竞争者进入市场平等参与竞争的权利,从而维持和增强其市场控制能力,进一步巩固和加强自身的市场支配地位,以牟取垄断利润。即经营者为了达到垄断结果及目的故意实施滥用市场支配地位的行为。

具有市场支配地位的经营者利用其支配地位的优势,在与交易相对人为市场交易行为时,出于限制、阻止、遏制竞争之目的,故意采取低价倾销、搭售以及附加不合理条件等手段以造成将竞争者排挤出该相关市场的结果,从而实现其攫取高额利润的愿望。这是市场支配地位滥用行为的主观方面要件。

3. 行为的违法性

具有支配地位的经营者必须实施了滥用市场支配地位的行为,这是支配地位滥用行为的客观方面。以合法竞争的方式或以国家或政府授权的方式取得市场支配地位,并在法律允许的范围内生产、销售其产品或提供其服务的行为,不仅不为法律所禁止,而且还为法律所保护。只有当具有市场支配地位的经营者所实施的市场行为限制了有效的、自由的竞争,损害了其他竞争者和消费者的利益时,反垄断法才对之予以禁止和反制。

简言之，行为违法性，是指垄断行为违反了国家（地区）关于维护竞争秩序的反垄断法律。但是，应当将技术创新、知识产权的合法授予等正常排除其他经营者实质性竞争的合法行为排除在外。

违法性是反垄断法所要反制的市场支配地位的显著特点，这里的违法性是指违反了关于竞争秩序方面的法律。滥用市场支配地位行为的主体由于具有企图垄断或谋求取得、维持市场支配地位的意图，在客观方面表现为实施一系列不当、不公平、不合理、无正当理由或无实质上合理理由的妨碍或排挤竞争对手的行为，被认为违反了反垄断的规则，应当受到限制或制裁。

4. 后果的损害性

具有市场支配地位的经营者实施的市场行为破坏了自由的竞争秩序，损害了其他竞争者与消费者的利益，这是支配地位滥用行为的客体要件。由此可知，滥用市场支配地位行为的客体（对象）为自由的竞争秩序、其他竞争者以及广大消费者的利益。如果该类经营者实施的市场行为没有对以上客体造成任何损害后果，那么该类经营者的市场行为就不能认定为滥用市场支配地位行为。

经营者实施滥用市场支配地位行为的对象是其他竞争者或消费者，其行为导致的损害结果具有反竞争性和社会危害性，具体表现为：不合理地妨碍其他经营者的竞争可能性，损害市场相对人的合同自由权及公平交易权，破坏公平竞争的秩序，最终损害社会公共利益和消费者利益。

以上四个特征同时具备，该经营者的行为才能构成滥用市场支配地位的行为，如表3－1所示。

**表3－1　滥用市场支配地位的特征**

| 特征因素 | 特征内容 |
|---|---|
| 主体的特定性 | 主体之特定性主要体现为具有绝对的市场支配地位或相对的市场优势地位 |
| 主观的恶意性 | 经营者为了达到垄断结果及目的故意实施滥用市场支配地位的行为 |
| 行为的违法性 | 垄断行为违反了国家（地区）的反垄断法 |
| 后果的损害性 | 损害了反垄断法律法规所保护的市场竞争秩序，损害了其他经营者、消费者的合法权益或者造成损失 |

（二）认定经营者实施滥用市场支配地位行为的类型

认定经营者是否实施滥用市场支配地位的行为类型，包括但不限于我国《反垄断法》第17条规定的七种行为：（1）垄断价格；（2）掠夺性定价；（3）拒绝交易；（4）限定交易；（5）搭售或附加不合理交易条件；（6）差别待遇；（7）反垄断执法机构认定的其他行为。可以根据举报人的举报线索、原告提供的初步证据、被举报人或被告的答辩、提供的初步证据，经过反垄断执法机构调查或者法院审理，来初步确定经营者滥用市场支配地位的行为。

## 四、分析具有市场支配地位经营者滥用行为对市场竞争产生的正负影响

（一）具有市场支配地位经营者滥用行为对相关市场竞争产生的消极影响

1. 滥用市场支配地位行为损害自由、公平的竞争秩序

市场支配地位滥用行为违背了经济学中的成本理论和价格理论，而成本和价格是影响自由竞争的两个重要因素，因此，市场支配地位滥用行为破坏市场自由、公平的竞争秩序，反垄断法对之必须进行反制，以维护公平的竞争秩序。损害结果如下：（1）控制和限制商品的价格，使商品价格无法按照市场竞争确定，完全由滥用行为的经营者确定，逐利的本质可能导致消费者需要付出更高的价格才能获得商品；（2）控制和限制商品的数量，进入市场的商品数量完全由滥用行为的经营者确定，使该经营者能够随意地使用饥饿销售等方式，迫使消费者付出更高的对价才能获得商品；（3）控制和限制其他交易条件，滥用行为的经营者除了控制价格、数量外，还有可能设定和限制其他的交易条件，或者附加其他的交易条件，使消费者付出其他条件或者对价才能获得商品；（4）阻碍、影响其他经营者进入相关市场，市场本应是公平竞争的，但是滥用行为带来的影响就是其他经营者要进入相关市场必将受到处于支配地位的经营者设定的各种阻碍和限制，是对市场自由竞争的限制。

2. 滥用市场支配地位行为损害其他经营者和消费者的利益

滥用市场支配地位行为排除、妨碍、限制了竞争，其他经营者被拒于相关市场之外，不能正常地、公平地参与竞争，其利益受到了损害。由于滥用支配地位行为阻碍、影响其他经营者进入相关市场，消费者无奈不得不购买一些质次价高的商品，使消费者的利益受到损害。

3. 滥用市场支配地位可能不利于经营者长期发展

从居于市场支配地位经营者的角度来看，反垄断法对其滥用行为的反制是对其自身不利而仅仅对其竞争对手有利，从短期来看，居支配地位经营者的滥用行为、牟取暴利行为可使其在短期内获得高额利润；但是从长远来看，由于在相关市场领域内长期缺乏实质性的竞争，该类经营者也可能会安于现状，不思进取，从而失去竞争活力，至此该类经营者不再注意经营管理水平，在技术上停滞不前，对新进入该相关市场的生产可替代产品的其他行业或国外的经营者失去抵抗力。

在“欧盟与微软公司案”中，欧盟初审法院判决书中的理由为，一方面，微软公司拒绝向服务器行业的竞争对手提供相关技术信息，导致后者开发的软件无法与微软 Windows 操作系统充分兼容，危及了市场竞争。另一方面，微软公司将自身媒体播放器嵌入 Windows 操作系统的“捆绑”行为，剥夺了消费者的选择权，同时，存在削弱竞争的重大威胁。所以，欧盟责令微软向竞争对手公布源代码信息，并对微软公司处以反垄断重罚。

（二）经营者滥用市场支配地位行为对创新和效率的积极影响

1. 对于创新的积极影响

经营者虽然处于支配地位，但是其他竞争者层出不穷，不追求创新，其市场支配地位可能受到威胁，为了保证市场支配地位，也会迫使其不断的对其商品或者服务进行创新；同时，其处于市场支配地位，资金、资源等各方面都处于优势地位，也具备进行创新的客观条件，从这一角度来讲，客观上有可能推动该相关市场或领域内的商品或服务的不断创新发展。

2. 对于效率的积极影响

市场支配地位能使制造商和经销商维持长期、稳定的供销渠道，降低流通和交易的成本，也能使部分经销商从事单一的或固定的商品的经营，专注于其固定的领域，保证提供良好的商品或服务，使其提高的效率是特有的效率，能够传递到消费者，使消费者受益。

（三）评估经营者滥用市场支配地位行为对竞争的利弊

如果经过分析，经营者滥用市场支配地位行为有害于市场竞争，应当加以反制。如果经营者滥用市场支配地位行为既有害于市场竞争，又有利于市场竞争，具有两面性，但有利于市场竞争的益处大于有害于市场竞争的害处，则考虑不予反制或者予以豁免。如果经营者滥用市场支配地位行为有利于市场竞争，则不予反制。

### 五、确定原被告双方之间的法律关系

（一）竞争关系或者交易关系

主体特定性是滥用市场支配地位的特征之一，该主体无疑就是市场经营者，而市场经营者之间是否具有竞争关系或者交易关系也是确定是否涉及滥用市场支配地位的前提条件之一，横向关系中常见的是竞争对手关系，纵向关系中常见的是上下游交易关系。如果双方从事的行业、提供的产品、涉及的市场、面对的客户等不一致或者仅相似，经营者之间根本不存在市场竞争关系或者交易关系，那么就不可能确定其中一个或者几个经营者相对其他经营者存在滥用市场支配地位的前提条件。

（二）消费关系

就消费者而言，需要确定滥用市场支配地位的经营者与消费者之间是否具有消费关系，也是确定是否涉及滥用市场支配地位的前提条件之一。

### 六、认定滥用市场支配地位行为造成受害人的损害后果

根据《反垄断法》第 50 条、《民法通则》第 134 条、《侵权责任法》第 15 条、《合同法》第 113 条等相关规定，垄断行为损害赔偿的一般构成要件包括：(1)经管者实施了垄断行为；(2)经管者实施了违反反垄断法的行为；(3)垄断行为给其他经营者、组织和个人造成了损失；(4)垄断行为与损害后果之间存在因果关系（详见本书第八章第五节，此处不再赘述）。

## 第三节　经营者滥用市场支配地位的认定和推定

### 一、认定经营者是否滥用市场支配地位的步骤

借鉴美欧反垄断大国成熟经验，对滥用市场支配地位分析，第一步是界定相关市场；第二步是认定经营者是否具有市场支配地位；第三步是认定经营者是否实施了滥用市场支配地位之行为；第四步是分析经营者实施滥用市场支配地位之行为对竞争的利弊，包括认定原被告双方是否存在竞争关

系或者消费关系以及造成的损害后果；第五步是根据分析得出的结论，对照《反垄断法》相关法条追究经营者的法律责任，赔偿受害者的经济损失。

## 二、关于市场支配地位的认定的因素

### （一）该经营者在相关市场的市场份额，以及相关市场的竞争状况

《禁止滥用市场支配地位行为暂行规定》第 6 条规定，根据《反垄断法》第 18 条第 1 项的规定，确定经营者在相关市场的市场份额，可以考虑一定时期内经营者的特定商品销售金额、销售数量或者其他指标在相关市场所占的比重。分析相关市场竞争状况，可以考虑相关市场的发展状况、现有竞争者的数量和市场份额、商品差异程度、创新和技术变化、销售和采购模式、潜在竞争者情况等因素。

市场份额，是指一定时期内经营者的特定商品销售额、销售数量等指标在相关市场所占的比重。其计算公式是：市场份额 = 特定经营者某种商品的销售额 × 100% ÷ 相关市场的总销售额。占有较高市场份额是认定经营者是否具有市场支配地位的重要因素。相关市场竞争状况包括相关市场的发展状况、现有竞争者的数量和市场份额、商品差异程度、技术变化、潜在的竞争者进入障碍、相关市场其他经营者的市场份额、市场透明度等。

### （二）该经营者控制销售市场或者原材料采购市场的能力

《禁止滥用市场支配地位行为暂行规定》第 7 条规定，根据《反垄断法》第 18 条第 2 项的规定，确定经营者控制销售市场或者原材料采购市场的能力，可以考虑该经营者控制产业链上下游市场的能力，控制销售渠道或者采购渠道的能力，影响或者决定价格、数量、合同期限或者其他交易条件的能力，以及优先获得企业生产经营所必需的原料、半成品、零部件、相关设备以及需要投入的其他资源的能力等因素。

### （三）该经营者的财力和技术条件

《禁止滥用市场支配地位行为暂行规定》第 8 条规定，根据《反垄断法》第 18 条第 3 项的规定，确定经营者的财力和技术条件，可以考虑该经营者的资产规模、盈利能力、融资能力、研发能力、技术装备、技术创新和应用能力、拥有的知识产权等，以及该财力和技术条件能够以何种方式和程度促进该经营者业务扩张或者巩固、维持市场地位等因素。

（四）其他经营者对该经营者在交易上的依赖程度

《禁止滥用市场支配地位行为暂行规定》第 9 条规定，根据《反垄断法》第 18 条第 4 项的规定，确定其他经营者对该经营者在交易上的依赖程度，可以考虑其他经营者与该经营者之间的交易关系、交易量、交易持续时间、在合理时间内转向其他交易相对人的难易程度等因素。

（五）其他经营者进入相关市场的难易程度

《禁止滥用市场支配地位行为暂行规定》第 10 条规定，根据《反垄断法》第 18 条第 5 项的规定，确定其他经营者进入相关市场的难易程度，可以考虑市场准入、获取必要资源的难度、采购和销售渠道的控制情况、资金投入规模、技术壁垒、品牌依赖、用户转换成本、消费习惯等因素。

（六）与认定该经营者市场支配地位有关的其他因素

《反垄断法》第 18 条第 6 项其他因素是个兜底条款。在实际认定过程中除前述因素外，还可参考其他因素，因为市场以及竞争行为是不断变化及发展的，但法律规定具有滞后性的特征，为了应对不断发展变化的市场竞争带来的一些后果，法律授予国家市场监督管理总局对其他因素的认定权，必要的时候可以参考其他相关因素综合认定（见图 3－2）。

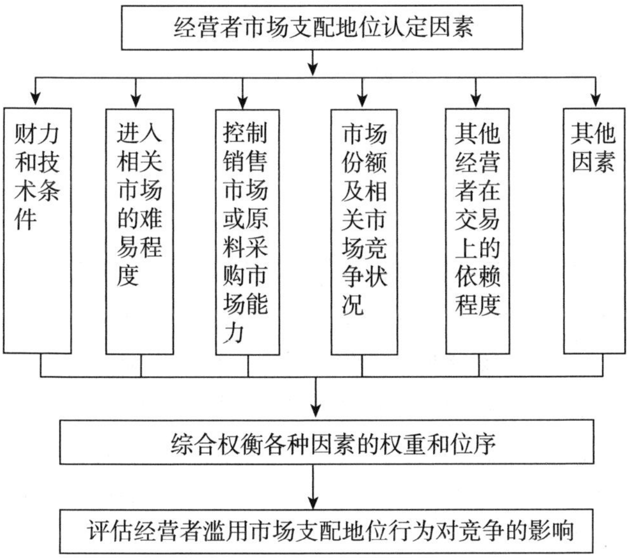


**图 3－2　经营者市场支配地位认定因素**

## 三、关于推定经营者具有市场支配地位情形

### (一)各国关于推定经营者具有市场支配地位的实践

1. 英国

英国《公平交易法》规定,特定商品或劳务在英国占总供给的1/4,且由单一个人或一家厂商或一群没有竞争的厂商提供,即被认为对市场具有支配力。

2. 德国

根据2005年修订的德国《反对限制竞争法》第19条第3款规定,(1)经营者就某种特定的商品或服务至少占有其1/3的市场份额,则推定该经营者为控制市场的经营者。(2)如果3个或3个以下经营者共同占有其50%或50%以上的市场份额,或者5个或5个以下经营者共同占有其2/3或2/3以上的市场份额,则推定符合具有市场控制力的条件,但在上年营业年度的营业额低于1亿马克的,不适用上述规定。

3. 日本

2005年修订的日本《禁止垄断法》规定,一个事业者市场占有率在1/2以上,或二个事业者市场占有率达3/4以上,且年度营业额超过1000亿日元者,该事业者具有市场支配地位。

### (二)中国法律关于市场支配地位的推定

1. 一个经营者在相关市场的市场份额达到1/2的

《反垄断法》第19条第1项规定,一个经营者在相关市场的市场份额达到1/2的,即可推定其具有市场支配地位。

2. 两个经营者在相关市场的市场份额合计达到2/3的

《反垄断法》第19条第2项规定,两个经营者在相关市场的市场份额合计达到2/3的,即可推定该两个经营者具有市场支配地位。

3. 三个经营者在相关市场的市场份额合计达到3/4的

《反垄断法》第19条第3项规定,三个经营者在相关市场的市场份额合计达到3/4的,即可推定该三个经营者具有市场支配地位。

4. 推定经营者具有市场支配地位的注意问题

(1)安全港规则。有前款第2项、第3项规定的情形,其中有的经营者市场份额不足1/10的,不应当推定该经营者具有市场支配地位,这是安全港

规则。

(2)共同市场支配地位。《反垄断法》第19条第2项、第3项是以市场份额作为共同市场支配地位的推定标准,然而,单纯以市场份额作为共同市场支配地位的推定标准,没有考虑经营者之间是相互竞争还是相互合作,可能会不合理地扩大共同市场支配地位的主体范围,存在不足之处。《禁止滥用市场支配地位行为暂行规定》第13条规定,认定两个以上的经营者具有市场支配地位,除考虑本规定第6条至第12条规定的因素外,还应当考虑市场结构、相关市场透明度、相关商品同质化程度、经营者行为一致性等因素。

(3)相反证据的抗辩。《反垄断法》第19条也规定了推定经营者具有市场支配地位的排除情形:被推定具有市场支配地位的经营者,有证据证明不具有市场支配地位的,不应当认定其具有市场支配地位。上述规定说明允许经营者提出相反的证据来抗辩。

## 第四节　滥用市场支配地位行为类型

### 一、以不公平的高价销售商品或者以不公平的低价购买商品

以不公平的高价销售商品或者以不公平的低价购买商品是指滥用市场支配地位不正当的价格行为,即占有支配地位的经营者以获得超额垄断利润或排挤竞争对手为目的,确定、维持和变更商品价格,以高于或低于在正常状态下可能实行的价格来销售其产品。利用关键基础设施提高网间结算费、以不公平的高价许可知识产权等。

根据《反垄断法》第17条第1项的规定,禁止具有市场支配地位的经营者以不公平的高价销售商品或者以不公平的低价购买商品。此种行为即为垄断价格,价格可以反映出市场的竞争程度,经营者依赖其特殊的市场支配地位,对商品的价格进行操控从而获取超额利润,严重损害其他经营者和消费者的合法权益。

根据《禁止滥用市场支配地位行为暂行规定》第14条的规定,认定“不公平的高价”和“不公平的低价”,应当考虑下列因素:

(1)销售价格或者购买价格是否明显高于或者明显低于其他经营者在

相同或者相似市场条件下销售或者购买同种商品或者可比较商品的价格。

(2)销售价格或购买价格是否明显高于或明显低于同一经营者在其他相同或者相似市场条件区域销售或者购买商品的价格。

(3)在成本基本稳定的情况下,是否超过正常幅度提高销售价格或者降低购买价格。

(4)销售商品的提价幅度是否明显高于成本增长幅度,或者购买商品的降价幅度是否明显高于交易相对人成本降低幅度。

(5)需要考虑的其他相关因素。认定市场条件相同或者相似,应当考虑销售渠道、销售模式、供求状况、监管环境、交易环节、成本结构、交易情况等因素。

## 二、没有正当理由,以低于成本的价格销售商品

没有正当理由,以低于成本的价格销售商品,是指滥用市场支配地位掠夺性定价,是具有市场支配地位的一个或多个经营者为排挤现有竞争对手或阻止新的经营者进入相关市场以维持其垄断地位,无正当理由地在短期内以低于成本的价格销售商品,以此吸引相关市场的消费者,达到扩大其商品的市场占有份额、排挤同一市场范围内的其他竞争者的目的。当该经营者在市场上处于独占地位以后,再恢复或提高其商品的价格。即经营者从事低于成本价销售行为的目的不是从销售行为中获利,而是为了将竞争对手从市场中排挤出去,从而独占市场。

根据《反垄断法》第 17 条第 2 项的规定,“没有正当理由,以低于成本的价格销售商品”的行为即为掠夺性定价行为。根据《禁止滥用市场支配地位行为暂行规定》第 15 条的规定,认定低于成本的价格销售商品,应当重点考虑价格是否低于平均可变成本。平均可变成本是指随着生产的商品数量变化而变动的每单位成本。涉及互联网等新经济业态中的免费模式,应当综合考虑经营者提供的免费商品以及相关收费商品等情况。

该条所称“正当理由”包括:(1)降价处理鲜活商品、季节性商品、有效期限即将到期的商品和积压商品的;(2)因清偿债务、转产、歇业降价销售商品的;(3)在合理期限内为推广新商品进行促销的;(4)能够证明行为具有正当性的其他理由。

### 三、没有正当理由，拒绝与交易相对人进行交易

拒绝交易，又称抵制，是指占市场支配地位的经营者拒绝向其购买者销售或购买商品的行为，其典型的行为是拒绝供货、拒绝进入基础设施、拒绝许可等。

根据《反垄断法》第17条第3项的规定，“没有正当理由，具有市场支配地位的经营者拒绝与交易相对人进行交易”的行为即为拒绝交易行为。《禁止滥用市场支配地位行为暂行规定》第16条规定，禁止具有市场支配地位的经营者没有正当理由，通过下列方式拒绝与交易相对人进行交易：(1)实质性削减与交易相对人的现有交易数量；(2)拖延、中断与交易相对人的现有交易；(3)拒绝与交易相对人进行新的交易；(4)设置限制性条件，使交易相对人难以与其进行交易；(5)拒绝交易相对人在生产经营活动中，以合理条件使用其必需设施。

在依据前款第5项认定经营者滥用市场支配地位时，应当综合考虑以合理的投入另行投资建设或者另行开发建造该设施的可行性、交易相对人有效开展生产经营活动对该设施的依赖程度、该经营者提供该设施的可能性，以及对自身生产经营活动造成的影响等因素。

该条所称“正当理由”包括：(1)因不可抗力等客观原因无法进行交易；(2)交易相对人有不良信用记录或者出现经营状况恶化等情况，影响交易安全；(3)与交易相对人进行交易将使经营者利益发生不当减损；(4)能够证明行为具有正当性的其他理由。

### 四、没有正当理由，限定交易相对人只能与其进行交易或者只能与其指定的经营者进行交易

滥用市场支配地位强制交易，即处于市场支配地位的经营者采取利诱、胁迫或其他不正当的方法，迫使其他经营者违背其真实意愿与之交易或促使其他经营者从事限制竞争的行为，包含了强迫他人与自己进行交易、强迫他人不与自己的竞争对手进行交易、迫使竞争对手放弃或回避与自己竞争，等等。

滥用市场支配地位独家交易，又称排他性交易，是指处于市场支配地位的经营者要求经销商在特定市场内只经销自己的商品，不得经销其他经营者的同种或同类商品，包括经销商只向制造商独买、制造商只向经销商独卖。

根据《反垄断法》第 17 条第 4 项的规定,限定交易是指具有市场支配地位的经营者没有正当理由,限定交易相对人只能与其进行交易或者只能与其指定的经营者进行交易的行为。一方面,限定交易可以促使制造商与销售商建立长期稳固的供应、销售渠道,降低经营者运营成本;另一方面,也往往会违背交易相对人的意愿,损害其利益,并且限制、影响其他竞争对手的经营行为。

《禁止滥用市场支配地位行为暂行规定》第 17 条规定,禁止具有市场支配地位的经营者没有正当理由,从事下列限定交易行为:(1)限定交易相对人只能与其进行交易;(2)限定交易相对人只能与其指定的经营者进行交易;(3)限定交易相对人不得与特定经营者进行交易。

从事上述限定交易行为可以是直接限定,也可以是以设定交易条件等方式变相限定。

该条所称"正当理由"包括:(1)为满足产品安全要求所必需;(2)为保护知识产权所必需;(3)为保护针对交易进行的特定投资所必需;(4)能够证明行为具有正当性的其他理由。

### 五、没有正当理由搭售商品,或者在交易时附加其他不合理的交易条件

滥用市场支配地位搭售和附加不合理交易条件是指在商品交易过程中,拥有经济优势的一方利用自己的优势地位,在提供商品或服务时,强行搭配销售购买方不需要的另一种商品或服务,或附加其他不合理条件的行为,"一揽子"交易、综合集成服务、限制转售价格等。

根据《反垄断法》第 17 条第 5 项的规定,禁止具有市场支配地位的经营者在交易时,没有正当理由搭售商品或者附加其他不合理的交易条件。在实践中,经营者搭售的商品往往是滞销或劣质的商品,这种行为限制了交易相对人自由选购商品的权利,实际上是一种变相的强制交易。

《禁止滥用市场支配地位行为暂行规定》第 18 条规定,禁止具有市场支配地位的经营者没有正当理由搭售商品,或者在交易时附加其他不合理的交易条件:(1)违背交易惯例、消费习惯或者无视商品的功能,将不同商品捆绑销售或者组合销售;(2)对合同期限、支付方式、商品的运输及交付方式或者服务的提供方式等附加不合理的限制;(3)对商品的销售地域、销售对象、售后服务等附加不合理的限制;(4)交易时在价格之外附加不合理费用;

(5)附加与交易标的无关的交易条件。

该条所称“正当理由”包括:(1)符合正当的行业惯例和交易习惯;(2)为满足产品安全要求所必需;(3)为实现特定技术所必需;(4)能够证明行为具有正当性的其他理由。

## 六、没有正当理由,对条件相同的交易相对人在交易价格等交易条件上实行差别待遇

滥用市场支配地位差别对待是指处于市场支配地位的经营者没有正当理由,对条件相同的交易对象,就其所提供的商品的价格或其他交易条件给予明显区别对待的行为,最常见的形式是价格歧视、卖方对购买相同等级、相同质量货物的买方要求支付不同的价格,或买方对于提供相同等级、相同质量货物的卖方要求不同的价格,从而使相同产品的卖方因销售价格不同或买方因进货价格不同而获得不同的交易机会,差别待遇对市场的负面影响是显而易见的,制造商的差别待遇会给经销商之间的公平竞争带来不利因素,最终使消费者受到不应有的不公平待遇。同一产品的不同批发价会直接影响到零售价,不同的零售价则直接影响到消费者的利益。

《反垄断法》第 17 条第 6 项规定,禁止具有市场支配地位的经营者没有正当理由,对条件相同的交易相对人在交易条件上实行差别待遇。《禁止滥用市场支配地位行为暂行规定》第 19 条规定,禁止具有市场支配地位的经营者没有正当理由,对条件相同的交易相对人在交易条件上实行下列差别待遇:(1)实行不同的交易价格、数量、品种、品质等级;(2)实行不同的数量折扣等优惠条件;(3)实行不同的付款条件、交付方式;(4)实行不同的保修内容和期限、维修内容和时间、零配件供应、技术指导等售后服务条件。

条件相同是指交易相对人之间在交易安全、交易成本、规模和能力、信用状况、所处交易环节、交易持续时间等方面不存在实质性影响交易的差别。

该条所称“正当理由”包括:(1)根据交易相对人实际需求且符合正当的交易习惯和行业惯例,实行不同交易条件;(2)针对新用户的首次交易在合理期限内开展的优惠活动;(3)能够证明行为具有正当性的其他理由。

## 七、国务院反垄断执法机构认定的其他滥用市场支配地位的行为

根据《禁止滥用市场支配地位行为暂行规定》第 21 条的规定,国务院反

垄断执法机构在实际执法的过程中，根据实际情况，以及在《反垄断法》规定的前提下，可以综合认定其他滥用市场支配地位的行为，这是一条兜底条款，授予国家市场监督管理总局认定权，认定其他滥用市场支配地位行为应当符合下列条件：(1)经营者具有市场支配地位；(2)经营者实施了排除、限制竞争行为；(3)经营者实施相关行为不具有正当理由；(4)经营者相关行为对市场竞争具有排除、限制影响。

### 八、对"不公平""正当理由"的解释

《禁止滥用市场支配地位行为暂行规定》第 20 条规定："反垄断执法机构认定本规定第十四条所称的'不公平'和第十五条至第十九条所称的'正当理由'，还应当考虑下列因素：(一)有关行为是否为法律、法规所规定；(二)有关行为对社会公共利益的影响；(三)有关行为对经济运行效率、经济发展的影响；(四)有关行为是否为经营者正常经营及实现正常效益所必须；(五)有关行为对经营者业务发展、未来投资、创新方面的影响；(六)有关行为是否能够使交易相对人或者消费者获益。"

## ◇ 第五节 欧盟竞争法与我国行政法规规定的滥用市场支配地位的类型

### 一、《欧共体条约》第 82 条规定的类型

因为一个或多个在共同市场内占有优势地位的企业滥用这种地位的任何行为，可能影响成员国之间贸易的，因与共同市场不相容而被禁止，特别是禁止包含下列内容的滥用行为：

(1)直接或间接地实行不公平的购买或销售价格，或其他不公平的交易条件的；

(2)限制生产、市场或技术发展，损害消费者利益的；

(3)在相同的交易情形下，对交易对方当事人实行不同的交易条件，因而置其于不利的竞争地位的；

(4)要求对方当事人接受与合同主体在本质上或商业惯例上无关联的

附加义务，作为签订合同的前提条件的。

## 二、我国《禁止滥用知识产权规定》规定的类型

《禁止滥用知识产权规定》第 6 条规定："具有市场支配地位的经营者不得在行使知识产权的过程中滥用市场支配地位，排除、限制竞争。"

（一）必需设施拒绝许可行为

《禁止滥用知识产权规定》第 7 条规定："具有市场支配地位的经营者没有正当理由，不得在其知识产权构成生产经营活动必需设施的情况下，拒绝许可其他经营者以合理条件使用该知识产权，排除、限制竞争。"

（二）限定交易行为

《禁止滥用知识产权规定》第 8 条规定："具有市场支配地位的经营者没有正当理由，不得在行使知识产权的过程中，实施下列限定交易行为，排除、限制竞争：（一）限定交易相对人只能与其进行交易；（二）限定交易相对人只能与其指定的经营者进行交易。"

（三）捆绑销售行为

《禁止滥用知识产权规定》第 9 条规定："具有市场支配地位的经营者没有正当理由，不得在行使知识产权的过程中，实施同时符合下列条件的搭售行为，排除、限制竞争：（一）违背交易惯例、消费习惯等或者无视商品的功能，将不同商品强制捆绑销售或者组合销售；（二）实施搭售行为使该经营者将其在搭售品市场的支配地位延伸到被搭售品市场，排除、限制了其他经营者在搭售品或者被搭售品市场上的竞争。"

（四）不合理限制行为

《禁止滥用知识产权规定》第 10 条规定："具有市场支配地位的经营者没有正当理由，不得在行使知识产权的过程中，实施下列附加不合理限制条件的行为，排除、限制竞争：（一）要求交易相对人将其改进的技术进行独占性的回授；（二）禁止交易相对人对其知识产权的有效性提出质疑；（三）限制交易相对人在许可协议期限届满后，在不侵犯知识产权的情况下利用竞争性的商品或者技术；（四）对保护期已经届满或者被认定无效的知识产权继续行使权利；（五）禁止交易相对人与第三方进行交易；（六）对交易相对人附加其他不合理的限制条件。"

(五)差别待遇行为

《禁止滥用知识产权规定》第11条规定:“具有市场支配地位的经营者没有正当理由,不得在行使知识产权的过程中,对条件相同的交易相对人实行差别待遇,排除、限制竞争。”

## 第六节 测量市场支配地位的经济学方法

### 一、分析经营者滥用市场支配地位的波特竞争力模型

迈克尔·波特于20世纪80年代创造的波特竞争力模型,主要关注行业的竞争以及市场的吸引力。吸引力在这里主要提及的是整个行业的利润率,竞争力模型包括能够影响经营者服务消费者能力以及经营者盈利能力的五种因素,“五力”中任何一力的变化都需要经营者对所处的市场进行重新评估。在同一行业中,影响竞争性环境的“五力”包括:(1)潜在进入者的威胁;(2)消费者的讨价还价能力的威胁;(3)供应商的讨价还价能力的威胁;(4)替代的商品或服务的威胁;(5)行业内的现有竞争者的威胁(见图3-3)。波特竞争力模型是分析经营者市场支配地位的有力工具。

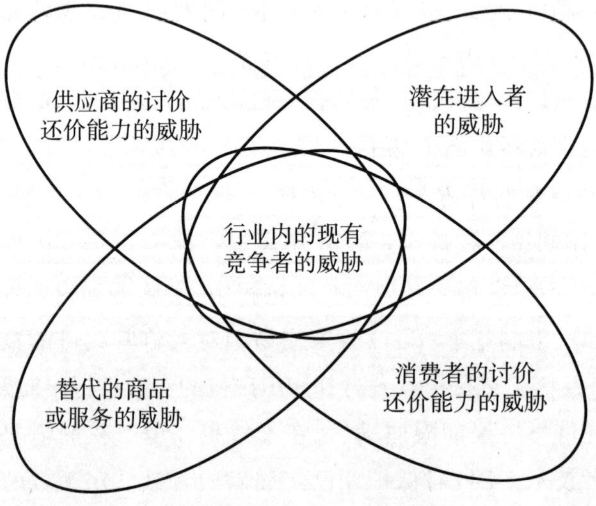


图3-3 波特竞争力模型

（1）潜在进入者的威胁。一个高回报的行业将吸引一些潜在进入者进入该行业，潜在进入者的加入会导致更为激烈的市场竞争，这可能会影响定价的结构。潜在进入者的数量和质量取决于已经建立的进入障碍、当前市场上一些经营者的反应。为入侵的潜在进入者设置障碍的方式包括：高资本需求、规模经济、产品多元化、有限的分销渠道、政府的监管以及供应商和消费者的忠诚度的建立。

（2）消费者的讨价还价能力的威胁。消费者的讨价还价能力直接影响着整个市场，如消费者一般都期望低廉的价格或者特殊的服务。消费者的讨价还价能力直接迫使价格的缩减或者质量的提升，这也使得经营者的营业利润降低。

（3）供应商的讨价还价能力的威胁。与消费者的讨价还价能力的威胁类似，供应商的讨价还价能力也直接影响着市场，供应商希望通过抬高价格或者降低产品的质量而进一步地降低成本来实现。

（4）替代的商品或服务的威胁。替代品是一种产品或者一项服务，尽管替代品与目标产品相比存在形式或者技术层级方面的不同，但是替代品能够同样满足消费者的大部分需求。

（5）行业内的现有竞争者的威胁。行业内的竞争影响着整个行业的利润率，一些竞争者给经营者施加压力使得经营者被迫降价，提高产品质量以及不断推陈出新来保住原有的消费群，在竞争性异常激烈的行业，经营者为了赢得客户不得不降低自身的利润。

## 二、市场集中度

### （一）市场集中度指数

市场集中度，是指市场上的少数经营者的生产量、销售量、资产总额等对某一行业的支配程度，一般是用这几家经营者的某一指标（大多数情况下用销售指标）占该行业总量的百分比来表示。一个经营者的市场集中度如何，表明它在市场上的地位高低和对市场支配能力的强弱，是经营者形象的重要标志。

市场集中度是对整个行业的市场结构集中程度的测量指标，用来衡量经营者的数目和相对规模的差异，是市场势力的重要量化指标。市场集中度是决定市场结构最基本、最重要的因素，集中体现了市场的竞争和垄断程度,经常使用的集中度计量指标有:行业集中率(CRn)、赫尔芬达尔—赫希曼指数(Herfindahl - Hirschman Index,HHI,以下简称赫希曼指数)、洛仑兹曲线、基尼系数、逆指数和熵指数等,其中集中率与赫希曼指数两个指标经常被运用在反垄断经济分析之中。

(二)市场集中度评估

1. 行业集中率

行业集中率,是指该行业的相关市场内前 N 家最大的经营者所占市场份额的总和。CR4 是指四个最大的经营者占有该相关市场份额。同样,五个经营者集中率(CR5)、八个经营者集中率(CR8)均可以计算出来。但是,集中率的缺点是它没有指出这个行业相关市场中正在运营和竞争的经营者的总数。

2. 赫希曼指数

赫希曼指数,是指基于该行业中经营者的总数和规模分布,将相关市场上的所有经营者的市场份额平方后再相加的总和。赫希曼指数因具有数学上绝对法和相对法的优点而成为较理想的市场集中度计量指标,它可以衡量经营者的市场份额对市场集中度产生的影响,成为政府审查经营者并购的一个重要行政性标准。

3. 赫希曼指数在反垄断分析中的应用

第一,低度集中市场。美国和欧盟在这一点上一致认为,若经营者并购后市场上赫希曼指数不足 1000,属于安全港,并购不具反竞争效果。

第二,中度集中市场。美国认为,经营者并购后市场上赫希曼指数在 1000 ~ 1800,且并购后较并购前的赫希曼指数提高低于 100 个点,一般不具反竞争效果;但若赫希曼指数提高了 100 个点以上,则可能具有反竞争效果,需要做进一步分析。欧盟则认为,经营者并购后市场上赫希曼指数位于 1000 ~ 2000,且并购后较并购前的赫希曼指数提高低于 250 个点,一般不具有反竞争效果,但有例外:如果并购后较并购前的赫希曼指数提高了 250 个点或以上,则可能具有反竞争效果,需要做进一步分析。在中度集中市场,欧盟比美国的初始门槛宽松。

第三,高度集中市场。美国认为,经营者并购后赫希曼指数提高超过 1800 时,属于高度集中市场,且并购后较并购前的赫希曼指数提高低于 50 个点,一般不具反竞争效果;如果并购后市场比重较并购前的赫希曼指数提高了 50 个点以上 100 个点以下，则可能具有反竞争效果，需要做进一步分析；如果并购后较并购前的赫希曼指数提高了 100 个点以上，一般具有反竞争效果，但需要综合其他因素做进一步分析。而欧盟则认为，赫希曼指数提高超过 2000 时，才属于高度集中市场，且并购后较并购前的赫希曼指数提高低于 150 个点，一般不具有反竞争效果，但有例外，如果并购后较并购前的赫希曼指数提高了 150 个点或以上，则可能具有反竞争效果，需要做进一步分析；在高度集中市场，欧盟与美国存在市场集中度门槛级差。

第四，实践中的赫希曼指数的价值。经营者并购中实测出的赫希曼指数通常比美国和欧盟规定的赫希曼指数标准要高得多，说明美欧规定的赫希曼指数标准仅供参考，不能在经营者并购的反垄断执法决策中起决定性作用，实际执法决策时要综合考虑市场集中度、市场份额、市场进入障碍、单边效应、协调效应与效率等因素，还要考虑是否有予以除外或豁免的事由等（见图 3－4）。

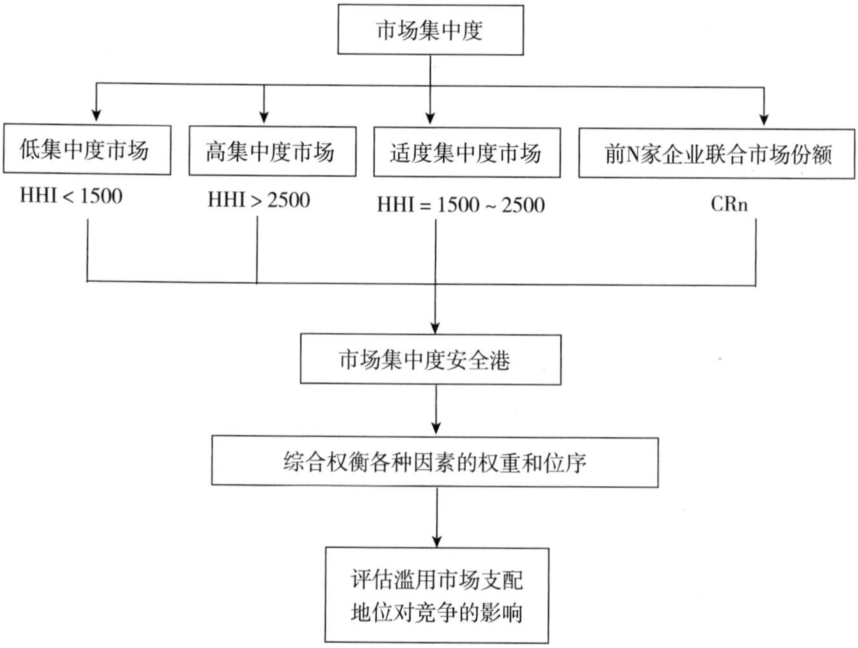


**图 3－4　相关市场集中度示意**

### 三、传统产业领域中市场份额在很大程度上决定了经营者的市场地位

根据《反垄断法》第 18 条、第 19 条关于经营者是否具有市场支配地位的规定，市场份额是认定是否具有市场支配地位的重要指标，在认定是否具有市场支配地位中起着主导作用。市场份额对于经营者来讲具有重要意义，要想确定经营者的市场支配地位，首先要考虑经营者所占据的市场份额，其次也要考虑相关市场的竞争状况，市场进入难易度，经营者控制原材料、采购的能力等，但是，一切的能力最终都会体现在市场份额的占有上，因此，在传统产业领域，市场份额在相当大程度上决定了经营者的市场地位。但是，在互联网等新经济产业领域，市场份额是否决定经营者的市场地位的观点受到了质疑和挑战（详见本书第二章第六节，此处不再赘述）。

实践中，有很多其他因素影响着市场份额。产品本身的性质、行业内各经营者的综合实力、消费者需求的多样化程度、新兴行业所处的发展阶段，等等，这些实践因素虽然不直接决定或者主导市场份额，但是却对于市场份额具有很大的影响。例如，“欧盟委员会对谷歌公司滥用市场支配地位处罚案”，因为谷歌公司在通用搜索服务市场上的份额较高，加上谷歌公司的网络效应以及用户数据的影响，使欧盟认定谷歌公司在 31 个欧洲经济区国家的互联网通用搜索引擎市场上具有市场支配地位（详见第七章案例评析，此处不再赘述）。

## 第七节　滥用市场支配地位的法律责任

### 一、行政责任

《反垄断法》第 47 条规定：“经营者违反本法规定，滥用市场支配地位的，由反垄断执法机构责令停止违法行为，没收违法所得，并处上一年度销售额百分之一以上百分之十以下的罚款。”第 49 条规定：“对本法第四十六条、第四十七条、第四十八条规定的罚款，反垄断执法机构确定具体罚款数额时，应当考虑违法行为的性质、程度和持续的时间等因素。”

《禁止滥用市场支配地位行为暂行规定》第 37 条规定：“经营者滥用市

场支配地位的,由反垄断执法机构责令停止违法行为,没收违法所得,并处上一年度销售额百分之一以上百分之十以下的罚款。反垄断执法机构确定具体罚款数额时,应当考虑违法行为的性质、情节、程度、持续时间等因素。经营者因行政机关和法律、法规授权的具有管理公共事务职能的组织滥用行政权力而滥用市场支配地位的,按照前款规定处理。经营者能够证明其从事的滥用市场支配地位行为是被动遵守行政命令所导致的,可以依法从轻或者减轻处罚。"

### 二、民事责任

《反垄断法》第 50 条规定:"经营者实施垄断行为,给他人造成损失的,依法承担民事责任。"《反垄断法》没有规定垄断行为的具体的民事责任,因此,一般情况下,反垄断民事责任同样适用《民法总则》《合同法》《侵权责任法》等关于民事责任的规定。也就是说,实施滥用市场支配地位行为的经营者,除了罚款之外,还应该停止违法行为、没收违法所得、对他人受到的损失承担民事赔偿责任(详见第八章,此处不再赘述)。

## 第八节 案例评析

### 一、Magill 诉 RTE、ITV、BBC 电视台关键设施案

(一)当事人

原告:Magill

被告:RTE、ITV、BBC 电视台

(二)案情简介

该案中,Magill 向欧盟委员会就三家广播电视台在爱尔兰和英国的法庭既提出了版权诉讼也提出反垄断诉讼。

RTE、ITV 和 BBC 是爱尔兰和北爱尔兰的三家电视公司,Magill 是爱尔兰的一家出版商,它出版了一个名为 Magill 电视节目指南的周刊,预告在爱尔兰可以收视的所有电视节目。在 Magill 出版这个周刊之前,上述三家电视台分别通过报纸预告它们当日的节目或者双日节目。根据爱尔兰法律和

英国法律,这种周期性节目预告属著作权法保护的内容,因此,当 Magill 出版的周刊预告了电视节目的名称、频道、日期和时间后,这三家电视台就以侵犯了它们的著作权为由向爱尔兰法院起诉,法院以保护著作权为由禁止 Magill 出版其电视指南。Magill 向欧盟委员会提出竞争法反诉。欧盟委员会认定,RTE 等三家电视台的行为是滥用市场优势地位。欧盟委员会认为,三家电视台的行为阻止一种新产品——综合性电视指南周刊的进入,而该产品有着巨大的消费者需求。该委员会拒绝了三家电视台的行为是因为受到版权保护,所以具有正当性的辩解理由,认为该版权被电视台用作超出知识产权特定目的、进行权利滥用的工具。作为制裁措施,委员会要求这三家电视台停止违法行为,并以不歧视的方式向第三方提供每周电视节目预告,允许第三方复制它们的电视节目单。委员会裁决指出,这三家电视台允许第三方复制其节目预告时,主张这三家广播电视台的拒绝许可的行为构成了《欧共体条约》第 82 条下优势地位的滥用。欧盟委员会判定三家广播电视台不允许在下游市场发行一个全面的节目指南期刊,是滥用了它们在上游市场提供节目单的优势地位。欧盟委员会要求这三家广播电视台向 Magill 提供版权许可。

(三)法院审理

RTE 等三家电视台不服委员会的裁决,遂向欧共体初审法院提出上诉。初审法院驳回上诉之后,它们又向欧共体法院提出上诉。欧共体法院于 1996 年 4 月 6 日对该案作出终审判决,驳回上诉。

欧共体法院认定这三家电视台共同实施了滥用市场支配地位的行为:

1. 三家电视台在自己未能满足消费者需求,全面预告电视节目的情况下,凭借其著作权阻止能够满足消费者需求的预告电视节目的周刊问世,构成了《欧共体条约》第 82 条所指的滥用行为。

2. 电视台没有正当理由拒绝第三方出版电视节目预告周刊。

3. 三家电视台拒绝向 Magill 公司提供电视节目预告周刊必不可少的信息,表明它们准备将其在电视播映市场上的支配地位扩大到电视节目预告的信息市场上。

(四)评析

Magill 案件是欧洲关键设施原则发展过程中一个非常重要的案件,是欧共体法院在知识产权领域最重要的判决。这个判决对于软件业、数据库、电信业以及信息技术产业等高科技产业有着特别重要的意义。根据这个判决,一个在某种产品市场上取得了市场支配地位的经营者,不得凭借其知识产权将其市场支配地位不公平地扩大到相邻市场上。欧盟电信法也有着相同内容的规定,即取得了市场支配地位的网络所有权人有义务保证竞争对手能够以适当的条件进入网络。在美国反托拉斯法和欧共体竞争法中,这个理论也被称为"基础设施"理论。

这个理论也反映在2005年修订的德国《反对限制竞争法》第19条第4款的规定中,即一个占市场支配地位的经营者作为一种商品或者服务的供方或者需方,如果拒绝对之支付了适当报酬的经营者进入其网络或者其他基础设施,而对方出于法律或者事实的原因,不进入这些网络或者基础设施就不可能在其上游或者下游的市场上与这个占市场支配地位的经营者相竞争,这种拒绝互联互通的行为就构成滥用市场支配地位;除非这个占市场支配地位的经营者能够证明,因经营条件的限制或者出于其他原因,进入网络或者使用基础设施是不可能的或者是不合理的要求。

美国反托拉斯法对垄断经营者也有着严格的管制。在"美国司法部诉微软公司垄断案"中,美国司法部、地区法院以及联邦最高法院一致认定微软公司捆绑销售浏览器的行为是违反了美国反托拉斯法。在"美国在线与时代华纳的合并案"中,美国联邦贸易委员会根据反托拉斯法要求时代华纳公司有义务保障与之有竞争关系的因特网服务商优先获得该公司宽带网的进入权。美国法院1982年对电信垄断经营者AT& T的判决,对其一分为八,强迫AT& T向竞争对手开放电信网络,这也是一个限制私人所有权的典型案例。这些案例说明,占垄断地位或者市场支配地位的经营者受到政府更为严格的管制,目的是防止它们滥用市场优势地位,排挤竞争对手,损害市场竞争。

(五)律师提示

"关键设施"理论亦指中国的"必需设施""基础设施",这种必要性设施具有独占性、唯一性,具备价值与市场地位。而且,这种"必需设施"的外延不仅仅是实物与设备,虚拟产品、信息以及信息来源也在其范围内。必需设施的知识产权拒绝交易行为,即"瓶颈"垄断,一般要求满足四个条件:(1)垄断者控制着关键设施;(2)从现实性或者合理性的角度看,竞争者没有能力复制该关键设施;(3)竞争者愿意支付合理使用费的情况下,垄断者具有许可使用的储备能力,没有正当理由拒绝竞争者使用该关键设施;(4)垄断者开放该关键设施使用是可行的。

我国在《禁止滥用知识产权规定》第7条对"必需设施"作出了详细的规定,而在实务中,法庭对必需设施的援用则较为谨慎。因为除了保护合同的自由和财产以外,还需考虑开发新产品、新设施的积极性,市场运转的动态效率等因素。在鼓励科技创新和引进高质量外资的国策下,对于这类生产经营中的必需设施经营者,利用其知识产权在相关市场上不能被合理替代的优势,没有正当理由拒绝合理的许可需求,或者滥用权利提起的知识产权侵权诉讼。在借鉴国际经验的同时,可利用"必需设施"理论抗辩,谨慎处理相关问题,让中小经营者以公平机会进入市场,给相关市场带来竞争和创新。

## 二、American Patents Development 公司、Dry Ice 公司诉 Carbice 公司专利权搭售案

(一)当事人

原告:American Patents Development 公司、Dry Ice 公司

被告:Carbice 公司

(二)案情简介

专利权人是 American Patents Development 公司,Dry Ice 公司是该专利排他被许可人。Dry Ice 公司制造和销售 Dry Ice 牌的固体二氧化碳,并在固体二氧化碳的发货单上标有如下告示:"该货物应以下述条件装运:除了 Dry Ice 公司规定或者批准的 Dry Ice 柜子或者其他容器和装置,Dry Ice 牌固体二氧化碳不得用在其他地方;Dry Ice 公司规定或者批准的 Dry Ice 柜子或者其他容器和装置,只能用 Dry Ice 牌的固体二氧化碳进行冷却或者使用。第1595426号专利方法和装置(1924年10月14日)以及其他待决的专利申请,完全覆盖了 Dry Ice 的这种使用。1926年第1595426号专利授权。"Carbice 公司也制造并销售固体二氧化碳。专利权人和被许可人起诉 Carbice 公司,声称其明知仍向专利权人的顾客提供固体二氧化碳以供运输之用,构成间接侵权专利权。Carbice 公司提起专利无效,并主张不构成侵权专利权。

(三)法院审理

布兰迪斯法官撰写的判词认为:如果专利有效,专利权人当然可以完全

禁止他人制造、销售或者使用该专利产品，或者在专利垄断范围内进行许可，收取许可费用。但不能设定许可条件，即要求与发明一并使用的、不受专利保护的物品，也必须从许可人处购买；如果这样做了，针对提供这种非专利物品的人的权利救济，将被拒绝。制造、使用和销售专利物品的有限垄断权，不能扩展以限制那些协同操作所必要的物品和设备。

允许专利权人从并非属于垄断权范围的发明，而是从非专利产品上获得利润，已经完全超出了专利垄断的范围。如果垄断权可以如此扩展，某一专利产品的所有人将可以垄断许多相关联的未专利产品的贸易。机器专利权人将得以部分控制机器所用的非专利原料；方法专利权人将能够部分垄断方法所用到的材料，等等。这种行为无异于专利权人对专利产品的转售进行价格控制，法院将拒绝提供救济。

无论直接或者间接侵权，本质上都是侵权。专利权人和排他被许可人Dry Ice公司并没有权利可以免予非专利产品销售的竞争。对非专利产品供应的控制已经超出了专利权垄断范围。该内在与专利权的限制，并不取决于非专利物品的特定功能或者特性，或者它被使用的方式。如果专利权人试图使用专利来控制这些用在发明上的非专利物品的，其救济将不受到支持。

最终，法院判决以专利搭售非专利产品的，构成专利滥用，并直接违反反垄断法，第三人提供非专利产品并不构成间接侵权。

（四）评析

专利搭售非专利产品是非常常见的现象，专利权人利用其所拥有的专利垄断性，迫使被许可人购买或接受本不愿意接收的东西，在市场上排除被搭售产品的其他供应商，这不仅对被许可人的利益造成损害，而且会对本不在知识产权范围内的市场竞争造成损害。本案专利权人American Patents Development公司、被许可人Dry Ice公司利用其专利上的市场优势地位搭售了非专利产品，将市场优势地位延伸到非专利物品，为获得高额的垄断利润，强迫被许可人购买其不想要或原本可以选择在其他处购买的装备和设置，限制了经营者进行技术创新，也使消费者丧失选择权，损害了消费者的利益。

（五）律师提示

搭售行为的反制一直以来就是反垄断法上的重要问题，滥用市场支配地位之搭售行为都会产生“传导效应”，将搭售传导至被搭售品市场，从而垄断两个市场，提高进入障碍、排除其他竞争者、改变市场结构等破坏竞争秩序的消极作用。并且还会损害消费者的合法权益，剥夺消费者的自由选择权。然而，搭售行为也有其存在的合理性，并非所有的搭售将必然是专利权的滥用，因此，各国都未对其予以全面禁止。所以在对搭售行为进行反垄断反制时，应该采取合理原则，需要分析搭售对被许可人、对替代产品或者技术提供者和对市场结构的影响以及搭售的产品或技术是否是被许可人实施被许可专利所必需的。

虽然反垄断法执行机构对传统搭售行为已经形成了既定的反制模式，但对于许多新兴产业中的搭售，如网络软件捆绑等，仍处在探索阶段，现在已经出现某些有实力的经营者将网络软件捆绑销售，提供新闻、娱乐、搜索、通信、游戏、安全、广告等综合网络服务，一方面，因为新兴产品所处的市场本身比较复杂，需要跨学科知识才能够对其搭售有很好的理解，这对立法者和操作者都是一种挑战；另一方面，理论界对网络软件搭售的研究比较简单，法律实践较少，缺乏可借鉴的经验和案例。所以，还需要进一步研究和反制网络软件搭售行为。

### 三、美国微软公司诉摩托罗拉公司滥用专利案

（一）当事人

原告：美国微软公司

被告：摩托罗拉公司

（二）案情简介

美国微软公司（以下简称微软）在 Xbox 游戏机及其他一些设备中使用了摩托罗拉公司（以下简称摩托罗拉）多项标准要素专利，摩托罗拉认为微软侵犯了它在 H.264（视频压缩）和 802.11（WiFi）两个标准必要专利，要求微软按其产品 Windows 和 Xbox 市场销售额的 2.25% 支付必要专利许可费。微软则认为摩托罗拉是“狮子大开口”。双方没有经历标准必要专利的许可协商过程，2010 年 11 月微软直接将摩托罗拉起诉至美国西雅图联邦地区法院。微软指控摩托罗拉移动在关于专利的谈判时奉行“耽误策略”——摩托罗拉索取过高的专利税，而这些专利属于产业通信标准中不得不使用的技术（Standards – Essential Patents），专利的授权必须遵循 FRAND 原则。

微软认为摩托罗拉在这些专利授权中寻求不成比例的专利税,违反了专利授权原则。

微软称摩托罗拉向其要求不公平的专利使用费用,涉及的摩托罗拉专利包括 H. 264 video 和 802. 11 Wi – Fi 标准。The Verge 介绍,微软使用这些专利的产品包括 Xbox 360、Windows 7 和 Windows Phone 7 等。据微软所说,它本应在 2010 年获得许可,但摩托罗拉要求获得这些产品零售价2. 25%的专利税。微软的律师称:“摩托罗拉通过专利定价耽误了微软和它的消费者。”而摩托罗拉则表示对微软一视同仁,对微软的定价跟给其他电子公司的类似。微软表示很乐意为专利的授权付费,但费用必须与专利实际赋予产品的价值“成比例”。摩托罗拉的律师们则表示是否“成比例”、是否公平必须看微软产品一开始进入市场的定价,而不是现在的价格。双方都要求法庭不得泄露任何关于此前合同的细节。

(三)法院审理

1. 一审

美国西雅图联邦地区法院认为,微软支付给摩托罗拉的专利授权费高出应有的水平。主审法官认为,合适的专利授权费用应为每年 180 万美元,高于微软估计的每年 100 万美元,但远远低于摩托罗拉提出的每年 400 万美元。

2. 二审

主审法官詹姆斯·罗巴特依然认为摩托罗拉提出的专利费过高,违背了双方的协议,这些标准要素专利的授权费用价格并不公平合理,认为摩托罗拉提出的专利授权费远高于应有的水平,因此,罗伯特法官确定了 FRAND 原则的公平合理许可费,判决微软胜诉。

(四)评析

专利权人对于该项技术发明所享有的权利是一种排他性的权利。按照这种保护方式,他人即使独立开发了同样的技术,花费了大量的人力、物力和金钱,也不得进行商业性的使用。甚至是那些在先做出发明,但没有申请专利的人,也会在使用该项技术时受到种种限制。如果一项专利技术为某一种产品或者某一个产业所必须,其他市场竞争者只能寻求专利权人的许可。如果专利权人拒绝许可,或者在发放许可的时候提出不合理的要求,就会形成对专利权滥用。事实上,国际社会早已意识到专利权滥用的可能性,无论是《巴黎公约》《知识产权协定》,还是世界各国的专利制度,都可以看到这类防止专利权滥用的制度。我国也建立一些防范性的制度,包括强制许可和对于许可合同的限制,但对反垄断法的反制尚比较单薄。

在本案中,微软认为摩托罗拉的专利许可费用过高,触犯了反垄断法,可以向法院寻求反垄断法的救济。虽然在专利许可中,专利权人将其本来独占享有的专利实施权授予被许可人,自然有权利要求被许可人支付一定的对价。但是,被许可人同样应当从专利许可中获得合理收益,如果被许可人向专利权人支付的许可对价过高,双方当事人的权利义务不对等,利益严重失调,而被许可人却不得不接受专利权人的要求,专利权人在专利许可中利用其优势地位迫使被许可接受不合理的条件,将涉嫌滥用专利权,危害正常的市场竞争,此时反垄断法就有干预的必要性和可能性。

本案是美国历史上首次由法院判定标准必要专利 FRAND 原则许可费的案例,具有里程碑的意义。微软认为,摩托罗拉向标准化组织作过 FRAND 承诺,指控摩托罗拉违反该承诺。罗伯特法官指出,标准必要专利拥有者向标准组织作出的 FRAND 声明,构成标准实施者作为受益第三人,可以要求其履行的合同义务。标准实施者作为被推定的被许可人,对专利拥有者违反 FRAND 承诺的行为有权提起诉讼。

罗伯特法官的观点认为,摩托罗拉作出的 FRAND 声明表明摩托罗拉已授权标准实施者实施其专利,构成合同法上的"要约",其内容是明确的,即任何人按照标准生产产品时,可以实施标准必要专利,此"要约"在专利有效期内不能撤销。微软基于"要约"实施标准必要专利的行为,构成双方形成合同关系的"承诺"。虽然双方未订立书面许可合同,但不能据此认为 FRAND 许可不具有合同性质。关于许可费率等细节问题,则是合同履行过程中协商确定的问题,不影响合同的成立。双方不能协商签订许可合同的,微软有权请求法院来确定 FRAND 的许可费。

法院确定 FRAND 许可费和收取范围是为了确定摩托罗拉是否履行其向标准化组织所作的 FRAND 承诺,因此,是一个合同法案件。然而,尽管法院把微软诉摩托罗拉视为一个合同法案件,但是法院计算 FRAND 许可费所使用的方法与分析反垄断案件的竞争损害是一样的。法院考虑到标准必要专利的社会公共利益,考虑到必要专利权人因排除竞争而产生的"专利挟持"和专利费"叠加",特别是考虑到摩托罗拉存在"专利挟持",罗伯特法官通过比较专利池组织向第三人许可收费的方法，计算出应收取的FRAND承诺下的合理许可费。

（五）律师提示

本案是美国历史上首例由法院判定标准必要专利FRAND原则许可费的案例，双方并没有经过通常的关于标准必要专利许可费的反复协商过程，微软直接将摩托罗拉起诉至美国西雅图联邦地区法院，罗伯特法官依照FRAND原则，比较许可人向第三人许可收费的方法，确定了公平合理许可费，这样就为被许可人开拓了一个新的路径，也就是说，当标准必要专利权人提出垄断高价或者采取“耽误策略”给被许可人造成困难时，被许可人可以起诉至法院，由法官来确定一个标准必要专利许可的公平合理的价格。本案对中国法院也有借鉴价值，值得研究。

本案还存在另一个问题，就是在FRAND原则下确定公平合理的许可费时，需要考虑许可费的计量单位（单元），是以整机计价，还是以最小单元计价。专家的观点是法院可以考虑整机计价和最小单元计价两者并行，互相对比，并要求许可方提供以往向第三方支付的许可费，以便落实FRAND原则。

中国自加入世界贸易组织以后，市场更加开放。但随着中国企业的经营者日益壮大走向国际，却不断遭受国外经营者专利权滥用所造成的盘剥，特别是跨国公司专利战略的实施，对中国经营者的生存和发展带来了日益严峻的挑战。部分跨国公司利用专利权的垄断性排挤中国经营者的市场竞争地位，如“思科华为案”“英特尔东进案”“微软价格歧视与捆绑销售案”等，在专利许可协议中给中国经营者施以种种不平等条款的限制，拒绝许可相关技术，价格歧视，强制购买指定的原材料、零部件等。

参照发达国家的立法和司法实践，对专利权滥用的反制存在两种理论：一种是“隶属说”，主张对专利权滥用的法律反制只依靠反垄断法；另一种是“独立说”，采取专利法和反垄断法双轨反制，各适其法。“独立说”认为，专利权滥用并不以触犯反垄断法为前提，专利权的行使如果触犯了反垄断法，当然构成专利权滥用的行为；但是，有的行为虽然没有违反反垄断法，也构成专利权滥用。跨国公司的专利权滥用行为既是违反对专利法，也可能构成违反反垄断法，采取专利法和反垄断法双轨反制，能更有效地对跨国公司专利权滥用行为进行反制。

## 四、Globespan Virata公司诉得州仪器公司滥用知识产权案

(一)当事人

原告:Globespan Virata公司

被告:得州仪器公司

(二)案情简介

原告Globespan Virata公司是一家主要提供集成电路、应用软件,为数字用户线(DSL)的应用进行系统设计的公司。Globespan Virata(2004年2月被科胜讯公司Conexant Systems Inc.收购为其子公司)2003年6月12日在美国新泽西州联邦地区法院起诉得州仪器公司(Texas Instrument)违反美国反托拉斯法,声称得州仪器公司通过创建非法的专利联盟、操纵专利申请过程,并干扰有关设定ADSL技术标准的过程,原告认为被告违反了美国《谢尔曼法》第2条的规定,在多个与ADSL技术相关的市场中构成垄断。2003年8月,得州仪器公司反诉Globespan Virata公司侵犯其ADSL专利。该案件经历了两个阶段:专利审判和反垄断法审判。有关专利的审判首先于2006年1月4日在美国新泽西州的特伦顿联邦法庭开庭审理。2006年2月6日,陪审团裁定Globespan Virata公司侵犯有关ADSL技术的三项专利,并向得州仪器公司赔偿1.12亿美元。审判的第二阶段即反垄断法审判阶段,于2006年3月3日,新泽西州联邦地区法院最终判定,ADSL技术所属的相关技术市场为ADSL非标准技术市场、ADSL技术市场,相关产品市场为ADSL系统市场。在这三个市场中,原告Globespan Virata公司均没有证明被告拥有垄断性的市场份额,也没有给出关于竞争者和消费者特征以及市场价格行为等的其他资料,法院最终认定被告得州仪器公司在与ADSL技术相关的市场上没有形成垄断地位。

2006年5月,科胜讯系统公司宣布与得州仪器公司协商达成最终一致,解决了Globespan Virata与得州仪器公司所有的长期法律纠纷。根据协议的条款,科胜讯公司将一次性付给得州仪器7000万美元,该协议解决了有关Globespan Virata公司产品侵犯ADSL专利的诉讼问题,根据已签订的和解协议,第二阶段法院审判将不再进行。

(三)法院审理

法院认可了原告关于相关技术市场界定的主张,即将相关市场划分为:

ADSL 非标准技术市场、ADSL 技术市场、ADSL 系统市场，并认同原告对 ADSL 非标准技术市场的定义，被告对此亦无争议。但是，法院认为原告并没有说明被告在这一技术市场中占有的份额，而这是判定被告是否具有垄断力量最关键的因素。同时，法院认为被告也没有说明在 ADSL 非标准技术市场中参与竞争的公司的规模与竞争力、市场中的价格趋势、被许可人用其他技术代替 ADSL 非标准技术的能力、被许可人对这一技术的需求程度等，而这些都是认定市场垄断的重要因素。因此，不能认为被告在 ADSL 非标准技术市场中具有垄断力量或者有可能获得这一垄断力量。

原告虽然声称被告的行为对潜在竞争者进入市场设置了障碍，但法院认为这种障碍只是一种可能的结果，并不能作为认定垄断的证据。原告在其主张的基础上，没有提出充分的证据证明被告形成市场垄断地位。

原告主张 ADSL 系统是一个产品市场。但是，法院认为，原告的主张是建立在之前关于 ADSL 技术市场垄断的基础上的，原告并没有为其主张提供专门的证据。因而法院无法确定被告控制 ADSL 系统市场的程度。同时，原告无法证明被告排除竞争者的程度或者在市场中提高了多少价格，因而，法院认为被告在 ADSL 系统市场中没有形成垄断的可能性。

（四）评析

原告将 ADSL 技术这一整体看作一个技术市场，既包括 ADSL 技术，又包括 ADSL 非标准技术。并将 ADSL 非标准技术市场定义为：不需要遵守 ADSL 标准，但是，具有提高相关系统的效率、价值、吸引力或者可操作性等功能的 ADSL 系统组成的市场。原告认为，获得被告的 ADSL 技术是进入这一市场的先决条件，而被告通过控制生产 ADSL 系统的一项关键技术，排除了可能进入市场的竞争者，或者提高了竞争者的生产费用。因此，被告在 ADSL 系统中构成垄断地位。

由于原告并没有证明被告占有的市场份额、竞争对手在相关市场的竞争规模与竞争力，也没有证明被告对进入市场设置了障碍，即将面临败诉风险，在十分不利的局面下，原告与被告和解是明智的选择。

（五）律师提示

随着科学技术的进步，技术因素特别是知识产权对于市场竞争的影响越来越明显，技术市场的竞争状况也成为反垄断法关注的问题。美国《竞争者协同行为反托拉斯指南》中规定，如果知识产权与使用它的产品被分别在市场上推销,反垄断执法机构在评估包括知识产权许可的竞争者协同行为时,将界定技术市场。

反垄断执法机构认识到技术通常不能用货币加以量化的方式许可使用,在这种情况下,反垄断执法机构通过确定与购买者使用被许可技术成本相当的技术或产品来界定技术市场。因此,对与知识产权有关的行为进行反垄断反制时,如果技术及利用技术生产的产品在市场上分别销售,反垄断执法机构通常需要界定技术市场。我国《反垄断法》虽然并没有明确规定技术市场的概念,但在实际市场活动中,技术也是作为与商品、服务并列的一种交易对象,因此,可以通过将产品市场概念作扩张性解释的方式将技术市场界定纳入我国《反垄断法》执法中相关市场界定的内容。

核心技术是构成经营者核心竞争力的基础。一个经营者无论规模多大、实力多么雄厚,要想在一个行业独自控制所有技术和知识产品都是不可能的。大量事实证明:经营者横向并购能获得大量与核心技术相关的技术,在获得规模效应的同时,实现了技术积累资源的共享和交流,有利于强化核心业务竞争力,获得科学技术上的竞争优势。

本案中,美国联邦法院将专利侵权审判与专利技术市场垄断审判分成两个阶段进行,专利侵权审判在前,专利技术市场垄断审判在后。但是,前案审判的结果将可能影响后案审判的结果。如果中国法院能够将专利侵权起诉与专利滥用反垄断反诉两诉合并审理, 并判决,则有可能避免上述弊端。关于反垄断反诉问题,我国的《垄断纠纷司法解释》作了详尽的规定,此处不再赘述。

**五、北京米时科技股份有限公司诉北京奇虎科技有限公司滥用市场支配地位纠纷案**

(一)当事人

当事人:北京米时科技股份有限公司

当事人:北京奇虎科技有限公司

(二)案情简介

北京米时科技股份有限公司(以下简称米时科技)主要研发和运营易米片、米洽两款手机应用软件。易米片是一款集手机电子名片管理和商务社交功能于一体的智能手机 App,值得一提的是,易米片电子名片具有“活名片”功能(电子名片各项元素均可点击激活);米洽是一款具有多语言版本的基于手机通信录的网络聊天工具。该两款软件自2012年相继推出市场以来,一直受到360手机卫士的拦截压制,具体表现为:对易米片、米洽相关通讯短信在未告知用户的情况下强行拦截或直接置于垃圾箱;易米片特有的来电显示名片功能被强行压制使用等。

360手机卫士是北京奇虎科技有限公司(以下简称奇虎公司)运营的一款手机安全监测软件,目前在市场上具有优势地位。由于手机安全软件特殊的功能和性质,其对于所有手机App软件进行扫描、监控,因此,360手机卫士对于进入手机App市场的手机应用具有重要的影响和控制能力。360手机卫士对原告产品易米片、米洽使用过程中的拦截压制行为,阻碍了原告产品进入手机App市场,导致用户无法顺畅使用该两款软件,很大程度上限制了原告作为软件运营商与手机用户之间的正常交易,造成米时科技的产品无法顺利进入市场,用户体验得不到保障。因此,米时科技以奇虎公司滥用市场支配地位及不正当竞争为由诉至法院。

(三)法院审理

北京市第二中级人民法院认为,由于米时公司所提供的证据不足以证明奇虎公司在相关市场上具有市场支配地位,也不能证明奇虎公司实施的被诉行为构成滥用市场支配地位的行为或不正当竞争行为,故米时公司要求判令奇虎公司立即停止滥用市场支配地位的垄断民事侵权行为和不正当竞争行为、赔偿其经济损失以及合理的维权费用、赔礼道歉等诉讼请求,均缺乏事实和法律依据,不予支持。判决驳回米时公司的诉讼请求。

米时公司不服一审判决,向北京市高级人民法院提出上诉,请求撤销原审判决或发回重审,判令本案全部诉讼费用由奇虎公司承担。其上诉理由是:原审判决关于市场份额以及相关市场的认定有误,同时关于法律的适用也存在错误。

北京市高级人民法院认为米时公司的上诉主张及理由不能成立,对其上诉请求不予支持。判决驳回上诉,维持原判。

(四)评析

本案争议的焦点问题是:(1)相关市场如何界定;(2)奇虎公司在相关市场上是否具有支配地位;(3)奇虎公司是否滥用了市场支配地位以及奇虎公司是否实施了商业诋毁行为。

1. 关于相关市场如何界定的问题

《反垄断法》第 12 条规定，相关市场是指经营者在一定时期内就特定商品或者服务进行竞争的商品范围和地域范围。相关商品市场，是根据商品的特性、用途及价格等因素，由需求者认为具有较为紧密替代关系的一组或一类商品所构成的市场，这些商品表现出较强的竞争关系；相关地域市场，是指需求者获取具有较为紧密替代关系的商品的地理区域，这些地域表现出较强的竞争关系。《相关市场界定指南》第 2 条规定，任何竞争行为（包括具有或可能具有排除、限制竞争效果的行为）均发生在一定的市场范围内。界定相关市场就是明确经营者竞争的市场范围。

根据《相关市场界定指南》第 4 条的规定，相关市场范围的大小主要取决于商品的可替代程度。在市场竞争中对经营者行为构成直接和有效竞争约束的，是市场里存在需求者认为具有较强替代关系的商品或能够提供这些商品的地域，界定相关市场主要从需求者角度进行需求替代分析。当供给替代对经营者行为产生的竞争约束类似于需求替代时，也应考虑供给替代。第 5 条规定，需求替代是根据需求者对商品功能用途的需求、质量的认可、价格的接受以及获取的难易程度等因素，从需求者的角度确定不同商品之间的替代程度。原则上，从需求者角度来看，商品之间的替代程度越高，竞争关系越强，就越可能属于同一相关市场。

综合各方的主张，考虑目前软件市场的现状以及安全软件的功能用途、价格质量、替代关系、供给和消费状况，北京市第二中级人民法院认定手机安全软件市场可以构成一个独立的相关商品市场，其范围包括为手机核心功能的正常实现提供安全保障的具有手机防盗、备份还原、垃圾清理、骚扰拦截、流量监控、病毒查杀等多项功能的“综合性”安全软件市场和为专门的安全项目和具体的安全漏洞专项研发的安全软件市场并无不当。并且，在滥用市场支配地位案件的审理中，界定相关市场是评估经营者的市场力量及被诉垄断行为对竞争影响的工具，其本身并非目的。即使不明确界定相关市场，也可以通过限制竞争的直接证据对被诉经营者的市场地位及被诉垄断行为可能的市场影响进行评估。并非在每一个滥用市场支配地位的案件中均必须明确而清楚地界定相关市场。

考虑多数需求者选择商品的实际区域、互联网相关法律法规的规定、境外竞争者的现状及其进入中国大陆地区市场的情况等因素，同时考虑国内消费者互联网消费选择的习惯,将手机安全软件市场的地域范围界定为中国大陆地区市场,符合手机安全软件行业的实际情况,也符合广大网络用户对手机安全软件的选择情况。对此,本案相关地域市场应为中国大陆地区市场。

2. 关于奇虎公司在相关市场上是否具有支配地位的问题

《反垄断法》第 17 条第 2 款规定,市场支配地位,是指经营者在相关市场内具有能够控制商品价格、数量或者其他交易条件,或者能够阻碍、影响其他经营者进入相关市场能力的市场地位。第 18 条规定,认定经营者具有市场支配地位,应当依据下列因素:该经营者在相关市场的市场份额,以及相关市场的竞争状况;该经营者控制销售市场或者原材料采购市场的能力;该经营者的财力和技术条件;其他经营者对该经营者在交易上的依赖程度;其他经营者进入相关市场的难易程度;与认定该经营者市场支配地位有关的其他因素。换言之,认定经营者的市场支配地位,需要考虑市场份额、该市场的竞争状况以及市场进入的难易程度等多种因素。第 19 条规定了市场支配地位的推定规则,即一个经营者在相关市场的市场份额达到 50% 时,可以推定其具有市场支配地位,但允许经营者提供相反证据推翻该推定。

米时公司以"渗透率"作为计算市场份额的指标,但在以渗透率考察相关市场经营者的市场地位时,可能存在多家经营者的市场渗透率都超过 50% 的情况,所以,从数量关系上看,渗透率不能直接作为计算市场份额的指标,其无法准确反映市场份额分布的真实状况。并且,渗透率仅反映了用户在手机上安装手机安全软件的情况,未反映出用户使用手机安全软件的情况,因此不能反映各款手机安全软件的市场份额和相应的有效市场占有率。渗透率反映的是存量,无法反映市场格局动态的变化。互联网领域是一个动态竞争的领域,存量对于竞争状况的反映具有一定的误导性。故米时公司关于奇虎公司在相关市场的市场份额超过 50% 的主张依据不足,不能成立。

目前,我国许多互联网经营者都直接参与手机安全软件市场的竞争,与奇虎公司形成了竞争约束。考虑相关市场内功能近似、质量近似、用户认可度近似的手机安全软件数量众多,相互间竞争激烈,各自的市场地位变化迅速等因素,米时公司提交的证据不足以证明奇虎公司在面临较大竞争压力的情况下,具备控制手机安全软件价格、数量或其他交易条件的能力。米时公司提交的证据亦不足以证明奇虎公司具备阻碍或影响其他经营者进入相关市场的能力。

3. 关于奇虎公司是否滥用市场支配地位的问题

《反垄断法》第 17 条所禁止的无正当理由限定交易和搭售商品的行为，应以行为人占有市场支配地位为前提条件。米时公司提供的证据不能证明奇虎公司在相关市场上具有支配地位，故不能认定奇虎公司构成《反垄断法》第 17 条所禁止的滥用市场支配地位的行为。

另外，《网络信息保护决定》第 7 条规定："任何组织和个人未经电子信息接收者同意或者请求，或者电子信息接收者明确表示拒绝的，不得向其固定电话、移动电话或者个人电子邮箱发送商业性电子信息。"由于米时公司发送的短信是软件自动生成、带有超长链接、具有商业宣传推广性质并且是向陌生人发送，确有可能属于前述规定的商业性电子信息，未经接收人同意，有可能构成被拦截的短信。当出现短信误拦的情况时，奇虎公司提供了解除拦截的沟通机制，米时公司也根据上述机制与奇虎公司就短信拦截问题进行了沟通协调。且 360 手机安全卫士软件通过升级，已将"来电秀"展示设置为"大窗""中窗""归属地"三种模式，这反映出手机安全软件的不足可以通过市场的促进来完善。

4. 关于奇虎公司是否实施了商业诋毁行为的问题

《反不正当竞争法》规定，经营者不得捏造、散布虚伪事实，损害竞争对手的商业信誉、商品声誉。因此，从商业诋毁的构成要件看，行为人主观上应是故意，客观上实施了捏造、散布虚伪事实，损害竞争对手商誉的行为。本案中，米时公司指控奇虎公司对其涉案软件运行中产生的短信实施拦截，并置入垃圾箱的行为构成商业诋毁，虽然奇虎公司的上述行为可能会给米时公司的商业声誉和经济效益造成负面影响，但奇虎公司在实施上述行为时并不知道米时公司的存在，行为没有针对性，主观上没有实施诋毁行为的故意；客观上也没有捏造、散布虚伪的事实。奇虎公司将米时公司所发的信息界定为垃圾短信，是根据其拦截规则所作的结论，而拦截规则并不针对特定的市场竞争者，而是根据信息内容本身的特点来进行判断分类的。

（五）律师提示

目前移动互联市场作为一种新型的互联网市场，国内外的研究著作并不多见，立法方面也是甚少，可以参考通过互联网垄断方面的相关成果研究，来加以借鉴和分析移动互联产业中滥用市场支配地位的垄断违法行为。

本案中,法院认为,目前中国大陆地区许多互联网经营者都直接参与手机安全软件市场的竞争,与奇虎公司形成了竞争约束。按照一般"谁主张,谁举证"规则,米时公司提交的证据不足以证明奇虎公司具备控制手机安全软件市场的支配地位。

由于米时公司提供的证据不能证明奇虎公司在相关市场上具有支配地位,故不能认定奇虎公司构成《反垄断法》第17条所禁止的滥用市场支配地位的行为。另外,由于米时公司发送的短信是软件自动生成、带有超长链接、具有商业宣传推广性质并且是向陌生人发送,属于未经接收人同意,违反规定向接收人发送商业性电子信息,有可能构成被奇虎公司的安全软件拦截短信。本案中,奇虎公司提供了解除拦截措施,米时公司也与奇虎公司就短信拦截问题进行了沟通协调,米时公司虽然败诉,但问题已经基本解决。

### 六、童某诉中国移动通信集团上海有限公司滥用市场支配地位案

(一)当事人

当事人:童某

当事人:中国移动通信集团上海有限公司

(二)案情简介

中国移动通信集团上海有限公司(以下简称上海移动)将童某购买的涉案手机号码在90天保留期内停机,在童某要求上海移动恢复该号码通信服务时,上海移动要求童某至营业厅办理实名制登记手续后为童某恢复了涉案号码的通信服务,但将该号码的保留期缩短为60天。童某认为,上海移动将其购买的预付费手机卡在保留期限内销号,擅自将保留期从90天缩短为60天,上海移动的行为构成没有正当理由拒绝与交易相对人进行交易,以及没有正当理由对条件相同的交易相对人在交易价格等交易条件上实行差别待遇的垄断行为。童某败诉后,不服上海市高级人民法院(2014)沪高民三(知)终字第105号民事判决,向最高人民法院申请再审。

(三)法院审理

最高人民法院认为,本案的争议焦点是:(1)上海移动的被控行为是否属于没有正当理由、拒绝与交易相对人进行交易,或者没有正当理由、对条件相同的交易相对人在交易价格等交易条件上实行差别待遇的垄断行为;(2)被控行为是否具有排除、限制竞争的后果;(3)被控行为是否实际造成了

再审申请人童某所主张的损失。

分别论述如下：

1. 关于上海移动的被控行为是否属于没有正当理由拒绝与交易相对人进行交易，实行差别待遇的垄断行为的问题

首先，2010 年童某购买该涉案手机号码时，使用说明书中即有关于用户实名登记以及预存话费余额小于 0 元时，手机将被停机的说明。2012 年 5 月底，因童某欠费，上海移动停止对涉案手机号码提供通信服务，并基于推进手机用户实名登记的需要，要求童某到营业厅办理实名登记手续后，恢复了涉案手机号码的通信服务。实名登记是国家电信主管部门对通信服务运营商提出的基于行业管理需要的强制性要求，因此，上海移动要求未办理实名登记的已停机号码的机主到营业厅办理实名登记后才给予恢复通信服务并无不当。在上述过程中，上海移动并不存在没有正当理由而拒绝与交易相对人进行交易的行为，且在童某办理完实名制登记后，上海移动已及时恢复了涉案手机号码的通信功能。故上海移动并不存在没有正当理由拒绝交易的行为。

其次，本案中，童某认为上海移动对预付费用户和后付费用户实行差别待遇，提供了“中国移动副号随意换业务简介”等证据，欲证明上海移动实施了对条件相同的交易相对人在交易价格等交易条件上实行差别待遇的垄断行为。在案证据证明，除中国移动外，中国联通、中国电信等运营商均提供多种不同资费标准的服务供用户选择，且后付费用户和预付费用户本身在付费方式、付费时间、资费标准等方面均存在不同，并不属于条件相同的交易相对人，童某所提证据也不足以证明上海移动对与童某条件相同的交易相对人在交易价格等交易条件上实行了差别待遇。此外，童某提出上海移动对 90 天保留期早期、中期充值的用户以及保留期后期充值的用户在冷号回收的处理方式上实行了不同待遇，但并未提交证据证明。

因处于不同期限的用户本身不属于条件相同的交易相对人，即使上海移动针对不同客户群采取了不同的处理方案，也属于正常的经营决策。童某还提出，上海移动在与案外人徐某源的服务合同纠纷案件中，经调解上海移动同意继续保留徐某源所购手机号码 90 天的保留期，但拒绝给予其同等待遇。鉴于徐某源案与本案属不同案由的民事纠纷，该案的调解结果并不能作为本案定案的依据，且上海移动要求实名制登记并缩短号码保留期针

对的是包括童某在内的所有条件相同的交易相对人,并非针对童某个人单独提出的交易条件,故该行为不属于实行差别待遇的垄断行为。

综上所述,上海移动的被控行为不属于没有正当理由拒绝与交易相对人进行交易,或者没有正当理由对条件相同的交易相对人在交易价格等交易条件上实行差别待遇的垄断行为。

2. 关于被控行为是否具有排除、限制竞争效果的问题

所谓竞争,实质上是指两个或者两个以上的经营者在市场上以比较有利的价格、数量、质量或者其他条件争取交易机会的行为。判断是否排除、限制了竞争,应当基于被控行为对市场上其他经营者的影响而言。从现有证据可知,除上海移动外,行业内的其他经营者对于入网客户欠费停机的保留期均各有规定,从 60 天到 90 天。上海移动针对特定用户缩短号码保留期,事实上仅影响到相关特定用户的权益,而与行业内的其他经营者的经营行为无涉,不存在因为上海移动缩短保留期而使其自身增强经营优势、限制其他经营者的经营能力的可能,更没有影响到市场竞争状况或导致消费者缺乏其他选择,因此上海移动变更保留期的行为未产生排除、限制竞争的效果。

3. 关于被控行为是否实际造成童某所主张的损失的问题

童某认为,被控行为给其造成了精神损害,要求上海移动赔偿其 1000 余万元的精神损害。审理法院鉴于已经确认上海移动在本案中并未实施侵权行为,故其无须承担任何法律责任,对童某所称应予赔偿其精神损害的诉讼请求,不予支持。法院裁定驳回童某的再审申请。

(四)评析

本案中,最高人民法院认为,按照一般"谁主张,谁举证"规则,由于童某所提证据不足以证明上海移动对与童某条件相同的交易相对人在交易价格等交易条件上实行了差别待遇。鉴于徐某源的服务合同纠纷案件,本案属于滥用市场支配地位案件,两个案件属不同案由的民事纠纷,徐某源案的调解结果并不能作为本案定案的依据。且上海移动要求实名制登记并缩短号码保留期针对的是所有包括童某在内的条件相同的交易相对人,并非针对童某个人单独提出的交易条件,故法院认定该行为不属于实行差别待遇的垄断行为。至于被控行为是否具有排除、限制竞争效果的问题。上海移动针对特定用户缩短号码保留期,事实上仅影响到相关特定用户的权益,而与

行业内的其他经营者的经营行为无涉，不存在因为上海移动缩短保留期而使其自身增强经营优势、限制其他经营者的经营能力的可能性，更没有影响到市场竞争状况或导致消费者缺乏其他选择，因此，上海移动变更保留期的行为未产生排除、限制竞争的效果。

（五）律师提示

童某的维权意识值得认可。但是，童某选择起诉的案由是滥用市场支配地位案件，不是服务合同纠纷案件，故徐某源案的调解结果并不能作为本案定案的依据，再加上举证不足，导致败诉结果。如果童某选择起诉的案由是服务合同纠纷案件，要求依照《消费者权益保护法》追究上海移动损害消费者权益的责任，则有可能是另外一种诉讼结果。因此，在起诉前，慎重选择诉讼方案非常重要。

# 第四章 中国滥用市场支配地位的特殊问题

## 第一节 公用企业或其他依法具有独占地位经营者滥用市场支配地位问题

### 一、公用企业或其他依法具有独占地位经营者的概念

《禁止公用企业限制竞争行为规定》第 2 条规定:“本规定所称公用企业,是指涉及公用事业的经营者,包括供水、供电、供热、供气、邮政、电信、交通运输等行业的经营者。”

《认定其他具有独占地位经营者问题答复》第 1 条规定:“《反不正当竞争法》第六条规定的‘其他依法具有独占地位的经营者’,是指公用经营者以外的由法律、法规、规章或者其他合法的规范性文件赋予其从事特定商品(包括服务)的独占经营资格的经营者。所谓独占地位,是指经营者的市场准入受到法律、法规、规章或者其他合法的规范性文件的特别限制,该经营者在相关市场上独家经营者没有充分的竞争以及用户或者消费者对其提供的商品具有较强的依赖性的经营地位。”

可见,我国的上述规定已对公用企业和其他依法具有独占地位经营者作出界定。公用企业或其他依法具有独占地位经营者一般都具有自然垄断性、公益性的特征。

## 二、公用企业或其他依法具有独占地位经营者滥用市场支配地位的认定标准

### （一）相关市场的界定

1. 相关产品市场界定

基于公用经营者或其他依法具有独占地位经营者具有自然垄断性的特征，即以管道、网络为经营的基础，或者掌控关键基础设施，公用企业提供的产品多数是关系到国计民生领域的公共产品，用户或者消费者对其提供的产品具有较强的依赖性。例如，供水、供电、供热、供气、邮政、电信、交通运输等行业。由于政府对公用经营者或其他依法具有独占地位经营者的管制性和独占性，一般其相关产品的需求替代性的弹性较小，其相关产品市场界定较容易。

2. 相关地域市场界定

界定地域市场的主要方法是供给替代分析法。供给替代分析法的核心问题是消费者是否愿意从其中一个经营者的服务区域转向另一经营者的服务区域。如果一个地区的消费者可以非常方便地转向另一个地区购买同类产品，则该地区的产品价格会对另一个地区的产品价格产生影响，所以这两个地区就属于同一个地域市场。基于公用企业或其他依法具有独占地位经营者具有自然垄断性的特征，即政府只允许由单一经营者或者少数经营者从事特定商品或者服务的供应，在界定相关地域市场时，还应重点考虑政府的管制性，可以考虑参考政府的行政管制范围来确定相关市场的地域范围。

### （二）行为目的认定（主观）

公用企业或其他依法具有独占地位经营者滥用市场支配地位行为目的与其他经营者滥用市场支配地位行为目的相同，即排除、限制其他经营者竞争，以获取高额垄断利润。实际上，很多公用经营者或其他依法具有独占地位经营者滥用市场支配地位获取高额利润后，通过各种非法方式将部分利润私分给其内部成员，这种行为严重损害了国家利益及社会公众利益。因此，在判断公用企业或其他依法具有独占地位经营者是否具有滥用市场支配地位行为获取高额垄断利润目的时，还应考虑其内部利润分配制度及员工薪酬制度是否合理。

（三）实施了滥用行为（客观）

在认定公用企业或其他依法具有独占地位经营者是否实施了滥用市场支配地位行为时，关键要看其是否真正实施了滥用市场支配地位行为，即行为实际上限制、排除了市场竞争。公用企业或其他依法具有独占地位经营者强制交易、滥收费用、搭售商品、附加不合理交易条件等行为，客观上限制竞争，则视为其实施了滥用市场支配地位行为。因此，要以行为是否限制、排除竞争作为认定公用企业或其他依法具有独占地位经营者是否实施了滥用市场支配地位的依据。

（四）具有反竞争目的或反竞争效果（客体）

在认定公用企业或其他依法具有独占地位经营者是否实施了滥用市场支配地位时，其行为是否具有反竞争目的或反竞争效果也是不容忽视的重要标准。公用企业或其他依法具有独占地位经营者行为是否具有反竞争目的或反竞争效果，要从以下几个方面进行判断：第一，行为是否削减了本应存在竞争；第二，行为是否损害了其他经营者；第三，行为是否损害了消费者的合法权益。因此，当公用企业或其他依法具有独占地位经营者的行为削减了竞争，损害了其他经营者或损害了消费者的合法权益，则应认定该行为具有反竞争目的或反竞争效果。此外，认定公用企业或其他依法具有独占地位经营者是否实施了滥用市场支配地位，还要判定其行为与损害结果之间是否存在因果关系；如果不存在因果关系，则不应认定实施了滥用市场支配地位行为。

（五）市场支配地位认定或推定

《反垄断法》第 18 条规定了认定经营者具有市场支配地位应当依据的六个因素；第 19 条规定了可以推定经营者具有市场支配地位的三种情形。公用企业或其他依法具有独占地位经营者滥用市场支配地位行为的判定标准与一般经营者滥用市场支配地位行为的判定标准有所不同，公用企业或其他依法具有独占地位经营者具有自然垄断的特性，其自成立就拥有优于其他经营者的垄断地位，大多数是国有企业或国有控股企业，所以其市场支配地位相对容易进行认定。随着市场改革的深化，公用企业或其他依法具有独占地位经营者天生的市场支配地位可能会逐渐被削弱，但当前其在相关市场的垄断优势依然存在。因此，在认定公用企业或其他依法具有独占地位经营者是否具有市场支配地位时，一般情况下，如果能够认定其是公用事业的经营者，即可按照《反垄断法》第19条推定其具有市场支配地位。《禁止滥用市场支配地位行为暂行规定》第22条规定，供水、供电、供气、供热、电信、有线电视、邮政、交通运输等公用事业领域经营者应当依法经营，不得滥用其市场支配地位损害消费者利益。

综上所述，对于公用企业或其他依法具有独占地位经营者滥用市场支配地位的定义及认定标准，如表4-1所示。

**表4-1 公用企业或其他依法具有独占地位经营者滥用市场支配地位认定**

| | |
|---|---|
| 定义 | 是指涉及公用企业或其他依法具有独占地位经营者，包括供水、供电、供热、供气、邮政、电信、交通运输等行业的经营者，具有自然垄断性的特征，用户或者消费者对其提供的产品具有较强的依赖性 |
| 产品市场 | 以管道、网络、关键基础设施为经营的基础，多数是关系到国计民生领域的公共产品，供水、供电、供热、供气、邮政、电信、交通运输等行业 |
| 地域市场 | 政府只允许由单一经营者或者少数经营者从事公共商品或者服务的供应。可以考虑以政府的管制范围来确定相关市场的地域范围 |
| 滥用行为目的 | 滥用市场支配地位行为目的与其他经营者滥用市场支配地位行为目的相同，即排除、限制其他经营者竞争，以获取高额垄断利润 |
| 实施滥用行为 | 实施滥用行为限制、排除了市场竞争。例如，强制交易、滥收费用、搭售商品、附加不合理交易条件等行为 |
| 反竞争效果 | 第一，行为是否削减了本应存在市场竞争；第二，行为是否损害了其他经营者；第三，行为是否损害了用户和消费者的合法权益 |
| 认定 | 按照《反垄断法》第17条、第18条规定认定 |
| 推定 | 按照《反垄断法》第19条规定推定 |

## 三、公用企业或其他依法具有独占地位经营者滥用市场支配地位的类型

### （一）强制交易

强制交易，是指公用企业或其他依法具有独占地位经营者以拒绝交易、差别待遇等方式强制或变相强制用户或者消费者购买其指定经营者的产品或服务，以获取高额垄断利润。例如，供气经营者以产品质量不合格或不了解安装技术等为由对用户自行提供的合格燃气灶拒绝供气；以人身财产安全为由强制用户购买其指定经营者的商业保险等。实践中，公用企业或其

他依法具有独占地位经营者强制交易行为是为了排挤竞争对手或巩固垄断地位,以获取更多的垄断利润。强制交易行为会严重损害其他经营者和消费者的合法权益。

（二）滥收费用,搭售或附加不合理条件

滥收费用,是指公用企业或其他依法具有独占地位经营者凭借市场垄断地位向用户收取不合理的费用,以获取高额垄断利润。公用企业或其他依法具有独占地位经营者通常将名目繁多的收费项目与其主营业务捆绑在一起,变相强制用户接受其产品或服务,如供气经营者向用户强制收取气瓶检测费,用户拒绝,则不予供气。相关规定赋予公用企业或其他依法具有独占地位经营者在相关市场的独占地位,其滥用垄断力滥收费用,则会严重损害市场的公平竞争。

（三）差别待遇

差别待遇主要指歧视行为,是指公用企业或其他依法具有独占地位经营者在经营活动中给予具有相同条件的交易对手在价格、质量或其他方面的差别待遇。歧视行为通常以格式合同的形式表现出来。由于公用企业或其他依法具有独占地位经营者在市场中具有垄断地位,且其提供的产品或服务一般是生产生活所必需的,市场中弱势的一方只能无条件接受对自己不利的格式合同或霸王条款。很显然,公用企业或其他依法具有独占地位经营者的歧视行为损害了公平的营商环境和消费者的合法权益。

（四）拒绝交易或者限制交易

拒绝交易,是指公用企业或其他依法具有独占地位经营者没有正当理由拒绝与交易相对人进行交易的行为。公用企业或其他依法具有独占地位经营者向社会提供的产品或服务,事关国计民生,关乎广大经营者和消费者的合法权益。如果公用企业或其他依法具有独占地位经营者拒绝交易,则会严重扰乱其他经营者的正常经营秩序和广大人民群众的正常生活。《禁止公用企业限制竞争行为规定》第4条规定:“公用企业在市场交易中,不得实施下列限制竞争的行为:……（六）对不接受其不合理条件的用户、消费者拒绝、中断或者削减供应相关商品,或者滥收费用;（七）其他限制竞争的行为。”因此,不允许公用企业或其他依法具有独占地位经营者拒绝用户或者消费者正当的邀约,凭借垄断地位抵制交易或者以拒绝交易要挟来实施强制交易。

## 第二节 互联网等新经济业态经营者滥用市场支配地位问题

### 一、互联网等新经济业态经营者相关市场界定

#### (一)相关产品市场界定

网络外部性特征的产生实质上是基于双边市场产品之间的互补性,对双边市场用户采取交叉补贴策略,从而达到收费市场补贴免费市场,实现盈利的目的。这种互补来自网络平台企业内部,是一种非功能性的互补。在界定网络平台企业的相关市场时,如何评价来自网络平台企业之间的竞争以及其与来自不具有网络平台企业特征的传统产业的竞争?是否可以依据传统的相关产品市场界定,从产品的功能、用途、价格、消费偏好等角度出发,判断两者是否属于同一产品市场?不具有网络平台企业特征的实体商家店铺是否与网络经营者构成竞争?网络平台企业特征使市场界定问题变得更加复杂,对相关市场界定分析提出了挑战。随着互联网市场的发展,需要不断改进及创新相关产品市场的界定方法。

#### (二)相关地域市场界定

按照传统理论,相关地域市场,一般是指一种产品与同类产品和替代产品竞争的地理区域。实践中,处在不同地域市场的经营者即使提供相同的产品或者服务也不会产生竞争,所以在界定相关地域市场时主要是考虑该区域内产品或服务的竞争状况,是否有区域以外的经营者能够参与竞争,如果有区域以外的经营者参与竞争,则应该将相关地域市场进行扩大。由于互联网存在虚拟性、网络性等特征,增加了界定互联网经营者相关地域市场的难度。在界定互联网经营者相关地域市场时可以按照产品或服务的消费者所在的地理位置来界定该类产品或服务的地域市场。相关地域市场的界定受到相关产品或服务是否只在互联网上提供的影响。如果相关产品或服务只在互联网上才能获得,则相关地域市场可以只限于互联网本身。如果相关产品或服务既可在互联网上获得,也可以在实体商店获得,则相关地域市场也必须包括实体商店所在的地域。

（三）时间市场对互联网企业支配地位认定的相关性

互联网行业是一个高度动态竞争的行业，而反垄断执法机构使用的反垄断分析的数据却可能是对过去业绩的反映，体现着静态的视角。在认定互联网企业市场支配地位时，时间市场的意义比起其他行业要重要得多。

在网络经济中，面对的是全球的强大对手，竞争空前激烈。互联网产品生命周期迅速缩短，一种产品可能在几天、几个月迅速流行起来，也可能很快消失。在工业经济时代，一个企业从默默无闻到辉煌，再由辉煌到衰败，可能要经历几十年甚至上百年的时间，而在互联网经济时代，这一切可能只需要几年的时间。

技术创新是互联网经济竞争的主要方式与手段，其结果可能是一种技术暂时性地控制整个市场，但是，这种垄断是短期、静态的，尽管这种"短期"可能会持续数年甚至10年之久。但是，创新终将打破这种垄断。

戴维·D.科佩尔在其2001年出版的《微软之后的反垄断政策：数字化时代陈旧的反托拉斯法》一书中提出了"互联网时间"的概念，认为互联网时间中的三个月大约等同于标准时间的一年。因此，互联网企业必须在极短的时间内制订计划、采取行动，否则就有可能被市场淘汰。

## 二、互联网等新经济业态经营者市场支配地位认定

（一）市场支配地位的认定因素

我国《反垄断法》第17条规定，认定经营者具有市场支配地位应当依据的六大因素。第19条规定，可以推定经营者具有市场支配地位的三种情形。实际上，《反垄断法》对经营者市场支配地位认定的上述规定可操作性不强，特别是在认定互联网经营者市场支配地位时更加不具有操作性。互联网经营者有别于传统经营者，按照传统市场份额推定来判断互联网经营者的市场支配地位，可能会导致互联网经营者市场支配地位认定错误。

《禁止滥用市场支配地位行为暂行规定》第11条规定，根据《反垄断法》第18条和该规定第6条至第10条规定认定互联网等新经济业态经营者具有市场支配地位，可以考虑相关行业竞争特点、经营模式、用户数量、网络效应、锁定效应、技术特性、市场创新、掌握和处理相关数据的能力及经营者在关联市场的市场力量等因素。因此，在认定互联网经营者市场支配地位时，不但要考虑市场份额，考虑相关行业竞争特点、经营模式、网络效应、技术特

性、市场创新、掌握相关数据情况及经营者在关联市场的市场力量等。还要考虑市场的双边性、产品的用户数量和黏性、市场准入壁垒、对关键设施的控制能力等因素。只有充分考虑互联网经营者的自身特点,才能准确认定互联网经营者是否具有市场支配地位。

(二)高市场份额并不等于市场支配地位

按照传统的反垄断分析模式,互联网企业非常容易被认定为具有市场支配地位。根据欧盟的判例,一个企业达到49%的市场份额就可能被视为垄断。我国《反垄断法》第19条明确规定,一个经营者在相关市场的市场份额达到1/2,即可推定该经营者具有市场支配地位。根据互联网研究室2010年11月30日发布的《中国互联网行业垄断状况调查及对策研究报告》,2010年第三季度,腾讯在即时通信市场的市场份额达到76.56%,百度在搜索引擎市场的市场份额达到723%,阿里B2B在B2B市场的市场份额达到54.39%,淘宝在C2C市场的市场份额达94.71%,支付宝在第三方网上支付市场的市场份额达到71%。如果仅仅按照市场份额划分,由一两家行业的龙头企业占据互联网细分行业绝大部分市场份额是一种常态,几乎全部达到《反垄断法》对市场支配地位认定的标准。

在互联网新经济条件下,市场份额的意义并没有其在传统经济中那么重要,市场份额与市场势力的关系弱化,高市场份额并不一定代表企业在竞争中占据优势地位,低市场份额也不意味着企业不具有市场支配地位。一些企业虽然在相关市场中的市场份额较低,但是,由于进入市场较早,凭借庞大的用户规模带来的先行优势,其仍可以不受竞争约束来行使垄断势力。因此,在认定市场支配地位时,必须首先考虑企业的先行优势、用户规模和被锁定的程度等因素,在此基础上再考虑市场份额。由此可见,市场份额不再是反垄断分析的万能钥匙。

合理的做法是将市场份额视为界定相关市场支配地位的必要非充分条件,对垄断结构关注度适度降低。从世界各国反垄断法的发展趋势看,市场份额在认定市场支配地位时已逐渐扮演辅助角色,多数情况下,已经无法从高市场份额直接得出具有市场支配地位的结论。

(三)跨界竞争和创新对市场势力的动态影响

跨界竞争和创新因素在互联网新经济下发挥了重要功效,虽然跨界竞争和创新因素不能抹杀市场份额的重要意义,但是,跨界竞争和创新因素在某些领域甚至大于市场份额对市场势力的影响。例如,网络产业中产品的功能具有相近性,百度、谷歌、搜狐、雅虎、搜狗提供的内容几乎相同,一旦其中一家推出新的产品,其他各家便会争相模仿,使原本不存在竞争关系企业之间也发生了跨界竞争关系,2010 年腾讯 QQ 与奇虎 360 的“大战”就是例证。互联网行业是一个竞争压力非常大的行业,也正是源于该行业产品迭代速度快,市场份额在快速变化,仅仅市场份额本身并不能说明企业具有市场势力。或者说,即使能够证明企业现阶段具有一定程度的市场优势地位,由于这种优势地位的易变性,这种份额并不足以让企业为所欲为。只有当企业的市场份额能够导致“在相关市场内具有能够控制商品价格、数量或者其他交易条件,或者能够阻碍、影响其他经营者进入相关市场能力的市场地位”时,才构成市场支配地位。

受高技术、快速创新的影响,某个垄断企业的产品即使占有再大的市场份额都可能是暂时性的,垄断仅仅是技术创新的动态结果,也是新一轮更为激烈的技术创新竞争的开始,瞬息万变的快速创新使企业必须不断加快创新步伐以保持领先优势不被市场淘汰。这种动态创新的特征意味着企业的市场势力不可能仅仅取决于市场份额和市场集中度,不考虑创新影响的市场份额分析会低估互联网企业的市场势力(详见本书第二章第六节,此处不再赘述)。

(四)市场支配地位的核心在于企业对价格的控制能力

市场支配地位的核心是企业对价格的控制能力,即通常所说的价格制定者。控制力越强,市场力量越大。互联网企业即使具有支配地位,企业提高产品价格的能力与传统企业相比仍相对较弱,这是因为互联网企业始终处于强大的竞争压力之下,市场份额的易变性使企业并不能随意提价以免丧失消费者,丢失市场份额。互联网企业相比传统企业对价格的控制能力有所降低,但并不意味着不具有这种能力。

在互联网行业,具有高市场份额的产品对市场产品价格的控制能力具有差异。通常而言,用户黏性大的产品其对市场的控制力更强,反之亦然然。具有同样市场份额的产品对用户和市场的影响是不同的,其市场支配地位的强弱也有差异。因此,在司法实践中定义互联网产品在相关市场是否具有市场支配力时,不仅要认定其市场份额,更需要考虑该产品对用户的黏性,即产品网络效应的强弱,黏性越强的产品其市场控制力越高,产品被替代的可能性越小,市场支配地位也就越巩固。反之,如果旧产品较容易被新产品替代,其市场地位随之发生动态变化,其市场支配地位并不稳定。

互联网企业作为双边市场平台,一边市场收费,另一边市场免费,两边市场互动,交叉补贴,其控制价格的能力往往体现在对消费者数量的控制(黏性),控制消费者能力越强,其市场支配地位愈加稳固。因此,在观察互联网企业对于价格的控制能力时,必然要考量互联网企业对于收费市场的价格控制能力,而不是简单强调对于免费市场的极弱的价格控制能力。

(五)互联网行业的专利布局与市场支配地位

互联网行业是典型的知识型、创新型行业,企业拥有的知识产权数量和质量往往从一定层面反映着企业的市场地位,知识产权竞争也成为互联网企业竞争的方式之一。因此,互联网企业拥有的知识产权数量和质量与市场支配地位之间的关系比起一般的行业更为密切。

企业拥有知识产权并不等于具有市场支配地位。美国在《知识产权反托拉斯指南》中阐明,反托拉斯部门并不假定知识产权产生反托拉斯意义上的市场力量,知识产权作为垄断权本身并不能导致其权利人具有市场力量。

企业拥有专利的多寡与质量的高低确实能够支持企业的竞争优势。在"北京奇虎科技有限公司诉腾讯科技(深圳)有限公司等滥用市场支配地位案"中,奇虎公司就在起诉状中认为腾讯公司"通过专利布局,可有效排除、限制相关市场内的竞争",认为其拥有即时通信领域的诸多排他性专利,不仅可以防止竞争对于模仿者,也可有效威慑意图进入该市场的潜在竞争者。

互联网企业之间的专利布局已经形成"专利丛林",专利诉讼具有牵扯专利数目繁多、企业与企业之间互有专利侵权现象的特点,即你中有我,我中有你,互相纠缠。竞争对手在专利诉讼中多要求竞争性产品禁入市场等特点。拥有核心专利(标准必要专利)可在一段时间内达到排除竞争对手的效果,因此,在认定互联网企业的市场支配地位时,分析其在相关知识产权市场的地位及在市场上的具体行为,可以作为其市场支配地位认定的因素之一。

(六)必需设施原则在互联网市场的运用

2017 年的"美国 HiQ Labs 公司诉领英公司案"中 HiQ Labs 公司(以下简称中 HiQ)是一家为客户提供雇员评估服务的公司,其数据分析业务主要依托于微软旗下的职业社交网站领英公司(以下简称领英)的公开数据,领英一开始允许 HiQ 访问其公开数据,但后来切断了 HiQ 数据访问端口。HiQ 认为,领英的行为违反了“必需设施原则”,该原则禁止具有垄断地位或试图垄断的企业拒绝将其控制的必需设施向其竞争对手开放。

本案中的几个争议焦点如下:(1)领英的数据是否是 HiQ 在数据分析市场开展竞争所必需的条件;(2)相关数据能否被合理复制或替代,包括相关数据属于公开可获取还是封闭的等;(3)拒绝提供数据是否会封锁数据 HiQ 所在的市场,或限制创新产品的研发;(4)提供数据的可行性问题,分析数据收集是否提供合理条件以及是否会对数据持有方的平台运作造成不合理的损害。法院最终支持了 HiQ 有关临时禁令的协议,此案可以为互联网等新业态行业领域认定“必需设施原则”提供借鉴。

### 三、互联网等新经济业态经营者滥用市场支配地位类型

#### (一)垄断价格

垄断价格,是指具有市场支配地位的互联网经营者在销售商品时制定不公平的高价。很显然,垄断价格属于滥用市场支配地位的行为,垄断价格的目的是损害交易对手、为自身谋取高额垄断利润。互联网经营者高价销售行为一般发生在卖方市场,具有市场支配地位的互联网经营者作为卖方时滥用市场支配地位将产品或服务价格定于竞争水平之上。实践中,拥有大规模电信网络资源的互联网骨干网提供商在参与互联网接入服务时,可能利用自身资源优势滥用市场支配地位,以不公平的高价向交易对手提供互联网接入服务。为了维护公平的营商环境,监管层应重点关注此类互联网接入服务提供商。

#### (二)低于成本销售

低于成本销售,是指具有市场支配地位的互联网经营者没有正当理由以低于成本的价格销售商品的行为。根据我国《反垄断法》第 17 条第 1 款第 2 项的规定,具有市场支配地位的经营者没有正当理由以低于成本的价格销售商品属于滥用市场支配地位的行为。低于成本销售是互联网经营者常用的价格策略行为,其目的是增加销售并且减少其竞争对手的销售以将竞争对手排挤出相关市场,独占市场份额,然后再提高市场价格,获取价格垄断利润。具有市场支配地位的互联网经营者采取低于成本销售的措施将竞争对手排挤出相关市场需要一定的时间,其可能在一段时间内出现亏损,所

以此类经营者一般都具有强大的资金实力。

（三）拒绝交易

拒绝交易，是指具有市场支配地位的互联网经营者没有正当理由拒绝与交易相对人进行交易的行为。根据《反垄断法》第17条第1款第3项的规定，具有市场支配地位的经营者没有正当理由拒绝与交易相对人进行交易属于滥用市场支配地位的行为。互联网经营者拒绝交易是其滥用市场支配地位行为的一种典型表现形式。具有市场支配地位的互联网经营者为了维护自身的市场控制力，通常会提高竞争对手的成本或削弱竞争对手满足其商品需求的能力来使竞争对手处于弱势地位。典型的拒绝交易行为是拒绝竞争对手接入必要设施、使竞争对手产品不兼容等。具有必要设施的行业，必要设施的所有者拒绝竞争对手接入其必要设施或者提高竞争对手接入成本以达到限制竞争的目的。

（四）搭售

搭售，是指具有市场支配地位的互联网经营者没有正当理由搭售商品的行为。根据《反垄断法》第17条第1款第5项的规定，具有市场支配地位的经营者没有正当理由搭售商品属于滥用市场支配地位的行为。具有市场支配地位的互联网经营者进行搭售的目的是希望扩大经营者在搭售市场的控制力、以获取更多的市场利润，其方式包括"一揽子"交易、强制综合集成服务等。互联网经营者的搭售行为会严重限制市场竞争。判定是否构成违规搭售，需要考虑搭售行为的正当性以及搭售行为是否会限制市场竞争和消费者的交易自由。

## 第三节　知识产权经营者滥用市场支配地位问题

### 一、市场支配地位与知识产权

2017年1月美国发布的《知识产权许可的反托拉斯指南》指出，市场支配力是指在相当长的时间内能够将价格维持高于或将产量维持低于竞争水平而获利的能力。尽管知识产权权利人赋予某一特定产品、方法或相关作品排他权，但是，通常在市场上有足够的上述产品、方法或作品实际或潜在的替代品阻碍权利人滥用市场支配地位的行为,因此不能推定知识产权必然赋予其权利人拥有市场支配地位。但是,知识产权的确能够帮助权利人获得市场竞争优势,尽管是“仅仅是由优势产品、商业才智或历史偶然性”产生的市场支配地位,市场支配地位可能被非法地获得或维持,或者即使是合法地获得或维持,市场支配力也可能会与知识产权权利人通过与该财产有关的不合理行为来损害竞争的能力相关,仍然有可能赋予权利人滥用市场支配地位的能力,实施排除限制竞争的行为。

## 二、认定市场支配地位的法律依据、因素和标准

### (一)知识产权经营者市场支配地位认定因素

认定市场支配地位可以根据《反垄断法》第 18 条和第 19 条的规定进行认定和推定。《禁止滥用市场支配地位行为暂行规定》第 12 条规定,根据《反垄断法》第 18 条和该规定第 6 条至第 10 条认定知识产权经营者具有市场支配地位,可以考虑知识产权的替代性、下游市场对利用知识产权所提供商品的依赖程度、交易相对人对经营者的制衡能力等因素。经营者拥有知识产权可以构成认定其市场支配地位的因素之一,但是,知识产权本身并不等于市场支配地位,不能仅根据经营者拥有知识产权就直接推定其在相关市场上具有市场支配地位。

### (二)知识产权经营者市场支配地位认定标准

在以知识产权为标的经营者集中分析中,欧盟已经从旧的“市场支配地位”标准转向新的“严重妨碍有效竞争”标准,与美国的“实质性减少竞争”标准基本趋同。在确定知识产权经营者的市场支配地位时,应重点考察市场份额、市场集中度、进入市场的难易程度,此外也应根据知识产权的特点考察产业惯例与产业的发展阶段,知识产权权利人在产量、区域、消费者等方面进行限制的时间和效力范围,知识产权对促进创新和技术推广的影响,经营者的创新能力和技术变化的速度等因素。还应当考虑相关技术(标准)替代性、技术(标准)更新、标准制定及研发情况等。

## 三、市场份额与市场支配地位

### (一)美国对市场支配地位认定

知识产权物化为产品后,确实有可能帮助权利人获得市场支配地位。

确定市场支配地位主要依据市场结构判断,如果经营者的知识产权产品在特定市场上占有相当大的市场份额,该经营者就具有市场支配地位。按照美国现行做法,若经营者在相关市场上占有的份额达到75%甚至更多,则将被认为可能具有市场支配地位;市场份额介于50% ~75%时,是否享有市场支配地位还有待其他证据予以证明,如竞争对手市场份额、潜在竞争者进入等;若市场份额小于50%,则一般认为不具有市场支配地位。

(二)欧盟对市场支配地位认定

在欧洲,即使市场份额不足50%时,也可能具有市场支配地位。此时,法院将会审查市场上竞争对手的市场份额,并进行比较,同时考虑市场进入的门槛。例如,“联合商标案”中,涉嫌经营者具有40% ~45%的市场份额,而与其最接近的竞争对手的市场份额为16%,悬殊颇大,因而,前者被认定为具有市场支配地位。

## 第四节　行业协会滥用市场支配地位问题

### 一、行业协会的界定

我国《反垄断法》没有对行业协会作出具体的界定,但《行业协会价格行为指南》第1条规定:“行业协会一般是指由同业经济组织和个人(以下简称会员)组成,实行行业服务和自律管理,在县级以上人民政府社团登记管理机关依法登记的社团法人。以‘学会’、‘商会’、‘同业公会’、‘联合会’、‘促进会’、‘联盟’等名称命名,符合上述定义的社团法人,属于本指南所称的行业协会。”可以说我国的行业协会是由同业经济组织和个人自发组成,为协会成员提供行业服务的自律性、非政府性的社会团体组织。在管理上中国的行业协会是需要在县级以上人民政府社团登记管理机关依法登记的社会团体组织。

国家市场监督管理总局发布的《禁止垄断协议暂行规定》第14条规定,禁止行业协会从事下列行为:(1)制定、发布含有排除、限制竞争内容的行业协会章程、规则、决定、通知、标准等;(2)召集、组织或者推动本行业的经营者达成含有排除、限制竞争内容的协议、决议、纪要、备忘录等;(3)其他组织本行业经营者达成或者实施垄断协议的行为。

## 二、行业协会标准认证行为

行业协会在行业信息收集及专业方面具有天然的优势，所以其承担了更多的标准化和认证的职能。随着市场经济的发展和科学技术的进步，推行标准化和认证制度具有提高经营者运行效率、提升产品和服务质量、推动社会进步的积极功能，在当今市场竞争中起到重要的作用。为了实现商业利益最大化，行业协会可能会通过滥用标准化和认证权，以达到排除、限制市场自由竞争的目的。

## 三、行业协会价格卡特尔行为

行业协会价格卡特尔行为，是指行业协会组织本行业的经营者在价格的确定和调整过程中相互协调而采取的共同行为。[1] 根据我国《价格法》第 14 条的规定，"相互串通，操纵市场价格，损害其他经营者或者消费者的合法权益"的价格卡特尔行为属于不正当价格行为，即属于违法行为。价格卡特尔行为的主要表现形式为统一固定和变更价格、固定最低价格和最高价格。《反垄断法》第 46 条第 3 款规定："行业协会违反本法规定，组织本行业的经营者达成垄断协议的，反垄断执法机构可以处五十万元以下的罚款；情节严重的，社会团体登记管理机关可以依法撤销登记。"可见，行业协会价格卡特尔行为情节严重的，登记管理机关可对其作出撤销登记的处罚。

## 四、行业协会交换信息行为

在现代市场经济中，组织交换行业信息是行业协会的一项重要功能。在行业协会内部交换的信息主要是行业内的重要信息，关系到行业协会成员的切身利益。行业协会成员可利用交换信息迅速调整商业决策，以获取更多的市场份额或减少经营损失。行业协会交换信息行为一般不会产生排除、限制竞争的效果，属于合法的协会自治行为，但交换信息行为限制了行业产品及服务供应和价格的自动调整，则构成垄断行为。

---

〔1〕 参见鲁篱：《我国行业协会价格卡特尔的法律规制》，载《西南民族大学学报》（人文社科版）2007 年第 195 期。

### 五、行业协会会员资格管理行为

自行业协会成立之时行业协会就设定了会员入会的资格。同时行业协会为维护协会利益及全体会员整体利益，依据行业协会内部规定对协会会员进行必要的管理。行业协会在行使管理会员资格职权时为了行业协会的自身利益(含既得利益)，可能会拒绝一些具有入会资格的同业经营者加入行业协会或者无故将部分会员除名。可见，行业协会管理会员资格采取的措施有两种：第一种是限制同业经营者入会；第二种是取消会员资格。行业协会滥用上述措施已涉嫌限制同业经营者的竞争。

### 六、行业协会集体抵制行为

集体抵制行为，是指行业协会召集协会成员共同排挤竞争对手的行为。具体而言，是指在某一行业中与行业协会成员处于同一水平线上的竞争者在未违反任何法律规定的前提下，行业协会的集体抵制行为直接或间接导致该竞争者处在竞争中的不利地位，该竞争者的经营收入亦相应减少或者成本相应增加，因此，行业协会没有任何法律依据的集体抵制行为属于限制竞争的行为。行业协会集体抵制行为通常分为横向集体抵制行为和纵向集体抵制行为。

## 第五节　零售商对供应商的市场优势地位问题

### 一、市场优势地位概述

#### (一)市场优势地位的概念

所谓市场优势地位，通常是指市场中不具有绝对优势地位的经营者，在特殊情况下，对于依赖其进行交易的相对人具有类似于垄断经营者的支配性影响力，因此该经营者对于依赖其生存的经营者就具有“相对”的强势地位。

#### (二)市场优势地位的法律概念

市场优势地位的基础是“依赖性理论”，即某一个或多个经营者对另一个经营者存在“依赖关系”，如果该另一个经营者突然断绝与之的交易关系，该一个或多个经营者将由于没有足够且合理的选择转向与其他经营者交易，从而不得不接受该另一个经营者提出的各种不合理的交易条件。“依赖性理论”基于其形成依赖原因的不同，又可以分为基于供求关系倾斜形成的依赖、基于专属性投资形成的依赖以及基于必需设备形成的依赖三种。

一般情况下，具有市场优势地位经营者与其他同业竞争对手相比较，未必当然具有市场支配地位，因此，市场优势地位不等同于市场支配地位，仅仅是相对于交易对方，其具有市场优势地位，所以，其市场优势地位对比交易对方具有“相对性”。

## 二、零售商对供应商的相对市场优势地位

在互联网电商崛起之前，供应商并没有其他直接商品流通渠道，只能利用有限的渠道（零售商、批发商、中间商等）推广与销售产品。同时，零售商处于商品流通的末端，直接面对消费者，对市场及其变化的把握处于最有利的位置，在改革开放之后，获得了极快的发展，成为供应商最直接的分销商品的途径；零售商也通过终端优势和买方市场的特点，利用零售的规模和成本优势抢占消费市场，挤压中小零售商及普通商铺生存空间，进一步通过优胜劣汰逼走弱势竞争者，形成品牌优势，加剧了供应商对零售商掌握的商品销售渠道的依赖，逐步形成零售商对供应商的相对优势地位。

零售商在与供应商关系之间形成了相对市场优势地位之后，就可能滥用相对市场优势地位，在制定格式合同中，加入自己享有较多权利、使对方承担较多义务和责任的合同条款，向供应商收取各种类型的进场费，有损公平交易秩序和社会公共利益。订立购销合同，却在购销合同中让自己仅履行代理的合同义务，享受购销合同的权利，将生产经营成本及经营风险转嫁给供应商承担，供应商承担成本之后，将此计入商品的生产成本之中，最终转嫁给消费者，形成零售商享受无风险利益，增加了商品流通成本，损害了消费者的利益。

## 三、零售商滥用市场优势地位的情形

### （一）零售商在供应商没有过错的情况下，拒绝接收商品或退货

零售商根据市场的需求销售产品，在下达订单之后，市场环境可能发

生变化而影响产品的销售，或零售商对市场判断失误等原因，造成商品的挤压，增加零售商的资金风险和销售风险。零售商便会利用市场优势地位，拒绝接收商品或要求供应商进行退货，将商品的市场风险转嫁给供应商。

（二）零售商要求供应商承担事先未约定的商品损耗责任

损耗是零售商在销售商品过程中，商品出现的遗失、被盗、损毁等情形的统称。零售商的格式合同中，不区分双方的法律关系，也无论商品损耗产生的原因，都会利用相对优势地位，要求供应商承担商品损耗，但这不符合商事公平交易原则。在购销合同中，货物交付之后，在商品销售环节产生损耗，与供应商没有任何关系，要求供应商承担，明显是零售商转移经营风险的一种，与买卖合同的法律关系的性质不符。

（三）在供应商无过错的情况下，零售商将供应商的商品下架或撤柜

事先未约定或者不符合事先约定的商品下架或撤柜的条件，零售商无正当理由将供应商所供货物下架或撤柜，是一种滥用行为。但是，零售商根据法律法规或行政机关依法作出的行政决定将供应商所供货物下架、撤柜的除外。

（四）零售商收取无条件返利

返利，是指供应商将自己的部分利润返还给零售商，其设立的初衷是激励零售商提升销售业绩，在销售商品时投入更多的资源。如果在买卖合同关系中，不设置给予返利的条件，返利将变成零售商固定的利润来源，而不是将返利作为鼓励零售商投入销售资源的手段，零售商享有了商品销售带来的利润，又享有返利，会推高物价，最终损失消费者利益。同时，根据《反不正当竞争法》的规定，也可能涉嫌商业行贿。

（五）强迫供应商购买指定的商品或接受指定的服务

零售商在与供应商合作的过程中，为了获得更多的利益，会将自己销售商品过程中的某一环节进行拆分，如商品的配送，在买卖合同关系中，商品交付之后，所有权转移，销售商品的成本应当由零售商承担，但零售商在物流中心收取货物之后，便要求供应商承担配送至下属各个购物广场的运输成本，或购买零售商的配送服务。

## 四、对市场优势地位的零售商的反制

### (一)中国对市场优势地位的零售商的反制的现状

中国目前对零售商与供应商的交易行为并没有系统的法律进行规范，而是散见于其他部门法之中,《反不正当竞争法》《价格法》及其他法规规章、地方性法规中,缺乏反垄断法的结构支撑,没有完整立法结构体系、原则和协调的保护目标。

1.《反垄断法》

《反垄断法》只对经营者滥用市场支配地位的行为作出限定,并未对“滥用优势地位的行为”作出规定,具有高度的抽象性;且虽然零售商与同业竞争者相比,也许在市场份额方面并不占绝对优势,对市场的控制也没有达到市场的支配地位,但在与交易对方(供应商、消费者)进行交易时却表现出一定的市场优势地位,使其在具体的交易中居于有利的地位甚至决定交易的内容,深圳市福田区人民法院在对深圳地区的零售商与供应商的调研报告中也据此观点。这也造成在行政执法或司法过程中,往往无法对零售商滥用相对优势地位的行为进行处理。同时,也没有明确规定具体由哪个部门负责反垄断执法工作,造成零售商不知向哪个行政机关投诉。

2.《零售商供应商公平交易管理办法》

2006 年 10 月 12 日,商务部、国家发展和改革委员会、公安部、国家税务总局、国家工商行政管理总局(已撤销)为规范零售商与供应商的交易行为，维护公平、公正的市场交易秩序,促进零售商与供应商平等合作、共同发展，共同出台了《零售商供应商公平交易管理办法》,规定了五种违规行为:(1)与供应商签订特定商品的供货合同,双方就商品的特定规格、型号、款式等达成一致后,又拒绝接收该商品。但具有可归责于供应商的事由,或经供应商同意、零售商负责承担由此产生的损失的除外。(2)要求供应商承担事先未约定的商品损耗责任。(3)事先未约定或者不符合事先约定的商品下架或撤柜的条件,零售商无正当理由将供应商所供货物下架或撤柜的;但是零售商根据法律法规或行政机关依法作出的行政决定将供应商所供货物下架、撤柜的除外。(4)强迫供应商无条件销售返利,或者约定以一定销售额为销售返利前提,未完成约定销售额却向供应商收取返利的。(5)强迫供应商购买指定的商品或接受指定的服务。

虽然《零售商供应商公平交易管理办法》对零售商的行为作出反制，明确零售商不得利用优势地位从事相关违法行为，但市场监管部门往往在接到举报后对零售商进行查处，因对零售商处罚的力度太低，零售商的违法成本远远小于利用市场优势地位而获得的利益，对零售商的约束力不大；在司法上，上述管理办法因属于部门规章，法律效力等级太低，在法院审理零售商与供应商纠纷之中往往无法被直接适用，供应商的利益较难得到维护。这两方面原因使《零售商供应商公平交易管理办法》反制力度有限，地位比较尴尬。

（二）加快完善中国公平交易的法律体系，维护消费者切身利益

1. 加快完善相关公平交易的立法工作

目前零售商利用市场相对优势地位，将自身的经营成本转移给供应商承担，供应商为了盈利，只能提高商品的售价，最终损害社会的公共利益。除了 2019 年修正的《反不正当竞争法》，笔者认为还应进一步完善《反垄断法》，将《零售商供应商公平交易管理办法》上升为条例，对滥用相对优势行为进行专门规定。

2. 在立法时，调整零售商与供应商的合作关系，使双方到达双赢的状态

目前零售商与供应商的合作模式区分为购销模式为买卖合同关系，代销模式为行纪合同关系，以及租赁合同关系。购销模式，零售商加大产品的推广与销售，必定也为供应商带来了巨大的利益，相当于零售商帮助供应商抢占市场份额，让供应商承担部分非零售商销售成本的销售产品推广费用，有其合理之处；代销模式，零售商无法销售完毕货物，要求供应商退回货物，也有其合理之处。因此，在立法上，应根据零售商与供应商的法律关系，严格区分零售商的行为及收费是否合理，是否符合双方法律关系的特征。

（三）明确法律责任，加重违法成本，切实维护消费者利益

借鉴国外反垄断执法机构的设置，建立高效、独立、专业和权威的执法体系，保证反垄断工作的顺利开展，维护公平的竞争秩序。加重违法成本，在反制滥用相对优势地位的行为时，应兼有行政责任、民事责任和刑事责任的综合性法律责任体系，促使经营者谨慎行事，时刻遵守法律的规定。

## 第六节　跨国公司在中国滥用市场支配地位问题

### 一、跨国公司在中国滥用市场支配地位的类型

（一）掠夺性定价

掠夺性定价，是指在中国占有一定的市场支配地位的跨国公司，其具有资金实力雄厚、生产规模大、分散经营能力强等竞争优势，暂时将价格降至竞争对手平均成本价之下，将实力不够的竞争对手排挤出市场或阻止竞争对手进入市场，其在达到目的后，形成独占市场的地位，再提高销售价格，获得更高的利益。[1] 掠夺性定价是反垄断法所禁止的滥用市场支配地位行为的一种重要且典型的表现形式，是一种严重危害市场竞争的行为，会给同类经营者造成实质性损害或者损害威胁，阻碍或威胁竞争对手的建立、生存和发展。在建立独占市场地位后，大幅度提高商品价格，最终损害消费者的利益。

（二）垄断高价

垄断高价，是指跨国公司在具有市场支配地位的情况下，将自己的产品定价很高，是对交易相对方进行剥削的行为，最终损害消费者的利益，因而也成为各国反垄断法所反制的对象。但为了不引起消费者的不满，遵守各国法垄断法的规则，防止中小经营者的竞争，跨国公司有时也将价格定期进行调整。

（三）拒绝交易

拒绝交易又称“瓶颈”垄断，是指具有市场支配地位的跨国公司没有正当理由，且在交易相对方不存在不正当行为的情况下，仅是为了维持转售价格或其他不正当限制竞争，拒绝与其交易相对人进行交易、提供服务，或限制交易数量与范围等的行为。

（四）捆绑式销售

捆绑式销售，是指跨国公司利用市场的优势地位，违背交易相对方的真

---

[1] 参见周昀：《试论滥用市场支配地位行为的禁止制度》，载《中国社会科学院研究院学报》2007年第3期。

实意愿,将两种或两种以上产品捆绑成一种产品进行销售,或者附加其他不合理的条件的行为,以致交易相对方必须支付不必要的对价。搭售是滥用市场支配地位的重要形式,它不仅排除同类型商品提供者的公平竞争,而且限制了消费者的自由选择权,存在损害消费者利益的情形。

(五)价格歧视

价格歧视也称为歧视性定价,实质上是一种价格差异,经营者在接受或提供商品或服务时,在接受或提供相同等级、相同质量的商品或服务时,对不同的客户实行不同的销售价格或收费标准。它也是跨国公司实施滥用市场支配地位的一种常见形式。价格歧视使具备相同等级、相同质量的商品或服务的经营者,不能获得公平公正的交易机会,阻碍了制造商、服务提供者进入市场,遏制了商品或服务的创新。

(六)独占交易

独占交易,是指具有市场支配地位的跨国公司未获得有利的竞争地位,要求销售商或经销商只能销售或经销其产品,而禁止销售商或经销商销售或经销其公司的产品。

## 二、跨国公司在中国市场的分销行为的反垄断反制

(一)维持转售价格

维持转售价格,又称控制转售价格、纵向价格限制,是指处于上游环节的生产商或供应商在将产品销售给下游环节的销售商时,通过协议对下游环节的销售商的转售价格进行控制。转售价格维持被认定为违法是因为上游环节的生产商或供应商限制了下游销售商的处分权,限制处分权被认定违法,限制下游环节的竞争。但芝加哥学派学者特尔赛在1960年发表的文章认为转售价格维持行为存在内在的合理性,对建立商品销售网、稳定商品定价有促进竞争的效果,防止双重加价;可防止服务和信誉的搭便车现象;可避免下游环节销售商不当的竞争行为,损耗经营者的形象。然而,在现实的销售中,往往都达不到理论的效果,反而产生很大的负面效果,限制竞争,损害消费者利益。因此,维持转售价格成为反垄断法中最具有争议的一种纵向限制。

跨国公司在销售中国市场的产品时,也会采取维持转售价格,限制下游环节的竞争,维护品牌的形象。因此,我国《反垄断法》第14条规定,禁止经

营者与交易相对人达成转售价格维持协议，但同时又考虑到转售价格维持的益处，在《反垄断法》第 15 条中规定，在满足一定条件下，可以达成转售价格维持协议。设定的条件分别为：(1)必须产生效率；(2)消费者必须能够公平分享到这些效率；(3)不会严重限制相关市场的竞争。但未明确司法实践中的举证责任，而下游环节经营者在诉讼活动中，往往无法举证证明上游经营者跨国公司具有市场垄断地位。

(二)代理协议

代理协议，是指代理人以本人或被代理人的名义，为本人销售、购买商品或提供服务而订立的合同。在商业上的代理协议是指在规定的地区和期限内，将商品购买或销售交由国外客户代销的一种贸易方式，被跨国公司在中国市场上广泛应用，但商业上的代理协议中，代理商被要求承担与销售合同商品相关的财务或商业风险，超出原本代理协议的性质，如提前支付货款、承担商品的推广费用等。因此，商业代理协议有可能被认定为《反垄断法》第 14 条所调整的纵向垄断协议，但我国的《反垄断法》未能对是否是真实的代理协议做出评判标准。

我国的立法机构可以借鉴《欧盟运行条约》第 102 条[1]和《欧盟纵向限制指南》(“概括禁止 + 个案豁免”)的相关规定，罗列代理协议具体的情形，指出代理协议中商品销售风险应当由本人承担，强调代理人在从事代理事物时的独立性，防止代理协议促进共谋，损害公平交易秩序。

(三)排他购买、排他分销、选择性分销

1. 排他购买

排他购买，是指购买商被要求仅从或主要从一个或指定几个供应商处购买相关产品。排他购买可以排挤竞争者，有效解决供应商之间的“搭便车”、资本市场不完善等问题，但排他购买造成可选择性品牌减少，排斥品牌之间的竞争，剥夺消费者的选择权，损害消费者利益。

2. 排他分销

排他分销又称独家销售，是指在特定的区域内，供应商与销售商达成协议，由唯一的一个分销商在特定的区域内销售其产品。排他分销可以提高

[1] 自 2009 年 12 月 1 日起，《欧共体条约》第 81 条、第 82 条分别成为《欧盟运行条约》第 101 条、第 102 条。该两套条款本质上是相同的。

分销的效率,分销商在各自的销售区域内投入更多的资源推广产品、维护产品形象,并通过提供服务获得持续经营的效果。但同时,排他分销也排斥其他分销商,造成品牌内的竞争减少和分销商分割市场,形成价格歧视。

3. 选择性分销

选择性分销,是指供应商在特定的区域内按一定条件选择有限数量的分销商销售其产品或提供其服务。选择性分销中的分销商通常由有实力的分销商组成,供应商通过选择性分销可以有效维护其品牌信誉,建立稳定的市场和竞争优势,通常被用于品牌或奢侈品的零售行业当中。但选择性分销的弊端是将造成品牌内的竞争减少,使分销商之间形成共谋,导致消费者无法充分了解产品的信息、广泛的接触产品以及享受分销商之间的竞争的实惠。

排他购买、排他分销、选择性分销都是供应商与销售商之间达成纵向垄断协议,在销售体制之内,减少、排斥、限制品牌之间的竞争、减少品牌内部的竞争,中国的《反垄断法》及其他的法律法规都没有对排他购买、排他分销、选择性分销做出规定,存在立法漏洞,中国立法可以借鉴《欧盟纵向限制集体豁免条例》《欧盟运行条约》对排他购买、排他分销、选择性分销的界定及法律约束。

## 第七节 案例评析

### 一、杨某某诉中国电信股份有限公司、中国电信股份有限公司上海分公司滥用市场支配地位案

(一)当事人

原告:杨某某

被告:中国电信股份有限公司、中国电信股份有限公司上海分公司

(二)案情简介

2013 年 11 月 26 日,上海市第一中级人民法院受理了原告杨某某诉被告中国电信股份有限公司、中国电信股份有限公司上海分公司(以下简称中国电信上海分公司)滥用市场支配地位纠纷一案,于 2014 年 10 月 13 日、

2015年3月16日两次进行了公开开庭审理。

原告认为,被告在残疾人宽带“优惠项目”“月租费”“过秒进分”计费方式、网络流量计费方式、价格双轨制、限制互联互通等项目上,构成滥用市场支配地位的垄断行为,诉请法院判令被告中国电信上海分公司停止实施滥用市场支配地位的行为,返回多收费用,免除欠费等。

被告认为,原告主体与本案的部分诉请无直接利害关系。原告有条件选择其他运营商提供服务,被告提供的残疾人宽带优惠项目活动不违法。被告收取费用均有国家有关部委文件作为依据,对公众客户和政企客户定价不同是因为提供的通信服务和通信保障方面存在区别。不能实现互联互通是网络制式上存在差别。

(三)法院审理

本案争议焦点主要有两个方面:(1)原告是否系本案部分诉讼请求的适格原告、其与本案的部分诉讼请求是否具有利害关系;(2)被告中国电信上海分公司实施的其余被控行为是否构成滥用市场支配地位。

1. 原告是否系本案部分诉讼请求的适格原告

根据《民事诉讼法》第119条的规定,原告与本案有直接利害关系是起诉必须符合的条件。本案中,原告认为通过使用被告的无线终端上网时,并不需要进行注册登记,而被告认为所有的网络用户都需要实名注册登记。原告虽提供了一个无线终端上网设备,但仅凭该终端设备并不能享受被告提供的网络服务,原告并未进一步提供证据证明其是被告网络服务的客户,故法院难以认定被告有关网络服务的行为与原告存在直接利害关系,关于被告网络流量的计费方式是否合理,以及无线终端上网设备不能实现互联互通是否构成滥用市场支配地位,本案原告并非适格原告。

《垄断纠纷司法解释》第1条规定,“本规定所称因垄断行为引发的民事纠纷案件,是指因垄断行为受到损失以及因合同内容、行业协会的章程等违反反垄断法而发生争议的自然人、法人或者其他组织,向人民法院提起的民事诉讼案件”。被告对住宅和办公的电信资费标准存在差异,本案各方当事人都确认被告在办公的资费标准上要高于住宅,原告以自然人的身份起诉,该资费标准的差异并未对原告的利益造成损害,其与相关之诉并无直接利害关系,亦不属于适格原告。

2. 被告中国电信上海分公司的其余被控行为是否构成滥用市场支配地位

(1)关于被告中国电信上海分公司实施有关残疾人宽带优惠项目活动的价格高于其他运营商的非优惠项目价格的行为是否构成滥用市场支配地位。

首先,被告中国电信上海分公司开展的有关残疾人宽带优惠项目活动并非正常的收费项目,而是对特殊人群的优惠项目,被告开展的上述优惠项目活动并不属于反垄断法的调整范围。其次,《反垄断法》第 17 条规定,"市场支配地位,是指经营者在相关市场内具有能够控制商品价格、数量或者其他交易条件,或者能够阻碍、影响其他经营者进入相关市场能力的市场地位"。本案中,在原告居住的小区内有其他运营商提供网络服务,且其他运营商的价格低于被告的价格,原告有自主选择其他网络运营商的条件和机会,被告并无在相关市场上控制商品价格的能力,故不具备垄断高价的前提。

(2)关于被告中国电信上海分公司收取电话月租费、停机保号费的行为,以及采取的通话计费单元是否构成滥用市场支配地位。

法院认为,尽管在诉讼中,国家出台文件放开了各类电信业务资费,但目前尚未有证据证明 2014 年 5 月 10 日至今,电信服务市场发生了明显的变化,导致相关的收费项目应予取消,以及有关的计费标准应予变更。原告有关收费项目和计费标准构成滥用市场支配地位的主张,亦难以支持。最终,法院判决驳回原告杨某某的全部诉讼请求。

(四)评析

上海市第一中级人民法院认为:"本案原告提起诉讼体现了一定的公益精神,但自然人并非民事诉讼法规定的有关公益诉讼的适格原告。原告在本案中的部分诉讼请求与其并无直接利害关系,并非相关诉请的适格原告。原告的其余诉请缺乏事实和法律依据,不能得到法律上的支持。由于原告主张被告滥用市场支配地位的诉请不能成立,其有关返还费用、免除费用,以及赔偿合理支出的诉请亦无法律依据,法院不予支持。"

原告的一部分诉讼请求与被告没有直接利害关系,是代表电信服务市场中广大消费者利益的,虽然具有一定的反垄断民事公益诉讼性质,但是,根据《民事诉讼法》第 55 条的规定:"对污染环境、侵害众多消费者合法权益等损害社会公共利益的行为,法律规定的机关和有关组织可以向人民法院提起诉讼。”因此,原告不是代表广大消费者利益的适格主体,不符合《民事诉讼法》第 119 条规定的原告与被告有直接利害关系的起诉条件,导致其在程序法上败诉。

我国民事诉讼的一般举证原则是“谁主张,谁举证”,《垄断纠纷司法解释》第 8 条规定:“被诉垄断行为属于《反垄断法》第十七条第一款规定的滥用市场支配地位的,原告应当对被告在相关市场内具有支配地位和其滥用市场支配地位承担举证责任。被告以其行为具有正当性为由进行抗辩的,应当承担举证责任。”本案中,原告指控被告实施滥用市场支配地位的行为,需要举证证明相关市场范围,需要证明被告具有市场支配地位,还需要证明被告实施了滥用市场支配地位的行为,甚至需要提供被告涉案行为严重损害市场竞争的证据。这对处于弱势的原告而言,举证负担过重。由于原告不能举证,导致其承担举证不能的不利后果,在反垄断实体法上败诉。

(五)律师提示

处于相对弱势的残疾人杨某某敢于起诉强势的中国电信集团,勇气可嘉。但其维权策略欠妥,结果惜败。目前,在反垄断民事诉讼中严格要求主体适格、“谁主张,谁举证”的大环境下,仅凭原告一己之力,收集证据以充分证明被告滥用市场地位的行为,确有极大困难。从以往的滥用市场支配地位案例看,原告的败诉率极高。我国法律规定,消费者维权可以选择多种方式,对于处于弱势一方,投诉举报至主管机关和反垄断执法机构,不失为一种消费维权方式选择。

关于反垄断民事公益诉讼。杨某某并非符合《民事诉讼法》规定的有关公益诉讼的适格原告,不能代表广大消费者提起反垄断民事公益诉讼。目前,我国暂时还没有出台关于反垄断民事公益诉讼相关司法解释。《环境公益诉讼司法解释》第 2 条规定:“依照法律、法规的规定,在设区的市级以上人民政府民政部门登记的社会团体、民办非企业单位以及基金会等,可以认定为环境保护法第五十八条规定的社会组织。”第 11 条规定:“检察机关、负有环境保护监督管理职责的部门及其他机关、社会组织、企事业单位依据民事诉讼法第十五条的规定,可以通过提供法律咨询、提交书面意见、协助调查取证等方式支持社会组织依法提起环境民事公益诉讼。”既然环境民事公益诉讼司法解释已经出台,估计不远的将来,将会有反垄断民事公益诉讼的相关司法解释出台,届时,将会开辟反垄断民事公益诉讼新格局。

## 二、吴某某诉陕西广电传媒(集团)股份有限公司搭售案

(一)当事人

原告:吴某某

被告:陕西广电网络传媒(集团)股份有限公司

(二)案情简介

2012年5月10日,吴某某前往陕西广电网络传媒(集团)股份有限公司(以下简称广电网络)缴纳数字电视基本收视维护费。广电网络告知吴某某数字电视基本收视维护费每月最低标准已由25元上调至30元,每次最少缴纳一个季度。吴某某遂按广电网络的要求缴纳了90元,其中数字电视基本收视维护费75元、数字电视节目费15元。之后,吴某某通过广电网络客服中心获悉,节目升级增加了不同的收费节目,最低套餐基本收视费为每年360元。有线电视基本收视维护费实行政府定价,收费标准由价格主管部门制定,付费频道供用户自由选择。陕西省物价局规定,数字电视基本收视维护费收费标准为:以居民用户收看一台电视机使用一个接收终端为计费单位,城市居民用户每户终端每月25元。广电网络是经陕西省政府批准、陕西境内唯一合法经营有线电视传输业务的经营者和唯一电视节目集中播控者。吴某某认为,广电网络在陕西省境内数字电视市场具有支配地位,其收取电视的数字电视节目费的行为违反了中国反垄断法的规定,故诉至法院,请求判令:(1)确认被告收取原告数字电视节目费的行为无效;(2)被告返还原告15元。广电网络辩称:(1)吴某某诉讼主体不适格;(2)广电网络提供的节目套餐实质上是同一商品的不同数量组合,不属于搭售商品。

(三)法院审理

1.本案争议焦点一:本案的关键在于吴某某是否与本案有直接利害关系,以及本案是否属于法院受理民事诉讼的范围和受诉法院管辖。对此承办法官认为:

(1)吴某某与本案具有直接利害关系。我国反垄断法规定,经营者实施垄断行为,给他人造成损失的,依法承担民事责任。根据《垄断纠纷司法解释》第1条的规定,在垄断民事纠纷案件中,原告因垄断行为受到损失,或者因合同内容、行业协会的章程等违反反垄断法而发生争议,可以向法院提起民事诉讼。吴某某作为广电网络的数字电视用户,向广电网络缴纳了服务

费用,足以认定其与广电网络达成了数字电视服务合同,双方就该合同中的数字电视节目费部分是否违反了反垄断法发生争议,即吴某某与本案具有直接利害关系。

(2)本案属于法院受理民事诉讼的范围和受诉法院管辖。《垄断纠纷司法解释》第2条规定:“原告直接向人民法院提起民事诉讼,或者在反垄断执法机构认定构成垄断行为的处理决定发生法律效力后向人民法院提起民事诉讼,并符合法律规定的其他受理条件的,人民法院应当受理。”可见,我国反垄断法以及司法解释确立了民事诉讼和行政执法两条独立的反垄断执法途径,当事人可以就垄断纠纷案件直接向法院提起诉讼,法院不仅拥有判令垄断行为人赔偿受害人损失的职权,亦具有确认被诉垄断行为是否违法的职权。故吴某某请求确认诉争之数字电视服务合同中的数字电视节目费部分因违反反垄断法而无效,属于法院的受理范围。

2. 本案争议焦点二:广电网络的行为是否构成搭售或者附加其他不合理交易条件。承办法官从以下四方面进行了分析:

(1)相关市场的界定。相关市场,是指经营者在一定时期内就特定商品或者服务进行竞争的商品范围和地域范围。确定相关市场需要考虑商品和地区两个核心要素,本案被诉垄断行为的相关服务市场是有线电视传输服务市场,地域范围是陕西省境内。

(2)市场支配地位的认定。市场支配地位,是指经营者在相关市场内具有能够控制商品价格、数量或者其他交易条件,或者能够阻碍、影响其他经营者进入相关市场能力的市场地位。因有线电视传输服务市场实行省级专营,市场进入本身障碍很大,广电网络作为陕西省境内唯一合法经营有线电视传输业务的经营者和电视节目集中播控者,当前,在陕西省境内的有线电视传输服务市场上占有100%的份额;加之有线电视传输服务需要建立大规模的传输网络,投入成本较高,故广电网络在陕西省境内的有线电视传输服务市场上占有支配地位。

(3)滥用市场支配地位的判定。收看基本收视节目属于基本消费范畴,而收看增值业务付费节目则属于基本消费之外的范畴。二者在形式上看均为电视节目,但属于两个各自独立的产品,可以分别消费,且每种产品各有自己的不同需求,因此,基本收视节目服务与增值业务付费节目服务在性质上和交易习惯上都是可分产品。

本案当事人在进行市场交易时,被告未向用户告知其有相关电视节目服务的选择权,而直接要求用户缴纳包含数字电视基本收视维护费和数字电视付费节目费在内的全部费用,实际上是将数字电视基本收视服务和数字电视付费节目提供服务捆绑在一起向用户销售,且以其在陕西省境内有线电视传输服务市场上的支配地位,迫使用户接受数字电视付费节目提供服务,违反了用户的意愿,因此,广电网络的行为属于反垄断法所禁止的捆绑交易条件的行为。

(4)捆绑交易行为正当性的举证。《垄断纠纷司法解释》第 8 条规定,被诉垄断行为属于《反垄断法》第 17 条第 1 款规定的滥用市场支配地位的,原告应当对被告在相关市场内具有支配地位和其滥用市场支配地位承担举证责任。被告以其行为具有正当性为由进行抗辩的,应当承担举证责任。本案被告广电网络并未对其捆绑交易条件的正当性提供证据,仅仅主张其有权在基本收视节目之外进行收费,以保障网络的正常维护和升级。广电网络当然可以在基本收视节目之外提供增加节目服务并收取费用,但是增加节目服务的提供不能违反反垄断法。

最终,法院作出以下判决:吴某某作为本案原告,具有请求法院确认垄断行为是否有效的诉讼权利;广电网络将数字电视基本收视服务和数字电视付费节目服务捆绑在一起向用户销售,以其在陕西省境内有线电视传输服务市场上的支配地位迫使用户接受数字电视付费节目提供服务,符合捆绑交易条件,违反了《反垄断法》第 17 条第 1 款第 5 项的规定。吴某某请求确认广电网络收取其数字电视节目费的行为无效和请求判令返还 15 元的诉讼请求成立。

(四)评析

这是陕西省第一起涉及垄断纠纷的案件,也是《垄断纠纷司法解释》颁布以来第一起原告胜诉的案件。本案发生后,存在两种争议观点:一种观点认为,自然人作为垄断纠纷案件的诉讼主体,具有请求认定垄断行为无效的权利;广电网络增加频道,实际上是为消费者在提供基本服务范围外增加提供服务内容,对此,消费者应有自主选择权。广电网络利用在数字电视市场内具有的支配地位,进行捆绑交易的行为,违反了中国反垄断法关于"禁止具有市场支配地位的经营者从事没有正当理由搭售商品,或者在交易时附加其他不合理的交易条件的滥用市场支配地位行为"的规定,侵害了原告的合法权益。而另一种观点则认为，垄断行为的认定和处罚属于行政权力，而不是司法权力，个人具有因垄断行为受损而提起民事赔偿的权利，但没有直接请求法院确认垄断行为无效的权利。广电网络作为陕西省境内唯一的电视节目集中播控者，并未滥用市场支配地位，也未强行规定用户在基本收视业务之外必须消费的服务项目；搭售是两种产品的捆绑销售，广电网络提供的节目套餐实质上是同一商品的不同数量组合，不属于搭售。最终法院支持了第一种观点。

（五）律师提示

捆绑交易，是指具有市场支配地位的经营者滥用其市场支配地位，没有正当理由搭售商品，或者在交易时附加其他不合理的交易条件的行为。构成反垄断法所禁止的捆绑交易行为需要满足以下条件：经营者在相关市场内具有支配地位；经营者利用在相关市场内的支配地位进行搭售或者在交易时附加其他不合理的交易条件；经营者搭售商品，或者在交易时附加其他不合理的交易条件缺乏正当理由。而附加不合理条件是指经营者在提供商品或者服务的过程中，违反购买者的意愿，强行附加其他不合理的条件要求购买者接受，购买者因为经营者的市场支配地位而不得不接受上述不合理条件的行为。附加不合理条件必须满足：交易对方当事人进行交易时被附加条件；所附加的条件要求对方当事人在进行交易时必须同时接受；所附加的条件违背了交易对方当事人的真实意愿；附加条件没有合理理由。针对本案被告广电网络在提供数字电视服务时是否符合上述捆绑交易行为的构成要件，法官从以下四个方面进行了分析：相关市场的界定；市场支配地位的认定；滥用市场支配地位的判定；捆绑交易行为正当性的举证。本案准确维护了消费者的利益，值得借鉴与学习。

## 三、娄某某诉北京市水产批发行业协会垄断纠纷案

（一）当事人

上诉人（原审被告）：北京市水产批发行业协会

被上诉人（原审原告）：娄某某

（二）案情简介

北京市水产批发行业协会（以下简称水产批发协会）在其《北京市水产批发行业协会手册》中的“奖罚规定”部分规定：“禁止会员向本协会会员所

在的市场向非会员销售整件扇贝”“禁止会员不正当竞争，不按协会规定的销售价格折价销售扇贝”，同时，在协会内部执行上述规定，并多次就獐子岛扇贝价格调整进行研究并予以确定。娄某某退出水产批发协会后便无法获得獐子岛扇贝供货渠道，无法销售獐子岛扇贝。娄某某认为水产批发协会的上述行为侵害了其合法权益，遂提起诉讼。

(三)法院审理

一审法院判决确认涉案《北京市水产批发行业协会手册》中“奖罚规定”第1条、第2条规定无效；自判决生效之日起，水产批发协会停止组织会员达成涉案变更和固定獐子岛扇贝价格的垄断协议的行为；驳回娄某某的其他诉讼请求。

水产批发协会不服原审判决，向二审法院提起上诉，请求撤销原审判决，改判驳回娄某某的原审诉讼请求。二审法院认为，本案争议焦点问题为：(1)水产批发协会是否为本案适格主体；(2)水产批发协会是否组织会员达成固定和变更价格的垄断协议，涉案“奖惩规定”第1条、第2条是否属于垄断协议。分析如下：

1. 关于水产批发协会是否为本案适格主体的问题

水产批发协会成立之前，会议记录名称使用了“北京贝类商会”“北京小双赢组合”“北京市水产批发行业协会”“大连獐子岛渔业集团股份有限公司北京销售组合”等，且会议内容主要围绕扇贝的销售价格、奖励政策、经营策略等进行讨论并做出决定。自2010年9月16日起，会议记录内容开始涉及筹备成立水产批发协会事宜，并自2010年11月16日会议开始，在会议记录名称中陆续使用了“协会”“协会负责人”等，会议内容仍主要涉及统一与獐子岛公司协商扇贝货源、价格、奖励以及内部统一销售价格、禁止串货等。在水产批发协会2011年9月29日登记成立之后，会议名称使用“协会会议”“协会负责人会议”等，内容不仅涉及协会工作，还涉及扇贝的销售价格、返利、销售计划以及禁止串货、禁止折价销售等内容。由此可见，水产批发协会成立后，其作为社团法人，组织相关人员开展扇贝经营活动。

2. 关于水产批发协会是否组织经营者达成固定、变更价格的垄断协议，以及涉案“奖惩规定”第1条、第2条是否属于垄断协议的问题

根据《反垄断法》的相关规定，禁止具有竞争关系的经营者达成固定或者变更商品价格的垄断协议，垄断协议是指排除、限制竞争的协议、决定或

者其他协同行为。根据查明的事实,《北京市水产批发行业协会手册》中“奖罚规定”第1条规定“禁止会员不正当竞争,不按协会规定的销售价格折价销售扇贝”。在水产批发协会2011年9月29日登记成立之后,水产批发协会多次组织会议对于不同种类的扇贝产品的销售价格、禁止不按规定价格折价销售以及相应处罚等进行讨论并做出相应的决定,意图通过固定和变更价格减少甚至消除会员之间的竞争,并尽可能地提高销售利润,从而获得獐子岛公司的销售返利,这本身在一定程度上会减弱或消除市场竞争,产生排除或限制竞争的效果,最终损害消费者的利益。

2011年12月25日“协会会议”的记录显示,水产批发协会规定:“不准整件向有会员的市场销售,发现一次罚款10,000元。”《北京市水产批发行业协会手册》中“奖罚规定”第2条规定:“禁止会员向本协会会员所在的市场向非会员销售整件扇贝。”如果允许整件对外销售,则势必会引起非会员之间或会员与非会员之间的价格竞争,从而使会员之间的价格协议形同虚设,因此,前述规定本质上仍具有排除、限制竞争的效果。

综上所述,二审法院认为一审判决认定水产批发协会组织经营者达成固定、变更价格的垄断协议、奖惩规定第1条、第2条属于垄断协议,结论正确,应予维持。

(四)评析

根据《反垄断法》第11条、第16条的规定,行业协会应当加强行业自律,引导本行业的经营者依法竞争,维护市场竞争秩序;行业协会不得组织本行业的经营者达成垄断协议。《反垄断法》第12条规定,经营者是指从事商品生产、经营或者提供服务的自然人、法人和其他组织。本案所涉及的水产批发协会的会员,均为从事海鲜商品销售的自然人、法人或其他组织,属于《反垄断法》所规定的具有竞争关系的经营者。

根据《垄断纠纷司法解释》的相关规定,被诉合同内容、行业协会的章程等违反反垄断法或者其他法律、行政法规的强制性规定的,法院应当依法认定其无效。根据已经查明的事实,“奖惩规定”系《北京市水产批发行业协会手册》的组成内容,且会议记录,“一、关于会员串货、折价问题,怎么杜绝此类事情的发生,经研究:按原来规定,不准整件向有会员的市场销售,发现一次罚款10,000元,大家举手一致同意通过”。由此可见该“奖惩规定”对于会员而言仍为有效规定。“奖罚规定”第1条、第2条属于固定商品价格的垄断协议,应当无效。

（五）律师提示

横向垄断协议,是指具有竞争关系的经营者之间达成的排除、限制竞争的协议、决定或者其他协同行为,主要包括固定或者变更商品价格、限制商品的生产数量或者销售数量、分割销售市场或者原材料采购市场以及国务院反垄断执法机构认定的其他垄断协议。本案是全国法院判决的首例涉及横向垄断纠纷的案件。从《反垄断法》的立法目的、适用对象、横向垄断协议与纵向垄断协议的区别、横向垄断协议的构成要件以及侵权责任承担等方面进行了有益探索,最终认定水产批发协会组织具有竞争关系的经营者达成固定和变更獐子岛扇贝价格的横向协议等行为违反《反垄断法》第 11 条、第 16 条的规定,构成垄断。

## 四、深圳市某商贸有限公司诉深圳市某商业有限公司合同纠纷案

（一）当事人

原告:深圳市某商贸有限公司

被告:深圳市某商业有限公司

（二）案情简介

深圳市某商贸有限公司（供应商,以下简称商贸公司）于 2012 年 3 月 1 日开始与深圳市某商业有限公司（零售商,以下简称商业公司）签订了《购销合同》《购销合同补充协议》等协议,合同一年一签,但商贸公司向商业公司持续不间断的供货,商业公司采取购销月结的方式支付货款。合作期间商贸公司累计向商业公司供货 5,840,110.71 元,商业公司退货 1,005,735.08 元,支付货款 3,605,031.7 元,差额为 1,229,343.93 元。商业公司认为差额部分是商贸公司应当向商业公司支付的费用,包括保证金、促销费、促销服务费、返利、商品陈列、价格折扣、待垫代扣、库存变化金额、现有库存,商贸公司在结算时都有在《结算单》盖章确认。

（三）法院审理

法院认为,双方签的《购销合同》《购销合同补充协议》等协议是双方真实的意思表示,内容不违反法律、行政法规的强制性规定,合法有效,双方应当严格履行义务。双方对送货金额、退货金额以及已支付的货款金额无异议。对于货款差额,法院作出如下分析:

1. 是否应当扣减各类费用

(1)关于保证金。合同约定,子合同解除或终止之日起 180 天内,商贸公司产品不存在质量问题,商贸公司凭被告开具的保证金正式收据要求商业公司予以退还(特殊品类的应延期退还日期,弱家具、家电品类商品保修期为一年的,保证金在合同期满一年后无息退还),存在质量问题,保证金在抵扣商业公司受到的损失后退还原告。虽合同期限至 2016 年 2 月 29 日届满,但商业公司在庭审中确认商贸公司最后送货时间延至 2016 年 4 月 15 日,顺延一年保证期后,退还保证金的期限尚未届满,商贸公司的诉求不予支持。

(2)关于促销费、促销服务费。虽双方在《购销合同补充协议》有约定该部分费用的收取,但商业公司未能举证证明为商贸公司的产品开展了促销活动,对商业公司的主张不予支持。

(3)关于返利。合同中约定年度进货净额分档次按不同标准返利。应当认定为有条件返利,不违反法律法规规定,商业公司的主张应对予以支持。

(4)关于价格折扣。虽双方在合同中做出了约定,但未约定返利和价格折扣的前提条件,应当认定为无条件返利,违反《零售商供应商公平交易管理办法》的强制性规定,故商业公司的主张不予支持。

(5)关于商品陈列费。合同中虽有约定,鉴于商业公司提供堆头、端架、端头等陈列服务,双方将根据实际陈列的情况按月或不定期签订协议来确定原告应承担的费用数额。但商业公司未提交证据证明商贸公司与商业公司签订协议,故商业公司的主张不予支持。

(6)关于赔偿金、代垫代扣费用。商业公司未提供证明其为商贸公司提供了代垫代扣或为商贸公司支付赔偿等相关费用,商业公司的主张不予支持。

(7)关于库存变化单。合同约定商贸公司(供应商)调低供应价格,商贸公司收到函件两个工作日内对库存进行调低,并对商业公司(零售商)现有库存进行补差。法院认为该约定不违反法律法规的禁止性规定,亦不违反公平交易的原则,故商贸公司的主张不予支持。

2. 是否应当扣减库存货物退货金额

合同约定,合同履行完毕后双方停止合作或出现其他需要终止的情形,鉴于双方合作期内原告所提供商品不可能完全实现销售，在此原告特别承诺，届时将无条件收回其所有未销售商品。故商业公司要求商贸公司收回未销售的库存货物，有合同依据，应对予以支持。

法院判决商业公司在货款中直接扣减的促销费、促销服务费、商品陈列、价格折扣和代垫代扣返还给商贸公司。

（四）评析

零售商与供应商的合作模式分为购销、代销及租赁，对应的法律关系为买卖合同关系、行纪合同关系以及租赁合同关系。本案双方的合作模式为购销，属于买卖合同关系，双方订立的合同应符合买卖合同关系的性质及民法的基本原则。但现实中，零售商往往在签订合同时，过多地考虑自身的利益而忽视供应商的利益，将零售商的运营成本划入各种收费条款之中，将经营风险及成本转嫁给供应商承担。

本案判决系结合《零售商供应商公平交易管理办法》《清理整顿大型零售经营者向供应商违规收费工作方案》等文件中明文禁止零售商对供货商收取进场费的规定做出，判决也分析了双方交易过程，将零售商不合理、不合法的部分行为予以区分。但未能对零售商的格式合同中不符合买卖合同关系的性质及违反民法基本原则的条款的效力作出认定，深圳市中级人民法院在同类型案件中对不符合买卖合同关系的性质及违反民法基本原则的条款一般直接认定为无效条款。

（五）律师提示

在零售商与供应商合作时，应对注意合同的条款，防止零售商将其运用成本及经营风险转嫁给供应商，遇到零售商收取各种不合理“进场费”应当及时向国家行政机关予以举报，并向法院提起诉讼，以维护自身的合法权益。

第一，不合理的“进场费”会推高物价。一般来说，全国统一定价的大品牌商品想在局部调价是困难的。然而，对于一些小品牌以及价格浮动比较灵活的产品，经销商们便会提高价格，把超市不断增收的费用转嫁到成本中，以此保证自己不亏损；与此同时，由于是“引厂进店”，超市大幅增加费用，供货商也会采取成本转嫁的方式，通过提高商品售价予以消化，而最终为此买单的是广大消费者。

第二，进场费不仅是国内商品价格无法降下来的重要原因，也是中国制造业的悲哀。商超进场费中各种费用的支付迫使生产商减少了能创造消费需求的广告支出,加大了产品开发的成本。中国本身是众多质优价廉商品的生产国与输出国,然而由于国内零售业片面依靠收取进场费的方式盈利,没有形成先进的采购功能,使上述品往往在中国反而不能有效流通。

第三,零售商靠收取进场费获取大量利润是一种不可持续的商业模式。越来越多的国内商超被称为"坐商",即依赖于出租货架以及店铺资源,等待大量的供应商登门谈判,然后收取进场费。这种商业模式已经使许多商超退化为收取商业租金的"二房东",而不是经营商品的零售商。

### 五、美国微软公司诉多家中国公司涉嫌滥用著作权案

(一)当事人

原告:美国微软公司

被告:北京铭万智达科技有限公司、铭万信息技术有限公司

(二)案情简介

2012 年期间,美国微软公司(以下简称微软公司)诉北京铭万智达科技有限公司(以下简称铭万智达公司)、铭万信息技术有限公司(以下简称铭万信息公司)侵害计算机软件著作权纠纷一案,由北京第二中级人民法院受理并审判,该案成为首例中国法院审理微软公司起诉中国经营者计算机软件著作权案件。此后,微软公司陆续诉中国多家经营者,逐渐引起中国官方及法律界的关注。

本案中,微软公司起诉称,其开发完成了各个版本的 Microsoft Windows Server 和 SQL Server 系列计算机软件,并依法享有著作权,其中包括:Windows Server 2003 标准版、Windows Server 2003 经营者版、Windows Server 2008 经营者版和 SQL Server 2000 经营者版、SQL Server 2008 标准版、SQL Server 2008 经营者版软件。铭万智达公司与铭万信息公司该 2 家公司共同经营"铭万网"(域名为:b2b. cn)和"铭万产品平台"(域名为:mainone. com),并声称其规模大、客户众多,是中国最大的中小经营者信息化服务商。该 2 家公司未经微软公司授权,擅自在其位于北京市朝阳区安苑路 15 号铭万大厦的总部以及全国各分公司的相关计算机上安装并商业使用了上述软件,涉案计算机约 240 台,侵害了微软公司享有的计算机软件复制权。微软公司请求法院依法判令该 2 家公司承担停止侵害、赔礼道歉、赔偿损失等民

事责任,赔偿金额高达近千万元。

(三)法院审理

经审理查明,中国和美国均为《伯尔尼公约》成员国。微软公司系美国公司,在美国版权局取得了涉案计算机软件 Windows Server 2003 标准版、Windows Server 2003 经营者版、Windows Server 2008 经营者版和 SQL Server 2000 经营者版、SQL Server 2008 标准版、SQL Server 2008 经营者版软件的版权登记证明。根据中国《著作权法》的相关规定,可以认定微软公司是涉案计算机软件的著作权人,其对涉案计算机软件 Windows Server 2003 标准版、Windows Server 2003 经营者版、Windows Server 2008 经营者版和 SQL Server 2000 经营者版、SQL Server 2008 标准版、SQL Server 2008 经营者版享有著作权,并受中国《著作权法》的保护。

法院认为,由于铭万信息公司未能举证证明已合法取得微软公司授权,因此,铭万信息公司复制涉案计算机软件的行为侵犯了微软公司依法享有的著作权,应当承担停止侵害、赔偿损失的民事责任(非侵犯著作人身权依法无须赔礼道歉)。而微软公司未能举证证明铭万智达公司与铭万信息公司共同实施侵权行为,且铭万智达公司的计算机中并未安装涉案计算机软件,法院不予支持微软公司针对铭万智达公司的诉讼请求。法院依法判决:铭万信息公司停止涉案侵权行为,赔偿微软公司经济损失 200 万元及为制止侵权行为所支付的合理开支 8000 元。

(四)评析

微软公司目前是全世界最大的电脑软件提供商和 PC 机软件开发的先导,其开发的众多软件在中国境内广泛推广。但是,由于原版价格高昂,为节约成本,不少中国经营者不得已选择使用盗版软件,由此埋下被索赔和起诉的风险和隐患。表面上,中国经营者使用盗版的微软公司软件确属侵犯著作权行为,微软公司追究法律责任是合法的。然而,微软公司明知中国盗版软件普遍,但从不制止盗版行为,反而放任盗版泛滥,具有引诱侵权的嫌疑,目的是对经营者和用户进行"恐吓式"高额索赔。众多案例表明,微软公司实际上是利用诉讼维权合法手段,掩盖滥用著作权行为,牟取高额收入。过高定价和高额诉讼索赔必然导致部分中国经营者不堪重负,甚至破产,进而扰乱中国市场经济秩序,导致社会公共利益受损。中国普遍观点认为,微软公司的上述滥用著作权行为,应依法追究。

在国际社会,2004 年 3 月,欧盟对微软公司滥用软件市场的支配地位处以 4.972 亿欧元,约合 6.118 亿美元罚款的决定,这是欧盟有史以来以违反竞争法名义对一家外国公司实施的最高额罚款。为什么微软公司滥用市场支配地位行为在中国与在外国出现截然不同的结果？值得研究。这说明质疑微软公司滥用著作权行为的声音并非毫无道理,对知识产权的滥用行为的法律反制问题应当开始引起人们的关注。

(五)律师提示

多年来,微软公司明知中国经营者和消费者使用盗版软件的现象极其普遍,但其为了拓展产品销售范围和逐步奠定市场支配地位,不采取有效措施制止盗版侵权行为,反而放任盗版侵权行为的存在和扩大,具有放水养鱼做"著作权渔夫"之引诱侵权嫌疑,实际上是通过反盗版维权营销模式牟取高利。

# 第五章 滥用市场支配地位行为与其他垄断行为关系

## 第一节　滥用市场支配地位与经营者集中的关系

### 一、经营者集中可能获得或增强经营者市场支配地位

（一）合并后的经营者可能获得或增强市场支配地位

在中国市场，并购越来越成为经营者获得超常规发展的方式，经营者并购在于取得目标经营者的经营控制权，从而将目标经营者直接或间接地纳入自身所属经营者的控制之下，充分发挥经营者并购的经营协同效应、财务协同效应和市场份额效应等优势，使并购双方在改善经营管理、降低成本、提高经济效益、增强技术优势和市场竞争力等方面，都得到极大的改进。基于并购后经营者规模和市场占有率的增长，合并后的经营者也可能增强市场优势地位，甚至获得或增强市场支配地位。

并购能给经营者带来市场权利效应。并购通常被分为横向并购和纵向并购，前者在于竞争者之间的收购兼并，经营者通过横向并购活动，可以提高市场占有率，凭借竞争对手的减少来增加对市场的控制力；后者是对产业链上下游经营者的并购，经营者的纵向并购可以通过对大量关键原材料和销售渠道的控制，有力地控制竞争对手的活动，提高经营者所在领域的进入

壁垒和经营者的差异化优势。

（二）经营者以增强市场势力，获得市场支配地位为目的的并购活动

1. 在需求下降、生产能力过剩的情况下，经营者通过并购，以取得实现本产业合理化的比较有利的市场地位。

2. 在国际竞争使国内市场遭受外国经营者的强烈渗透和冲击的情况下，经营者间可能通过并购以对抗外来竞争。

3. 由于法律变得更加严格，使经营者间包括合谋在内的多种联系成为非法，经营者通过并购可以使一些垄断行为“内部化”，达到继续垄断市场的目的。

## 二、集中的单边效应、协调效应与市场支配地位的关系

（一）单边效应与市场支配地位的关系

经营者在横向并购中可能会产生反竞争效应，横向并购的反竞争效应主要表现在两个方面：单边效应与协调效应。

1. 单边效应的概念

单边效应也称非协调效应，是指合并后经营者无须与竞争对手合谋协调，就可以单方面施加市场支配力量，大幅提价、压缩产量、降低质量或者减少产品种类以及改变其他竞争性因素，最终以损害消费者或社会总福利下降为代价来增加自身利润。按照美国《横向并购指南》的反垄断审查程序，评估单边效应的程序是界定相关市场、计算市场份额、市场集中度（HHI）[1]及其并购后变动程度，衡量竞争对手进入障碍、按照反垄断法规事先设置的安全港标准最后做出结论。

如果合并后经营者不具有市场支配地位，则缺乏市场力量来实施单边效应，如大幅提价、压缩产量、降低质量或者减少产品种类等，因此，合并后经营者能够实施单边效应是以其具有市场支配地位为前提条件，市场支配地位类似于单边效应。

2. 单边效应与市场支配地位的关系

（1）取得市场支配地位经营者容易引发单边效应。如果经营者通过集

---

〔1〕 HHI，全称为 Herfindahl - Hirschman Index，是一种测量产业市场集中度的综合指数，是经济学界和政府管理部门使用较多的指标。

中取得或加强了市场支配地位,它可能单方面提高产品或服务的价格,或从事其他限制竞争的行为。因为在这种情况下,竞争者一般无力迅速扩大产出以替代其供给,消费者没有其他选择。考量并购的单边效应实际上就是指经营者集中能否产生或加强市场支配地位。

(2)《反垄断法》第 17 条规定的"市场支配地位",重点是关注滥用市场支配地位行为的外部效果。而"单边效应",重点是关注集中完成后产生或增强"市场支配地位"的内部原因。

(3)"单边效应"重点考量并购双方的差异化产品、创新和产能等因素。滥用市场支配地位重点考量单个企业实施差别待遇、拒绝交易、强制交易、搭售和附加不合理交易条件行为等。

(二)协调效应与市场支配地位的关系

1. 协调效应的概念

协调效应指的是并购行为经营者创造了有利于形成串谋的市场结构性条件。首先,并购后留在市场中的经营者数量减少,并且,可能使经营者的资产分布更加均匀,所以相互协调形成串谋更容易,大幅提价、压缩产量、降低质量或者减少产品种类以及改变其他竞争性因素。其次,由于经营者间要不断互相监督,背弃同盟受到惩罚的可能性很大,所以串谋得以维持的可能性就比没有并购前更大了。因为并购之后相关市场里竞争者少了,使经营者彼此协调的可能性增大,协调效应类似于垄断协议。

2. 协调效应与市场支配地位的关系

(1)由于经营者维持串谋或勾结的形式多种多样,能够促成串谋的市场因素也很多,其中,市场支配地位使经营者具有控制市场的能力,因此,具有市场支配地位的经营者与没有市场支配地位的经营者相比较,其具有更大的市场力量和动机来互相串谋,形成协调效应或者达成垄断协议,通过串谋来垄断市场。

(2)协调效应是并购后产生的,市场支配地位也可能在并购前产生,但更大的可能是通过并购的协调效应而产生市场支配地位(包括共同市场支配地位)。协调效应是经营者集中反垄断重点考量的因素,而市场支配地位重点考量的是滥用市场支配地位之行为。

## 第二节 市场支配地位与垄断协议的关系

### 一、垄断协议概述

垄断协议又称为卡特尔,原意为协定或同盟。生产同类商品的经营者为了垄断市场、获取高额利润而达成有关划分销售市场、规定产品产量、确定商品价格等方面的协议。垄断协议形式包括默示共谋、默契合谋、默许串通、协调行为等。垄断协议缺乏稳定性和持久性,经常需要重新签订协议,甚至会因成员经营者在争取销售市场和扩大产销限额的竞争中违反协议而瓦解。

垄断协议包括纵向垄断协议与横向垄断协议。我国《反垄断法》第 13 条规定,禁止具有竞争关系的经营者达成下列横向垄断协议:(1)固定或者变更商品价格;(2)限制商品的生产数量或者销售数量;(3)分割销售市场或者原材料采购市场;(4)限制购买新技术、新设备或者限制开发新技术、新产品;(5)联合抵制交易;(6)国务院反垄断执法机构认定的其他垄断协议。本法所称垄断协议,是指排除、限制竞争的协议、决定或者其他协同行为。第 14 条规定禁止经营者与交易相对人达成纵向垄断协议,将垄断协议这种排除限制竞争的行为纳入了禁止范畴。

### 二、垄断协议与市场支配地位的关系

(一)两者的实施主体不同

《反垄断法》禁止的垄断协议不仅是指具有竞争关系的经营者达成的垄断协议,还包括没有竞争关系的上下游经营者与交易相对人达成的垄断协议,重点考量的是双方达成的协同性共同造成的排除限制竞争的行为。对于具有市场支配地位的经营者,《反垄断法》重点考量的是其单方面实施滥用市场支配地位之行为造成的排除限制竞争的行为。

(二)垄断协议可能获得或增强市场支配地位(共同市场支配地位)

垄断协议本质上是一种协同行为,关注的重点是垄断协议的危害后果。不具有市场支配地位经营者或者占有部分市场支配地位的经营者可通过垄断协议获得和增强市场支配地位。经营者在共同行为的过程中多数情况下

存在一定共谋,经营者通过垄断协议形成一个联合的市场份额,即共同市场占有率,该市场占有率的提升便于经营者实行垄断行为。在通常情况下,当多个不具有市场支配地位的经营者形成垄断协议,往往会冲击原有的市场竞争结构,产生新的具有市场支配地位的经营者(包括共同市场支配地位经营者)。

(三)共同市场支配地位导致垄断协议与滥用市场支配地位的竞合

对共同市场支配地位的经营者之间的垄断协议可以适用《反垄断法》第13条关于垄断协议的规定来反制;也可以适用《反垄断法》第17条滥用市场支配地位规定来反制。也就是说,垄断协议与滥用市场支配地位两者在共同市场支配地位情况下有可能形成竞合,适用法律时应当“二选一”,如何选择?如果有“市场透明度”等条件,共同市场支配地位的经营者们完全可以在不需要签订垄断协议的情形下,借助人工智能、大数据、算法和线上交易,进行“默示合谋”,最终导向共同定价(平行行为)。由于缺乏合谋证据,在《反垄断法》垄断协议规定不能反制经营者们的“默示合谋”的情况下,或者缺乏证据证明经营者之间存在垄断协议的情况下,可以考虑转为适用《反垄断法》第17条关于滥用市场支配地位的规定进行反制。

## 第三节　滥用市场支配地位与滥用市场优势地位的关系

### 一、滥用市场优势地位的概念

中国《反垄断法》只反制滥用市场支配地位的行为,而市场优势地位并不等同于市场支配地位,且其本质属于交易双方的相互博弈,而且,双方大多数是上下游之间的纵向关系,不涉及整个市场竞争结构,将其纳入《反垄断法》调整范围可能不合适。因此,对于上述滥用相对优势地位的行为在中国暂时属于立法上的空白。

2006年10月12日,商务部等五部委发布了《零售商供应商公平交易交易管理办法》,对零售商滥用优势地位的行为进行了归纳,较为详细地列举了零售商向供应商实施的不公平交易行为。2011年12月26日,五部委联合发布《清理整顿大型零售经营者违规收费工作方案》,决定自2011年12

月至2012年6月，在全国集中开展清理整顿大型零售经营者向供应商违规收费工作。尽管这些规范性文件的实施于短期内取得了一定成效，但是由于这些规定的反制范围相对狭窄，仅是从部门行业管理的角度进行规范，因此无法对滥用市场优势地位这一类行为进行全面有效的反制。

## 二、滥用市场优势地位的特征

### （一）主体特定性

滥用市场优势地位主体是提供商品（服务）的市场经营者，主体是特定的。其特定性主要体现为具有相对的优势谈判地位，除此之外，其他经营者不具有滥用的主体资格。

### （二）主观恶意性

经营者实施滥用市场优势地位的行为基于其为达到不公平交易的愿望和目的，主观上具有通过实施滥用市场优势地位的相关行为损害交易对方的利益，从而达到取得高额利润的目的，即为了达到不公平交易结果及目的故意实施滥用市场优势地位的行为。

### （三）行为违法性

行为违法性，是指该行为违反了《反不正当竞争法》《零售商供应商公平交易交易管理办法》《清理整顿大型零售经营者违规收费工作方案》等法律法规规章规定。

### （四）后果损害性

滥用市场优势地位的行为产生了法律所禁止的损害结果，主要是损害了《反不正当竞争法》所保护的市场正当竞争秩序，损害了处于相对弱势交易方的利益，间接损害了消费者的合法权益。

## 三、滥用市场优势地位的类型

### （一）《反不正当竞争法（修订草案送审稿）》规定的类型〔1〕

《反不正当竞争法（修订草案送审稿）》规定以列举的方式，禁止五类利用相对优势地位实施的不公平交易行为：

（1）没有正当理由，限定交易相对方的交易对象；

---

〔1〕 正式发布的《反不正当竞争法》已将相关内容删除，此处仅作学术研究讨论引用。

(2)没有正当理由,限定交易相对方购买其指定的商品;

(3)没有正当理由,限定交易相对方与其他经营者的交易条件;

(4)滥收费用或者不合理地要求交易相对方提供其他经济利益;

(5)附加其他不合理的交易条件。

(二)对《反不正当竞争法(修订草案送审稿)》规定的评析

1.《反不正当竞争法(修订草案送审稿)》第6条明确禁止了四种典型的利用相对优势地位实施的不公平交易行为,包括:限定交易相对方的交易对象;限定交易相对方购买其指定的商品;限定交易相对方与其他经营者的交易条件;滥收费用或者不合理地要求交易相对方提供其他经济利益。

2. 前三项行为不包括存在正当理由的情形,但《反不正当竞争法(修订草案送审稿)》并未对"正当理由"作出进一步说明,因此,在什么情形下实施这些行为可以免于处罚还是不明确的。第四项行为就是针对目前大型零售商乱收费的现象作出的规定,且该项行为较前三项行为的反制更为严苛,不得适用正当理由进行抗辩,这意味着只要处于优势地位的交易方实施了这类行为,就会认定违反了该项规定。

3. 除上述四种典型行为之外,《反不正当竞争法(修订草案送审稿)》还设置了兜底条款,规定具有经营者不得利用相对优势地位,附加其他不合理交易条件。因此,即使不属于上述四种行为,只要经营者利用优势地位实施了不公平交易行为,就有可能被认定为属于滥用相对优势地位的行为而受到反制。但是,在《反不正当竞争法》正式颁布时,因为对修订草案送审稿第6条明确规定的四种利用相对优势地位实施的不公平交易行为存在较大争议,不排除担心在立法上设置滥用相对优势地位行为将会大幅度增加诉讼案件数量,故将修订草案送审稿第6条的全部内容删除,这是从立法上对滥用相对优势地位的行为的否定。但是,在现实中存在的大量滥用相对优势地位行为问题并没有得到解决。

## 四、滥用市场优势地位与滥用市场支配地位的异同

(一)相对优势的谈判地位与绝对优势市场支配地位的区别

市场优势地位是区别于《反垄断法》中市场支配地位的概念,市场支配地位,是指市场中具有绝对市场优势地位的经营者,相对优势地位的核心在于交易一方对另一方的依赖性,这种依赖性主要体现为交易一方可供选择

的交易对象十分有限，且更换交易对象不具备可行性或需付出较高的成本。特殊情况下，对于依赖其进行交易的相对人具有类似于垄断经营者的支配性影响力，因此，该经营者对于依赖其生存的经营者就具有相对的强势地位。例如，零售商在交易过程中相对中小供应商具有的相对优势的谈判地位。

（二）经营者对于纵向交易对方具有谈判优势地位，并不等于该经营者对于横向竞争对手均具有市场支配地位

当交易一方具有这样的优势地位时，交易相对方就在谈判和交易过程中处于劣势，甚至被迫接受优势主体提出的不合理的交易条件。由此可见，相对市场优势地位不是指市场主体对于其横向竞争对手的优势，而是一种产业上下游经营者之间纵向交易中的优势，只需要着眼于单个交易，个案分析，是一种相对于交易对方的优势地位，具有相对性。但是，即使经营者相对于交易对方具有优势地位，也并不等于该经营者对于其横向竞争对手具有优势，而市场支配地位是指相对于同业竞争对手，该经营者也具有市场支配地位。市场支配地位的视角更为宏观，对于市场支配地位的认定，需要对整个市场进行评价。市场支配地位通常表现为经营者控制其所在行业的市场结构状态，这种控制状态在一定时期内是稳定的，该市场支配地位不仅仅针对某一个交易人，而是针对几乎所有的交易人而言的。因此，市场优势地位的认定标准远远低于市场支配地位的认定标准。

（三）反制滥用市场优势地位与滥用市场支配地位的法律不同

规范滥用市场优势地位的法律是《反不正当竞争法》《零售商供应商公平交易交易管理办法》《清理整顿大型零售经营者违规收费工作方案》等法律法规规章。规范市场滥用市场支配地位的法律是《反垄断法》《禁止滥用市场支配地位行为暂行规定》等法律法规。

滥用市场支配地位行为与滥用市场优势地位行为类型时代，如表5－1所示。

**表5－1　滥用市场支配地位行为与滥用市场优势地位行为对比**

| 滥用市场支配地位行为 | 滥用市场优势地位行为 |
|---|---|
| 没有正当理由，限定交易相对人只能与其进行交易或者只能与其指定的经营者进行交易 | 没有正当理由，限定交易相对方的交易对象 |
| 没有正当理由搭售商品，或者在交易时附加其他不合理的交易条件 | 没有正当理由，限定交易相对方购买其指定的商品 |

续表

<table>
<tr><th>滥用市场支配地位行为</th><th>滥用市场优势地位行为</th></tr>
<tr><td>没有正当理由,拒绝与交易相对人进行交易</td><td>没有正当理由,限定交易相对方与其他经营者的交易条件</td></tr>
<tr><td>没有正当理由,对条件相同的交易相对人在交易价格等交易条件上实行差别待遇</td><td>滥收费用或者不合理地要求交易相对方提供其他经济利益</td></tr>
<tr><td>没有正当理由,以低于成本的价格销售商品</td><td rowspan="3">附加其他不合理的交易条件</td></tr>
<tr><td>以不公平的高价销售商品或者以不公平的低价购买商品</td></tr>
<tr><td>国务院反垄断执法机构认定的其他滥用市场支配地位的行为</td></tr>
</table>

## 第四节　滥用市场支配地位与滥用知识产权的关系

### 一、滥用知识产权概述

#### (一)中国关于知识产权滥用的规定

知识产权滥用行为,是指权利人超出了知识产权法律、行政法规的规定,不正当行使有关权利,损害他人利益、社会公益或者限制排除竞争的行为。知识产权滥用的概念源于英国1624年颁布的《垄断法规》,是指知识产权的权利人在行使合法的知识产权过程中超过了法律规定的范围或界限,损害他人利益和公共利益的行为。

我国《反垄断法》第55条规定:"经营者依照有关知识产权的法律、行政法规规定行使知识产权的行为,不适用本法;但是,经营者滥用知识产权,排除、限制竞争的行为,适用本法。"从法条的语义中分析可知,在反垄断法语境下的知识产权滥用必须具备两个条件:一是有滥用知识产权的行为;二是该行为排除、限制了竞争。于是,就出现了这样一种情况:对于滥用知识产权行为的认定,除了要满足排除、限制竞争的条件,还需事先存在一个知识产权滥用行为,但在中国知识产权立法中并未有相关的规定。

国家市场监督管理总局正在修订的《关于滥用知识产权的反垄断执法指南(征求意见稿)》(截至本书出版时尚未正式发布)规定:经营者滥用知识

产权，排除、限制竞争的行为，是指经营者在行使知识产权或者从事相关行为时，达成或者实施垄断协议，滥用市场支配地位，或者实施具有或者可能具有排除、限制竞争效果的经营者集中。

（二）美国关于知识产权滥用的规定

在美国成文法中没有知识产权滥用这样的表述方式，而是分别规定了专利权滥用版权和商业秘密滥用的具体情形，其中最早也最重要的是有关专利权滥用的规定。在美国，“专利权滥用”往往不限制专利诉讼作为一种抗辩理由使用，尽管构成专利侵权的行为有时可以形成反诉的基础，但专利权滥用本身不是一种可起诉的侵权。[1] 如果被诉侵权者基于所谓的滥用行为提起反诉，那么这种反诉也必须满足提起反诉的那个独立侵权行为的全部要件。证明滥用成立的责任在于被控侵权者或者违约的被许可人一方。如果滥用被裁定成立，那么该专利权就会被判决不可实施，直到该滥用被“消除”。但是，随着美国的反托拉斯法的逐渐完善，利用反托拉斯法反制知识产权滥用也成了重要的手段，同时也影响到对知识产权滥用行为的界定，即反垄断法意义上的知识产权滥用还必须违反反托拉斯法。

2017 年 1 月美国发布了最新《知识产权许可的反托拉斯指南》，阐明了美国司法部和联邦贸易委员会关于受专利权、版权和商业秘密法保护的知识产权和专有技术许可的反托拉斯执法政策，执法机构希望帮助人们预测如何质疑某一知识产权许可行为的反竞争行为。

（三）《知识产权协定》对知识产权滥用的规定

世界贸易组织框架下的《知识产权协定》的相关条款不仅对知识产权滥用作出明确规定，而且给出了相应的救济措施。《知识产权协定》第 8 条第 2 款规定：“可能需要采取与本协议的规定相一致的适当措施，以防止知识产权所有者滥用知识产权或借以对贸易进行不合理限制或实行对国际间的技术转让产生不利影响的做法。”第 40 条第 2 款规定：“本协议中无任何规定阻止成员方在其立法中详细载明在特定情况下可能对有关市场中的竞争具有不利影响的知识产权滥用的专利权使用做法或条件。上述所规定，一成员方可按照本协议的其他规定，根据国内有关法律和规定采取适当措施阻

---

[1] 参见池冰：《试论美国专利侵权抗辩方式及其对我国专利制度的借鉴》，中国政法大学研究生院民商法学专业 2005 年硕士学位论文。

止或控制此种做法。这些措施可能包括独占性回授条件、阻止否认合法性的条件和强制性的一揽子许可证交易。”此外,《知识产权协定》第41条第1款、第48条第1款、第50条第3款、第63条第1款等都是涉及知识产权滥用的规定。

## 二、涉及知识产权的滥用市场支配地位行为

### (一)知识产权与市场支配地位的认定

经营者拥有知识产权,并不意味着其必然具有市场支配地位。认定拥有知识产权的经营者在相关市场上是否具有支配地位,应依据我国《反垄断法》第18条、第19条规定的认定或者推定市场支配地位的因素和情形进行分析,结合知识产权的特点,还可具体考虑以下因素:

(1)交易相对人转向具有替代关系的技术或者商品等的可能性及转换成本;

(2)下游市场对利用知识产权所提供的商品的依赖程度;

(3)交易相对人对经营者的制衡能力。

### (二)涉及知识产权的滥用市场支配地位行为认定

虽然经营者拥有知识产权本身并不等于拥有市场支配地位,但是,拥有知识产权确实有可能使得经营者获得或者增强市场支配地位,从而滥用其地位。尤其是经营者获得标准必要专利权后,更容易获得市场支配地位。《禁止滥用市场支配地位行为暂行规定》第12条规定,根据《反垄断法》第18条和本规定第6条至第10条认定知识产权领域经营者具有市场支配地位,可以考虑知识产权的替代性、下游市场对利用知识产权所提供商品的依赖程度、交易相对人对经营者的制衡能力等因素。《关于滥用知识产权的反垄断指南(征求意见稿)》规定,认定涉及知识产权的滥用市场支配地位行为,适用《反垄断法》第3章规定。通常情况下,首先界定行为涉及的相关市场,认定经营者在相关市场是否具有市场支配地位,再根据个案情况,具体分析是否构成滥用知识产权,排除、限制竞争的行为。

## 三、标准必要专利与滥用市场支配地位

### (一)标准必要专利的概念

根据国际标准化组织和国际电工委员会的定义,标准是指“为在一定的

范围内获得最佳秩序，经协商一致制定并由公认机构批准，共同使用的和重复使用的一种规范性文件”。标准必要专利是整个行业都必须使用的专利，在世界范围内都具有极高的商业价值，标准必要专利是指实施该项标准必不可少的专利。

（二）拥有标准必要专利的经营者是否具有市场支配地位认定

经营者获得标准必要专利权后，更容易获得市场支配地位。认定拥有标准必要专利的经营者是否具有市场支配地位，除依照《反垄断法》第 17 条规定的六大因素外，还应当考虑相关技术（标准）替代性、技术（标准）更新、标准制定及研发情况等。

根据 FRAND 原则，确定标准必要专利许可合同价格有两种计算方法：一种是自上而下的，好比先确定了大蛋糕后再往下分，看各权利人在大蛋糕中的份额是多少，最后确定每个权利人的费率是多少。另一种是可比协议，例如，将许可协议费率与情况相似、定位相似、专利范围相似的许可协议横向比较，确定合理的许可费率。需要综合考虑专利的创新程度及其在标准中的作用、标准所属的技术领域、标准的性质、标准实施的范围和相关的许可条件等因素。

根据 FRAND 原则认定专利权人是否滥用市场支配地位收取高额许可费时，除了上述两种许可费价格计算方法外，还需要考虑许可费的计量单位（单元），是以整机计价，还是以最小单元计价。可以考虑整机计价和最小单元计价两者并行，互相对比，并应由许可方提供以往向第三方收取的许可费价格进行比较，综合各种因素加以认定。

认定标准必要专利经营者是否具有市场支配地位，需要综合考虑以下因素：（1）标准的市场价值、应用范围和程度；（2）是否存在具有替代关系的标准，包括使用具有替代关系标准的可能性和转换成本；（3）行业对相关标准的依赖程度；（4）相关标准的演进情况与兼容性；（5）纳入标准的相关技术被替换的可能性。

《禁止滥用市场支配地位行为暂行规定》第 12 条规定，根据《反垄断法》第 18 条和本规定第 6 条至第 10 条认定知识产权领域经营者具有市场支配地位，可以考虑知识产权的替代性、下游市场对利用知识产权所提供商品的依赖程度、交易相对人对经营者的制衡能力等因素。

## 第五节　案例评析

### 一、Zenith 公司诉 HRI 专利池组织滥用专利案

（一）当事人

原告：Zenith 公司

被告：HRI

（二）案情简介

HRI 是一个掌握无线电广播专利的联盟，拥有几百项与无线电通信相关的专利技术。HRI 从来不进行单个许可，而是采取总许可证方式，将全部专利整体许可给需要使用一项或多项专利的竞争方，然后以这些被许可人出售的收音机价格（整机价格）的一定百分比，收取专利使用费，至于被许可人使用多少项专利则不予考虑。在第一起案件中，法院并未将如此收取专利费行为以本身构成专利滥用处置。虽然法院承认 HRI 在某种程度上将专利联结在一起，但法院却认为专利费条款并未导致 HRI 垄断，HRI 也没有非法地延长专利许可的范围。法院还特意表明，这一专利许可费支付结构代表着许可协议中固定专利商业价值的最便捷的方式。

（三）法院审理

19 年后，法院对同样的总许可证协议开了“杀戒”，宣判其构成专利滥用。HRI 曾按照这一所谓的标准一揽子许可协议授权 Zenith 公司行使其全部家用广播与电视专利。1959 年合同到期后，Zenith 公司拒绝续签，称它不再需要这一许可。面对 HRI 的专利诉讼，Zenith 公司以 HRI 的专利无效、侵权及专利滥用、HRI 的“不洁之手”（unclean hands）与外国专利池共谋予以回应。到 1963 年，Zenith 公司又反诉 HRI 为图谋从非专利产品中索取专利费，滥用了其国内专利，强迫 Zenith 公司接受这一为期五年的“一揽子许可”；HRI 与其母公司 Hazeltine Corp 及加拿大、英国和澳大利亚的专利池共谋滥用权利，一致拒绝向 Zenith 公司等向外国出口美国制造的收音机和电视的厂家进行专利许可，违反了美国《谢尔曼法》，请求禁令救济并给予三倍赔偿。

美国联邦最高法院将此案与前案作了区分，称前案中的“一揽子许可”是自愿性的，而此案具有非自愿性成分。法院还特别审查了即使Zenith公司出售的产品中没有涉及HRI的专利，HRI也要求Zenith公司支付专利费的事实，美国联邦最高法院认定了HRI强迫Zenith公司接受不平等的条款具有违法性。

（四）评析

本案作为惩治专利滥用的著名判例，具有重大的意义，但是对前后“一揽子许可”协议的所谓“自愿”“非自愿”的划分标准却非常不合理。在美国，出于鼓励创新的考虑，对专利池许可中的搭售采取的都是比较宽松的态度，但是，如果搭售行为破坏了公平竞争的市场环境，限制了经营者进行技术创新，同时也使消费者丧失选择权，损害了消费者的利益，带来的危害性更大。本案中的HRI联盟多年滥用其知识产权强迫被许可人接受不平等的条款，最终被美国联邦最高法院判决确定其违法性。

（五）律师提示

在高新技术不断创新的情况下，一项产品所涉及的专利越来越密集，生产商生产一项产品或者开发一门新的技术需要向多个专利权人获得许可，生产商们会寻求专利交叉许可和专利池许可的模式，这样可以降低有关许可交易的成本。专利池组织使企业组成联盟，发挥整体优势。但是，也应看到专利池组织利用垄断地位收取高昂的许可费用，或者设立不公平的条件，使许多被许可人无法真正参与市场公平竞争。

无线电广播专利联盟组织有几百项与无线电通信相关的专利技术，其从来不进行单个许可，而是采用所谓的标准“一揽子”搭售许可协议授权，将全部专利整体许可给被许可方，然后以这些被许可人出售的收音机整机价格的一定百分比收取专利使用费，至于被许可方愿意使用多少项专利则不予考虑，拒绝被许可方提出以最小单元计价的要求，因此，以整机价格计价还是以最小单元计价，被许可方丧失了自由交易权。

在专利池联盟的许可中，除了专利池联盟成员属于互补型专利外，“一揽子许可”有可能是典型的搭售之排除限制竞争的做法，迫使被许可人购买或接受本不愿意要的东西，排除市场中被搭售产品市场的其他供应商，由此消除不在知识产权许可范围的市场的竞争。与普通的搭售行为相比，专利池联盟的搭售情况更为复杂，虽然专利池组织的各个成员不具有市场支配地位，但是专利池联盟借助知识产权许可，联合起来整体具有市场支配地位，如果滥用市场支配地位，排除限制市场竞争比传统搭售效果要大很多，审查和反制的难度也较大。对此，中国需要明确司法解释，对这类专利池联盟行为进行反垄断反制。

## 二、美国反垄断执法机构诉甲骨文公司并购仁科公司案

(一)当事人

原告：仁科公司、埃迪沃公司

被告：甲骨文公司

(二)案情简介

2003 年 6 月 6 日，美国硅谷软件经营者仁科公司(People Soft Inc)以 18 亿美元签约善意收购竞争对手埃迪沃公司(J. D. Edwards)。几乎同时，软件巨头甲骨文公司(Oracle)却向仁科公司发出了 51 亿美元的巨额收购要约。甲骨文公司做出如此大手笔的收购计划，有明显的恶意收购企图。因为在这一行业中，收购的做法通常是小心谨慎，周密筹划的，避免对被收购公司的管理精英和技术精英们造成太大冲击，导致人才出走和流失。在硅谷的高科技经营者中，甲骨文公司的反常收购计划引起了很大的反响。2003 年 6 月 7 日，仁科公司立即对甲骨文公司的敌意收购进行反击，指出这是一非常“坏”的恶意收购行为，意在阻挠仁科公司对埃迪沃公司的友好收购行动。

2003 年 6 月 12 日，仁科公司董事会正式宣布不接受甲骨文公司 51 亿美元的收购邀请。仁科公司表示，最近几年，它与甲骨文公司相比，市场份额已经有所增长，其与埃迪沃公司的联合受到了客户、分析师、计算机硬件厂商和系统集成商的肯定和赞赏。因为甲骨文公司插手，仁科公司被迫调整收购计划，加快与埃迪沃公司的兼并，以避免甲骨文公司对其自身的收购。仁科公司同时宣布提高 2004 年的收购预期和 2005 年的财务目标，以全部使用现金出价收购需要得到法律的批准为依据，告诫自己的股东不要对甲骨文公司的出价立即采取行动，并做出将很快向股东提供建议的承诺。埃迪沃公司也对甲骨文的恶意收购行为表示了强烈的反对态度。

2003 年 6 月 12 日，埃迪沃公司宣布在美国科罗拉多州法院起诉甲骨文公司，诉称甲骨文公司“侵权性地干扰了这笔交易”，要求法院判决甲骨文公司赔偿其 17 亿美元损失，并且对甲骨文公司处以一定数额的罚款。埃迪沃

公司还在美国加利福尼亚州法院控诉甲骨文公司首席执行官拉里·埃里森及执行副总裁查理斯·菲利普斯有不公平商业行为。埃迪沃公司要求法院下令阻止甲骨文收购仁科公司。2003 年 6 月 13 日,仁科公司也在加利福尼亚州正式起诉甲骨文公司,要求阻止甲骨文公司对该公司 51 亿美元的恶意收购企图。仁科公司在诉状中称:甲骨文的收购行为是按照“预定的阴谋”,干预仁科公司与埃迪沃公司两家公司的合并,对仁科公司的顾客造成疑虑,意在削弱仁科公司的市场竞争力,甲骨文公司的收购毫无诚意。

甲骨文公司辩称,合并问题将由仁科公司股东而不是“烦琐的诉讼”决定。2003 年 6 月 19 日,甲骨文公司也向法院起诉仁科公司及其董事会和埃迪沃公司,状告他们合谋,意图阻止甲骨文对仁科公司的收购。仁科公司再出招反击,声明如果任何收购行动导致仁科公司生产线停产,或在软件到期前终止技术支持,仁科公司将向客户支付 2 ~5 倍授权使用费的赔偿,该赔偿承诺既刺激了市场销售,又为甲骨文公司收购仁科公司设置了新障碍,即采用了反收购“毒丸”措施。

仁科公司的反收购措施直接导致仁科公司几大股东不愿接受甲骨文公司出资每股 16 美元的收购要约,除非甲骨文公司重新考虑其 51 亿美元的报价。甲骨文公司辩称,对走投无路且处于困难时期的商务软件开发商仁科公司来说,51 亿美元的报价颇为合理,但是,随后甲骨文公司再次延期了收购仁科公司股权的出价截止日期,并且表示它仍然坚持收购仁科公司的要约,同时把对仁科公司的恶意收购的出价提高了 10 亿美元,达到 61 亿美元。2003 年 7 月 25 日,在仁科公司成功收购埃迪沃公司之后,甲骨文公司又重申了其收购仁科公司的承诺,甲骨文公司宣布准备再支付 12 亿美元,将埃迪沃公司一并“拿下”。

两个月后,甲骨文公司收购仁科公司的计划依旧没有结果,在收购要约即将到期时,甲骨文公司于 2003 年 9 月 4 日表示,将把对仁科公司的出价从 9 月 19 日延长至 10 月 17 日。仁科公司的 CEO 于次日立即做出回应,声称自甲骨文敌意收购以来,仁科公司股票首次涨至甲骨文公司出价的 19.50 美元/股以上,同时公司 2004 年核心软件销售预期增长 5%,经济状况得到改善,宣告甲骨文公司 73 亿美元敌意收购仁科公司的企图破灭。未果诉讼和仁科公司的各项反收购措施,使仁科公司股东举棋不定,经过数次延期后,历时 8 个月,甲骨文公司吸纳仁科公司的股票仍然未达到法定数额。

2004年2月4日,在仁科公司的股东年度大会前夕,甲骨文公司再次发难,宣布它已经决定将自己并购仁科公司的竞价在原来的基础上再提高33%,增至94亿美元。甲骨文公司在这个时候宣布提高出价是早有预谋。原因是甲骨文公司在这个时候放出消息,是希望以提价的方式来争取仁科公司股东们的大力支持,同时表示这个价格已经是甲骨文公司最后出价,借以向仁科公司施压。仁科公司经过激烈的讨论,最终还是拒绝了甲骨文公司的最后报价。同时,美国反垄断执法机构表示将考虑提起诉讼,阻止甲骨文公司对仁科公司的敌意收购,甲骨文收购再次陷入僵局。直到2005年年初,仁科公司终于同意接受甲骨文公司103亿美元的收购价,历时18个月的收购战终于结束。甲骨文公司从最初每股24美元的报价,到最后以每股26.50美元的价格成功收购仁科公司,成了全球第二大经营者软件制造商。

(三)法院审理

本案各方都启动了法律程序,剑拔弩张,美国反垄断执法机构也准备了预案,但是,各方最终并未通过法律程序裁判解决,而是经过激烈的反复博弈后,双方达成收购协议,以法庭和解方式结案,成功地解决了这一难题。

(四)评析

甲骨文公司是全球最大的经营者软件供应商,向超过145个国家的用户提供数据库、工具、应用软件以及相关的咨询、培训和支持服务。仁科公司是全球第二大的经营者应用程序软件公司,在150个国家和地区中用以拥有数以万计的客户,在制造、客户关系管理、房地产、分析、财务管理、供应商关系分析管理、分销以及资产管理等各种软件方面居于领先地位,同时在金融服务、电信、人事、高等教育、制造和分销、政府、房地产以及日常消费品等行业拥有良好的声誉。

在本案中,甲骨文公司采用了高科技行业甚少运用的敌意收购策略,敌意收购,是指收购人的收购行为虽遭到被收购人的抵抗,但仍然强行收购被收购人的股票,或者在没有提前与被收购人商量的情况下,提出公开收购要约。在敌意收购情况下,目标公司可以同意收购行为,但是在大多数情况下,目标公司都会采取积极防御策略,设置种种障碍。甲骨文公司收购仁科公司的目的是增强核心竞争力及改变市场竞争格局,其收购手段是在仁科公司与埃迪沃公司进行善意合并时突然发难,不考虑仁科公司的处境和立场,也不作事先沟通,在遭遇强烈抵抗后,不惜以诉讼对抗诉讼,志在必得,甲骨文的收购行动属于典型的敌意收购。

仁科公司和埃迪沃公司成功运用了积极防御的策略。先以违反商业法为由对甲骨文公司提起诉讼,同时加快仁科公司对埃迪沃公司的收购,提高被收购的成本,有效阻击了甲骨文公司的敌意收购。仁科公司还通过发布盈利预测及未来更高的红利支付率,使股东相信仁科公司的股票真实价值与收益能力被低估,甲骨文的收购在价格上不合理,对今后仁科公司经营造成不良影响,仁科公司管理层拒绝甲骨文的收购不是出于个人利益动机,而是为了仁科公司股东的最大利益化,成功地劝阻了股东出售股票。仁科公司同时采用了"毒丸"计划,宣布其一旦失去控制权,将立即执行向顾客赔偿计划,希望借此打消甲骨文的收购意图。仁科公司的反收购措施产生了巨大效果,从 51 亿美元恶意收购报价开始,最终以 103 亿美元鸣金收兵,虽然仁科公司最后接受了甲骨文公司的收购条件,但说明仁科公司的反收购措施成功实现了提高身价的目的。

(五)律师提示

甲骨文公司收购仁科公司的目的是希望通过收购成为全球第二大经营者软件制造商,增强竞争力,以便与竞争对手 SAP 公司继续进行竞争。

本案从最初每股 24 美元的报价,到最后以每股 26.50 美元价格成功收购,各方在收购和反收购攻防上无所不用其极,可谓道高一尺,魔高一丈。虽然最终握手言和,但是本案给有意通过并购实现经营者集中的后来者留下深深思考,也留下可资借鉴的启发。

## 三、美国可口可乐公司并购中国汇源果汁公司案

(一)当事人

当事人:美国可口可乐公司、中国汇源果汁公司

行政机关:中国商务部

(二)案情简介

2008 年 9 月初,全球最大饮料商可口可乐公司提出以每股 12.2 港元,共计 179.2 亿港元(约合 24 亿美元)的价格全面收购中国饮料品牌汇源果汁公司。消息一出,引发中国市场强烈反应和众多争议,争议焦点则集中在民族品牌保护和饮料市场反垄断。2009 年 3 月 18 日中国商务部正式宣布,根据中国《反垄断法》禁止可口可乐收购汇源。据悉,这是《反垄断法》自

2008 年 8 月 1 日起实施以来首个未获通过的案例。

（三）商务部处理

2009 年 3 月 18 日，中国商务部第 22 号公告（以下简称公告）确认该项并购将对竞争产生不利影响的主要理由如下：

1. 收购完成后，可口可乐公司有能力将其在碳酸软饮料市场上的支配地位传导到果汁饮料市场，对现有果汁饮料经营者产生排除、限制竞争效果。

2. 收购完成后，通过控制“美汁源”和“汇源”两个知名果汁品牌，可口可乐公司对果汁市场控制力将明显增强，可以利用碳酸饮料市场已有的支配地位以及相应的传导效应，使潜在竞争对手进入果汁饮料市场的障碍明显提高。

3. 收购完成后，挤压国内中小型果汁经营者生存空间将被挤压，国内经营者在果汁饮料市场参与竞争和自主创新的能力将被抑制，国内果汁市场上的竞争秩序将被扰乱。

（四）评析

在上述公告第 1 条、第 2 条都提到一个名词——“传导”，这是至今还有争议的一个名词。由于中国缺乏自己的并购反垄断理论研究成果和成功案例，中国商务部借鉴了欧盟、美国的混合并购反垄断中的“传导效应”理论，该理论指导欧盟、美国反垄断执法机构成功地处理了许多类似案例。其中，值得关注的是 2003 年“美国可口可乐公司并购澳大利亚贝里公司案”，贝里公司是澳大利亚大型果汁经营者，澳大利亚竞争和消费者保护委员会否决该案时，运用了“传导效应”理论，而该案与本案类似，似可借鉴。这也是中国商务部选择欧美的“传导效应”理论适用本案的主要原因。

根据欧盟、美国反垄断法之并购理论，笔者将“传导效应”产生的条件归纳如下：(1)经营者在 A 市场上具有市场支配地位或者寡占性垄断地位；(2)A 市场的垄断经营者具有垄断 B 产品市场的能力；(3)A 产品与 B 产品不属于互补产品，是两件可分产品；(4)B 产品市场的竞争不充分。

以上四个条件仅系必要条件，不是充分条件，是否产生“传导效应”？对竞争有什么影响？还要具体分析。

本案中，“传导效应”的第一个必要条件已经成立。可口可乐公司在碳酸饮料市场上的支配地位是毋庸置疑的。

第二个必要条件,可口可乐公司是否具有垄断果汁饮料市场的能力。虽然在果汁饮料市场双方尚未达到支配地位,但是产生"传导效应"条件仅需要并购方可口可乐公司拥有碳酸类饮料市场支配地位和垄断果汁饮料市场能力,并不需要被并购方汇源果汁公司同时具备果汁饮料市场支配地位。另外,汇源果汁公司在国内果汁饮料市场拥有"汇源"知名品牌,可口可乐公司在国内果汁饮料市场上也已经有"美汁源"知名品牌。并购后的可口可乐公司将控制"汇源""美汁源"两个知名品牌,与国内现有的果汁饮料经营者相比,无论在品牌、资金、技术、销售渠道、广告和费用分摊等方面,都拥有无可比拟的竞争优势,国内其他竞争者根本无力与之抗衡,这就完全改变了果汁饮料市场上的力量对比,大大削弱了竞争。并购后,可口可乐公司完全有能力通过品牌垄断等手段,将碳酸饮料市场支配地位传导至果汁饮料市场。

第三个必要条件,根据公告推断,碳酸饮料和果汁饮料是既独立又相邻的两个市场的产品,拥有相同的经销商和客户群体,可以被视为相关的非酒精饮料系列产品。但消费者偏好调查结论是果汁类饮料与碳酸类饮料之间需求替代性较低,所以这两类饮料不属于互补产品。

第四个必要条件,分析果汁饮料市场竞争是否充分。首先,如果把中国国内整个果汁饮料市场视为一个产品市场,根据《2009－2012年中国果汁市场投资分析及前景预测报告》,汇源果汁公司在国内整个果汁饮料市场上的占有率为10.3%(汇源品牌),位居第一名,可口可乐公司的市场占有率为9.7%(美汁源品牌),位居第二。但是,对并购后拥有差异化产品市场的可口可乐公司而言,仅根据其中一个果汁饮料市场份额来猜测其整体市场支配地位高低有失偏颇,可能无法识别出本案并购的反竞争效果。其次,并购前,在果汁饮料市场上,可口可乐公司与汇源公司之间是竞争对手。但是,并购后,位居市场第一名和第二名经营者之间的外部竞争关系消灭了,两者转化为内部互惠交易,合并后的可口可乐公司拥有更大的地域市场和更多种品牌产品组合力量来传导市场势力,并以此来报复第三方的不合作行为。最后,倘若把整个果汁饮料市场细分为高中低浓度三种果汁饮料,汇源果汁公司在高浓度果汁饮料市场和中浓度果汁饮料的销售量分别占有42.6%和39.6%,位居市场优势地位。因此,至少在高中浓度果汁饮料市场上,竞争是很不充分的,中小型果汁饮料经营者的生存空间受到挤压,经销商或消费者自由选购权受到一定程度限制。

所以本案倘若并购成功,将基本满足“传导效应”的条件,可口可乐公司有可能透过将碳酸饮料与果汁饮料搭售、捆绑销售、指定销售、品牌垄断等手段,将其在碳酸软饮料市场上的支配地位传导到果汁饮料市场。可口可乐公司还有可能滥用果汁饮料市场支配地位,对国内果汁饮料经营者产生排除、限制竞争效果,进而损害饮料消费者的合法权益。因此,中国商务部的上述决定是正确的。

(五)律师提示

1.“传导效应”对竞争的影响

根据欧盟竞争法与美国反托拉斯法,并购的“传导效应”对竞争的影响可以从以下两个方面考察:一是并购后经营者实施的搭售等策略行为对竞争的影响;二是并购后为经营者创造的合谋条件。

(1)搭售与“传导效应”。

①搭售对竞争的正负影响。搭售既可能产生规模经济,节约交易成本,提高效率、促进竞争;又可能产生搭售品市场的垄断租金、排除被搭售品市场的潜在进入、损害消费者权益等反竞争效应。

②搭售对其他竞争者的影响。并购后经营者会降低将A、B产品打包销售的价格,同时提高A产品价格,其他竞争者若想保持市场份额,则必须降价,但缺少A产品的内部交叉补贴,其降价幅度有限,结果丢失市场份额。

③搭售对潜在竞争者的影响。即使“传导效应”不是很强,搭售也能透过迫使任何潜在竞争者必须提供这两种产品而不仅仅是一种产品来提高进入壁垒。

④搭售品的相关性。如果并购经营者提供的产品密切相关,并且共同拥有相同的客户群体(中间客户或最终客户),该搭售可能会对竞争造成不利影响。但在差异化产品市场中,仅根据某个产品市场份额来推断并购经营者整体市场势力大小未必准确。

⑤搭售品市场竞争不充分性。在寡头市场,中间客户或最终客户的选择权可能受到限制,搭售更容易产生反竞争效应。

(2)合谋与“传导效应”。合谋,是指合并后为经营者创造了更适宜共谋的条件。根据博弈论,合并减少了市场上合谋经营者数目,合谋经营者数目越少,越容易产生合谋,越容易发现背叛和惩罚背叛。假设并购前经营者仅在A市场合谋,在B市场未合谋,并购后“传导效应”将A、B两个不同市场链接起来,使经营者可能在A、B两个市场上同时合谋,增加了B市场合谋的可能性。维持合谋也是同样原理,假设在A市场维持合谋的力量很强,而在B市场维持合谋的力量不足,由于A、B两个市场之间的“传导效应”,如果某经营者在B市场背叛,则将在A、B两个市场上同时受到惩罚,增强了B市场合谋的可维持性。

2.“传导效应”与品牌垄断效应

与“传导效应”最为密切相关的是其可能带来的品牌垄断效应,这也是对商标权滥用的一种形式,因为品牌是市场竞争的关键因素。品牌既被经营者垄断,其物化的产品又在市场中激烈竞争,主要是品牌间竞争与品牌内竞争两类。品牌间竞争是指不同经营者分别生产不同品牌的产品,并购前存在不同品牌外部之间的竞争,并购后就消除了不同品牌间的外部竞争。品牌内竞争主要指同一品牌内部不同系列产品之间的竞争。对此,并购方可以将内部系列产品的差异性提高,使得品牌内部竞争程度大大降低。笔者认为,通过“传导效应”,同样可以将品牌垄断从A市场延伸扩张到B市场,转化为市场垄断,从而损害竞争。1967年美国联邦贸易委员会与联邦最高法院否决宝洁公司并购科罗克斯公司案,便体现了这种观点。

## 四、美国普林科公司、飞利浦公司诉美国国际贸易委员会捆绑非必要专利案

(一)当事人

原告:美国普林科公司、飞利浦公司

被告:美国国际贸易委员会

(二)案情简介

原告诉称,在20世纪90年代末,飞利浦公司与普林科、技嘉存储等19家光盘片制造厂商签订了一揽子专利许可协议,但不久后,飞利浦公司依据美国《关税法》第337条的专利侵权条款,向美国国际贸易委员会提出控诉,要求调查19家厂商所生产制造的CD－R/RW盘片是否侵犯飞利浦公司的6项专利的专利权,并申请禁止被控厂商将未经许可的CD－R/RW盘片输入美国。

被告反诉抗辩:(1)原告在专利许可中,将非必要专利连同必要专利一起强制性地许可给了被告,违法反垄断法规定;(2)在必要专利方法上存在

商业上的替代方法,因此,原告给被告造成了重大经济损失。

(三)法院审理

1. 飞利浦公司诉美国国际贸易委员会案

美国国际贸易委员会于 2003 年 10 月 24 日作出初步审理决定:界定所有飞利浦主张受侵害的专利均为有效,被控诉厂商所生产的产品确实侵害飞利浦的专利,同时美国《关税法》第 337 条对于美国国内经营者受到实质伤害的要件亦符合,根据"一揽子许可"专利的安排构成搭售,违反美国反垄断法中固定价格、价格歧视以及搭售协议的相关规定,因此,认定飞利浦公司的许可行为构成专利权滥用;并且认为 CD-R/RW 专利池中的权利架构对于商业交易产生不合理的限制。

经过复审,美国国际贸易委员会于 2004 年 3 月作出终审决定:(1)飞利浦公司主张受侵害的专利,因本质上构成专利权滥用,当然违法而无法执行,其理由是飞利浦公司采取强制"一揽子许可"方式,将依"橙皮书"生产 CD-R及 CD-RW 盘片的必要专利与其他非必要专利搭售,构成专利权滥用。(2)飞利浦公司因其搭售安排,依"合理原则"判断亦构成专利权滥用而无法执行。(3)飞利浦公司因为专利权滥用造成的不当结果尚未被净化并清除。(4)未违反美国《关税法》第 337 条的决定,终止相关调查。

飞利浦公司不服提起上诉,美国联邦巡回上诉法院受理后,经过认真调查和严密推理,于 2005 年 9 月 21 日宣判推翻了美国国际贸易委员会做出的不利于飞利浦公司的复审决定。

2. 普林科公司诉美国国际贸易委员会案

美国国际贸易委员会作出裁决,认定侵权成立并驳回了普林科公司的专利权滥用之抗辩。普林科公司不服提起上诉,认为美国国际贸易委员裁决错误有两点:(1)飞利浦公司强迫被许可人同时购买"非必要专利"构成专利权滥用;(2)飞利浦公司和索尼公司约定不对外发放 Lagadec 专利许可,由于 Lagadec 专利技术是"橙皮书"标准中 Raaymakers 专利技术(第 4999825 号和第 5023856 号美国专利的总称)的竞争技术,因此,该约定构成专利权滥用。

2009 年 4 月,美国联邦巡回上诉法院专案法庭作出裁决,认定 Lagadec 专利不是"非必要专利",不存在捆绑非必要专利的专利权滥用,但同时将案件发回美国国际贸易委员会重审以明确"飞利浦是否与索尼存在相互约定抑制 Lagadec 技术”，以及“这种阻碍替代技术研发的协议，是否基于消除竞争和固定价格的理论构成专利权滥用”。

2010 年 8 月，全体法庭法官多数意见作出了有利于飞利浦公司的判决，认定飞利浦公司和索尼公司的协议禁止专利池组织之外单独许可行为不构成专利权滥用。

（四）评析

按照一般理论，专利许可中搭售非必要专利行为原则上构成专利权滥用，除非专利权人有合理依据证明搭售、捆绑的专利为必要专利，否则，可能因滥用专利权而被追责。然而，本案在上述原则上产生了新的特殊例外：即便专利池组织在一揽子专利许可中搭售、捆绑了非必要专利，如果无明显证据证明被许可人因搭售、捆绑的非必要专利而支付了额外的不合理的许可费，或者无证据证明专利权人直接实施或者间接实施了固定价格、限制技术、强迫使用等违法行为，此类搭售、捆绑行为可以不纳入专利权滥用反制范畴。美国法院的上述判例，似乎对专利池组织将必要专利与非必要专利的捆绑销售行为开放了新的豁免。

（五）律师提示

专利联盟，是指两个或者两个以上的专利权人通过某种形式将各自拥有的专利共同许可给第三方的协议安排。其形式可以是为此目的成立的专门合资公司，也可以是委托某一联营成员或者某独立的第三方进行管理。在高科技时代，产业竞争加剧，组成联盟发挥整体优势能够激励专利权人继续创新，促进技术改朝换代。但专利权人利用垄断地位滥用专利权、捆绑销售、设置高昂许可费、歧视性收费等行为使得许多许可者无法真正地参与市场公平竞争，因而，迫切需要反垄断法进行反制。

我国《对外贸易法》第 30 条规定：“知识产权权利人有阻止被许可人对许可合同中的知识产权的有效性提出质疑、进行强制性“一揽子许可”、在许可合同中规定排他性返授条件等行为之一，并危害对外贸易公平竞争秩序的，国务院对外贸易主管部门可以采取必要的措施消除危害。”《滥用知识产权规定》第 12 条规定：“经营者不得在行使知识产权的过程中，利用专利联营从事排除、限制竞争的行为。……具有市场支配地位的专利联营管理组织没有正当理由，不得利用专利联营实施下列滥用市场支配地位的行为，排除、限制竞争：（一）限制联营成员在联营之外作为独立许可人许可专利；

(二)限制联营成员或者被许可人独立或者与第三方联合研发与联营专利相竞争的技术;(三)强迫被许可人将其改进或者研发的技术独占性地回授给专利联营管理组织或者联营成员;(四)禁止被许可人质疑联营专利的有效性;(五)对条件相同的联营成员或者同一相关市场的被许可人在交易条件上实行差别待遇;(六)国家工商行政管理总局认定的其他滥用市场支配地位行为。"

根据上述规定,我国相关法律和执法机构对专利池组织将必要专利与非必要专利捆绑销售的行为,持否定态度。但《专利法》并没有类似美国专利滥用的抗辩制度,也缺乏必要专利与非必要专利捆绑搭售的案例。目前,按照《反垄断法》第55条的规定,只有在滥用专利权到排除、限制市场竞争的界限,才可以依据该法追究专利权人滥用专利的责任。

### 五、锐邦涌和科贸有限公司诉强生(上海)医疗器材有限公司等纵向垄断协议纠纷案

(一)当事人

原告:锐邦涌和科贸有限公司

被告:强生(上海)医疗器材有限公司、强生(中国)医疗器材有限公司

(二)案情简介

原告锐邦涌和科贸有限公司(以下简称锐邦公司)作为被告强生(上海)医疗器材有限公司、强生(中国)医疗器材有限公司(以下统称强生公司)的医用缝线、吻合器等医疗器械产品的经销商,与强生公司已有15年的经销合作关系。2008年1月,强生公司与锐邦公司签订《经销合同》及附件,约定锐邦公司不得以低于强生公司规定的价格销售产品。2008年3月,锐邦公司在北京大学人民医院举行的强生医用缝线销售招标中以最低报价中标。2008年7月,强生公司以锐邦公司私自降价为由取消锐邦公司在阜外医院、整形医院的经销权。2008年8月15日后,强生公司不再接受锐邦公司医用缝线产品订单,2008年9月完全停止了缝线产品、吻合器产品的供货。2009年,强生公司不再与锐邦公司续签经销合同。原告向上海市第一中级人民法院起诉,主张被告在经销合同中约定的限制最低转售价格条款构成《反垄断法》所禁止的纵向垄断协议,诉请法院判令被告赔偿因执行该垄断协议对原告低价竞标行为进行"处罚"而给原告造成的经济损失1439.93万元。

(三)法院审理

1. 一审

上海市中级人民法院审理后认为,本案原、被告之间所签订经销合同的确包含有限制锐邦公司向第三人转售最低价格的条款,但对于此类条款是否属于垄断协议,需考量其是否具有排除、限制竞争的效果。本案要确定存在垄断行为的依据尚不充分。此外,锐邦公司主张的损害均是双方在购销合同纠纷中得以主张的损害,与价格限制条款本身并无直接关联,未能说明其遭受了反垄断法意义上的损害。法院遂驳回原告诉请。

2. 二审

上海市高级人民法院二审认为,本案相关市场是中国大陆地区的医用缝线产品市场,该市场竞争不充分,强生公司在此市场具有很强的市场势力,本案所涉限制最低转售价格协议在本案相关市场产生了排除、限制竞争的效果,同时并不存在明显、足够的促进竞争效果,应认定构成垄断协议。上海市高级人民法院在判决书中明确了判断固定、限定最低转售价格是否具有反竞争效果的四个因素:

(1)在考察相关市场竞争是否充分时,首先需要界定相关产品市场和相关地域市场;其次考量相关市场内的买方力量、品牌依赖程度、是否存在进入障碍、被告的定价能力等因素,进行综合判断。

(2)在考察被告市场地位是否强大时,综合考量以下指标:市场份额、定价能力、品牌影响力、对经销商的控制力等。

(3)如果查明被告实施限制最低转售价格的动机是限制市场竞争,回避价格竞争,则也是最终认定协议构成垄断协议的重要因素。

(4)限制最低转售价格行为既可能限制竞争又可能促进竞争。一方面,由于市场存在一定的自我修复功能,有些限制竞争的效果很快会由市场纠正;另一方面,有些限制竞争效果会被另一些促进竞争的效果抵销。因此,只有在实际产生难以克服、难以抵销的限制竞争效果时,限制最低转售价格协议才应被认定为垄断协议。

二审法院最终判决,强生公司对锐邦公司所采取的取消部分医院经销资格、停止缝线产品供货行为属于《反垄断法》禁止的垄断行为,强生公司应赔偿上述垄断行为给锐邦公司造成的2008年缝线产品正常利润损失。据此,判决强生公司赔偿锐邦公司经济损失53万元。

（四）评析

本案一审与二审的审判关键是对垄断协议的认定，而认定的思路是以合理原则具有排除、限制竞争效果为必要要件，由原告承担纵向协议具有排除、限制竞争效果的举证责任。由此可见，在纵向协议反垄断民事诉讼中，原告若想取得胜诉，还是要就纵向协议是否具有排除、限制竞争的效果提供充分翔实的证据和说理。学界及业界对本案中涉及的一些重要问题存在争议。《反垄断法》已类型化的固定、限定最低转售价格协议，是否还需要由原告来证明协议具有排除、限制竞争的效果，从而构成垄断协议？证明协议的反竞争效果时，是否需要考虑主观要件，即动机？即便存在上述争议，不可否认的是该案是国内首例纵向垄断协议纠纷案件，也是全国首例原告终审判决胜诉的垄断纠纷案件，该案涉及对限制最低转售价格行为进行反垄断分析的一系列重大问题，二审法院判决对限制最低转售价格行为的法律评价原则、举证责任分配、分析评价因素等问题进行了探索和尝试，分析方法与结论对推进中国反垄断案件审判和《反垄断法》实施具有重要意义。

（五）律师提示

美国反托拉斯法对维持转售价格的反制是通过成文法和判例法共同完成的，就成文法而言，美国关于反制维持转售价格协议的条款主要包括《谢尔曼法》第 1 条、第 2 条和《克莱顿法》第 3 条。至于判例，1911 年，美国联邦最高法院在迈尔博士医药公司诉约翰・D. 帕克父子公司案中首次确认维持转售价格为本身违法，并施以严厉的处罚。此后，虽然美国又出台了一些涉及维持转售价格的成文法，判例法方面也更为丰富，但其对于维持转售价格适用本身违法原则的基本立场并未改变。中国《反垄断法》关于纵向垄断中限制转售价格的规定在第 14 条，也明确规定了禁止经营者与交易相对人达成维持转售价格协议。由此可见，中国反垄断执法机构在反制维持转售价格的问题上理论上采取的是本身违法原则，即“概括禁止，个案豁免”。

在司法实践中，法院对垄断协议的认定往往会适用合理分析原则，把排除、限制竞争效果作为必要要件，在衡量固定转售价格的纵向垄断协议是否具有排除、限制竞争的效果时，主要考量以下几个因素：(1)相关市场竞争是否充分（首要条件）；(2)被告市场地位是否强大（前提和基础）；(3)被告实施限制最低转售价格的动机（重要因素）；(4)限制最低转售价格的竞争效果，同时考虑反竞争以及促进竞争的效果。

### 六、北京掌中无限信息技术有限公司诉深圳市腾讯计算机系统有限公司垄断案

（一）当事人

原告：北京掌中无限信息技术有限公司

被告：深圳市腾讯计算机系统有限公司

（二）案情简介

北京掌中无限信息技术有限公司（以下简称掌中无限公司）成立于2004年9月，PICA是其推出的一种基于手机运行的即时通信产品，用户通过手机使用PICA产品可以与好友进行聊天、交友、语音、资讯、博客等交流。根据广大用户的需求，掌中无限公司在PICA软件中为深圳市腾讯计算机系统有限公司（以下简称腾讯公司）的QQ用户提供了一个通道，QQ用户通过PICA提供的这个通道可以登录QQ，与自己的QQ好友实现互通，进行实时交流，掌中无限公司以兼容方式实现了与腾讯公司的互联互通。2006年6月，腾讯公司针对PICA即时通信系统与QQ系统的互联互通行为向法院提起诉讼，拒绝了掌中无限公司的互联互通要求。为此，掌中无限公司诉请法院：（1）判令腾讯公司停止不正当竞争及垄断行为，限期公开阻碍互联互通的QQ即时通信系统通信协议；（2）判令腾讯公司赔偿给掌中无限公司造成的经济损失200万元；（3）判令腾讯公司赔偿掌中无限因调查制止侵权行为支付的合理费用2万元；（4）判令腾讯公司承担本案全部诉讼费用。

（三）法院审理

掌中无限公司在诉状中称腾讯公司是中国最大的网络即时通信产品提供商，腾讯公司在即时通信领域占有市场支配地位，掌中无限公司与腾讯公司具有竞争关系。掌中无限公司认为，腾讯的QQ系统拒绝与其进行互通，导致QQ用户不能够通过其他即时通信系统与QQ好友交流，必须通过腾讯公司限定的终端才能通过QQ系统与QQ好友交流。QQ用户为了与使用不同即时通信系统的好友交流，将被迫安装运行不同的即时通信软件，这极大损害了广大消费者的合法利益。腾讯公司设置的不公开通信协议成为互通技术障碍，间接限制了消费者选择其他即时通信系统的服务，违反了《反不正当竞争法》及《电信条例》的有关规定，构成不正当竞争和垄断。

腾讯公司则抗辩称，其行为没有违反《电信条例》第17条的规定，没有

构成对互联互通义务的违反;腾讯公司不具备原告所称的市场支配地位,也没有限制用户的选择自由,不构成垄断;私有通信协议的存在必要且合理,具有合法性。

深圳市中级人民法院经审理认为,腾讯公司的行为是否构成垄断行为,互联互通是否是腾讯公司的法定义务,通信协议是否应该公开是本案审理的三个焦点问题。最终,法院认为掌中无限公司指控腾讯公司构成垄断和其他不正当竞争行为,要求腾讯公开通信协议的证据不充分,不足以证明其事实主张,应当承担相应的不利后果,判决驳回了掌中无限公司的诉讼请求。

(四)评析

该案件是即时通信领域的两个竞争者在不正当竞争和垄断上的诉讼交锋,第一案是腾讯公司起诉掌中无限公司,认为其 PICA 即时通信系统中设置了登录 QQ 系统的功能,用户可以通过掌中无限公司的 PICA 系统登录原告的 QQ 系统,无偿享受 QQ 系统的服务,该行为属于不正当竞争行为,通过二审终审,掌中无限公司被法院认定为不正当竞争行为。

本案中,腾讯公司的行为是否构成垄断,要考察两个要件:第一,滥用市场支配地位或者达成垄断协议。法院认定腾讯公司在移动即时通信领域并未形成市场支配地位,掌中无限公司在市场中的份额增长较快,双方的市场份额差距并不明显。同时,法院认为腾讯公司在普通 QQ 即时通信领域具有一定的市场地位,但是,该市场地位是其利用自己的多年努力经营的结果,其拥有的系统资源已成为重要财产和市场核心竞争力。市场经营反对垄断,但支持正当经营,鼓励技术发展和创新。第二,腾讯公司并未利用任何市场支配地位或者垄断协议排除、限制竞争,法院认为腾讯公司在普通 QQ 即时通信产品上取得的成功,是技术发展和创新的结果,是市场自然作用下用户选择形成的结果。因此,腾讯公司并未滥用市场支配地位排除、限制掌中无限公司的竞争,反而是掌中无限公司利用了不正当竞争手段与腾讯公司争夺市场份额。因此,法院对掌中无限公司认为腾讯公司构成垄断的主张并未支持。

(五)律师提示

本案提出了一个采用兼容方式实现互联互通的问题。硬件共享存在互联互通问题,软件共享存在兼容问题。1993 年起施行的《反不正当竞争法》

并未禁止不兼容，不兼容并不违法。直到 2017 年 11 月 4 日修订的《反不正当竞争法》第 12 条规定："经营者利用网络从事生产经营活动，应当遵守本法的各项规定。经营者不得利用技术手段，通过影响用户选择或者其他方式，实施下列妨碍、破坏其他经营者合法提供的网络产品或者服务正常运行的行为：……（三）恶意对其他经营者合法提供的网络产品或者服务实施不兼容。"适用这条规定的前提条件是——"恶意"。故掌中无限公司的诉讼请求得不到法院的支持。

采用软件兼容方式实现互联互通，对消费者是有利的，因为消费者可以通过不同的即时通信系统跨网相互交流，就像中国移动用户能够与中国联通、中国电信用户相互通信一样。然而，当某个网络经营者拥有较大市场优势地位时，尽管兼容可以扩大用户规模，但也会使原本处于劣势的竞争对手同时获得与该经营者相当规模的用户基础，降低了该经营者的竞争优势。兼容性使该经营者获得的市场价值的增加小于其市场优势地位丧失导致的收益损失，因此，拥有较大市场优势地位经营者往往更倾向于选择不兼容，而处于竞争劣势的中小网络经营者一般选择相互兼容。

# 第六章

# 各国和国际组织对滥用市场支配地位行为的反垄断反制

## ◇ 第一节 美国反托拉斯法的演变

### 一、从“行为主义”向“结构主义”的转变

从20世纪30年代开始，强调市场结构的哈佛学派的理论在美国占据了支配地位。这一时期的法院和经济学家都倾向于对大企业所主张的效益理论不予重视，1945年美国联邦最高法院对“美国铝公司案”的判决便充分反映了这种倾向。该案中，政府指控美国铝公司垄断了初级铝的制造和某些铝产品的销售，法院在判决中否定了被告关于“企业具有大型规模并非违法”的辩解，判定它违反了《谢尔曼法》第2条的规定。法院的判决并不是因为政府对该公司垄断行为的指控，而是认为美国铝公司在初级铝市场上的份额已超过90%。由此，“美国铝公司案”的判决代表了从行为方法向结构方法的转变。该案法官认为，一个垄断者即使没有向竞争者做任何积极行为，它也有可能违反《谢尔曼法》。从这个案例可以看出法官分析问题的方法和经济学思考，该案对此后的同类案件有深远影响。

### 二、从“结构主义”向“行为主义”的回归

随着芝加哥学派在美国社会中占据主流地位，到了20世纪70年代中

期,法院的态度再一次发生了变化,这些变化是通过重新强调垄断行为而表现出来的。[1] 法院对“电报公司诉 IBM 公司案”[2]的判决清楚地表明了这一点。该案中,IBM 公司为了应付电报公司等公司在计算机外部设备市场上的冲击,采取了诸如降低价格、重新设计某些设备等一系列手段,使电报公司的利润大幅度降低。法院认为,IBM 的行为是正常的竞争行为,虽然 IBM 拥有优势,但因其行为是正当的,所以并不构成违法。20 世纪 60 年代末以来,美国司法部和联邦贸易委员会发起了很多指控占市场支配地位的公司实施滥用行为的案件,除了“美国诉 AT& T 公司案”出现了历史上罕见的例外以外(该案分拆了贝尔系统),这些案件通常以原告失败告终。

### 三、美国反托拉斯法对滥用市场支配地位的反制

美国是世界上最早进行反垄断立法的国家,1890 年通过了《谢尔曼法》,1914 年制定了《联邦贸易委员会法》《克莱顿法》。此后从 1938 年至 1995 年,美国不断就反垄断进行补充立法,并辅以大量的判例。

《谢尔曼法》第 2 条规定:“任何人垄断或企图垄断,或与他人联合、共谋垄断州际或与外国间的商业和贸易,是严重犯罪。如果参与人是公司,将处以不超过 1000 万美元的罚款。如果参与人是个人,将处以 35 万美元以下的罚款,或三年以下的监禁,也可由法院酌情并处两种处罚。”《联邦贸易委员会法》第 5 条规定:“商业或影响商业的不公平的竞争方法是非法的;商业或影响商业的不公平惯例,是非法的。任何个人、合伙人、公司违反联邦贸易委员会制定的关于不公平的或欺骗性行为及惯例或不正当竞争方法的规则,联邦贸易委员会应向区法院起诉,对每一违法行为给予 1 万美元以下罚款的民事处罚。”以法律形式确认了具有市场力量垄断或企图垄断是禁止的行为。

“垄断力”或“垄断状态”是美国法律对于市场支配地位的表述,美国对经营者垄断力的定位正如波斯纳法官所言,是“能够通过改变其出售产品的

---

[1] 在 1966 年“格里奈尔公司案”中,法院判决在强调市场份额的同时也强调了格里奈尔公司的违法行为。

[2] See Telex Corporation v. IBM Corporation,510 F. 2d 894(1975).

数量而改变其产品的市场销售价格的销售者。"[1]可见,垄断力是指经营者"在相关市场上具有控制价格或排除竞争的能力。"[2]滥用市场支配地位行为主要包括:掠夺性定价、价格歧视、独家交易、搭售、限制转售价格等。

在美国,市场占有率(市场份额)是判断垄断力状态的重要标准。参照美国执法历史的实践,一般认为,70%左右的市场占有率是一个临界性标准,达到或超过70%就可能被判定具有市场支配力,如果经营者的市场占有率小于50%,则可能不具有市场支配地位。若经营者的市场占有率在50%~70%甚至是80%,还需考虑市场上替代产品、潜在的竞争者、其他经营者进入或退出市场率、维持经营者市场占有率时间、市场容量的变化、新产品的采用率等。

## 第二节　欧盟的"行为主义"立法

### 一、英国竞争法

英国竞争法同样采取了"行为主义"的方法,但经历了从1973年《公平贸易法》到2000年《竞争法》的变化,两者的规定前后有所不同。

(一)1973年英国《公平交易法》的规定

《公平交易法》明确规定,经营者构成垄断状态或市场优势地位并不违法,只有当经营者滥用这种垄断状态或优势地位,从而导致公众利益受到不利影响时,才是反垄断法追诉的对象。该法的独特性表现在三个方面:一是明确规定了反垄断政策的对象必须存在有垄断状态的先决条件;二是对构成垄断状态的市场份额作了法律上的明文规定;三是强调滥用行为的后果必须导致公共利益受到不利影响。

在英国,当某种货物供应、货物出口或服务的市场份额至少有1/4掌握在单个经营者或几个经营者手中时,就构成了垄断状态。判断垄断状态是

---

〔1〕 参见[美]理查德·A.波斯纳:《反托拉斯法》,孙秋宁译,中国政法大学出版社2003年版,第227页。

〔2〕 参见[美]理查德·A.波斯纳:《反托拉斯法》,孙秋宁译,中国政法大学出版社2003年版,第9页。

否存在的考察对象是货物供应，而不是生产或消费，货物或服务必须是在英国发生的。如果A经营者生产某产品的70%，B经营者生产30%，A经营者出口其全部产品的90%，B经营者将其全部产品在英国市场出售。对于有关市场来说，A经营者不会处于垄断地位，B经营者则可能会。在下列情况下A经营者也不被认为具有垄断地位：如果A经营者是一个公司的子公司，向其母公司供应全部产品的90%。因为从立法的目的来看，一组相关联的公司被看作是一个人。英国公平交易局判断是否达到构成垄断状态的市场份额不一定只采用一种衡量标准，其在1982年的"避孕套案"中就采用了数量和重量两种标准，进口时按重量计而在国内销售时则按数量计；1986年的"棉塞案"和同年的"自动邮资盖印机案"也都采用了数量和价值两种标准。

对于什么才算违反了公共利益，英国的反垄断政策中并无明确规定。实践上，垄断与合并委员会判断是否违反公共利益，主要看经营者是否保持和促进：(1)供应商之间的有效竞争；(2)有关价格、质量和选择物上的消费者利益；(3)成本降低，技术发展，以及进入市场的障碍的减少；(4)英国工业和就业的均衡分布；(5)出口竞争。应当指出，这里的公共利益标准是相当宽泛的，它和美国反垄断执法机构判断垄断行为不同，美国主要看其是否促进竞争，竞争是压倒一切的判断价值。

(二)2000年英国《竞争法》的规定

英国为了与欧盟的竞争法相一致，不得不对其《公平交易法》进行了修改，但2000年3月1日之前的行为仍然适用原《公平交易法》的规定。总体上看，新《竞争法》关于滥用市场支配地位行为的规定，其精神与原《公平交易法》是一致的，首先规定了达到市场支配地位的市场份额，其次列举了一些滥用市场支配地位的行为。

英国《竞争法》规定，如果一个经营者的市场份额达到50%以上，则视为具有市场支配地位，除非经营者能够提出相反的证据。但如果一个经营者的市场份额在40%以下，则一般不认为具有市场支配地位。关于滥用市场支配地位行为的分类，该法与欧盟竞争法基本上是一致的，也分为剥削性滥用和排斥性滥用两大类。

## 二、德国竞争法

德国在法律上对构成垄断状态的市场份额作了明文规定，但德国不称

“垄断状态”,而是称经营者“优势地位”。德国《反对限制竞争法》并不限制经营者的优势地位,而是反对优势地位的滥用。在欧盟的反垄断立法中,德国法律比较具有代表性,传统的德国法对市场结构和行为都予以关注,后来逐步倾向于对于行为的反制。2005 年修订的《反对限制竞争法》规定,禁止一个经营者或多个经营者滥用市场支配地位当作为某种特定商品或劳务的供应者或需求者,具有下列条件之一,如果具有突出的市场地位,就构成了经营者的优势地位:第一,没有竞争者或者竞争者很少;第二,相对竞争者。对于第二个条件,除考虑其市场份额外,特别要考虑其财力、采购或销售市场的渠道、与其他经营者的财产上的关系以及对其他经营者进入市场在法律和事实上的限制等因素。按照该法第 19 条第 3 项规定,经营者占有市场份额的 1/3,或 3 个及以下的经营者共同拥有市场份额的 1/2 以上,或 5 个及以下的经营者共同拥有市场份额的 2/3 以上时,就可以推定其拥有市场优势地位。对于第二、第三两种情况,当所涉及的经营者在上一完整的营业年度内销售额小于 1 亿马克时,则不能作上述推定。经过多年的实践,德国法中所规定的上述推定的重要性正在降低,市场份额仅仅是一个参考因素,而不是决定性因素。[1]

德国《反对限制竞争法》对滥用市场支配地位的行为的规定类似欧盟竞争法的有关规定,可以将其区分为剥削性滥用和排斥性滥用。

### 三、欧盟竞争法

#### (一)《欧盟运行条约》第 102 条对滥用市场支配地位的规定

《欧盟运行条约》[2]第 102 条规定,在共同市场内部或者在共同市场的某一重要部分占据支配地位的一家或者多家经营者的滥用行为,若可能影响到成员国之间的贸易,则应当因其与共同市场不相容而予以禁止。此类滥用行为包括:(1)直接或间接地采用不公平的采购价格、销售价格或者其他不公平的贸易条件;(2)限制生产、市场或者技术开发,以致损害消费者的权益;(3)在同等交易中,对其他交易方适用不同的条件,而使其他交易方在

---

〔1〕 See Global Council, *Competition Law Handbook*, 2000, p. 135.

〔2〕 2009 年 12 月 1 日,随着《里斯本条约》生效,原来的“欧共体”为“欧洲联盟”所取代。《欧共体条约》则更名为《欧盟运行条约》,条文顺序也进行了重新编排。原《欧共体条约》中有关竞争法原则的第 81 条和第 82 条,现变为《欧盟运行条约》的第 101 条和第 102 条。

竞争中处于不利的地位;(4)对方当事人接受附义务为条件订立合同,而这些附义务在本质上或者依据商业惯例与合同标的没有关联。

(二)共同市场支配地位

《欧盟运行条约》第102条规定了禁止经营者滥用市场支配地位:一个或更多的经营者滥用其在共同市场上,或在其重大部分中的共同市场支配地位,如果有可能影响成员间的贸易,则被视为与共同市场不相容而被禁止。且在该条中列举了四种滥用行为的类型。

2002年12月16日,欧共体理事会通过了执行《欧共体条约》第81条和第82条规定的竞争规则的第1/2003号条例。按照第1/2003号条例第3条的规定,成员国竞争主管机关和法院应当优先适用《欧共体条约》第81条和第82条的规定来处理第81条和第82条调整范围内的限制竞争行为。即成员国的竞争法对限制竞争的垄断协议与滥用市场支配地位的规定与《欧共体条约》冲突时,优先适用后者,因此,成员国竞争法上的规定在实践中的应用余地相对较小。

(三)《欧盟滥用市场支配地位指南》

2009年欧盟发布《欧盟滥用市场支配地位指南》,是目前世界上有关滥用市场支配地位反垄断反制最为详细的成文规则。依据该指南规定,占市场支配地位的企业实施的排他性滥用行为导致的反竞争效应主要体现为封锁效应。封锁效应,是指占市场支配地位的企业通过实施能够阻碍或消除现实或潜在竞争者的市场扩张或市场进入行为,从而在损害消费者利益的基础上进行营利性提价。并且指出,欧盟针对排他性行为执法的目标是防止占市场支配地位的企业以反竞争方式封锁其竞争对手,否则,无论是以高价形式还是其他形式(如限制产品质量或减少消费者选择余地等),这种不当封锁行为都会对消费者福利产生不利影响。

(四)欧盟竞争法对拒绝交易行为的反制

《欧共体条约》第82条是拒绝交易行为适用法律的最根本的原则,其规定:任何在共同市场具有市场支配地位或占据实质性份额的经营者的滥用行为将被禁止,因为它可能影响成员国间的贸易往来而与共同市场的性质不相容。特别禁止包含下列内容的滥用行为:直接或间接强迫接受不公平的购买或者销售价格,或者其他交易条件;限制生产、销售或者开发新技术,损害消费者的利益;就相同交易采用不同的交易条件,从而使某些交易对手处于不利的竞争地位；订立合同时强迫对方购买性质或者交易习惯与合同标的无关的商品或者服务。[1]

2004年欧共体理事会通过了《关于实施欧共体条约第81条、第82条的第1/2003号决议》规定，对于发生在欧共体条约第82条规定的滥用市场支配地位的行为应当予以禁止，无须欧盟委员会事先作出裁决。这样就可以更为及时和直接地反制滥用市场支配地位拒绝交易的行为。

（五）欧盟竞争法对垄断价格的反制

《欧共体条约》明确规定，禁止一个或者多个在共同市场内或者在相当一部分地域内占有优势地位的经营者滥用这种地位，直接或者间接地实行不公平的购买或销售价格或者实施其他不公平的交易条件。然而，欧盟反制垄断价格的理论基础相对于德国的假设竞争学说[2]而言，却不够完善。该理论以所谓的"利润限制"观念成本为核心，该理论认为，独占经营者在交易中，如果从交易对象身上收取过高而不合理的利润，就是一种独占力的表现。在价格明显不合理的时候，认定为违法的榨取并予以反制。由于该理论以成本与利润的比较来判断是否构成滥用市场势力。基于德国反垄断法律实践中比较市场理论的有效性，欧盟实际上也逐渐接受了通过比较市场方法来认定垄断价格的思路，在1989年的"Lucazeau诉SACEM案"中，欧盟法院指出，如果一个占市场支配地位的经营者提供服务的价格明显高于这种服务在其他成员国的价格，且这种比较结果不是偶然的，这种价格差异应该被视为滥用市场支配地位的行为，这实际上是对比较市场理论的运用。

---

〔1〕 参见尚明主编：《主要国家（地区）反垄断法律汇编》，法律出版社2004年版，第672页。

〔2〕 德国规制垄断价格的理论基础是佛莱堡学派的假设竞争理论。该理论认为，保护市场竞争是国家的责任，国家与法律应主动积极地维护竞争的存在并保持竞争品质，不能放任私人运用其经济上的自由而摧毁自由本身。对处于独占地位的经营者，国家的竞争立法应当监督其如处在完全竞争中一样从事市场行为，如果独占企业的行为或者绩效明显偏离完全竞争模式下厂商应有的市场绩效，应当构成市场势力滥用而受到竞争法的规制。据此，认定一独占企业是否构成市场势力滥用，往往以该独占企业的实际市场行为及其绩效与假设完全竞争市场结构下该企业的行为及其绩效进行比较而得出结论，此即所谓的假设竞争理论。

## 第三节 俄罗斯及部分转型经济国家对滥用市场支配地位的反垄断反制

### 一、俄罗斯对滥用市场支配地位反制

俄罗斯1990年颁布了《关于在商品市场中竞争和限制垄断活动的法律》,此后于1995年、1998年和2000年进行了几次修订,同时,还从金融、保护消费者权益、广告、自然垄断等方面进行了有关禁止限制竞争行为的专门立法。

俄罗斯《关于在商品市场中竞争和限制垄断活动的法律》第4条对市场支配地位作了明确规定,即一个或若干个经营者在特定市场中拥有排他性地位,对相关市场中的一般商品流通条件可以施加决定性影响,或有可能阻碍其他实体进入这一市场。值得注意的是,俄罗斯对市场支配地位的表述是“排他性”,判断是否具有市场支配地位的基础点是65%,即对占有市场份额超过65%的经营者视为具有市场排他性地位。滥用市场排他性地位行为包括:出于制造或维持一市场中商品短缺或抬高价格的目的而从市场中撤回商品;将对其他当事人不利或与合同主题无关的合同条款(无正当理由地要求转让金融资产、其他财产、产权、人力等)强加给其他当事人;在合同中强加置其他当事人和其他经济实体于不利地位的歧视性条款;在合同中包含有关其他当事人(消费者)不感兴趣的商品的条款时,才同意签订合同;对其他经济实体进入或撤出市场制造障碍;违反由正式法令宣布的限价规则;维持垄断性高价或低价;对有需求或有消费者定订单的商品,进行生产不会招致损失,却减少或停止生产;可以生产或供应某种产品,却无正当理由地拒绝就该商品与特定购买者(消费者)缔结供货合同。[1]

### 二、部分东欧转型经济国家对滥用市场支配地位的反垄断反制

多数东欧转型经济国家都有关于禁止滥用市场支配地位的规定,市场

〔1〕 参见尚明主编:《主要国家(地区)反垄断法律汇编》,法律出版社2004年版,第198页。

支配地位的衡量标准主要是市场份额,但具体的标准并不相同,有的国家标准比较低,如吉尔吉斯斯坦和乌克兰仅仅规定为超过 35%;波兰和捷克规定为 40%;有的国家定的标准比较高,如俄罗斯法律规定市场份额达到或超过 65% 属于具有市场支配地位。

市场支配地位只不过是判断经营者对市场影响的一个因素,本身并不代表反竞争的力量。因此,这些转型经济国家大多没有将市场支配地位作为本身违法行为,只有实施滥用市场支配地位行为,损害或限制了竞争和消费者的权益时,才会被法律禁止。滥用行为包括:对其他公司设置市场进入障碍;垄断的高价或低价;为了维持垄断利润保持或提高价格;价格歧视或条件歧视;在流通中撤出商品导致商品短缺或提高价格的行为。[1]

## 第四节 日本对滥用市场支配地位行为和结构的双重禁止

### 一、日本《禁止垄断法》对滥用市场支配地位的反垄断反制概述

在"二战"后的初期实行解散财阀以后,为了防止垄断资本的复活,日本政府根据美占领军总部的指令,于 1947 年 4 月制定了《禁止垄断法》,其宗旨是促进自由竞争、增强经营者活力和保卫消费者利益等,对禁止私人垄断、非法的限制交易和持股公司,以及禁止或限制公司合并等作出严格规定。后来,随着美国对日占领政策的转变,自 1949 年起日本对《禁止垄断法》进行修改,逐步地缓和了对垄断的限制。特别是 1953 年的修改,完全去除对防止私人垄断和非法的限制交易等的规定,并承认卡特尔政策,导致该法空洞化。1968 年新日本制铁株式会社成立时曾引起社会舆论,主张加强禁止垄断。1977 年修改《禁止垄断法》,但与立法精神相距更远。

[1] 参见傅军、张颖:《反垄断与竞争政策:经济理论、国际经验及对中国的启示》,北京大学出版社 2004 年版,第 136 页。

## 二、日本《禁止垄断法》对滥用市场支配地位的反垄断反制

(一)垄断的法律界定

依据2005年修订的日本《禁止垄断法》第2条第5款规定,“私人垄断”,是指经营者无论单独或利用与其他经营者的结合、通谋以及其他任何方法,排除或控制其他经营者的经营活动,违反公共利益,实际上限制一定交易领域内的竞争。该法从经营者的销售规模和竞争行为两个角度规定构成“垄断”。从市场竞争结构看,垄断表现为“垄断状态”。根据2005年修订的日本《禁止垄断法》第2条第7款的规定,垄断状态是指一个经营者在国内供给的(出口者除外)同种劳务在最近一年内销售总额超过1000亿日元的前提下,(1)一个经营者的市场占有率[1]超过1/2,或者两个经营者各自的市场占有率的总和超过3/4的。(2)存在给其他事经营者新经营属于该事业领域的事业带来显著困难的。(3)该事业经营者提供的一定的商品或者劳务,在较长的时间内,根据供求关系变动以及供给所需费用的变动,价格明显上涨或者居高不下,且该事业经营者在此期间内有下列行为之一的:①该事经营者在政令规定的事业种类范围内,取得显著超过政令规定的该事业标注利润率的利益的;②该事经营者所支付的销售费和一般管理费,被认定为显著超过其所属事业领域的标准销售费和一般管理费的。[2]

从竞争行为看,垄断必须是采取某种不正当竞争的方法、手段,以排除或限制正常的竞争,从而达到独占或联合控制市场的目的。

(二)认定私人垄断

(1)所谓“排除”其他经营者的经营活动,是指使该经营者在某个竞争领域的经营活动难以继续进行,从而将其从该市场上驱逐出去的行为。认定“排除”行为要从整体上来考虑,不仅要看具体的行为,还要看该行为的客观后果,把二者综合起来考察。但是,构成排除行为不一定要求实际地发生将其他竞争者从市场上驱逐出去的结果,只要实际存在已经使其他经营者难以经营下去的事实,即可判定具有排除行为,同时,排除行为还包括潜在的

---

〔1〕 根据日本法律规定,市场占有率是指某商品以及性能和效用与其明显类似的其他商品的国内供应量,或者在国内提供有关劳务的量(非以劳务的价额计算)中,有关事业者提供的该商品以及性能和效用与之明显类似的其他商品或者劳务量所占有的比例。

〔2〕 参见时建中主编:《三十一国竞争法典》,中国政法大学出版社2009年版,第155~156页。

竞争者难以进入该市场参与竞争。典型的排除行为,包括不当贱卖、地区差价、强制对方进行排他的交易,不过,这些行为本身也相当于不公正的交易方法,同时受到《禁止垄断法》第 19 条规定的禁止。

(2)所谓"控制"其他经营者的经营活动,是指对该经营者加以制约,剥夺其在经营活动上的自由决定。这种制约不一定是直接的,也可能是由于市场的客观情况,经营者的某些行为使其他经营者的经营活动受到制约,但是,正常的竞争使其他经营者也采取相应的措施,不能认为是制约。典型的控制行为包括:①通过持有股份和干部的兼任而直接控制对方;②与金融机构联合向对方施加压力;③在纵向关系中,生产者通谋强制销售价格、事先限制交易等。

(3)所谓"实际上限制竞争",是指由于经营者的行为能够形成在某种程度上自由地决定价格和生产费用,也就是说具有控制市场的能力,从而不能形成合理的、有效的竞争市场,妨碍了公平自由的竞争。

(4)所谓"违反公共利益",是指妨害以自由竞争为基础的经济秩序。公共利益是指包括产业利益在内的国民经济的健康发展以及保护经济上的弱者。某种行为具有限制竞争的后果,其本身就是对自由竞争秩序的侵害,属于违反公共利益。

(三)日本《禁止垄断法》对拒绝交易行为的反制

经营者使用不公正交易方法适用日本《禁止垄断法》第 19 条,经营者团体采取属于不公正交易方法的,适用该法第 8 条,国际协议、契约中含有不公正交易方法的,适用该法第 6 条。根据日本不公正交易方法的有关规定,16 种行为被认为是不公正的交易方法,这些行为大致分为三类:

(1)限制自由竞争的行为,包括拒绝交易、差别交易、不正当廉价出售、限制再销售价格等;

(2)其竞争手段本身不公正,包括以欺骗的手法和提供不正当利益引诱顾客、搭售、掠夺性定价、歧视性价格等差别待遇等;

(3)经营者利用交易上的优越地位,强加于交易对方不利的交易条件的行为。

日本反垄断立法受美国的影响很大,但是,日本的法律体制与美国并不相同。作为成文法国家,日本的法律表现得更细致化和更具有可操作性,其手段似乎也更严厉,日本《禁止垄断法》既禁止垄断行为又禁止垄断结构,所以日本《禁止垄断法》比美、英、德等国相关法律都显得严厉。但实际上，在日本反垄断法的执法历史上并没有真正使用过这一条款。

## 第五节　澳大利亚和新西兰对滥用市场支配地位的反垄断反制

### 一、澳大利亚和新西兰对滥用市场支配地位的反垄断反制概述

在市场支配地位问题上，澳大利亚和新西兰的反垄断立法有一些不同。澳大利亚强调“合理原则”，对市场支配地位本身不予关注，但对滥用行为要通过法律途径予以处理。新西兰对市场支配地位采取了较为严厉的“本身违法”原则，出发点是防止大经营者对市场的影响和控制。

### 二、澳大利亚对滥用市场支配地位的反垄断反制

澳大利亚1974年制定了《商业行为法》反制垄断行为，该法颁布以后，前后进行了三十余次的修订，并且配套颁布了一系列有关行业监管方面的法律，对邮政、价格、广播电视、电信等进行反垄断监管。

根据《商业行为法》的规定，禁止滥用市场支配地位行为禁止的是从事下列行为：排除或实质性损害竞争对手，妨碍他人进入特定市场，阻止或妨碍他人在特定市场开展竞争活动。市场支配地位是由法院根据具体案件的情况予以认定的。其认定标准是：市场份额、市场进入难易程度、经营者不受竞争对手或潜在对手影响而自由从事经营活动能力的范围和程度等。

在澳大利亚，拥有市场支配地位本身不受禁止，但其滥用支配地位限制竞争行为则不被允许。滥用市场支配地位行为包括独家交易、限制转售价格、强制交易等。对滥用行为，澳大利亚联邦法院可对其颁布禁令，并对经营者处以公司75万澳元至1000万澳元或个人50万澳元以下的罚款。

### 三、新西兰对滥用市场支配地位的反垄断反制

新西兰仿效澳大利亚，于1986年制定了《商业行为法》，并进行了多次修订。《商业行为法》禁止滥用市场支配地位。该法规定，拥有市场支配地

位的经营者不得滥用其支配地位从事下列活动:限制他人进入某一特定市场;阻碍他人在该特定市场或其他市场从事与之竞争的行为;在该特定市场或其他市场消灭竞争对手。

在新西兰,滥用市场支配地位属于本身违法行为,不能享有豁免。该法还特别规定,禁止限制转售价格行为包括:供应商使他人知晓,如果他们以低于其规定的价格出售商品,将被停止供货;供应商诱导转售商不以低于其规定的价格出售商品;供应商与转售商订立协议,转售商在协议中承诺不低于某一价格出售商品;供应商以他人不接受最低转售价格为由,停止供货。但是,建议转售价格不在禁止之列。

## 第六节　国际组织对滥用市场支配地位的反垄断反制

### 一、联合国贸易和发展委员会《竞争法示范法》的规定

《竞争法示范法》第 4 条规定了滥用市场支配地位的行为。该条第 1 款用概括的方式首先指出了应被禁止的滥用或取得市场支配地位的行为:(1)一个经营者或与其他几个经营者一起,取得某一特定货物或服务,或某一类货物或服务的相关市场的控制地位;(2)某一占主导地位的经营者的行为限制了其他经营者进入相关市场或以其他方式不正当地限制了竞争,并已经或可能会对贸易和经济的发展产生不利影响。

第 2 款列举了具体的滥用市场支配地位的行为,但并未穷尽。分别是:(1)针对竞争者的掠夺性行为,以低于成本的定价消灭竞争者;(2)供应或购买货物或服务时的歧视性(不合理的区别对待)定价或订立歧视性的条款或条件,包括在关联经营者之间的交易中使用定价政策,对所提供或购买的货物或服务规定高于或低于关联经营者之外的类似的或可比交易的价格;(3)确定已售货物可被转售的价格,包括进出口货物;(4)对于在国外已合法标有商标的货物,其商标与进口国中受保护的相同或相似货物的商标相同或相似,且来源相同,即所有人相同或使用商标的经营者之间在经济、组织、管理或法律上有相互依存关系,则限制这种货物进口,其目的在于维持人为

的高价；(5)其他若非为了实现合法的商业目的、质量、安全、充分的分销渠道或服务而实施的下列行为：①部分或完全拒绝按经营者惯用的商业条件进行交易；②以同意限制竞争货物或其他货物的生产或经销为条件提供特定货物或服务；③限制所供应的货物或其他货物转售或出口的地点、对象、形式或数量；④以向供货商或其指定的人购买其他货物或服务为条件提供特定货物或服务。

## 二、经济合作与发展组织关于竞争法基本框架的推荐范本

经济合作与发展组织一直致力于在各成员国之间进行反垄断的国际合作，其对滥用市场支配地位的规定集中于关于竞争法基本框架的推荐范本的第5条：(1)支配厂商的行为包括：第一，对竞争厂商的进入或现存竞争者的扩张制造障碍；第二，将竞争厂商排挤出市场。其中，那些产生或者可能产生显著的限制竞争后果的行为将被禁止。(2)如果一厂商对新厂商进入市场制造障碍或抑制现存厂商的竞争性能够提高该厂商的效能，或者它能将源于更高效能的利益给予消费者，则该厂商的这类行为不在本款第二节的禁止对象之列。该框架还将“显著地限制竞争”作为一般性准则：从经济学的角度来看，“限制竞争”一词在规范的意义上被用来指对竞争的压制。这种压制使价格得以高出竞争市场中所能通行的水平。然而，要想就“什么构成了对竞争的明显限制”下一个法律上的定义是不可能的。因为不可容忍的、反竞争性的价格上升幅度，完全可能因涉及范围的不同而不同；甚至在同一国家里，这种判断的结论也要因时期的不同而变化。

各国及地区和国际组织对滥用市场支配地位行为的反垄断反制的相关法律、条约规定，如表6-1所示。

**表6-1　各国及地区和国际组织对滥用市场支配地位行为的反垄断反制**

| 国家及地区/国际组织 | 法律、条约 | 对滥用市场支配地位行为的反垄断反制 |
| --- | --- | --- |
| 联合国贸易和发展委员会 | 《竞争法示范法》 | (1)一个经营者或与其他几个经营者一起，取得某一特定货物或服务，或某一类货物或服务的相关市场的控制地位；(2)某一占主导地位的经营者的行为限制了其他经营者进入相关市场或以其他方式不正当地限制了竞争，并已经或可能会对贸易和经济的发展产生不利影响 |

续表

| 国家及地区/国际组织 | 法律、条约 | 对滥用市场支配地位行为的反垄断反制 |
| --- | --- | --- |
| 经济合作与发展组织 | 《关于竞争法基本框架的推荐范本》 | 第一,对竞争厂商的进入或现存竞争者的扩张制造障碍;第二,将竞争厂商排挤出市场。其中,那些产生或者可能产生显著的限制竞争后果的行为将被禁止。如果一厂商对新厂商进入市场制造障碍或抑制现存厂商的竞争性能够提高该厂商的效能,或者它能将源于更高效能的利益给予消费者,则该厂商的这类行为不在本款第二节的禁止对象之列 |
| 美国 | 反托拉斯法 | 《谢尔曼法》第2条规定:“任何人垄断或企图垄断,或与他人联合、共谋垄断州际或与外国间的商业和贸易,是严重犯罪。如果参与人是公司,将处以不超过1000万美元的罚款。如果参与人是个人,将处以35万美元以下的罚款,或三年以下的监禁,也可由法院酌情并处两种处罚。”《联邦贸易委员会法》第5条规定:“商业或影响商业的不公平的竞争方法是非法的;商业或影响商业的不公平惯例,是非法的。任何个人、合伙人、公司违反联邦贸易委员会制定的关于不公平的或欺骗性行为及惯例或不正当竞争方法的规则,联邦贸易委员会应向区法院起诉,对每一违法行为给予1万美元以下罚款的民事处罚。” |
| 欧盟 | 《欧盟运行条约》 | 《欧盟运行条约》第102条规定,在共同市场内部或者在共同市场的某一重要部分占据支配地位的一家或者多家经营者的滥用行为,若可能影响到成员国之间的贸易,则应当因其与共同市场不相容而予以禁止。此类滥用行为包括:(1)直接或间接地采用不公平的采购价格、销售价格或者其他不公平的贸易条件;(2)限制生产、市场或者技术开发,以致损害消费者的权益;(3)在同等交易中,对其他交易方适用不同的条件,而使其他在竞争中处于不利的地位;(4)对方当事人接受附义务为条件订立合同,而这些附义务在本质上或者依据商业惯例与合同标的没有关联 |
| 德国 | 《反对限制竞争法》 | 第一,没有竞争者或者竞争者很少;第二,相对竞争者。对于第二个条件,除考虑其市场份额外,特别要考虑其财力、采购或销售市场的渠道、与其他经营者财产上的关系以及对其他经营者进入市场在法律和事实上的限制等因素。按照该法第19条第3项规定,经营者占有市场份额的1/3,或3个及以下的经营者共同拥有市场份额的1/2以上,或5个及以下的经营者共同拥有市场份额的2/3以上时,就可以推定其拥有市场优势地位。对于第二、第三两种情况,当所涉及的经营者在上一完整的营业年度内销售额小于1亿马克时,则不能作上述推定 |

续表

| 国家及地区/国际组织 | 法律、条约 | 对滥用市场支配地位行为的反垄断反制 |
| --- | --- | --- |
| 日本 | 《禁止垄断法》 | 垄断状态,是指一个经营者在国内供给的(出口者除外)同种劳务在最近一年内销售总额超过1000亿日元的前提下,(1)一个经营者的市场占有率超过1/2,或者两个经营者各自的市场占有率的总和超过3/4的。(2)存在给其他事经营者新经营属于该事业领域的事业带来显著困难的。(3)该事业经营者提供的一定的商品或者劳务,在较长的时间内,根据供求关系变动以及供给所需费用的变动,价格明显上涨或者居高不下,且该事业经营者在此期间内有下列行为之一的:①该事经营者在政令规定的事业种类范围内,取得显著超过政令规定的该事业标注利润率的利益的;②该事经营者所支付的销售费和一般管理费,被认定为显著超过其所属事业领域的标准销售费和一般管理费的 |
| 英国 | 《公平交易法》 | 经营者构成垄断状态或市场优势地位并不违法,只有当经营者滥用这种垄断状态或优势地位,从而导致公众利益受到不利影响时,才是反垄断法追诉的对象。该法的独特性表现在三个方面:一是明确规定了反垄断政策的对象必须存在有垄断状态的先决条件;二是对构成垄断状态的市场份额作了法律上的明文规定;三是强调滥用行为的后果必须导致公共利益受到不利影响 |
| 澳大利亚 | 《商业行为法》 | 根据《商业行为法》的规定,禁止滥用市场支配地位行为禁止的是从事下列行为:排除或实质性损害竞争对手,妨碍他人进入特定市场,阻止或妨碍他人在特定市场开展竞争活动。滥用市场支配地位行为包括独家交易、限制转售价格、强制交易等 |
| 新西兰 | 《商业行为法》 | 限制他人进入某一特定市场;阻碍他人在该特定市场或其他市场从事与之竞争的行为;在该特定市场或其他市场消灭竞争对手。禁止限制转售价格行为包括:供应商使他人知晓,如果他们以低于其规定的价格出售商品,将被停止供货;供应商诱导转售商不以低于其规定的价格出售商品;供应商与转售商订立协议,转售商在协议中承诺不低于某一价格出售商品;供应商以他人不接受最低转售价格为由,停止供货 |

续表

| 国家及地区/国际组织 | 法律、条约 | 对滥用市场支配地位行为的反垄断反制 |
|---|---|---|
| 俄罗斯 | 《关于在商品市场中竞争和限制垄断活动的法律》 | 即一个或若干个经营者在特定市场中拥有排他性地位,对相关市场中的一般商品流通条件可以施加决定性影响,或有可能阻碍其他实体进入这一市场。对于市场份额超过65%的经营者视为具有市场排他性地位。滥用市场排他性地位行为包括:出于制造或维持一市场中商品短缺或抬高价格的目的而从市场中撤回商品;将对其他当事人不利或与合同主题无关的合同条款(无正当理由地要求转让金融资产、其他财产、产权、人力等)强加给其他当事人;在合同中强加置其他当事人和其他经济实体于不利地位的歧视性条款;在合同中包含有关其他当事人(消费者)不感兴趣的商品的条款时,才同意签订合同;对其他经济实体进入或撤出市场制造障碍;违反由正式法令宣布的限价规则;维持垄断性高价或低价;对有需求或有消费者定订单的商品,进行生产不会招致损失,却减少或停止生产;可以生产或供应某种产品,却无正当理由地拒绝就该商品与特定购买者(消费者)缔结供货合同 |

## 第七节　中国对滥用市场支配地位的反垄断反制

### 一、中国的竞争立法

(一)反垄断法

1. 市场支配地位的定义

我国《反垄断法》第17条明确规定禁止经营者滥用市场支配地位,排除、限制竞争,还规定了市场支配地位的定义,即经营者在相关市场内具有能够控制商品价格、数量或者其他交易条件,或者能够阻碍、影响其他经营者进入相关市场能力的市场地位。《禁止滥用市场支配地位行为暂行规定》第5条规定:“市场支配地位是指经营者在相关市场内具有能够控制商品或者服务(以下统称商品)价格、数量或者其他交易条件,或者能够阻碍、影响其他经营者进入相关市场能力的市场地位。本条所称其他交易条件是指除商品价格、数量之外能够对市场交易产生实质影响的其他因素,包括商品品种、商品品质、付款条件、交付方式、售后服务、交易选择、技术约束等。本条所称能够阻碍、影响其他经营者进入相关市场,包括排除其他经营者进入相关市场,或者延缓其他经营者在合理时间内进入相关市场,或者导致其他经营者虽能够进入该相关市场但进入成本大幅提高,无法与现有经营者开展有效竞争等情形。"

2. 认定经营者具有市场支配地位应当依据的因素

《反垄断法》第 18 条规定了认定经营者具有市场支配地位应当依据的因素:"(一)该经营者在相关市场的市场份额,以及相关市场的竞争状况;(二)该经营者控制销售市场或者原材料采购市场的能力;(三)该经营者的财力和技术条件;(四)其他经营者对该经营者在交易上的依赖关系及其程度;(五)其他经营者进入相关市场的难易程度;(六)与该经营者市场支配地位有关的其他因素。"第 19 条规定:"有下列情形之一的,可以推定经营者具有市场支配地位:(一)一个经营者在相关市场的市场份额达到二分之一的;(二)两个经营者在相关市场的市场份额合计达到三分之二以上的;(三)三个经营者在相关市场的市场份额合计达到三分之四以上的。有前款第二项、第三项规定的情形,其中有的经营者市场份额不足十分之一的,不应当推定该经营者具有市场支配地位。"

3. 滥用市场支配地位的行为类型

《反垄断法》第 17 条第 1 款规定了具体的滥用市场支配地位的行为:"(一)以不公平的高价销售商品或者以不公平的低价购买商品;(二)没有正当理由,以低于成本的价格销售商品;(三)没有正当理由,拒绝与交易相对人进行交易;(四)没有正当理由,限定交易相对人只能与其进行交易或者只能与其指定的经营者进行交易;(五)没有正当理由搭售商品,或者在交易时附加其他不合理的交易条件;(六)没有正当理由,对条件相同的交易相对人在交易价格等交易条件上实行差别待遇;(七)国务院反垄断执法机构认定的其他滥用市场支配地位的行为。"

4. 法律责任

《反垄断法》第 47 条规定:"经营者违反本法规定,滥用市场支配地位的,由反垄断执法机构责令停止违法行为,没收违法所得。并处上一年度销售额百分之一以上百分之十以下的罚款。"第 50 条规定:"经营者实施垄断行为,给他人造成损失的,依法承担民事责任。"

(二)反不正当竞争法

2017年11月4日修订后《反不正当竞争法》已经将其与《反垄断法》重复部分删除。《反不正当竞争法》(1993年)是一部禁止不正当竞争与部分反垄断法的合并立法,其中多个条文是针对有关禁止滥用市场支配地位行为的。

(1)公用经营者等限制竞争行为。《反不正当竞争法》(1993年)第6条规定,公用企业或者其他依法具有独占地位的经营者,不得限定他人购买其指定的经营者的商品,以排挤其他经营者的公平竞争。第23条规定,公用企业或者其他依法具有独占地位的经营者,限定他人购买其指定的经营者的商品,以排挤其他经营者的公平竞争的,省级或者设区的市的监督检查部门应当责令停止违法行为,可以根据情节处以五万元以上二十万元以下的罚款。被指定的经营者借此销售质次价高商品或者滥收费用的,监督检查部门应当没收违法所得,可以根据情节处以违法所得一倍以上三倍以下的罚款。

(2)行政垄断行为。《反不正当竞争法》(1993年)第7条规定,政府及其所属部门不得滥用行政权力,限定他人购买其指定的经营者的商品,限制其他经营者正当的经营活动。

(3)低于成本价销售行为。《反不正当竞争法》(1993年)第11条规定,经营者不得以排挤竞争对手为目的,以低于成本的价格销售商品。有下列情形之一的,不属于不正当竞争行为:①销售鲜活商品;②处理有效期限即将到期的商品或者其他积压的商品;③季节性降价;④因清偿债务、转产、歇业降价销售商品。

(4)搭售行为。《反不正当竞争法》(1993年)第12条规定,经营者销售商品,不得违背购买者的意愿搭售商品或者附加其他不合理的条件。

从广义的角度看,《反不正当竞争法》(1993年)第6条、第7条、第11条、第12条都是对禁止滥用市场支配地位行为的规定。

(5)2017年修订后的《反不正当竞争法》已经将其与《反垄断法》重复部分删除,因此,新的《反不正当竞争法》已经不再规制滥用市场支配地位行为。

(三)其他法律和法规

我国其他对滥用市场支配地位的规定散见于有关法律、法规及其他规范性文件中，如《价格法》《招标投标法》《电力法》《电信条例》等。在以上相关法律法规中，主要涉及以下几种滥用行为：

1. 歧视待遇行为

依据《价格法》第 14 条第 5 项的规定，经营者不得有提供相同商品或者服务，对具有同等交易条件的其他经营者实行价格歧视的行为。依据《招标投标法》第 51 条规定，招标人以不合理的条件限制或者排斥潜在投标人的，对潜在投标人实行歧视待遇的，强制要求投标人组成联合体共同投标的，或者限制投标人之间的竞争的，责令改正，可以处一万元以上五万元以下的罚款。依据《电信条例》第 18 条第 1 款规定，主导的电信业务经营者应当按照非歧视和透明化的原则，制定包括网间互联的程序、时限、非捆绑网络元素目录等内容的互联规程。

2. 拒绝交易行为

依据《电力法》第 26 条的规定，供电营业区内的供电营业机构，对本营业区内的用户有按照国家规定供电的义务；不得违反国家规定，对其营业区内申请用电的单位和个人拒绝供电。依据《电信条例》第 17 条第 2 款的规定，主导的电信业务经营者不得拒绝其他电信业务经营者和专用网运营单位提出的互联互通要求。该条例第 40 条规定，电信业务经营者在电信服务中，不得有下列行为：……（3）无正当理由拒绝、拖延或者中止对电信用户的电信服务。

3. 排他性竞争行为

依据《电信条例》第 41 条的规定，电信业务经营者在电信业务经营活动中，不得有以任何方式限制电信用户选择其他电信业务经营者依法开办的电信服务的行为。

（四）规范性文件和司法解释

1. 规范性文件

规范性文件是由国务院各部门和反垄断执法机构发布的。例如，《整顿规范市场经济秩序决定》《禁止市场经济活动实行地区封锁规定》《建立公平竞争审查制度意见》《禁止滥用知识产权规定》《禁止公用企业限制竞争行为规定》《禁止商业贿赂暂行规定》《网络交易管理办法》《禁止垄断协议暂行规定》《市场监管处罚听证暂行办法》《市场监管处罚程序暂行规定》《禁止滥用市场支配地位行为暂行规定》等。

其中,《禁止滥用市场支配地位行为暂行规定》《市场监管处罚听证暂行办法》《市场监管处罚程序暂行规定》是专门针对滥用市场支配地位行为的规定。

2. 司法解释

司法解释是由最高人民法院发布的,如《垄断纠纷司法解释》《不正当竞争司法解释》等。

## 二、中国反制滥用市场支配地位行为的理论和实践

### (一)以市场行为为主控目标

1. "结构主义"的合理部分

经济学的研究表明,市场结构控制面临的不再是完善与发展的问题,而是存与废的问题。"行为主义"逐渐占据了比较流行的地位。近几十年来,由于不完全竞争、垄断竞争、新产业组织理论、制度学派等现代经济学说对垄断的研究,一般认为,垄断结构对社会经济有正负两方面的影响。从负面讲,垄断有强烈的限制竞争的倾向,容易造成产量减少、资源浪费和效率降低,有时还会导致大规模的经济危机。并且,垄断者往往凭借其经济地位,渗透到政治和社会生活的其他方面,形成寡头统治。从正面讲,垄断毕竟是社会化大生产高度发达的产物,它代表一种先进的生产关系,能带来规模经济,促进技术的进步和创新。现代经济学在研究不同经济结构时发现,一些高度集中的市场,如计算机、电信、飞机制造,是具有创新性的。虽然垄断被认为把价格维持在高水平,但相对于其他行业而言,这些垄断行业中的价格却是下降的。在这种情况下,垄断结构控制理论的合理部分不应被抛弃。

2. "行为主义"成为主流

采用"行为主义"方式已成为发达国家(地区)的普遍做法。"二战"后,世界各国在经济、贸易方面的联系日趋紧密,各国经济相互依赖,相互渗透,整个世界经济逐渐融为一体。20 世纪六七十年代掀起的第三次产业技术革命的浪潮又加速了整个进程。随着世界经济一体化进程的加快,各国经营者从国内竞争走向国际竞争。国际竞争更加错综复杂,不但涉及经营者的经济利益和生死存亡,而且关系到各国民族经济的发展,关系到整个国家(地区)在国际社会中的地位。为了在国际竞争中立于不败之地,各国纷纷放松对垄断结构的控制,以扩大经营者的规模,增强经营者的国际竞争力。

如前所述,欧洲大陆国家(地区)几乎一开始就没有将市场支配地位本身作为控制对象。在欧盟及其成员国的反垄断法中,总是明确地宣称,反垄断法控制的对象是滥用市场支配地位的行为。

美国从20世纪70年代起放松对结构的控制,除了受新产业组织理论的影响外,还受世界经济一体化的影响。20世纪70年代以来,美国经营者在国内和国际市场上与外国经营者竞争日趋激烈,而外国经营者的所属国一般没有美国这样严厉的反垄断法,或者根本没有反垄断法甚至放纵垄断,导致外国经营者的规模迅速膨胀,给美国经营者带来巨大的经济压力和沉重的负担。为此,美国的大企业强烈反对严格的反垄断法,要求政府放松反垄断法的执行。他们认为,“在你的竞争对手变得越来越大时,你几乎不得不发展得越来越大,以便平起平坐,这就是连续不断的你追我赶的竞争。”在美国大企业的强烈呼吁下,以代表美国大企业利益为特征的共和党总统里根上台后,立即放松了对垄断结构的控制。

3. 中国对经营者规模经济的需求

中国经营者尽管在近年来获得了巨大发展,但与发达国家的经营者相比,中国经营者的规模仍相对较小,没有足够的财力从事科技研发和创新实践,因此,在国际竞争中常常处于劣势地位。近年来,在国际500强的排名中,虽然中国经营者的比重逐年增加,但其规模与发达国家相比仍有一定差距。目前,中国需要鼓励经营者进一步扩大规模,做大做强,而不是限制经营者规模的发展。因此,中国也不适宜将市场结构或经营者规模作为控制对象并约束其发展。但是,在鼓励经营者扩大规模的同时,也要防止大企业滥用支配地位排除竞争行为,不能对大企业的行为放任自流,以免影响中国经济的发展。

(二)“垄断状态加垄断行为”认定模式

结构控制和行为控制,无论在控制对象、法律特征、法律构成、主要表现形式上,都有很大的不同,它们在反垄断法中扮演着不同的角色。但是,综观各国反垄断的立法与司法实践会发现,结构控制与行为控制之间在相互对应、相互区别的同时,又天然地联系在一起,在调整垄断和限制竞争行为方面相互配合,相得益彰。

在发达国家(地区)反垄断法的发展历程上,均将具有垄断状态或市场支配地位作为垄断行为先决条件,英国、德国的反垄断法均具体规定了构成市场支配地位的市场份额。这样做的好处是增加了法律的确定性，不但有利于执法机关执行反垄断法，而且有利于经营者遵守反垄断法。这方面的经验值得中国反垄断立法借鉴。

德国《反限制竞争法》还规定了市场支配地位的推定制度，也就是说，对于具备一定市场份额的经营者推定其具备市场支配地位。这个制度已经被中国反垄断法借鉴，因为中国还缺乏执行反垄断法的经验，规定推定制度有利于执法机关统一掌握执法标准，以及节省行政资源。虽然推定具有支配地位的经营者不一定会当然被认为是滥用，但毕竟是具备了滥用的前提条件，推定制度可能会造成被推定经营者一定的"心理负担"。为了有效解决这个问题，推定制度不应绝对化，如果经营者能够提供相反的证据，应当给予其一定的"抗辩"机会。

（三）以停止侵害和赔偿为主的救济问题

1.《反垄断法》未授权反垄断执法机构责令实施垄断行为的经营者退赔受害人

中国《反垄断法》等立法条款上，并未授权反垄断执法机构在查处垄断协议、滥用市场支配地位等垄断行为时，主动责令实施垄断行为的经营者退赔受害人。相关法条的"没收违法所得"，是指将其非法获利额没收缴入国库，而不是退赔给受害人。《反垄断法》第 50 条规定，实施垄断行为的经营者，对造成他人损失的，依法承担民事责任。即受害人可通过协商、起诉等方式要求垄断行为实施者承担停止侵害、民事赔偿等责任。

2. 没收其违法所得与民事赔偿并行问题

按我国《行政处罚法》第 7 条、《侵权责任法》第 4 条规定，违法经营者受到没收、罚款等行政处罚，并不影响受害人另行提起民事索赔。而且，当违法经营者财产不足以同时承担民事赔偿责任和行政处罚时，先承担民事赔偿等责任。受害人提起的民事索赔与反垄断执法机构没收其违法所得，可以并行而非相互排斥。但是，如果实际执行中被执行罚没在先，剩余财产不足以支付在后确定的民事赔偿金的，我国现行立法尚未作好相应制度安排。另外，若在行政处罚作出之前，实施垄断行为的经营者主动向受害用户或消费者退赔的，宜在计算违法所得额时予以扣除。

3. 民事赔偿的救济

《反垄断法》未授权反垄断执法机构主动责令经营者退赔受害人，因此，受垄断行为损害的受害人的合法权益维护问题，有赖于以下几方面：

（1）受害人自己积极维权。主动积极地发起民事诉讼、集团诉讼，主动积极地请求反垄断执法机构调解其与垄断行为者之间的垄断民事赔偿纠纷。

（2）中国消费者协会或各省级消费者协会依照《消费者权益保护法》第47条及《民事诉讼法》第55条的规定，发起民事公益诉讼。

（3）反垄断执法机构对于涉及受害者损失赔偿问题，要能“积极行政”，要在法律虽无明确授权的情况下，依照《推进矛盾纠纷大调解工作指导意见》《建立健全诉讼与非诉讼相衔接的矛盾纠纷解决机制意见》等规范性文件，积极受理垄断行为受害方提出的民事索赔纠纷调解申请，积极运用行政调解、行政指导等柔性执法手段，鼓励、引导垄断行为者积极赔偿受害人，并对已支付赔偿额在计算违法所得额时予以扣除；在行政处罚裁量时也充分考量垄断行为者积极赔偿减轻违法行为危害后果并停止垄断行为的因素，争取最大限度地实现反垄断执法造福社会整体的社会效果。

（4）反垄断执法机构对垄断行为作出行政处罚决定，当然更有利于受害消费者用户索赔。但依照《反垄断法》第45条的规定，在经营者作出消除涉嫌垄断行为后果的承诺、履行该承诺的情况下，反垄断执法机构中止调查甚至终止调查的决定，也并非不利于受害方民事索赔。首先，此情况下涉嫌垄断行为的经营者所作承诺，应当是一定程度上承认自己行为存在排除妨碍竞争的后果，在受害方提出民事诉讼时应当作为证据，受害方应当有证明优势。其次，经营者作出并履行的“承诺”，应当是采取具体措施消除其涉嫌垄断行为的后果。这里的“消除后果”，应当既向今后消除，也向过去消除，包括对已明显受损害的消费者用户予以赔偿补偿。当前的问题是，反垄断执法机构在作出中止调查、终止调查决定时，是否考量了经营者承诺中对已明显受损消费者用户的赔偿补偿问题。

### （四）对并购滥用慎用恢复原状或者分拆的惩罚方式

#### 1. 责令强制分拆

强制分拆的讨论是经营者集中反垄断层面的问题，但是，对“滥用市场支配地位”的经营者进行反制时，除了对其行为进行遏制或处罚外，若是“结构”本身造成了“滥用”的极大可能性，也应该运用《反垄断法》对“结构”本身进行“手术”。

纵观反垄断的诉讼历史，美国法院根据《谢尔曼法》和联邦反托拉斯民事诉讼程序分拆的经营者屈指可数，从20世纪初的北方证券公司、标准石油公司，到后来的北大西洋电报电话公司，法院在80多年（1890～1974年）的时间里总共做出过24起分拆经营者的判决。到了20世纪中叶，法院几乎很少愿意分拆经营者，原因在于分拆经营者需要付出巨大的成本。理查德·A.波斯纳在其专著的《反托拉斯法》一书中写道："非集中化政策的支出，即便如《尼尔报告》中所做的小心而明确的表述，也是极有可能远远大于收益的。但这只是推测。我们并不知道集中的边际变化在多大程度上能影响价格共谋的可能性，但我们知道非集中化过程中的行政支出将是巨大的。有理论证明，非集中化政策所招致的巨额支出在集中化产业（效果）中占据着不容忽视的一份。"巨大的成本，使美国法院对运用分拆大企业来恢复有效竞争结构逐渐失去了热情，结构控制也濒临弃之不用的境地。

中国的经验也表明，不适当的分拆对经济的发展是没有益处的。中国电信的南北分拆并没有改变市场竞争状况。因此，不宜把分拆作为中国滥用市场支配地位行为的主要救济制度。

2. 责令恢复原状

《反垄断法》第48条规定："经营者违反本法规定实施集中的，由国务院反垄断执法机构责令停止实施集中、限期处分股份或者资产、限期转让营业以及采取其他必要措施恢复到集中前的状态，可以处五十万元以下的罚款"。如果经营者违反这一规定，则反垄断执法机构可以令其恢复原状，也就是分解已经完成的合并。这里，经营者分解是作为未进行集中申报（包括已经集中并形成具有市场支配地位的经营者）的惩罚措施而规定的，对经营者不按照法律规定进行申报有极大的震慑作用。而且，分解这种通过集中形成的且完成时间不久的经营者，与分解通过自身发展而成的大企业相比，成本较低，较容易操作。截至本书出版前，反垄断执法机构还没有在处理实际案例中使用过这一措施。因此，分解作为一种惩罚违法集中的手段还是可行的，但作为制裁滥用市场支配地位的手段则是不合适的。总之，《反垄断法》第48条是一把利剑，但同时它也是一把"双刃剑"，需要谨慎使用。

## 三、中国反制滥用市场支配地位行为的法律和司法实践的问题

### （一）原反垄断执法机构缺乏权威性、独立性

按照其他地区、国家的经验，反垄断执法机构应该是一个权威性的、独立的甚至是准司法性质的机构，例如，韩国和日本的统一的反垄断法执法机构。但是，我国的反垄断执法协调机构是国务院下设的反垄断委员会，反垄断执法机构是国务院规定的承担反垄断执法职责的机构（国家发展和改革委员会、国家商务部、国家工商行政管理总局）以及由国务院反垄断执法机构根据工作需要，授权的省、自治区、直辖市人民政府的相应机构。这样设置机构不仅不是独立的，还是多层多头执法，缺乏统一性和权威性。国务院反垄断执法机构与其他行业主管部门执法权如何分配，也没有明确。为了保障《反垄断法》的有效执行，加强反垄断委员会的权威性，赋予反垄断委员会更充分的权力，2018 年 4 月，中共中央关于国家机构改革的决定出台，将原来三大反垄断执法机构的职能合并至国家市场监督管理总局，统一了反垄断执法机构的职能。

### （二）没有规定认定市场支配地位的六大因素持续时间和变化趋势动态因素

《反垄断法》第 18 条规定了认定经营者具有市场支配地位所依据的因素。但是，该条所规定的六大因素都应该建立在一段时间考察的基础上，考察期间不是仅仅几天或者几个月的较短时间。应当明确规定认定经营者的市场支配地位需要考虑时间因素，经营者在短期内市场份额、控制市场价格的能力不应被认定为具有市场支配地位。因此，笔者认为，在对《反垄断法》进行修订时，第 18 条应该增加一款，在认定经营者是否具有市场支配地位时，要考虑上述六大因素持续的时间和变化趋势。参照其他国家的立法，一般来说，保持市场支配地位持续稳定的时间应当在一年以上，否则，难以认定其具有市场支配地位。

### （三）没有规定认定滥用市场支配地位行为适用的合理原则

美国采用本身违法原则和合理原则来分析垄断行为，对滥用市场支配地位行为一般运用合理原则进行分析。合理原则就是对滥用市场支配地位行为的效果作比较，如果该行为的反竞争效果大于对社会效益的促进，则是违法的，否则反之。这就要求在认定滥用市场支配地位行为时要运用合理

原则进行具体分析，而不能简单适用本身违法原则加以禁止。在我国法院的司法实践中，许多法官采用合理原则来分析滥用市场支配地位行为。我国反垄断立法应当明确规定运用合理原则来分析认定滥用市场支配地位行为，同时在执法中注重对案件进行合理的分析和审查。

（四）对滥用市场支配地位行为法律责任的规定不够完善

1. 刑事责任空白

我国《反垄断法》对滥用市场支配地位行为的反制采用的是行政制裁为主，兼具民事赔偿的责任体系。关于反垄断刑事责任，《反垄断法》尚未做出相关规定。美国的反垄断法经验表明，自从修改《谢尔曼法》大大提高了刑事处罚标准以后，美国的反托拉斯法得到了更好的遵守。因此，为了有效制裁严重滥用市场支配地位的违法者，《反垄断法》应当规定刑事制裁条款。对于触犯刑法、构成犯罪的，依法追究刑事责任。根据我国的刑事立法模式，笔者认为可以不在《反垄断法》中规定，而是采取另行制定刑法修正案的形式加以规定。

2. 民事责任不完善

《反垄断法》第 50 条规定："经营者实施垄断行为，给他人造成损失的，依法承担民事责任。"即引致适用《侵权责任法》《民法总则》《合同法》关于民事责任的规定。但是，在民事责任方面规定较为笼统，不便于受害人依法维权，对于受害人（包括消费者和其他竞争者）来说，最重要的是获得损害赔偿。因此，我国《反垄断法》应当完善规定，滥用市场支配地位，损害其他竞争者和消费者权益的，受害人可以向法院请求滥用市场支配地位的经营者承担民事责任，包括停止违法行为和赔偿损失责任以及确定赔偿损失金额的计算方法。

综上所述，我国在反制滥用市场支配地位行为的法律和司法实践方面存在的问题如表 6－2 所示。

**表 6－2　中国反制滥用市场支配地位行为的法律和司法实践的问题**

| 问　题 | 描　述 |
| --- | --- |
| 原反垄断执法机构缺乏权威性、独立性 | 原先由发展和改革委员会、商务部、国家工商行政管理总局多层多头执法，缺乏统一性和权威性。<br>2018 年 4 月中共中央关于国家机构改革的决定出台，将原来三大反垄断执法机构的职能合并至国家市场监督管理总局，统一了反垄断执法机构的职能 |

续表

| 问　题 | 描　述 |
| --- | --- |
| 没有规定认定市场支配地位的六大因素持续时间和变化趋势的动态因素 | 一般来说，经营者保持市场支配地位持续稳定的时间应当在一年以上，否则，难以认定其具有市场支配地位 |
| 没有规定认定滥用市场支配地位行为适用的合理原则 | 应当借鉴美国采用本身违法原则和合理原则来分析垄断行为，对滥用市场支配地位行为一般运用合理原则进行分析 |
| 对滥用市场支配地位行为法律责任的规定不够完善 | 刑事责任立法空白 |
| | 民事责任规定不完善 |

## 第八节　案例评析

### 一、美国司法部诉美国微软公司垄断案

（一）当事人

原告：美国司法部

被告：美国微软公司

（二）案情简介

1995 年，互联网风潮席卷了整个 IT 产业。网景公司通过推出强大的 Navigator 网络浏览器迅速崛起。美国微软公司（以下简称微软）为打压网景公司，争夺互联网时代客户平台的控制权，开发了 Internet Explorer 浏览器（以下简称 IE 浏览器），并在为电脑制造商预装操作系统 Windows 95 时，通过排他性合同捆绑 IE 浏览器。要求获得 Windows 操作系统授权，须以被授权人购买与 Windows 操作系统无关的原料、零件、技术为条件。尤其是其利用 Winddows 95 操作系统的授权协议，要求个人计算机制造厂商必须附带安装 IE 浏览器，作为微软继续供应 Windows 95 的条件，排挤了其浏览器主要竞争对手——网景公司。在微软的强大攻势下，网景公司的市场份额急剧降低。1996 年，网景公司向美国司法部投诉微软。康柏等电脑制造商也向司法部提供证据，控诉微软强迫制造商预装 IE 浏览器，以此作为预装

Windows 95 操作系统的前提条件。

1997 年 10 月 20 日,美国司法部向美国哥伦比亚特区联邦地区法院提起诉讼,指控微软违反反垄断法,要求法院判处微软消除电脑用户桌面上的 IE 浏览器标志,并缴纳每日 100 万美元的罚款。

(三)法院审理

1997 年 12 月,初审判决认为:没有充分证据证明微软违反了同意令中的禁止性规定,驳回了美国司法部的请求。但是,法官同时宣布了另一项临时裁定,在作出进一步判决之前,暂时禁止微软将 Windows 操作系统与 IE 浏览器捆绑销售。

1998 年 5 月 18 日,美国司法部和 20 个州的总检察官联合对微软提出反垄断诉讼,对微软提出 6 项垄断指控。本案遂成为继 1974 年美国政府控告电信巨人 AT&T 以来影响最大的反垄断诉讼,轰动全球,被称为"世纪末的审判"。

1998 年 6 月,在美国哥伦比亚特区联邦地区法院法庭听证会上,陪审团反对杰克逊法官的临时裁定,认为该裁定阻碍了微软研发新产品。美国联邦上诉法院也驳回了该裁定。同月,微软的新一代操作系统 Windows 98 顺利上市销售,依旧整合了 IE 浏览器,未进行任何修正。提起诉讼的美国司法部及各州遭到重大打击。

1998 年 10 月 19 日至 1999 年 6 月 24 日,在漫长的 8 个多月的时间里,美国政府和微软公司在法庭上各显神通,针对对方的指控或者辩护提出大量证据,予以驳斥。网景公司董事长巴克斯德尔以及苹果公司、英特尔公司的高级主管们纷纷出庭作证。

1999 年 11 月 5 日,杰克逊法官公布了"事实认定书",确认:微软在个人电脑操作系统领域利用垄断损害消费者的利益和打击竞争对手。

2000 年 4 月 4 日,杰克逊法官宣布微软违反《谢尔曼法》,构成三项罪名:(1)通过反竞争行为维持垄断;(2)企图垄断浏览器市场;(3)将其浏览器与操作系统捆绑。6 月 7 日,法院作出一审判决:微软公司停止在 Windows 95操作系统的销售中捆绑 IE 浏览器,不得把捆绑 IE 浏览器作为 Windows 95 操作系统许可协议的前提条件。微软将被拆分成两部分,一部分专营电脑操作系统,另一部分则专营 Office 系列应用软件、IE 浏览器等其他软件,10 年之内两部分不能合并。但是法院拒绝了美国司法部对微软的罚款请求。微软当即以杰克逊法官的司法公正性有问题为由,提出上诉。

2001 年 6 月,美国哥伦比亚特区联邦上诉法院驳回了杰克逊法官拆分微软的判决。全面衡量利弊后,微软提出与美国司法部重新谈判并作出让步。2001 年 9 月 6 日,美国司法部宣布不再要求拆分微软,并撤销了部分指控。9 月 28 日,应法院要求,美国司法部与微软开始新一轮和解谈判。11 月,双方和解协议达成。司法部和 9 个州同意了该和解协议,但其他州和哥伦比亚特区表示不接受。

2002 年 11 月,哥伦比亚特区联邦地区法院批准了和解协议。微软和美国司法部达成妥协:(1)微软不得参与可能损及竞争对手的排他性交易;(2)电脑制造商将使用统一的合同条款;(3)微软公布 Windows 操作系统的部分源代码,使竞争者也能在 Windows 操作系统上编写应用程序。

此后,微软陆续与美国哥伦比亚特区和各州达成和解,和解费用总计约 18 亿美元。

(四)评析

经过近十年的较量,本案尘埃落定,微软付出高昂的代价后,最终艰难而幸运地避免了被拆分的噩运。而当年被微软视为竞争对手的网景公司却在败诉后,于 1998 年 11 月彻底消失,美国在线以价值 42 亿美元的股票作为对价将该公司收购。这是互联网领域的第一起重大并购事件。

在世界范围内,微软始终未能摆脱反垄断诉讼的漩涡。2004 年,欧盟判定微软在 Windows 操作系统中捆绑媒体播放器的做法违反了反垄断法,对其开出了 4.97 亿欧元的罚单。此后韩国最大的门户网站 Daum 指控微软滥用其市场支配地位,将其即时通信软件 Instant Messenger 与 Windows XP 操作系统搭售;同年 11 月,RealNetworks 在韩国指控微软在其 Windows 操作系统中捆绑 Media Player 和 Media Server 软件的行为违反了公平竞争原则。韩国公平贸易委员会随后展开调查,并判定微软在韩国的商业行为违反了《公平贸易法》及相关法规,对其处以 3200 万美元的罚款。

微软公司的 Windows 操作系统在同类操作系统市场上占有高达 90% 的市场份额,其利用自己在操作系统上的统治地位。捆绑销售“另一个领域”的产品,属于滥用市场支配地位的搭售行为,破坏了公平竞争的市场环境,限制了经营者的创新。同时,使消费者丧失选择权,损害了消费者的利益。因此,微软捆绑销售操作系统和媒体播放器的行为是非法的,应当承担相应的反垄断法律责任。

(五)律师提示

微软捆绑销售 Windows 操作系统和 IE 浏览器的行为,是微软公司利用其操作系统将其对市场的支配力扩展到另一个浏览器市场,强迫消费者在安装 Windows 操作系统时,必须安装 IE 浏览器,构成滥用市场地位的搭售行为。在搭售中,如果被许可人不接受专利权人的搭售条件,专利权人将不予许可其标准必要专利或对被许可人施以惩罚性专利费率。

实践中,搭售行为并非一定是负面效果,还会产生效率,节约生产成本或销售成本,增进产品的功能或质量,给消费者带来其他利益。从各国的司法实践来看,一般会运用合理分析原则,对搭售行为是否存在积极的效果进行分析,并对行为的积极效果和消极效果对比评估,得出最终结论。

## 二、欧盟与美国微软公司 10 年反垄断案

(一)当事人

原告:美国微软公司

被告:欧盟

(二)案情简介

1998 年 12 月,美国太阳微电子公司率先向欧盟反垄断执法机构欧盟投诉美国微软公司(以下简称微软),开启了欧盟对微软的反垄断调查。微软被指控意图利用自己在个人电脑操作系统市场上的绝对优势挤占服务器软件市场,其表现是微软拒绝向服务器行业的竞争对手提供相关技术信息,导致竞争对手开发的软件无法与微软 Windows 操作系统充分兼容。

2004 年 3 月 24 日,欧盟认定微软滥用了自己在个人电脑操作系统市场上的优势地位,要求微软在 90 天内提供不带自身媒体播放器的 Windows 操作系统版本,并在 120 天内向服务器软件行业的竞争对手公开相关技术信息。此外,欧盟还对微软开出了 4.97 亿欧元的巨额罚单。

2004 年 6 月 7 日,微软向欧洲初审法院提出申诉,要求推翻欧盟的决定。同月,微软还请求欧洲初审法院下令,在法院判决作出前暂缓执行欧盟的决定。

2004 年 7 月,微软支付了罚款。

2004 年 12 月,欧洲初审法院驳回了微软要求推翻欧盟决定的请求。

2005 年 6 月 15 日，微软正式推出不带自身媒体播放器的 Windows 操作系统，但市场反应冷淡。

2006 年 7 月 12 日，欧盟决定对微软再次处以总额 2.8 亿欧元的罚款。

2006 年 10 月 2 日，微软就欧盟新的处罚决定上诉至欧洲初审法院。

2007 年 3 月 1 日，欧盟威胁对微软再次处以每天 300 万欧元的罚款，并要求微软做出答复。

2009 年 11 月，双方握手言和，微软公司宣布同意让用户自由选择最多 12 款其他浏览器，欧盟在 2008 年 12 月也宣布，撤销对微软的反垄断指控，并决定不对微软进行罚款。同时，微软承诺在之后 5 年内履行同欧盟监管当局签订的一项关联协议，该协议要求微软提供屏幕弹窗，允许用户用 Firefox 或者 Chrome、Opera 等浏览器替换 IE 浏览器。

（三）法院审理

2007 年 9 月 17 日，欧洲初审法院对微软要求推翻欧盟反垄断处罚决定的上诉作出初审判决。欧洲初审法院判决认为，微软滥用其在个人电脑操作系统市场上的优势地位，欧盟认定微软犯下的两项违法垄断行为均成立。

欧洲初审法院在长达 248 页的判决书中称，欧盟在评估微软滥用垄断地位导致的严重后果及持续时间上没有犯错，在设定罚款数额上也未犯错。判决书中认定的理由为，一方面，微软拒绝向服务器行业的竞争对手提供相关技术信息，导致后者开发的软件无法与微软 Windows 操作系统充分兼容，危及了市场竞争。另一方面，微软将自身媒体播放器嵌入 Windows 操作系统的“捆绑”行为，剥夺了消费者的选择权，同时存在削弱竞争的重大威胁。

欧盟初审法院的判决，一时间引起了众多评论与肯定，欧盟委员会主席巴罗佐在发表声明中说：“这份判决证明了欧盟竞争政策的客观性和可信度。欧盟竞争政策保护了欧洲消费者利益，确保了内部市场上经营者之间的公平竞争。”同时，有评论认为，判决中的制裁性措施可谓是釜底抽薪之举，对微软的打击堪称重创。

（四）评析

本案中，微软曾经提出两点抗辩意见：（1）向竞争对手提供用以制造产品相关信息等同于许可知识产权；（2）拒绝向竞争对手提供相关信息，并不旨在限制市场竞争，因为微软没有相应的动机。对此，欧盟称第一条理由只能在个案中通过微软提供充分信息确定，根据法理学这种存在例外情形的行使,其知识产权潜在意图并不能成为客观抗辩的理由。在本案的情形中,微软提供的理由超出了其例外的情形,其也未提供足够的证据,特别是披露信息在该产业是非常普遍的。对于第二个理由,欧盟认为其行为是基于一种商业模式并不符合实际。

微软拒绝向服务器行业的竞争对手提供相关技术信息和捆绑销售的行为,是利用其在个人操作系统市场上的支配地位,挤占服务器软件市场。欧盟在进行反垄断调查时更加注重统一市场建立,所以,责令微软向竞争对手公布源代码信息。而美国在几乎同时也对微软进行反垄断审查,但其内容就少了拒绝披露操作系统协议信息及源代码一项。表明不同国家的法制、不同的产业特征对此有不同的做法。

(五)律师提示

就微软的行为而言,微软的计算机操作系统作为拥有知识产权的创新成果,理应受到法律的保护。但当它的操作系统在市场中的绝对支配地位已成为其他竞争者无法绕过的门槛、相当于具有公共功能的平台时,为了保护市场竞争和公共利益,是需要向竞争者开放的。而微软利用计算机操作系统的市场支配地位,捆绑播放器等其他播放软件,提高了其他播放器厂商的进入门槛,甚至导致其丧失竞争机会。

中国作为发展中国家,才刚刚开始制定和实施反垄断法律,欧美国家对微软的反垄断处罚,对中国的反垄断法的实施无疑是有重要借鉴意义的。欧美国家的反垄断成功经验告诉我们,中国政府亦可通过反垄断法的实施,运用法律手段来维护市场的自由竞争秩序,制裁垄断市场行为。

## 三、美国政府诉 United Shoe Machinery 公司搭售垄断案

(一)当事人

原告:美国政府

被告:United Shoe Machinery 公司

(二)案情简介

1899 年 2 月,4 家制鞋机械公司合并成被告公司 United Shoe Machinery,新公司承继了相应的业务和资产,包括制造、销售、租赁制鞋机械等业务,以及美国和国外的相关专利。新公司的专利和业务覆盖了与制鞋有关的绷帮机器、缝沿条机、栓钉机器、外底缝合机、后跟机器和金属钉扣机。

1922年,United Shoe Machinery公司控制了全美国制鞋机械供应市场的95%,在制造和供应制鞋机械上具有市场支配地位。该公司广泛地与制鞋经营者签订有关制鞋机器的租赁协议,其中包括禁止使用条款(租赁的机器不得用于任何有其他竞争者机器介入的鞋上)、排他使用条款(承租人只能使用出租人的机器)、配件条款(只能购买出租人的配件)、额外机器条款(需要的额外机器也必须从出租人处获取)、工厂产出条款(要求由其他竞争者机器介入的鞋要支付许可费)、歧视许可费条款(对明确同意不使用竞争者某种机器者,可支付较低的许可费)、撤销条款(某一情况违约时可广泛地撤销其他各种租赁关系)。在不少情况下,该公司并没有强硬地执行其租赁协议中的有关取消租赁关系的条款;有的情况下,确实因违约而解除租赁关系。在《克莱顿法》生效后,新的租赁协议已经没有限制和搭售条款,新租赁协议可在通知之日起30天后撤销,并冠名为临时借用协议。美国政府根据1914年10月生效的《克莱顿法》第3条起诉United Shoe Machinery公司,要求宣告被告租赁协议中的条款无效。

(三)法院审理

美国政府在密苏里东区联邦地区法院起诉United Shoe Machinery公司,初审法院在1920年认定相关租赁协议中有关条款因违反《克莱顿法》而无效;案件上诉至美国联邦最高法院,美国联邦最高法院判决因违反《克莱顿法》第3条,租赁协议中的有关条款无效。

美国联邦最高法院终审判决书观点如下:

(1)诉讼参与人问题。联邦最高法院法官赞同联邦地区法院的观点,认为对涉案租赁协议的《克莱顿法》诉讼,并不需要协议相对方的参与。法官认为,政府指控的租赁协议中的条款,仅体现了出租人的利益,禁止这些条款并不会给承租人带来损害。因此,并不需要承租人的参与。

(2)本案问题是否为既判问题。联邦最高法院法官认为,这首先要看案件的诉由是否一样,其次要分析前案所诉争的问题是否是后案诉争的关键所在(前案是指1902年,政府在联邦地区法院提起反垄断的指控,法院判决被告经营者的合并、收购行为合法,被告的许可协议合法)。

前案政府提起诉讼的目的有两个:(1)瓦解经营者合并;(2)无效租赁协议。其依据是《谢尔曼法》第1条(协议限制贸易)和第2条(垄断和试图垄断)。而本案是一个根据《克莱顿法》第3条提起的诉讼。《谢尔曼法》与

《克莱顿法》提供了不同的责任检测标准,《克莱顿法》是《谢尔曼法》的补充,并在其领域内确立了自己的判断规则。《克莱顿法》所禁止的协议,只要“可能”(may)实质减少竞争或旨在形成商业垄断,就达到反制的条件。前案中租赁协议被诉违反《谢尔曼法》,但最终被维持有效,认为它们处在专利权人效力范围之内。但是,《谢尔曼法》第3条特别强调了其针对的是“无论专利与否”的协议限制,可见,该法的目的明显在于阻止专利权人主张这一豁免。所以,本案在《克莱顿法》下审理的问题,对前案判决并非关键所在。

(3)租赁协议的合法性。尽管租赁协议没有明确承租人禁止使用其他竞争者的机器,但租赁协议条款的严厉措施,其实际效果正是阻止承租人这样做。很明显,这些限制条款和搭售条款意在减少竞争、追求垄断,这正是《克莱顿法》所禁止的协议、条件。

法官认为,考虑到United Shoe Machinery公司在制鞋机械供应市场的支配地位,上述条款实际上导致承租人无法获取其他竞争者的任何制鞋机械,除非承租人敢于冒着租赁关系被解除的风险,但缺少了United Shoe Machinery公司的机器,业务将无从开展。因违约而强制解除租赁关系的情况,虽然并不总是出现,但确实发生过,其给承租人的威慑力是无所不在的,出租人在某些情况下放弃执行这些条款,并不能排除这些条款本身的违法性。

尽管有不少证言表示,被告机器的优良和高效是引诱他们签订租赁协议的因素,但是这与本案该诉争要点无关。无论机器多好,服务效率多高,被告也不能任意采取违法的条款去租赁其机器。既然美国国会已经制定了《克莱顿法》的具体规定,否认了专利权对这类协议的保护,只要该法不违宪,法院就应该执行。法官接着又讨论了《克莱顿法》第3条的合宪性问题,认为它并没有以“不正当程序”剥夺专利权人的财产。

(四)评析

本案中的United Shoe Machinery公司在制鞋业具有相应的市场支配地位,利用其地位在给制鞋经营者提供产品同时,没有正当理由搭售商品,附带不合理的交易条件,损害消费者权益,阻碍和限制了市场竞争,扰乱公平竞争秩序和损害国家利益的危害性。《克莱顿法》第3条是补充《谢尔曼法》的反垄断工具,明确规定专利产品有关协议和限制条件可能减少竞争、形成垄断的,构成非法协议。本案法官公正全面分析了协议内容,对United Shoe Machinery公司的垄断行为作出了准确的定性。

（五）律师提示

这是美国反托拉斯法著名案例。美国联邦最高法院认为，United Shoe Machinery 公司没有正当理由搭售商品，损害消费者权益，阻碍和限制了市场竞争。《克莱顿法》出台后，尽管 United Shoe Machinery 公司与制鞋经营者签订有关制鞋机器的租赁协议将会受到《克莱顿法》的影响，有可能削弱限制条款和搭售条款。但是，由于 United Shoe Machinery 公司具有市场支配地位。因此，如果该案 United Shoe Machinery 公司胜诉，将在新的租赁协议中重新恢复限制条款和搭售条款，这将严重损害制鞋业的市场竞争秩序。

## 四、欧盟反垄断委员会处罚英特尔公司案

（一）当事人

原告：英特尔公司

被告：欧盟反垄断委员会

（二）案情简介

作为全球最大处理器厂商，英特尔公司（以下简称英特尔）在个人电脑微处理器市场的份额约为80%，其长期向制造经营者收取高额专利许可费，排除、限制竞争。该公司真正意义上的竞争对手仅为 AMD 公司（以下简称 AMD）一家。欧盟监管机构称，英特尔向宏碁、戴尔、惠普、联想以及 NEC 等电脑厂商提供折扣，要求这些厂商从英特尔购买所需的全部或绝大部分 x86 处理器，并向这些厂商付费以推迟或取消基于 AMD 处理器的产品型号。除此以外，英特尔在 2002 年至 2007 年付钱给德国最大电子产品零售商 Media Saturn Holding，要求后者仅销售基于英特尔处理器的电脑。Media Saturn Holding 拥有 MediaMarket 大型连锁超市，此举意味着位于德国德累斯顿市的 AMD 欧洲最大工厂的员工都无法在当地主要电脑商店购买到采用 AMD 处理器的电脑。

2009 年 5 月，欧盟反垄断委员会以阻挠竞争对手 AMD 市场竞争为由向芯片业巨头英特尔开出一纸 10.6 亿欧元的巨额罚单，甚至超过了 2004 年其对微软的 8.89 亿欧元反垄断罚款，创下了欧盟历史新纪录。

（三）法院审理

欧洲第二最高法院在将近 300 页的判决书中支持了欧盟的处罚，认为欧盟已经展示了必要的法律证据，英特尔确实试图隐瞒其行为的反垄断性质，

并通过长期的通盘战略，在大多数重要的销售渠道上排挤 AMD。

（四）评析

近年来，英特尔在各国屡遭处罚，此前，日本公平贸易委员会对其作出处罚，要求其改变部分商业行为，包括停止以低价诱使厂商不使用对手芯片等。本案英特尔蓄意将 AMD 阻挡在市场之外的做法损害了数百万欧洲消费者的利益，也遭到欧盟的严厉处罚。最终英特尔做出一系列承诺，提交中止调查申请，如果英特尔没有切实履行承诺或者其他法定情形将恢复调查。

事实上，英特尔拥有需要多种专利，其利用其标准必要专利实施垄断行为，必要专利权利人涉及的垄断行为的形式主要包括不合理定价、标准必要专利与非标准必要专利搭售、附加不合理交易条件、限制被许可人对许可协议提出任何异议、要求被许可人对其专利免费进行回授等，这种严重且长期违反反垄断规定的行为是令人无法容忍的。不可否认，标准专利必要专利权利人行使自己的权利，是其拥有的知识产权权利的应有之义。但标准必要专利权利人利用其专利技术实施垄断行为，对处于薄利边缘的中国智能终端产业来说无异于雪上加霜，且这些行为的反垄断法反制存在很大的难点，在实践中也有很大的弹性。在具体实践中，根据保护的法益有所侧重，在坚持合理分析的原则上，应根据多维度的价值审视作出评判。

（五）律师提示

欧盟和美国司法部对技术标准的审查包括被动审查和主动审查，欧盟强调不同专利平台间的竞争，以及平台内必要专利和平台外必要专利的竞争。而美国反托拉斯法希望通过反托拉斯法使效率最大化，从而更好地保护消费者的合法权利。欧盟强调的是不同技术之间的竞争，美国更注重必要专利而提高许可效率，这也和他们的不同的立法目的有关。

从反垄断行政处理的案件可以看出执法和司法机构在解决滥用市场支配地位反垄断的反制问题中发挥了重要作用，为产业界和标准化组织明晰 FRAND 原则及其适用提供了重要的参考依据。监管机构对于知识产权人的垄断行为积极监管，通过执法实践可以使相对原则性的反垄断法律制度变得具体而鲜活，在执法和司法经验的不断累积中，完善反垄断法律的制度构建。不同国家或地区的执法原则、审查原则各有不同，但都服务于该国家或地区的经济需要，甚至会因经济发展而改变，这也是许多国家在反垄断立法时对行为的定性会比较模糊的原因，需要反垄断执法机构根据复杂多变的现实灵活地适用。

### 五、美国消费者集团诉德国拜耳公司等反向支付案

（一）当事人

原告：美国消费者集团

被告：德国拜耳公司、Barr Laboratories 公司

（二）案情简介

医药巨头德国拜耳公司是品牌药物生产商，其将基因药 In re Cipro 抗生素药，与其仿制药的竞争者 Barr Laboratories 公司达成反向支付协议（纵向垄断协议），该协议约定拜耳公司向 Barr Laboratories 公司支付3.98 亿美元，Barr Laboratories 同意推迟其研制的 Cipro 抗生素药仿制药入市。2015 年 5 月 7 日，美国加利福尼亚州高等法院推翻了下级法院驳回美国消费者集团起诉德国拜耳公司的决定，就德国拜耳公司就其 In re Cipro 抗生素药与其仿制药的竞争者达成的反向支付协议，重启消费者集团诉讼程序。根据 2013 年美国联邦最高法院的一项判决，品牌药的专利所有人与仿制药的竞争者之间为和解专利诉讼而达成的反向支付协议可能触犯美国反托拉斯法。

（三）法院审理

本案中，品牌药的专利所有人德国拜耳公司与仿制药竞争者 Barr Laboratories 公司之间为和解专利诉讼而达成了反向支付协议。美国加利福尼亚州高等法院认为，在反向支付案中，原告美国消费者集团应承担四项举证责任：（1）仿制药竞争者和解的门槛限额；（2）和解包括现金或同等金额的金融结算手段；（3）德国拜耳公司补偿的金额价值（减去延期的费用）超过了仿制药竞争者 Barr Laboratories 公司向德国拜耳公司提供的任何其他药品或服务；（4）和解金额超过了德国拜耳公司不和解的诉讼费用。但是，上述第（3）和第（4）项证据很可能掌握在被告德国拜耳公司手中，因此，法庭认为，在举证责任转移到原告方面之前，德国拜耳公司首先应该履行举证责任，提供相关证据。换言之，原告美国消费者集团应当证明该反向支付协议不仅仅是为了避免德国拜耳公司与 Barr Laboratories 公司之间的专利诉讼成本，而且旨在推迟仿制药进入市场。如果原告能够提供上述四项基本证据，无须划定相关市场界定或计算市场份额，就可以假设专利所有人德国拜耳公司拥有市场支配力量。为了得出这些结论，法庭大量参考了经济学者的意见。

（四）评析

本案讨论了根据美国加利福尼亚州反垄断法律逆向支付问题中的举证责任问题，这一问题对美国的医药届将产生重大影响。加利福尼亚州高等法院考察了品牌药的专利所有人德国拜耳公司是否能够通过金钱或非金钱补偿的方式，与将要发布仿制药的竞争者 Barr Laboratories 公司达成非竞争性协议，并将其作为专利侵犯诉讼和解协议的组成部分。尽管美国联邦最高法院已经从宽泛的层面回答了这一问题，并认为这种行为并非必然豁免于反托拉斯法，但联邦最高法院并没有回答所有的问题，如在本案中双方应当承担何种举证责任。

加利福尼亚州高等法院认定，如果原告消费者集团能够证明诉讼得以继续的基本证据，则举证责任转回到被告身上，即被告须提供和解协议有利于促进市场竞争的证据。尽管法庭驳回了原告提出的被告不应提出任何正当理由抗辩的诉请，加利福尼亚州高等法院依然遵循美国联邦最高法院的意见驳回了被告的正当性理由抗辩，加利福尼亚州高等法院认为，应当允许专利到期前开展全方位的竞争，而基准线是没有和解协议时竞争的平均期限，或者是双方当事人在没有达成这样的最后期限时，达成和解并就专利的有效性问题重新提起诉讼。最后一步是法庭重申“最终的举证责任是原告要证明和解协议属于反竞争行为。”

（五）律师提示

本案中，美国加利福尼亚州高等法院提出原告消费者集团能够证明诉讼得以继续的基本证据，则举证责任转回到被告德国拜耳公司身上。这种灵活、实用的举证责任分配基于经济学分析。重要的是，在反托拉斯法背景下，法官运用市场经济分析和反垄断规则的结合来设计举证责任分配，值得研究。

本案具有示范效应，对中国法院在审理品牌药物生产商与仿制药竞争者达成反向支付协议作为专利侵权和解协议，来企图豁免反垄断法的反制相关案件，提供了借鉴。

# 第七章 滥用市场支配地位行为的行政反制

## 第一节 中国的反垄断执法机构

### 一、原先的三家反垄断执法机构

我国《反垄断法》第10条第1款规定:“国务院规定的承担反垄断执法职责的机构(以下统称国务院反垄断执法机构)依照本法规定,负责反垄断执法工作。”具体来讲,反垄断中央级执法机构包括国家发展与改革委员会、国家商务部、国家工商行政管理总局。根据《国务院关于机构设置的通知》(国发〔2008〕11号)的规定,国家发展与改革委员会、商务部、国家工商行政管理总局在反垄断执法方面的职责分工是:国家发展与改革委员会拥有“依法查处价格违法行为和价格垄断行为”的职责;商务部负责“经营者集中的反垄断审查等工作,并承担国务院反垄断委员会的具体工作”;国家工商行政管理总局则“负责垄断协议、滥用市场支配地位、滥用行政权力排除、限制竞争方面的反垄断执法工作(价格垄断行为除外)”。

《反垄断法》第10条第2款规定:“国务院反垄断执法机构根据工作需要,可以授权省、自治区、直辖市人民政府相应的机构,依照本法规定负责有关反垄断执法工作。”

### 二、国家机构改革后合并为一家反垄断执法机构

（一）国家市场监督管理总局

根据党的十九届三中全会审议通过的中共中央《关于深化党和国家机构改革的决定》、中共中央《关于印发〈深化党和国家机构改革方案〉》和第十三届全国人民代表大会第一次会议《关于〈国务院机构改革方案〉的决定》。2018 年 4 月中共中央、国务院将原来国家发展改革委员会、国家商务部、国家工商行政管理总局三家反垄断执法机构的职能合并至国家市场监督管理总局，统一了反垄断执法机构的职能。

（二）国家市场监督管理总局相关职能机构

1. 反垄断局

拟订反垄断制度措施和指南，组织实施反垄断执法工作，承担指导企业在国外的反垄断应诉工作。组织指导公平竞争审查工作。承担反垄断执法国际合作与交流工作。承办国务院反垄断委员会日常工作。

2. 价格监督检查和反不正当竞争局（规范直销与打击传销办公室）

拟订有关价格收费监督检查、反不正当竞争的制度措施、规则指南。组织实施商品价格、服务价格以及国家机关、事业性收费的监督检查工作。组织指导查处价格收费违法违规行为和不正当竞争行为。承担监督管理直销企业、直销员及其直销活动和打击传销工作。

## 第二节　中国的行政法规对滥用市场支配地位行为的反制

### 一、《禁止滥用市场支配地位行为暂行规定》

2019 年 6 月 26 日国家市场监督管理总局发布了《禁止滥用市场支配地位行为暂行规定》，自 2019 年 9 月 1 日起施行。这是目前最新的关于禁止滥用市场支配地位行为的规定，共 39 条，对执法授权、管辖、市场支配地位认定和推定、禁止滥用市场支配地位行为、反垄断执法调查、行政处罚等进行了详细规定。此规定吸收了国际先进经验，总结了执法实践，对《反垄断法》所

列举的滥用市场支配地位的行为作出了进一步细化。总结执法实践,对滥用市场支配地位具体表现进行了进一步明确,特别是对可能存在的“正当理由”进行了明确列举,还对认定其他滥用市场支配地位行为考虑的因素予以明确规定。

1. 关于市场支配地位的认定问题

规定对定义当中的“其他交易条件”和“能够阻碍、影响其他经营者进入相关市场”作了细化,明确了认定市场支配地位的法定具体权衡因素;还对认定两个以上经营者共同市场支配地位主要考虑因素予以明确,提出除一般性认定因素外还应考虑相关商品特性、相关市场透明度、相关商品同质化程度、经营者行为一致性等因素,明确了对两个以上经营者共同市场支配地位的认定标准。这将增加市场支配地位认定的确定性。

2. 关于互联网和知识产权领域经营者市场支配地位认定问题

规定对认定互联网等新经济业态以及认定知识产权领域经营者市场支配地位提出了符合行业特征的判断因素,包括认定互联网等新经济业态经营者应当考虑相关行业竞争特点、经营模式、用户数量、网络效应、锁定效应、技术特性、市场创新、掌握和处理相关数据的能力及经营者在关联市场的市场力量等因素。认定知识产权领域经营者应当考虑知识产权的替代性、下游市场对利用知识产权所提供商品的依赖程度、交易相对人对经营者的制衡能力等因素。

3. 关于滥用市场支配地位行为认定问题

规定对滥用市场支配地位行为进行了细化,例如“以低于成本的价格销售商品”当中的成本选择。规定明确指出:认定低于成本的价格销售商品,应当重点考虑价格是否低于平均可变成本,即随着生产的商品数量变化而变动的每单位成本;涉及互联网等新经济业态中的免费模式,应当综合考虑经营者提供的免费商品以及相关收费商品等情况。明确了选择什么成本样品模式,避免了认定低于成本价格的潜在不统一问题。当然,笔者认为对“以不公平的高价销售商品或者以不公平的低价购买商品”的规定,还应当进一步细化,增强可操作性。

4. 关于合理性判断问题

规定作了不少细化规定。例如,关于搭售或者附加其他不合理交易条件,在形式上实现了突破;关于对必要设施的拒绝交易的合理性,提出了较为完整的判断因素,规定指出:在依据第16条第1款第5项认定经营者滥用市场支配地位时,应当综合考虑以合理的投入另行投资建设或者另行开发建造该设施的可行性、交易相对人有效开展生产经营活动对该设施的依赖程度、经营者提供该设施的可能性以及对自身生产经营活动造成的影响等因素。

5. 关于执法信息公开问题

规定明确要求:反垄断执法机构作出行政处理决定后,依法向社会公布。其中,行政处罚信息应当依法通过国家企业信用信息公示系统向社会公示。对于被调查的对象来说,这直接影响其经营决策,关系其切身利益和信誉。对于被调查对象的同类经营者来说,这也会影响到其的经营决策,需要吸取同业被处罚的经验教训。对于被调查对象的客户(受害人)来说,也会涉及其选择举报还是选择提起后继反垄断民事赔偿诉讼问题。

6. 关于经营者承诺制度的适用问题

规定指出:反垄断执法机构对涉嫌滥用市场支配地位行为调查核实后,认为构成涉嫌滥用市场支配地位行为的,应当依法作出处理决定,不再接受经营者提出的中止调查申请。规定说明反垄断执法机构注意到垄断行为的经营者可以通过中止调查申请避免处罚,甚至避免后继反垄断民事诉讼。今后,反垄断法执法机构不应再轻易接受构成垄断行为的经营者中止调查申请,而是采取严厉措施打击垄断行为。

7. 关于适用没收违法所得问题

规定延续了《反垄断法》的规定,要求没收违法所得。但是,规定没有明确没收违法所得的程序和标准,导致违法所得难以计算。在实际执法中,反垄断法执法机构较少没收违法所得,仅是处以罚款,造成经营者违法成本较低。适用没收违法所得的最好处理方式是召开听证会,请相关经济学专家提出意见,经营者可以提出抗辩。如果经营者主动承诺愿意将违法所得赔偿给受损失的其他经营者或者消费者,这种情况下,反垄断法执法机构可以在计算违法所得时对该部分予以扣除。作为经营者承诺,由经营者对受损失其他经营者或者消费者进行赔偿,可以提高反垄断执法的社会效应。

**二、《市场监管处罚程序暂行规定》**

2018年12月21日,国家市场监督管理总局发布了《市场监管处罚程序暂行规定》,自2019年4月1日起施行。该规章共79条,其中,依据第45条规定,案件调查终结报告包括以下内容:(1)当事人的基本情况;(2)案件来源、调查经过及采取行政强制措施的情况;(3)调查认定的事实及主要证据;(4)违法行为性质;(5)处理意见及依据;(6)自由裁量的理由等其他需要说明的事项。依据第47条规定,案件审核的主要内容包括:(1)是否具有管辖权;(2)当事人的基本情况是否清楚;(3)案件事实是否清楚、证据是否充分;(4)定性是否准确;(5)适用依据是否正确;(6)程序是否合法;(7)处理是否适当。此外,该规章对行政处罚原则、管辖、回避、行政处罚的一般程序、立案、调查取证、行政处罚的简易程序、执行与结案、期间、送达等方面亦做出了规定。

### 三、《市场监管处罚听证暂行办法》

2018年12月21日,国家市场监督管理总局发布《市场监管处罚听证暂行办法》,自2019年4月1日起施行。该办法共35条,其中第5条规定,市场监督管理部门作出下列行政处罚决定之前,应当告知当事人有要求举行听证的权利:(1)责令停产停业;(2)吊销许可证或者执照;(3)对自然人处以一万元以上、对法人或者其他组织处以十万元以上罚款;(4)对自然人、法人或者其他组织作出没收违法所得和非法财物价值达到第三项所列数额的行政处罚。各省、自治区、直辖市人大常委会或者人民政府对前款第三项、第四项所列罚没数额有具体规定的,可以从其规定。此外,该办法还对申请和受理、听证组织机构、听证人员和听证参加人、听证准备、举行听证等做出了规定。

### 四、《禁止滥用知识产权规定》

2015年4月7日,原国家工商行政管理总局公布了《禁止滥用知识产权规定》,自2015年8月1日起施行。为了禁止具有市场支配地位的经营者在行使知识产权的过程中滥用市场支配地位,该规定共19条,包括6方面内容:(1)明确了制定本规定的目的和依据,根据职责,对涉及非价格的滥用知识产权排除、限制竞争行为和相关市场等概念作了必要解释。(2)禁止经营者之间利用行使知识产权的方式达成垄断协议,同时规定了安全港规则。(3)禁止具有市场支配地位的经营者在行使知识产权的过程中滥用市场支配地位,明确了相关认定和推定规则,对具体滥用行为做了禁止性规定。(4)明确界定了专利联营、标准中行使知识产权行为可能构成垄断行为的具体情形。(5)明确了工商机关在知识产权领域反垄断执法的分析原则和框架。(6)依据《反垄断法》对滥用知识产权排除、限制竞争行为的处罚作了规定。

### 五、其他相关规定

国家市场监督管理总局于2019年6月26日发布了《禁止垄断协议暂行规定》,自2019年9月1日起施行。2020年1月2日,国家市场监督管理总局发布了《〈中华人民共和国反垄断法〉修订草案(公开征求意见稿)》。另外,2016年7月7日,国务院反垄断委员会公布了《关于认定经营者垄断行为违法所得和确定罚款的指南》(征求意见稿)。2017年3月23日,国务院反垄断委员会办公室公布了《关于滥用知识产权的反垄断指南》(公开征求意见稿)。2017年7月20日,国家发展和改革委员会发布了《国家发展和改革委员会2017年第6号——行业协会价格行为指南》。2019年10月22日,国务院发布了《优化营商环境条例》,自2020年1月1日起施行。2019年11月28日,国家市场监督管理总局发布了《经营者反垄断合规指南》(公开征求意见稿)。

## 第三节　滥用市场支配地位行为的行政责任

### 一、约谈告诫

对滥用市场支配地位行为人或责任人已经实施但没有结束,尚未造成严重影响的排除限制竞争行为,由反垄断执法机构通过一定的行政约谈程序,告诫行为人或责任人及时停止实施排除、限制竞争行为。对市场支配经营者故意实施滥用行为,后果严重者,可以直接处以罚款,而对后果不甚严重、主观恶性不强的滥用行为,一般应由反垄断机关先提出警告,责令停止滥用行为。如果滥用市场支配经营者拒绝执行停止命令,则可以处以拒绝执行命令的罚款。

## 二、制止违法行为

反垄断执法机构经警告、劝告无效或不宜采用警告、劝告措施时，有权采取一定的行政措施制止违法的滥用市场支配地位的行为，维护市场竞争秩序。《反垄断法》第47条对制止违法行为有明确规定。在反垄断执法机构的行政处罚决定书主文中，一般会明确注明责令违法经营者停止违法行为。

## 三、没收违法所得和行政罚款

《反垄断法》第47条规定："经营者违反本法规定，滥用市场支配地位的，由反垄断执法机构责令停止违法行为，没收违法所得，并处上一年度销售额百分之一以上百分之十以下的罚款。"实践中，反垄断法执法机构处罚措施主要是罚款，较少没收违法所得。如果经营者主动承诺愿意将违法所得赔偿给受损失的其他经营者或者消费者的情况下，反垄断法执法机构可以在计算违法所得时予以扣除。反垄断执法机构在确定具体的罚款数额时，应考虑滥用市场支配地位排除限制竞争行为的性质、对相关市场的危害程度行为的持续时间、对消费者的影响、对竞争的阻碍等因素，在《反垄断法》规定的幅度内自主决定罚款数额，并将没收违法所得和罚款上交国库。

## 四、拆分经营者、剥离业务或者恢复原状

如果反垄断执法机构认为具有市场支配地位的经营者的集中行为除了直接危害竞争外，还将限制对竞争对手进入市场，妨碍潜在竞争，则有可能对其处以拆分经营者或者剥离业务的处罚。《反垄断法》第48条规定："经营者违反本法规定实施集中的，由国务院反垄断执法机构责令停止实施集中、限期处分股份或者资产、限期转让营业以及采取其他必要措施恢复到集中前的状态，可以处五十万元以下的罚款。"

美国司法部的反托拉斯机构与拥有1500亿美元资产的美国电话电报公司的官司持续了十年，美国电话电报公司最终于1984年1月正式解体，它的地区电话业务完全独立出去，一家公司被拆分成为八个公司。但是，对于我国《反垄断法》第48条规定的"采取其他必要措施恢复到集中前的状态，"从《反垄断法》实施至今，我国反垄断执法机构还没有"开"这样的先例。

### 五、责令暂停营业或者撤销登记、吊销营业执照

对于性质非常恶劣、严重排除限制市场竞争的滥用市场支配地位的行为，尤其是那些屡惩屡犯的行为，反垄断执法机构可以责令相关经营者暂停营业。如果该滥用市场支配地位行为人或责任人被责令暂停营业后仍然不悔改，不仅反垄断法机构可以给予其相应的处罚，社会团体登记管理机关还可以撤销其该行业协会的登记，工商行政管理机关也可以吊销经营者的营业执照。

### 六、行政处分

对具有行政垄断性质的滥用市场支配地位排除限制竞争行为，反垄断执法机构除了责令其纠正行政垄断行为外，如果有必要追究个人行政责任，可以对滥用市场支配地位组织的负责人和其他直接责任人员给予行政处分。《反垄断法》第 51 条规定："行政机关和法律、法规授权的具有管理公共事务职能的组织滥用行政权力，实施排除、限制竞争行为的，由上级机关责令改正；反垄断执法机构可以向有关上级机关提出依法处理的建议。法律、行政法规对行政机关和法律、法规授权的具有管理公共事务职能的组织滥用行政权力实施排除、限制竞争行为的处理另有规定的，依照其规定。"《反垄断法》第 46 条第 3 款规定："行业协会违反本法规定，组织本行业的经营者达成垄断协议的，反垄断执法机构可以处五十万元以下的罚款；情节严重的，社会团体登记管理机关可以依法撤销登记。"

### 七、其他行政措施

反垄断执法机构可以在有关媒体上公布对滥用市场支配地位者的行政处罚决定，并监督其切实履行行政裁决决定。为便于对照理解，笔者整理总结了相关滥用市场支配地位案件及行政处罚结果，如表 7－1 所示。

**表 7－1 市场监督管理局(原工商行政管理机关)**

**滥用市场支配地位案件查处结果**

| 编号 | 案件 | 来源 | 执法机构及时间 | 市场支配地位认定 | 滥用行为认定 | 处理结果 |
|---|---|---|---|---|---|---|
| 1 | 广东省惠州大亚湾溢源净水有限公司滥用市场支配地位案 | 下级工商机关 | 广东省工商局 2013 年 | 认定 | 认定 | 1. 责令当事人停止违法行为;<br>2. 没收当事人违法所得 860,236.09 元;<br>3. 对当事人处以上年度销售额 2% 的罚款 2,363,597.45 元 |
| 2 | 江苏省徐州市烟草公司邳州分公司滥用市场支配地位案 | 烟草零售商举报 | 江苏省工商行政管理局 2014 年 | 认定 | 认定 | 1. 责令当事人停止违法行为;<br>2. 处以上一年度紧俏卷烟销售额 1% 的罚款 1,723,745.04 元 |
| 3 | 重庆燃气集团股份有限公司滥用市场支配地位行政案 | 本局执法检查 | 重庆市工商行政管理局 2014 年 | 认定 | 认定 | 1. 责令停止违法行为;<br>2. 处 2010 年度销售收入 1% 的罚款 1,793,588.55 元 |
| 4 | 内蒙古自治区烟草公司赤峰市公司滥用市场支配地位案 | 烟草零售商举报 | 内蒙古自治区工商行政管理局 2014 年 | 认定 | 认定 | 1. 责令当事人停止违法行为;<br>2. 限期拿出整改意见报内蒙古自治区工商行政管理局;<br>3. 并处上一年度销售额 1% 的罚款 595.70 万元 |
| 5 | 北京盛开体育发展有限公司垄断行为案 | 媒体爆料 | 国家工商行政管理总局 2014 年 | 未认定 | 未认定 | 终止调查 |
| 6 | 辽宁省烟草公司抚顺市公司滥用市场支配地位案 | 烟草零售商举报 | 辽宁省工商行政管理局 2015 年 | 认定 | 认定 | 1. 责令当事人停止违法行为;<br>2. 处以上一年度(2013 年度)捆绑销售卷烟销售额 1% 的罚款 433.4498 万元 |
| 7 | 重庆青阳药业有限公司拒绝交易案 | 主动咨询 | 重庆市工商行政管理局 2015 年 | 认定 | 认定 | 1. 责令停止违法行为;<br>2. 处 2013 年度销售收入 3% 的罚款 439,308.53 元 |

续表

| 编号 | 案件 | 来源 | 执法机构及时间 | 市场支配地位认定 | 滥用行为认定 | 处理结果 |
|---|---|---|---|---|---|---|
| 8 | 海南省东方市自来水公司垄断案 | 下级工商机关 | 海南省工商行政管理局2015年 | 认定 | 认定 | 1. 没收违法所得38,521.48元;<br>2. 对当事人处上一年度销售额29,660,403.00元2%的罚款593,208.06元 |
| 9 | 中国铁通集团有限公司宁夏分公司垄断案 | 消费者投诉 | 宁夏回族自治区工商行政管理局2015年 | 待认定 | 待认定 | 中止调查 |
| 10 | 中国联合网络通信有限公司宁夏回族自治区分公司垄断案 | 消费者投诉 | 宁夏回族自治区工商行政管理局2015年 | 待认定 | 待认定 | 中止调查 |
| 11 | 中国联合网络通信有限公司内蒙古自治区分公司垄断案 | 消费者投诉 | 内蒙古自治区工商行政管理局2015年 | 待认定 | 待认定 | 中止调查 |
| 12 | 中国移动通信集团内蒙古有限公司垄断行为案 | 消费者投诉 | 内蒙古自治区工商行政管理局2015年 | 待认定 | 待认定 | 中止调查 |
| 13 | 中国电信股份有限公司宁夏分公司垄断案 | 消费者投诉 | 宁夏回族自治区工商行政管理局2015年 | 待认定 | 待认定 | 中止调查 |
| 14 | 济南市雷电防护技术中心滥收费限制竞争案 | 零售商举报 | 济南市工商行政管理局2015年 | 认定 | 认定 | 1. 责令停止违法行为;<br>2. 没收违法所得1.815万元,罚款5万元 |

续表

| 编号 | 案件 | 来源 | 执法机构及时间 | 市场支配地位认定 | 滥用行为认定 | 处理结果 |
|---|---|---|---|---|---|---|
| 15 | 山东省青岛新奥新城燃气有限公司滥用市场支配地位案 | 消费者投诉 | 山东省工商行政管理局2016 年 | 认定 | 认定 | 1. 责令停止违法行为;<br>2. 没收违法所得 52,308.49 元;<br>3. 对当事人处以 2013 年度相关市场销售额 3% 的罚款 6818,533.79 元 |
| 16 | 内蒙古广播电视网络集团有限公司锡林郭勒分公司滥用市场支配地位案 | 下级工商机关 | 内蒙古自治区工商行政管理局2016 年 | 认定 | 认定 | 1. 责令停止违法行为;<br>2. 没收违法所得 9.16 万元;<br>3. 对当事人处上一年度销售额 1% 的罚款即 9.8 万元 |
| 17 | 内蒙古自治区阿拉善左旗城市给排水公司滥用市场支配地位案 | 用户投诉 | 内蒙古自治区工商行政管理局2016 年 | 认定 | 认定 | 1. 责令停止违法行为;<br>2. 没收违法所得 300,741.00 元;<br>3. 对当事人处以上年度营业额 22,580,034.63 元 2% 的罚款 451,600.00 元 |
| 18 | 内蒙古自治区赤峰市盐业公司滥用市场支配地位案 | 消费者投诉 | 内蒙古自治区工商行政管理局2016 年 | 认定 | 认定 | 1. 没收违法所得 1,940,544.00 元;<br>2. 对当事人处以上一年度相关商品市场销售额 5,239,0761.40 元 2% 的罚款 1,047,814.00 元 |
| 19 | 利乐国际股份有限公司等滥用市场支配地位案 | 用户举报 | 国家工商行政管理总局2018 年 | 认定 | 认定 | 1. 责令停止违法行为:<br>2. 不得在提供设备和技术服务时无正当理由搭售包材;<br>3. 不得无正当理由限制包材原纸供应商向第三方供应牛底纸;<br>4. 不得制定和实施排除、限制包材市场竞争的忠诚折扣;<br>5. 对当事人处以 2011 年度在中国大陆地区相关商品市场销售额 7% 的罚款 667,724,176.88 元 |

续表

| 编号 | 案件 | 来源 | 执法机构及时间 | 市场支配地位认定 | 滥用行为认定 | 处理结果 |
|---|---|---|---|---|---|---|
| 20 | 湖南尔康医药经营有限公司滥用市场支配地位案 | 用户举报 | 国家市场监督管理总局2018年 | 认定 | 认定 | 1. 责令当事人立即停止违法行为;<br>2. 没收违法所得239.47万元;<br>3. 处以当事人2017年度销售额1.06亿元8%的罚款847.94万元 |
| 21 | 河南九势制药股份有限公司滥用市场支配地位案 | 用户举报 | 国家市场监督管理总局2018年 | 认定 | 认定 | 1. 责令立即停止违法行为;<br>2. 处以当事人2017年度销售额3893.5万元4%的罚款155.73万元 |
| 22 | 伊士曼(中国)投资管理有限公司滥用市场支配地位案 | 用户举报 | 上海市市场监督管理局2019年 | 认定 | 认定 | 1. 责令停止违法行为;<br>2. 对当事人处以2016年度销售额487,574,226.99元5%的罚款24,378,711.35元 |

## 第四节 案例评析

### 一、美国联邦贸易委员会诉美国高通公司案

(一)当事人

原告:美国联邦贸易委员会

被告:美国高通公司

(二)案情简介

2019年1月4日,美国联邦贸易委员会起诉美国高通公司(以下简称高通)垄断案开庭审理。美国联邦贸易委员会对高通的垄断调查始于2014年9月,在苹果公司和英特尔公司的帮助下,2017年1月美国联邦贸易委员会正式在加利福尼亚州北区圣何塞市联邦地区法院提起的诉讼。美国联邦贸易委员会指控高通强迫其客户如苹果公司等,与之建立独家合作关系,并收

取过多的专利许可费，认为高通的“不许可，无芯片”政策垄断了调制解调器芯片市场，排除、限制竞争，过高的专利许可费率排除竞争者进入市场，从而推高了手机的成本，损害了消费者的利益。

在庭审期间，华为、联想、英特尔、三星、联发科技等12家中外公司出庭作证，均指责高通利用垄断地位收取“高通税”。根据高通提供的一份文件显示，高通专利许可费用通常为产品售价的5%，最高收费为20美元。法庭证词表明，苹果公司经与高通谈判，同意每台手机支付专利许可费7.5美元，选择高通作为其独家供应商，高通则向苹果公司退还部分费用（数十亿美元），实际每台苹果手机支付高通专利许可费大约为5美元，但苹果公司的期望值为1.5美元。

美国联邦贸易委员会指控高通违反《联邦贸易委员会法》，主要基于以下三点理由：

（1）维持“无专利许可、无芯片”政策，只有在手机制造商同意高通专利许可条款的前提下，才提供其调制解调器芯片。这种政策迫使手机制造商向高通支付更高的专利许可费，可以视为对使用其他芯片的手机制造商征收的反竞争税，其他芯片供应商则没有这种许可政策。高通芯片是重要手机的标配，手机制造商无法承受高通芯片断供的风险。

（2）拒绝向竞争对手许可标准必要专利。尽管高通承诺按照FRAND原则许可其标准必要专利，但拒绝将这些专利许可给竞争对手。

（3）通过减少专利许可费以成为苹果公司调制解调器芯片的独家供应商。2011～2016年，高通禁止苹果公司从其竞争对手处采购调制解调器芯片。高通意识到，任何竞争对手如果赢得苹果芯片业务，将变得更强大。高通利用其独家供应商身份阻止苹果公司与竞争对手合作，以改善调制解调器芯片性能和地位。

（三）法院审理

美国加利福尼亚州北区圣何塞市联邦地区法院于当地时间2019年5月21日判决，美国联邦贸易委员会赢得了2017年发起的对高通的反垄断诉讼，法院判决认为，高通剥削了OEM知识产权的价值，认定为剥削性滥用行为。高通存在捆绑销售、限制竞争等行为，并下令采取5条补救措施，其内容包括不得以限制芯片供应要挟提高专利许可费，不得要求独家供应，不得拒绝其他芯片厂商获得许可，必须在公平、合理和无歧视条件下，提供详尽的标准必要专利许可证,判令高通在7年期间需每年向联邦贸易委员会报告是否遵守了上述补救措施。

美国加利福尼亚州北区圣何塞市联邦地区法院露西·科法官表示,高通违反了反垄断法,利用其专利收取高额的不合理的专利使用费,压制竞争对手的发展,以按照智能手机价格百分比的方式收取专利使用费,这一手段为高通带来了数十亿美元的营收。法院认为,高通的做法扼杀了芯片市场的竞争,并损害了竞争对手、设备制造商和终端消费者的利益。然而,高通在新一代5G智能手机调制解调器芯片方面的领先地位,还会让高通的垄断情况持续下去。

高通表示,强烈反对美国联邦贸易委员会的裁决,并将寻求上诉。

(四)评析

1. 关于捆绑销售

高通在CDMA和高端LTE芯片市场上占据主导地位,以芯片断供对手机制造商相威胁,要么接受高通的要求,要么切断芯片供应。手机制造商无法承受芯片断供带来的业务风险,不敢诉诸法律,只能被迫接受。对于智能手机,手机制造商无论如何均会用到高通调制解调芯片的标准必要专利(SEP),高通会把SEP搭售非SEP一起许可授权。这就意味着,高通利用在无线通信SEP许可市场的支配地位,将SEP与非SEP许可搭售,违反了手机制造商的愿意。

2. 关于二次收费

高通售卖的调制解调芯片价格成本已经涵盖芯片专利许可费用。高通关于该芯片的专利权用尽,再收取专利许可费属于二次收费。当然,高通可以通过提高芯片价格取消专利授权费,或者向其他芯片制造商许可,但会导致无法搭售非SEP。手机制造商可以较为自由地选择其他芯片,从而留给竞争对手机会。另外,芯片价格的提升会使高通的芯片竞争优势降低。

3. 向竞争对手收税

高通间接向竞争对手收税。由于高通向手机制造商收取专利费,并不区分是否使用高通芯片。这相当于手机制造商在向高通的竞争对手购买芯片时,被迫也要向高通缴税,而且收费更高。手机制造商必须在每次使用竞争对手的芯片时向高通支付“高通税”,必然会导致其压低其他芯片的利润或减少使用其他芯片,降低了高通竞争对手的竞争能力。相对地,高通获得了额外的收入，获取了不合理的竞争优势。

4. 区别对待

高通对芯片生产商的许可态度是有区分的：(1) 对多数请求人不予许可；(2) 对联发科技，达成 CDMA ASIC 协议，允许其向已经接受专利许可的 OEM 销售芯片；(3) 对海思，允许其自产自用，但均不采用"许可"名义；(4) 对不接受许可者，拒绝供应芯片样品、技术支持，推迟交付软件或威胁将要求 OEM 归还软件。

5. 以拒绝交易要挟来达到强制交易目的

高通拒绝向芯片生产商提供标准必要专利的许可，阻止产量扩大，高通的该行为是以拒绝交易要挟来达到强制交易的目的。手机生产商购买了高通芯片后，不需要另外再对芯片专利权付费。但是，高通强迫手机生产商接受其专利许可，否则高通拒绝供应芯片。由于手机生产商对高通芯片的依赖性需求，逼迫手机生产商只能接受高通附加上的芯片专利权许可，这就对手机生产商造成致命打击。由过高定价的问题变成了专利许可问题。如果不经过专利许可使用高通的专利，高通将会在国外起诉。

6. 案件的类型

本案表面上是专利许可纠纷案件，实质上是滥用市场支配地位案件。高通实施的各种行为是为了给手机生产商强加一个本应不存在的芯片专利许可，构成剥削性滥用行为。高通拒绝给手机生产商提供芯片、样品、拒绝许可等，都是为了维持高通在市场上的支配地位。认定高通是否滥用市场支配地位，首先要认定高通具有市场支配地位；其次要证明其行为具有排他性，这个排他性可能将高通原有的市场支配地位传导到第二个市场，带来第二个市场支配地位。对高通各种行为的考察，应当认定高通的上述各种行为是一个整体政策。

综上所述，美国联邦地区法院判决高通败诉，是完全正确的。

（五）律师提示

综观美国历史上几个比较著名的反垄断案件，如谷歌、微软、英特尔、高通等，都存在滥用知识产权垄断市场政策导致反垄断调查，这些知名跨国公司有强大的法务机构，但仍然屡次被反垄断执法机构处罚，关键在于其通过收取高额的专利许可费来获得超额利润，提高进入该领域的门槛，打击现存的竞争对手和潜在的竞争对手，来达到排除、限制竞争的目的。这种手段获得的超额利润，对这些知名跨国公司的诱惑力太大，如果侥幸未被调查，这部分超额利润作为营收归属自身，可强化竞争优势。如果被反垄断执法机构调查起诉，这部分超额利润以罚款的形式缴纳，尽管在经济上可能获益很少甚至不获益，但是，至少其打击竞争对手，持续垄断市场的目的已经实现，这就是这些知名跨国公司不惜屡次挑战反垄断法的原因。

## 二、中华人民共和国国家发展和改革委员会对美国高通公司滥用市场支配地位行政处罚案

（一）当事人

当事人：美国高通公司

行政机关：中华人民共和国国家发展和改革委员会

（二）案情简介

2014 年 11 月，中华人民共和国国家发展和改革委员会（以下简称国家发展和改革委员会）对美国高通公司（以下简称高通）发起反垄断调查，确定高通在 CDMA、WCDMA、LTE 无线通信标准必要专利许可市场和基带芯片市场具有支配地位，并实施三项滥用市场支配地位的行为：

（1）收取不公平的高价专利许可费。高通对中国经营者进行专利许可时拒绝提供专利清单，过期专利一直包含在专利组合中并收取许可费。同时，高通要求中国被许可人将持有的相关专利向其进行免费反向许可，拒绝在许可费中抵扣反向许可的专利价值或提供其他对价。此外，对于曾被迫接受非标准必要专利"一揽子"许可的中国被许可人，高通在坚持较高许可费率的同时，按整机批发净售价收取专利许可费。这些因素的结合导致高通向中国经营者收取的许可费过高。

（2）没有正当理由搭售非无线通信标准必要专利许可。在专利许可中，高通未将性质不同的无线通信标准必要专利与非无线通信标准必要专利进行区分并分别对外许可，而是利用其在无线通信标准必要专利许可市场的支配地位，没有正当理由将非无线通信标准必要专利许可进行搭售，中国部分被许可人被迫从高通获得非无线通信标准必要专利许可。

（3）在基带芯片销售中附加不合理条件。高通将签订和不挑战专利许可协议作为中国被许可人获得其基带芯片供应的条件。如果潜在被许可人未签订包含了以上不合理条款的专利许可协议，或者被许可人就专利许可

协议产生争议并提起诉讼，高通均拒绝供应基带芯片。由于高通在基带芯片市场具有市场支配地位，中国被许可人对其基带芯片高度依赖，高通在基带芯片销售时附加不合理条件，使中国被许可人被迫接受不公平、不合理的专利许可条件。

（三）国家发展和改革委员会处理

2015年2月10日，历时14个月之久的高通反垄断案告一段落。国家发展和改革委员会当天宣布，对高通滥用市场支配地位实施排除、限制竞争的垄断行为依法作出处理，责令高通停止相关违法行为，并处以其2013年度在中国市场销售额8%的罚款，计60.88亿元。这一罚单创下中国反垄断罚款的历史最高。国家发展和改革委员会同时还针对高通的手机专利许可行为作出了多项监管要求，高通将向中国相关经营者提供3G和4G基本技术专利许可或使用权，并不再要求将这些专利与高通的其他专利进行绑定。高通将按类似于世界其他国家和地区的费率向中国手机厂商收取专利许可或使用费用。高通对此裁决未提出异议，并表示接受该处罚决定，将如期缴纳罚款，不再寻求进一步的法律程序。

（四）评析

国家发展和改革委员会对高通开出60亿元巨额罚单，创下了中国对单个经营者反垄断罚款的最高纪录。作为目前全球最大的移动芯片制造商，高通49%的销售量来自中国。高通拥有大量的无线通信技术专利，在全球利用其基带芯片的市场支配地位捆绑收取专利许可费，使业内设备商绕不开高通的专利。据悉，高通70%的净利润来源于收取的专利许可费。在中国市场，高通要求中国经营者将专利进行免费反向许可的行为对中国国内通信市场造成的危害难以想象。这一行政调查案件为创造公平竞争的市场环境提供了重要警示。

（五）律师提示

专利的交叉许可一般发生在交易双方对彼此拥有专利互补的情况下，通过合同自由约定相互许可时是付费还是免费，双方的权利是对等的。但当专利许可方具有一定市场支配地位，被许可方相对弱势的情况下，被许可方为获得对方的专利而被迫将自己的专利免费许可给对方或者对方指定的第三人，就可能涉及不公平交易或存在滥用市场支配地位行为。

高通利用其市场支配地位，在专利授权协议中约定购买其专利产品的中国经营者将自身专利免费反向许可给高通,并不得利用这些专利起诉高通的其他被许可人。这样中国手机经营者即使持有大量的专利,亦不能向高通或高通的客户主张专利许可费,这导致国内手机经营者的专利价值为零,极大地削弱华为、中兴等拥有众多专利经营者的研发积极性及持续发展能力。专利免费反向许可的范围惠及高通全部客户,看似对没有专利的手机厂商有利,可以避免被诉专利侵权。但始终依赖外部的专利技术,没有自身的技术积累,进入市场的通信经营者根本难以成长壮大。而且,高通要求专利免费反向许可的行为,会进一步固化其在中国市场的垄断地位。高通及其客户可以使用中国经营者的技术创新而无须支付任何费用,中国经营者的巨额研发投入无法得到相应回报,明显的不公平规定会导致中国经营者的技术创新动力严重受挫,严重打击中国经营者投入研发的积极性和信心。

### 三、欧盟委员会对谷歌公司滥用市场支配地位处罚案

(一)当事人

原告:谷歌公司

行政机构:欧盟委员会

(二)案情简介

2017 年 6 月,由于谷歌公司(以下简称谷歌)在搜索结果中偏袒自家服务"谷歌购物",欧盟委员会(以下简称欧盟)决定对谷歌处以 24.2 亿欧元的罚款。

2018 年 7 月,由于谷歌利用安卓系统,采取"非法限制措施"以加强其在搜索引擎方面的主导地位,欧盟决定对谷歌处以 43.4 亿欧元罚款。

2019 年 3 月,由于谷歌滥用主导地位、通过其广告服务"AdSense"在合同中要求客户拒绝竞争对手的搜索广告,欧盟决定对谷歌处以 14.9 亿欧元罚款。

(三)行政查处

1. 欧盟于 2017 年 6 月对谷歌作出罚款 24.2 亿欧元的决定。欧盟在该决定中认为,从 2008 年到 2013 年,谷歌先后在德国、英国等 13 个欧洲经济区国家推出了其购物比价服务,并把搜索结果的显著位置仅给予自己的购物比价服务,同时削弱对手服务。谷歌的这种做法滥用通用互联网搜索市

场支配地位，非法给予自己的购物比价服务以优势，扼杀了购物比价市场的公平竞争。谷歌的非法做法影响很大，它使谷歌的购物比价服务得以在牺牲对手的情况下获取流量的大幅增长，同时损害了欧洲消费者的自由选择利益。

2. 欧盟于 2018 年 7 月决定对谷歌处以 43.4 亿欧元罚款。欧盟认定，谷歌由于非法绑定谷歌搜索（Google Search）和 Chrome 浏览器应用程序至安卓移动操作系统，非法付款换取手机生产商和网络运营商独家预装谷歌搜索应用，非法阻碍安卓操作系统分支版的开发和分发，从而滥用了其安卓的市场支配地位。这意味着谷歌需要停止强制手机生产商预装 Chrome 和谷歌搜索以在手机上提供 Google Play 商店的做法，谷歌还需要停止阻止手机生产商使用分支版安卓，因为欧盟称谷歌："没有提供任何可信的证据证明安卓分支版会受到技术故障的影响或无法支持应用程序。"在欧盟开始调查后，2018 年谷歌停止了为捆绑应用程序而支付给手机生产商款项的做法。

3. 欧盟于 2019 年 3 月决定对谷歌处以 14.9 亿欧元罚款。欧盟认为，谷歌阻止第三方网站从谷歌竞争对手那里获取搜索广告，这种做法减少了第三方网站获取搜索广告的选择。2019 年 7 月，欧盟在该调查的结论中认为，谷歌滥用了其市场支配地位。在这项调查中，欧盟依然有权对谷歌处以最高可达其年营业额的 10% 的罚款。

对这两起先前的判罚，谷歌已经提出了上诉。后面这起判罚，会在评估后考虑提起上诉。一旦提起诉讼，谷歌与欧盟之间则可能又将展开一场旷日持久的拉锯战。

（四）评析

1. 欧盟界定了两个相关商品市场

一个是互联网通用搜索服务市场，另一个是比较购物服务市场（网上购物领域的专业搜索）。可能是因为谷歌在通用搜索服务市场上的份额较高，加上谷歌的网络效应以及用户数据的影响，使得欧盟认定谷歌在 31 个欧洲经济区国家的互联网通用搜索引擎市场上具有市场支配地位。但在比较购物服务市场上，由于竞争者的分散性，谷歌不具有最大的市场份额，未必具有市场支配地位。值得注意的是，在认定谷歌具有市场支配地位时，欧盟非常依赖市场份额的推定，同时非常重视搜索引擎服务端流量测评。欧盟从三个方面阐释了谷歌占有的市场份额及变化对于认定其市场支配地位的重要依据:(1)欧盟评估了自2008年起谷歌在31个欧盟成员国家中,在大多数国家的市场份额超过90%,占有非常高的市场份额,这足以使谷歌的搜索引擎成为主要的流量源。(2)搜索引擎服务市场与购物比较服务市场之间是相邻市场关系。谷歌将其在搜索引擎服务端的流量影响传导至其购物比较服务端,使其购物比较服务端的流量增加十数倍。欧盟指出,谷歌搜索引擎结果显示的位置将影响用户的点击及比较购物网站相应获得的流量,引擎显示第1页的前10个搜索结果将获得全部点击量的95%,谷歌将自身比较购物服务置于搜索结果的显著位置的做法大幅增加了其自身比较购物服务的流量。(3)由于网络效应的存在,进入通用搜索引擎市场的门槛很高。欧盟通过数据测算证明谷歌购物比较服务端的竞争对手的流量大大降低。欧盟分析了海量数据,得出了结论,最终认定谷歌在互联网通用搜索引擎市场上具有市场支配地位。

2. 传导效应和网络效应

欧盟认为谷歌的搜索引擎服务市场支配地位传导至购物比较服务市场,相邻市场彼此之间存在杠杆效应。由于谷歌的购物比较服务需要依赖于其搜索引擎服务,对购物比较服务市场的约束将在一定程度上取决于对通用搜索引擎服务市场的约束。因此,谷歌是否能在购物比较服务市场排除限制竞争,取决于谷歌是否在搜索引擎服务市场对客户具有较强的黏性且难以被替代,并滥用搜索引擎服务市场地位来限制比较购物服务市场的竞争,由于这两个市场定价的不对称性,还需要进一步的论证。

3. 谷歌的抗辩理由

根据谷歌公开的回应材料,其抗辩理由大致为三个方面:(1)谷歌的搜索引擎旨在为任何查询提供最相关的结果和最有用的广告,谷歌通过提供高质量的结果和广告,将消费者与他们搜寻的内容联系在一起。(2)谷歌使用专门的算法来最大化其与用户的相关性,并通过搜索用户和广告客户的数据来加以改进。(3)欧盟所指控的其自营比价购物在搜索结果中排名靠前,并不属于优待,而是为搜索用户及广告客户提供最实用的服务。因为广告越相关,在连接潜在买家和卖家时表现越好,他们所能产生的价值就越高。

4. 欧盟要求谷歌改变行为的命令

欧盟对谷歌长达8年多的反垄断调查,认为谷歌打压了欧洲新创科技公司的发展和消费者选择权。欧盟三次处罚谷歌，罚款高达82.5亿欧元，该罚款额的计算基础是谷歌比较购物服务在13个欧洲经济区国家的营业收入。在处罚同时，欧盟责令谷歌在90天内停止违法行为，即给予谷歌比较购物服务和其竞争对手同等待遇。具体来说，应当采用相同的方式和方法来确定谷歌和竞争对手的比较购物服务在搜索结果中的显示位置。如果谷歌不遵守欧盟要求其改变行为的命令，将有可能面临更多的罚款，可见欧盟查处的态度极为强硬。

5. 欧盟还有两把"利剑"高悬在谷歌的头顶

（1）针对谷歌在安卓系统的搭售行为指控；（2）AdSense广告业务上的排他性行为等指控。如果欧盟再次决定对这两项指控进行处罚，谷歌面临的罚款总金额将会再度震惊世界。

6. 谷歌在其他国家也遭到"围剿"

例如，此前谷歌在俄罗斯就安卓系统的不正当捆绑而缴纳767万美元的反垄断罚款和其在土耳其接受的调查。欧盟此次的天价罚单可能会成为其他国家仿效的范例，引发更多的反垄断调查或诉讼。此外，近年美国朝野上下掀起了对四大科技巨头（谷歌、苹果、Facebook和亚马逊）的反垄断调查浪潮，谷歌已经遭到了反垄断调查，其中涉及网页搜索业务和网络广告业务，"罪名"和欧盟对谷歌的相关指控类似。另外，美国40多个州一级的检察部门也宣布将联合对谷歌垄断市场的行为展开调查。

（五）律师提示

本案中，欧盟认定谷歌在13个欧洲区国家滥用其在通用搜索市场的支配地位，传导至自身的比较购物服务市场，从而排斥竞争对手，垄断比较购物服务市场。也就是说，谷歌比较购物服务将被显示于搜索结果首页的显著位置，而其他竞争对手的比较购物服务将被显示在靠后的位置，使用户在搜索结果中几乎不可能看到竞争对手的比较购物服务。但是，谷歌的上述滥用市场支配地位行为似乎难以与我国《反垄断法》第17条所规定滥用市场支配地位行为的六种类型化行为（不公平高价、掠夺性低价、拒绝交易、限定交易、搭售、差别待遇）对号入座。因此，在《反垄断法》修订前，对我国发生的类似谷歌的滥用市场支配地位行为，可能需要"国务院反垄断执法机构认定的其他滥用市场支配地位的行为"，即"兜底条款"来处理。

欧盟的调查历程、分析路径和处罚决定，对我国开展互联网行业反垄断执法具有典型的参考意义。我国是仅次于美国的互联网大国,包括即时通信、搜索引擎和比较购物服务在内的互联网市场逐渐呈现寡头市场垄断的趋势,我国反垄断执法机构应当借鉴国际经验,密切关注互联网市场竞争情况,加强立法,加大反垄断执法力度。

### 四、北京梅赛德斯奔驰销售服务有限公司等垄断处罚案

(一)当事人

当事人:北京梅赛德斯奔驰销售服务有限公司、梅赛德斯奔驰(中国)汽车销售有限公司、北京奔驰汽车有限公司

行政机关:江苏省物价局

(二)案情简介

经国家发展和改革委员会授权,江苏省物价局从2014年7月22日起,对北京梅赛德斯奔驰销售服务有限公司、梅赛德斯奔驰(中国)汽车销售有限公司、北京奔驰汽车有限公司(以上统称奔驰公司)达成并实施限定向第三人转售商品最低价格的垄断协议行为进行了调查。经查,奔驰公司主要违法事实如下:

2013年1月至2014年7月,奔驰公司销售区域经理对奔驰E级和S级整车设置"零售指导价",通过电话、口头通知或经销商会议等形式,多次明确与南京、无锡、常州、苏州等多地经销商达成限定江苏省内经销商奔驰E级、S级整车及配件最低转售价格的垄断协议。为促使经销商实施最低转售价,奔驰公司加大对经销商的考核力度,约谈、警告不执行限价政策的经销商并减少政策支持力度。根据江苏物价局对江苏省内33家经销商的调查,相关经销商执行了奔驰对E级、S级整车和配件的最低转售价格要求。另查明,奔驰公司2013年度相关市场销售额为5,000,859,866元。

(三)江苏省物价局处理

江苏省物价局认为,奔驰公司与江苏省内经销商分别处于奔驰汽车及相关配件销售链条的不同环节,二者各自具有独立的地位,属于上游和下游的关系。奔驰公司凭借自身优势地位及严格的管理措施,对经销商实施的整车、配件最低转售价格的限定,具有强大的约束力。这种价格控制,剥夺、干预了下游经销商的自主定价权,排除、限制了经销商间的价格竞争,弱化了价格信号对资源配置的引导作用,损害了消费者的利益。

奔驰公司达成并实施限定经销商转售商品最低价格的垄断协议行为，破坏了奔驰整车和售后服务市场的正常竞争秩序，违反了《反垄断法》第14条的规定，属于达成并实施“限定向第三人转售商品的最低价格”垄断协议的违法行为，并且奔驰公司未能证明上述行为符合《反垄断法》第15条规定的豁免情形，依法应当予以处罚。2015年5月20日，江苏省物价局作出如下处罚决定：（1）责令奔驰立即停止限定经销商向第三人转售商品的最低价格的违法行为；（2）对奔驰处以上一年度相关市场销售额7%的罚款，即350,600,190.62元。

（四）评析

在全面深化市场化改革的大背景下，汽车业将面临政策调整、格局重塑等重大变化。由于舆论关注度高，持续公布的零整比也将豪华车推向了反垄断前沿；此外，特殊的产业结构使得上游的汽车生产商更易控制下游的经销商，相对于其他车型，豪华车的盈利能力更高，造成了豪华车经营者对经销商拥有更强的掌控力，也就更容易产生垄断行为，豪华车经营者因此成为反垄断调查的重点。汽车零部件既是汽车产业上游（生产制造）的重要组成，又是下游（售后维修）的主要利润来源，也属于垄断行为的“高发”领域。2014年下半年，已经持续数年的汽车业反垄断调查逐渐“落地”，零部件经营者首当其冲，一些豪华车生产经营者也相继被罚。因价格垄断而受到处罚的经营者均曾被国家发展和改革委员会“点名”调查，其中的整车经营者在收到罚单之前，更是不约而同地下调了车型或零部件价格。而在此期间，包括雷克萨斯在内的其他豪华车经营者及部分日系车企，也大幅下调了零部件价格。

本次奔驰案处罚决定是江苏省物价局按照国家发展和改革委员会价格监督检查与反垄断局要求做出的。此次对奔驰公司的罚款额是中国汽车业反垄断开展以来的最高罚款额，也创造了中国反垄断执法机构对单个公司纵向垄断行为处罚的最高纪录。

（五）律师提示

本案奔驰公司与江苏省内经销商达成并实施限定E级、S级整车及部分配件最低转售价格垄断协议的行为，违反了我国《反垄断法》第14条第2项关于纵向价格垄断协议的规定，即经营者与交易相对人达成“限定向第三人转售商品的最低价格”垄断协议。一般来说，纵向价格垄断协议有以下主要特征：

1. 纵向价格垄断协议的主体处于相关产业链条中不同环节，即通常所称的上游及下游。在相关市场范围内，这些行为主体之间并不是竞争者的关系。上游及下游分别是制造商（或经销商）与销售商或供应商与分销商，无论上游市场是制造商（或经销商）还是供应商，其通常对作为下游经营者的销售商和分销商在商品的供给方面具有较强的市场控制力。

2. 纵向垄断协议的签订行为可采用书面协议、口头通知、召开会议甚至默契合意等多种方式进行。表现形式为固定转售价格，或者限定最低转售价格。本案中，奔驰公司在 2013 年 1 月至 2014 年 7 月，就是通过电话、口头通知或者召开经销商会议等非书面形式达成并实施的垄断协议。如果违反协议，上游车企会通过限制供应、停止供应、改变支持政策等手段来对下游车企进行制裁。

3. 纵向垄断协议行为的目的在于实现经营者商品或服务的垄断性销售，从而获得由垄断性定价带来的巨大利润。奔驰公司限定奔驰 E 级、S 级整车最低转售价格，减少了经销商之间的价格竞争，致使该类汽车产品在市场中形成相对统一的价格。不公平的价格约束最终会影响到终端消费者，消费者在购买商品时就要支付高于产品成本的过高价格，垄断经营者因此而获得垄断利益。这是限定商品转售价格行为最根本的特征体现。

在我国《反垄断法》实施以前，实施纵向价格垄断协议并未被认定是违法性垄断行为，因而，很多经营者一直习惯性认为限制商品或服务转售价格属于经营者的自主经营权。经营者错误的观念必须及时更正，执法机关应对限定商品最低转售价格的纵向垄断协议行为进行合理有效反制，以实现《反垄断法》的立法目的。

### 五、利乐国际股份有限公司等滥用市场支配地位行政处罚案

#### （一）当事人

当事人：利乐国际股份有限公司、利乐包装（昆山）有限公司、利乐包装（佛山）有限公司、利乐包装（北京）有限公司、利乐包装（呼和浩特）有限公司

行政机关:国家工商行政管理总局[1]

（二）案情简介

国家工商行政管理总局在2012年1月对利乐国际股份有限公司、利乐包装（昆山）有限公司、利乐包装（佛山）有限公司、利乐包装（北京）有限公司、利乐包装（呼和浩特）有限公司（以上统称利乐）发起反垄断调查,2013年7月,对其涉嫌滥用市场支配地位行为予以立案,并组织20个省市工商机关进行调查。根据调查,国家工商行政管理总局认为,2009年至2013年,利乐在除我国台湾地区以外的中国大陆地区液体食品纸基无菌包装设备（以下简称设备）、纸基无菌包装设备的技术服务（以下简称技术服务）、纸基无菌包装材料（以下简称包材）三个市场均具有市场支配地位。2009年至2013年,利乐实施了以下滥用市场支配地位行为:

1. 没有正当理由搭售包材

（1）提供设备过程中搭售包材。2009年至2013年,利乐共销售和出租设备多台,相关交易均签订了由利乐提供的格式条款合同。合同规定利乐限定设备客户在绩效确认期内使用利乐包材或“经利乐认可”的包材。同时合同约定绩效期为8个月至12个月以验证设备商业性能。合同约定如果达不到绩效目标值的原因是买方未满足任何一项前提条件,则买方无权获得该条规定的任何一项赔偿。通过该规定利乐限定设备客户在保证期使用利乐包材或“同等品质”包材。2012年以后签订的部分销售合同作了修改,规定买方只使用利乐公司名下代码为qsv的材料。对于违反承诺造成的损失利乐不承担责任。

（2）提供技术服务过程中搭售包材。2009年至2010年,利乐在技术服务中采用了固定成本维修保养服务模式,以客户使用的包材数量为计量依据并设置固定服务费率,利乐提供设备预防性维护、修理和正常磨损更换备件,同时保证设备按预定水准运行。该服务要求客户必须使用利乐包材。

2. 没有正当理由限定交易

液体食品包材由聚乙烯、印刷油墨、纸板（原纸）和铝箔等多层复合结构组成,其中原纸性能对包材质量有决定性影响,成本占包材原料总成本一半以上。目前,包材原纸主要有牛底纸和白底纸,二者在使用原料、加工工艺、

[1] 现为国家市场监督管理总局。

重量和性能上均存在一定差异。比较而言，牛底纸比白底纸具有成本和性能上的优势。截至2014年，中国大陆地区市场仅有佛山华新包装股份有限公司及其子公司珠海经济特区红塔仁恒纸业有限公司（以下统称红塔）批量生产销售牛底纸，其牛底纸的唯一客户是利乐；除利乐外，中国大陆地区市场上大部分包材厂商长期以来无法批量采购牛底纸，均使用白底纸生产包材。经查，利乐对红塔向其他包材厂商供应牛底纸进行了限制。具体表现如下：

（1）限制红塔与其他包材厂商就牛底纸项目进行合作。利乐2009年开始与红塔"合作开发"牛底纸。2011年，利乐与红塔签署的《谅解备忘录》约定，"基于双方当前的意图……（红塔的）该生产能力将用于在合作协议约定的三年内，排他性地为利乐及其关联公司生产液态包装原纸。"

（2）限制使用有关技术信息，妨碍红塔向其他包材厂商提供牛底纸。2012年3月，利乐与红塔就牛底纸生产供应签署了《全球供应协议》《供应与合作协议》。上述协议中对有关信息的使用作出限制。其中规定除了为利乐生产产品外，不可使用利乐技术信息，也不能向利乐之外的任何人士销售或者以其他方式提供任何使用利乐技术信息生产的产品，或协助任何人士从事上述活动。据调查，上述"利乐技术信息"中包括大量公知技术和通用技术，如果原纸供应商不采用这些信息，对其生产质量稳定合格的原纸会有较大影响，因此，限制使用上述技术信息实际上就限制了红塔向其第三方提供牛底纸。

3. 实施排除、限制竞争的忠诚折扣

忠诚折扣是经营者以交易相对人在一定时期内累计的商品交易数量、交易金额、交易份额为条件或根据其他忠诚度表现给予的折扣。具体表现为：

（1）2009年至2013年，利乐的追溯累计折扣主要表现为单一产品追溯累计折扣和复合产品追溯累计折扣两类。单一产品追溯累计折扣是根据单个客户一年内购买单一品种包材的累计数量，按照预先设定的阈值给予累进折扣。复合产品追溯累计折扣是在单一产品追溯累计折扣的基础上，将两个以上品种的包材产品的购买数量合并累加计算，并给予统一折扣或在单一产品追溯累计折扣的基础上额外折扣。

（2）个性化采购量目标折扣。一般是以特定客户一定时期内采购产品达到或超过目标比例或个别固定的数量为条件给予的折扣，通常采取协议、备忘录等方式实施，体现为一定价款的折让或者其他优惠措施。本案中，利乐的目标折扣往往由利乐根据具体客户的情况量身定做，通常具有特别的背景，具有很强的目标性。

（三）国家工商行政管理总局处理

国家工商行政管理总局认定，利乐的上述行为违反了《反垄断法》的有关规定，构成了该法第 17 条第 1 款第 4 项、第 5 项和第 7 项规定的没有正当理由搭售、没有正当理由限定交易和其他滥用市场支配地位行为。依据《反垄断法》，国家工商行政管理总局责令利乐停止违法行为，包括不得在提供设备和技术服务时无正当理由搭售包材，不得无正当理由限制包材原纸供应商向第三方供应牛底涂布液包白卡纸，不得制定和实施排除、限制包材市场竞争的忠诚折扣，并处罚款共计 667,724,176.88 元。

（四）评析

首先，从商品的功能、需求及交易惯例等因素来看，上述设备、技术服务和包材属于各自独立的商品。利乐在提供设备和技术服务过程中搭售包材没有正当理由且损害了包材市场的竞争；在绩效确认期搭售包材不具备正当理由且损害了包材市场的竞争。

（1）绩效确认期限定使用包材不符合行业惯例。关于上述设备验收，行业目前通行的做法是按照国家标准《液体食品包装设备验收规范》进行。目前纸基无菌包装材料的通用标准为《液体食品无菌包装用纸基复合材料》，而利乐在设备绩效确认过程中限定使用利乐包材，这一做法不符合行业惯例。

（2）使用利乐包材并非达到设备绩效目标值的必要条件。调查显示，利乐设备使用其他包材也能够达到同样的机械效率，是否达到利乐设备绩效目标值与是否使用利乐包材并没有必然联系。绩效确认目的在于测试设备的机械效率，而不是设备使用利乐包材的绩效，设备用户可以根据使用不同包材带来的机械效率变化自行权衡成本收益，没有必要因此限定包材使用。

（3）使用其他包材并不必然影响事故责任的判定。利乐认为："在绩效确认期内如果因使用第三方包材发生问题，就无法及时确定到底是设备的责任还是包材的责任。"调查表明，生产过程中的质量事故责任属于包材厂商、设备厂商或者液体食品生产商哪一方，比较容易界定清楚，因此无须为避免责任不清而限定使用设备商提供的包材。

(4)绩效确认期限制包材使用影响客户选择其他包材,损害了包材市场的竞争。绩效确认期是在商业生产开始以后,在此期间要求使用利乐包材,用户只能将使用利乐包材列入生产计划,向利乐订购包材。用户如果在绩效确认之后转换使用其他包材,还需要重新调试设备以确保与包材的适配,这对客户来说是额外的支出,成为客户转向其他包材的现实障碍。因此,绩效确认期看似周期不长,但起到了限定客户使用利乐包材的作用,妨碍了客户使用或尝试使用其他包材,损害了包材市场的竞争。

其次,利乐限制红塔与第三方合作开发牛底纸项目、限制向其他包材厂商供应牛底纸等限定交易行为不具备正当理由,且损害了包材市场的竞争。

(1)红塔自主拥有牛底纸生产专利技术。据调查,在与利乐合作之前,红塔就独立获得了生产牛底纸的专利技术,相关技术能力也是利乐选择其作为原纸供应商的主要原因。截至 2014 年,中国大陆地区市场上仅有红塔实现牛底纸的批量生产。原纸供应商将牛底纸生产技术转化为批量生产能力的重要制约因素在于相当大的转换成本,长期、稳定、大量的需求是牛底纸实现批量生产的重要条件。利乐在包材市场长期拥有超过 60% 的份额,由此转化而成的巨大原纸需求在一定程度上促成了红塔批量生产牛底纸。尽管如此,利乐并没有向红塔提供生产牛底纸的专利技术。

(2)红塔向第三方供应牛底纸并不影响其与利乐的合作。尽管对于红塔的牛底纸生产技术向商业生产转化,利乐提供了相关参数进行调整、测试,但牛底纸的生产主要由原纸供应商研发生产完成。调查显示,在原纸生产行业,即使是定制的产品,客户也仅仅是向原纸供应商提出原纸幅宽、定量、数量、交货时间等基本要求,原纸供应商在其原材料采购、工艺技术、生产设备、排产计划、产品售价等方面能够满足客户定制要求的前提下与客户签订相应购销合同并安排生产。原纸工艺参数的制定、原材料的采购、生产设备的操作和生产过程的控制等由原纸供应商完成。原纸供应商可以根据不同经营者的要求调整产品参数,向不同客户提供各种产品,因此红塔向第三方供应牛底纸并不影响其与利乐的合作开发。

(3)利乐限制红塔使用的技术信息并非其专有。利乐主要限制红塔使用两方面"利乐技术信息":一是利乐包材原纸的规格信息,二是包材生产过程中与原纸有关的 8 项技术信息、利乐设备使用包材有关的 5 项"加工技术信息”。据调查,利乐限制红塔使用的“利乐技术信息”中,大部分并非利乐专有信息:与原纸有关的8项技术信息由其他设备制造经营者所掌握;利乐设备使用包材的5项信息,是利乐客户(液体食品生产商)如何使用包材的相关信息,属于行业公知信息。因此,“利乐技术信息”并非利乐专有,利乐没有权利限制供应商使用该技术信息进行生产。

(4)限制使用非专有技术和向第三方供应牛底纸,损害了包材市场的竞争。限制使用非利乐专有技术信息会直接影响牛底纸的生产,进而限制了供应商对第三方供应牛底纸。利乐的限定交易行为产生了实际的排除、限制竞争效果。尽管利乐与红塔2011年签订的《谅解备忘录》中的排他性供应原纸条款没有在后续的协议中出现,但这一约定在一定程度上对红塔产生了实际的影响。红塔牛底纸生产线每年产能远远大于利乐的采购量,但利乐却一直是红塔牛底纸的唯一客户,而利乐的竞争对手向红塔提出的采购意向一概被拒绝。从长远看,上述限定交易行为会导致牛底纸供应因为下游需求不足而放缓发展,同时进一步提高原纸供应商对大客户的依赖程度,包材行业也会因为关键原材料的供给受限而减缓创新节奏,行业的健康发展受到影响。

综上所述,利乐限制红塔使用非专有技术信息,实质上是凭借其在包材市场上的支配地位,排除、限制包材市场的竞争。

最后,折扣是常见的商业行为,可以促进市场竞争,有利于消费者,但是具有市场支配地位的经营者实施的忠诚折扣与特定的市场条件相结合,产生明显反竞争效果时,应当予以反制。

(1)忠诚折扣和追溯累计折扣具有忠诚诱导效应。追溯累计折扣在适用时间范围的“追溯性”和数量范围的“累计性”方面与其他数量折扣有明显区别。在增量折扣下,当客户的购买量达到特定阈值时,相应的单价折扣通常只适用于超过阈值的那一部分购买量,而不适用于阈值之前的购买量,并且在任何购买量下,额外一个增量单位单价从不为0或负数。而追溯累计折扣由于其折扣基数追溯累计计算,客户的总支付在阈值处会出现陡降,即在阈值附近的实际价格为0甚至为负数。追溯累计折扣吸引客户尽可能多地购买产品,以便达到阈值以享受更高折扣,形成诱导效应。目标折扣具有忠诚诱导效应。具有支配地位的经营者往往根据客户具体情况设定采购比例和目标采购量,并以此为条件给予折扣。目标折扣的直接后果是锁定了客户的采购比例或采购量。

(2)忠诚折扣在特定的市场条件下的反竞争效应。对于支配地位经营者而言,客户的总需求可以分为“不可竞争部分需求”知识产权等和“可竞争部分需求”。由于多方面原因,“不可竞争部分需求”只能由支配地位经营者提供,而“可竞争部分需求”可以同时由支配地位经营者和其他经营者提供。忠诚折扣的反竞争机制主要在于支配地位经营者利用不可竞争部分需求限制和影响可竞争部分需求,以及所造成的对客户忠诚度的其他影响,因而其反竞争效应程度主要取决于将不可竞争部分的市场势力传导至可竞争部分的能力,同时还受不可竞争部分需求的大小以及折扣幅度和实施方式等因素的影响。追溯累计折扣具有明显反竞争效应表现在客户只有在保证总采购费用不变甚至更低的情况下,才会转移一部分采购量给其他包材厂商,对于其他包材厂商而言,如果要获得转移采购量,除了匹配利乐的报价,还需要全额补偿客户因此受到的折扣损失,即由于利乐单价上涨而导致的额外支付。

(五)律师提示

利乐在中国无菌纸包装市场占有绝对优势,特别是早期,其在乳业包装市场上的占比可能达到九成以上。正因如此,在媒体报道中,利乐曾被描述为“乳业战场背后的军火商”,也很可能是在中国市场上遭遇垄断质疑最多的跨国公司之一。早自2003年起,就有一些包装经营者吐槽,利乐利用市场强势地位,把“捆绑销售”写进合同,与客户约定,若干年中客户使用约定数量的包装耗材来抵扣包装设备余款,客户在合同约定的期限内无权选择其他包装材料公司,从而达到排斥竞争对手的目的。

2009年至2013年,利乐凭借其在设备市场、技术服务市场的支配地位,在提供设备和技术服务过程中搭售包材;凭借其在包材市场的支配地位,通过限制原料纸供应商与其竞争对手合作、限制原料纸供应商使用有关技术信息,妨碍原料纸供应商向其竞争对手提供原料纸;凭借其在包材市场的支配地位实施追溯性累计销量折扣和个性化采购量目标折扣等排除、限制竞争的忠诚折扣,妨碍包材市场的公平竞争。利乐的上述行为违反了《反垄断法》的有关规定,构成了该法第17条第1款第4项、第5项和第7项规定的没有正当理由搭售、没有正当理由限定交易和其他滥用市场支配地位行为。

利乐的行为违反了《反垄断法》第17条规定,滥用了市场的支配地位,要求他的交易相对人只能和他进行交易,或者只能与他指定的经营者进行交易,而且没有正当理由地搭售商品,以及一些其他滥用市场支配地位的行为。根据《反垄断法》第 47 条的规定,如果是滥用市场支配地位,可以要求责令改正,包括停止行为,没收违法所得,也可以处以上一年度销售额的 1% ~10% 的罚金,因此最终对利乐的罚金是 6.6 亿元。这是在综合考虑其垄断行为的持续时间、程度包括对市场造成的影响,同时还涉及利乐的六家经营者,最终确定的罚款数额。这样的罚款数额虽然听起来很高,但是相对于这种大型的经营者而言,并不会"伤筋动骨"甚至导致不能经营的状况,也就意味着该罚款数额既起到了惩罚的作用,同时又保障了这个经营者还能够继续生存下去。既起到了效益作用也起到了惩罚作用,同时也稳定了市场。

## 六、重庆燃气集团股份有限公司滥用市场支配地位行政处罚案

(一)当事人

当事人:重庆燃气集团股份有限公司

行政机关:重庆市工商行政管理局[1]

(二)案情简介

1. 案件线索来源

2010 年 5 月 12 日,重庆市工商行政管理局(以下简称重庆市工商局)对重庆市供水、供电、供气、电信、广电等公用服务经营者进行检查中发现重庆燃气集团股份有限公司(以下简称重庆燃气公司)下属部分分公司自 2008 年 1 月以来利用公用经营者的市场支配地位,在向天然气非民用气用户(工业、集体、商业、CNG)销售天然气过程中,通过设置工作流程与签订格式合同的方式,要求用户接受以"修正系数"为基准的天然气结算方式,即在天然气表正常显示读数上乘以"修正系数"作为最终的气量结算数据,其行为涉嫌违法。重庆市工商局于 2010 年 7 月开始核查,并将核查情况报告国家工商行政管理总局,2011 年 6 月,国家工商行政管理总局正式授权重庆市工商局对重庆燃气公司启动反垄断调查。

---

[1] 现为重庆市市场监督管理局。

2. 本案相关市场界定

在重庆市主城九区内，绝大部分商户均使用城镇管道天然气，商品可替代性弱，城市公共天然气供应是非民用气用户对重庆燃气公司最大的依赖所在。因此，本案相关市场中的商品范围确定为城市公共天然气供气服务。本案相关市场中的地域范围界定为重庆主城的渝中区、沙坪坝区、南岸区、九龙坡区、大渡口区、北碚区、江北区七个区域范围内的城市公共天然气供应服务市场。

3. 重庆燃气公司在相关市场具有市场支配地位的认定

在上述七个区域范围内的城市公共天然气供应服务市场地域范围内，重庆燃气公司提供的城市公共天然气供应服务占据绝大部分市场份额；因公用经营者本身所具有的自然垄断属性，重庆燃气公司的城市公共天然气供气服务客观上具有不可替代性、公益性等特点，用气户等其他经营者对当事人在城市公共天然气供应服务上具有很强的依赖性等原因，在相关服务市场地域范围内，重庆燃气公司具有市场支配地位。

4. 重庆燃气公司利用其市场支配地位附加其他交易条件

重庆燃气公司在供应天然气的过程中，要求其下属 7 家分公司在对非民用气用户开通天然气时与客户签订《天然气供用气合同》《安全附加协议》，在《天然气供用气合同》中附有一则条款，其内容大致为天然气表上的显示读数并非作为计费的气量数，而是在天然气表的显示读数基础上乘以“修正系数”，得到的数值才作为计费的最终数值，该公司称为收取“修正系数”，也称“调节系数”或“补偿系数”。

5. 重庆燃气公司附加其他交易条件无合理性理由的认定

重庆燃气公司认为，自动表的价格相对较高，因此，由于成本的原因，在重庆市场上，非居民用户所使用的天然气表多为不带自动补偿装置的气表，为避免经营者损失，由重庆燃气公司对不带自动修正仪的天然气表进行修正具有合理性。

重庆市工商局认为，重庆燃气公司的上述做法无正当理由，因为不带自动修正仪的天然气表计量于法有据；重庆燃气公司收取修正系数的做法与现行法规相悖。

6. 重庆燃气公司行为对消费者造成的损害

重庆市工商局认为，重庆燃气公司在提供城镇天然气供气服务时，以格式合同的方式将供气与按修正系数收费进行捆绑，客观上影响了非民用气用户的自主选择权；附加交易条件行为，客观上加重了非居民用气的实际负担，损害了消费者的合法权益。

（三）重庆市工商局处理

重庆市工商局认为，重庆燃气公司利用其在重庆主城的渝中区、沙坪坝区、南岸区、九龙坡区、大渡口区、北碚区、江北区七个区域范围内城市天然气供应服务市场中具有的市场支配地位，在向天然气非民用气用户提供销售天然气服务过程中，对采用不带温度压力自动补偿装置的天然气计量仪表的用户，通过格式合同要求用户接受实际结算用气量按用户实际用气量乘以修正系数后的数据结算，其行为违反了《反垄断法》第 17 条第 1 款第 5 项"禁止具有市场支配地位的经营者从事没有正当理由搭售商品，或者在交易时附加其他不合理的交易条件的滥用市场支配地位行为"的规定。

在本次反垄断调查过程中，重庆燃气公司具有从轻处罚的情节，依照《反垄断法》第 47 条第 1 款及《行政处罚法》第 27 条的规定，重庆市工商局决定对重庆燃气公司从轻处罚，具体处罚如下：（1）责令停止违法行为；（2）处2010 年度销售收入 1% 的罚款 1,793,588.55 元。

（四）评析

公用经营者，是指为公众提供日常生活所必需的产品和服务的经营者。天然气、电信、银行、铁路等公用经营者近年来滥用市场支配地位限制竞争的做法屡见不鲜，对市场竞争造成损害，限制了民营经营者的发展空间，并最终损害了广大消费者的权益。

中国反垄断执法机关积极面对类似奔驰、高通这类跨国大经营者的垄断行为，有效执法、公正处罚，保护了国内市场的有序竞争。同时，执法机关对于能源、电信、银行、铁路等国内公司进行制裁时所采用的教育与处罚并举、引导与制裁结合的方式，既彰显了《反垄断法》之正义，也说明无论是国际经营者，还是中国大型经营者，只要涉嫌垄断都将一视同仁被调查，认定违法后都将依法处罚。

（五）律师提示

本案重庆燃气公司的行为被认定为"没有正当理由搭售商品，或者在交易时附加不合理的交易条件"。根据《禁止滥用市场支配地位行为暂行规定》第 18 条第 1 款的规定，禁止具有市场支配地位的经营者没有正当理由搭售商品,或者在交易时附加其他不合理的交易条件:(1)违背交易惯例、消费习惯等或者无视商品的功能,将不同商品捆绑销售或者组合销售;(2)对合同期限、支付方式、商品的运输及交付方式或者服务的提供方式等附加不合理的限制;(3)对商品的销售地域、销售对象、售后服务等附加不合理的限制;(4)交易时在价格之外附加不合理的费用;(5)附加与交易标的无关的交易条件。

值得注意的是,反垄断法将行为人"没有正当理由"作为认定该行为构成滥用市场支配地位的重要限定条件之一,也就是说,是否具备"正当理由",是区别经营者对其具有的市场支配地位合法利用还是违法滥用的重要标志。根据《禁止滥用市场支配地位行为暂行规定》第18条第2款的规定,认定上述正当理由应当综合考虑下列因素:(1)符合正当的行业惯例和交易习惯;(2)为满足产品安全要求所必需;(3)为实现特定技术所必需;(4)能够证明行为具有正当性的其他理由。

## 七、内蒙古自治区烟草公司赤峰市公司滥用市场支配地位行政处罚案

(一)当事人

当事人:内蒙古自治区烟草公司赤峰市公司

行政机关:内蒙古自治区工商行政管理局[1]

(二)案情简介

2014年"3·15"期间,内蒙古自治区工商行政管理局(以下简称内蒙古工商局)接到烟草零售商投诉称,内蒙古自治区烟草公司赤峰市公司(以下简称赤峰市烟草公司)在卷烟批发销售过程中存在变相捆绑销售卷烟商品的情形,涉嫌滥用市场支配地位。2014年4月21日,国家工商行政管理总局授权内蒙古工商局对其实施反垄断调查。

1.赤峰市烟草公司在相关市场具有市场支配地位的认定

依照《烟草专卖法》等规定,本案相关产品市场应界定为赤峰市行政区域内的卷烟批发市场。正是基于赤峰市烟草公司在赤峰市行政区域内依法享有卷烟批发销售业务的独家垄断经营权,不存在任何现实的以及潜在的竞争对手,卷烟零售商在卷烟商品的采购上,对其具有绝对的依赖性。每一

[1] 现为内蒙古自治区市场监督管理局。

种卷烟的市场投放数量、投放方式、投放时间、投放频次，甚至对某一零售商的供货限额以及与之相关的交易条件，都由赤峰市烟草公司独自决定，零售商只能按照赤峰市烟草公司制定的规则与之交易，没有任何选择权。这也是赤峰市烟草公司在交易时附加不合理条件，对畅销及非畅销卷烟实行捆绑交易的基础。根据《反垄断法》等法律的规定，内蒙古工商局认定赤峰市烟草公司在卷烟批发市场上具有市场支配地位。

2. 主要违法事实

赤峰市烟草公司在通过“新商盟”网络批发销售卷烟过程中，为完成上级下达的卷烟销售任务，利用其法定市场支配地位及畅销卷烟品种供货不足的实际，将所经营的卷烟品种按照品牌及市场表现分为畅销和平销两个大类，制定了以零售商“月均购进量和月均条均价”进行分类，分别核定畅销卷烟品种供货限额的卷烟批发销售管理办法。赤峰市烟草公司向零售商告知“按照月均购进量和月均条均价分类，并据以确定次月紧俏品种供货限额”的营销策略，以及零售商“上月的订货情况将直接影响下月所属客户类别”的货源管控措施。对订货数量未达到其规定的“商定量”标准的零售商，将减少下月供货量。

赤峰市烟草公司这种以“差别待遇”相要挟，变相强迫零售商尽可能按照其网上公示的“商定量”和品种比例足量订购卷烟商品的做法，致使部分零售商在积压了大量平销卷烟的情况下，为保证畅销卷烟配额不被核减，不得不按照赤峰市烟草公司的“捆绑”销售政策继续订购平销卷烟，有些零售商因积压的平销卷烟数量过大，为保障流动资金的周转，被迫将某些品种按进价销售。一些以流动送货车方式向农村个体工商户批发销售食品、百货商品的烟草零售商，为保住客户资源，甚至还出现过被迫接受下游客户使用积压的平销卷烟抵顶购货款的情况。赤峰市烟草公司提交的卷烟商品销售明细表显示，其2013年度卷烟商品批发业务销售额为59,570.49万元。

（三）内蒙古工商局处理

内蒙古工商局认为，赤峰市烟草公司利用其在卷烟批发销售市场上的法定支配地位和对畅销卷烟品种供货数量的控制能力，对零售商的“月均购进量和月均条均价”进行排序，并以此作为确定其次月畅销品种供应数量的依据。实质上是利用零售商将畅销卷烟品种及数量供应是否充裕作为市场竞争重要手段的心态，借助按照“月均购进量和月均条均价”排序分配畅销卷烟商品配额的方法,强制零售商订购平销卷烟,违背了零售商的意愿。此外,由于不同品牌的卷烟商品是相互独立的,消费者在购买卷烟时并不存在将不同品牌商品捆绑或掺混消费的必然选项。赤峰市烟草公司将畅销卷烟和平销卷烟捆绑销售,既不存在消费上的安全性、经济性和习惯上的合理性理由,也不会增加零售商的经济利益,更缺乏法律依据。

赤峰市烟草公司的行为造成了反竞争效果,具体表现为:(1)损害了竞争秩序,不利于"平销产品"生产厂家提高产品质量;(2)损害了零售商的利益;(3)损害了消费者因充分竞争促使平销产品生产厂家提升产品质量,进而获得更多高品质产品消费机会的正当权益。

赤峰市烟草公司的行为,违反了《反垄断法》第 17 条"禁止具有市场支配地位的经营者从事下列滥用市场支配地位的行为"中第 5 项"没有正当理由搭售商品,或者在交易时附加其他不合理的交易条件"的规定,属于没有正当理由,在交易时附加不合理交易条件的违法行为。依照《反垄断法》第 47 条规定,考虑到本案调查过程中赤峰市烟草公司能配合开展执法调查,对违法行为有所认识,并采取了一些整改措施,一定程度上防止了违法行为危害后果的继续扩大和加深等因素,责令赤峰市烟草公司停止违法行为,限期拿出整改意见报内蒙古工商局,并处上一年度销售额 1% 的罚款 595.70 万元。

(四)评析

与其他行业相比,在烟草行业认定经营者具有市场支配地位较为简单,争议较少。因为根据我国《烟草专卖法》第 3 条规定,国家对烟草专卖品的生产、销售、进出口依法实行专卖管理,并实行烟草专卖许可证制度。我国《烟草专卖法实施条例》第 23 条规定:"取得烟草专卖批发企业许可证的企业,应当在许可证规定的经营范围和地域范围内,从事烟草制品的批发业务。取得烟草专卖零售许可证的企业或者个人,应当在当地的烟草专卖批发企业进货,并接受烟草专卖许可证发证机关的监督管理。"由于烟草专卖法律法规的约束,当地烟草零售商只能从赤峰市烟草公司处进货,其经营活动对赤峰市烟草公司具有绝对的依赖性,因此,内蒙古工商局根据《反垄断法》的规定,认定赤峰市烟草公司在相关市场内具有市场支配地位十分合理。

虽然赤峰市烟草公司合法保有由国家垄断衍生出来的市场垄断地位,但这并不意味着其能够进一步享有滥用此市场支配地位的行为来获得反垄断豁免权利。从性质上说，烟草公司也是市场经济的主体，应当尊重市场经济的一般规律，与其他市场经营主体一样承担经营风险，公平公正地参与市场竞争，与消费者建立一种平等的交易关系，不能因为其特殊身份或经营公共事务任意而为。

本案中，内蒙古工商局采用《反垄断法》作为执法依据，沿袭"相关市场界定—市场支配地位认定—滥用行为认定—豁免适格性分析"的反垄断研究思路，不但厘清了相关市场范围与确定经营者市场支配力的依据，分析了经营者垄断行为的违法性质与危害程度，还得出符合比例原则的处罚结果。本案具有良好的示范效应，引导烟草等行业的经营者以此为戒，更好地重视、遵守《反垄断法》。

（五）律师提示

长久以来，对于烟草行业是否适用《反垄断法》第5章中行政垄断的规定存在较大争议，有些学者认为对烟草行业的反制属于《烟草专卖法》的范畴，虽然存在行政垄断，但应当适用《反垄断法》中的豁免制度；也有学者认为烟草专卖制度应当纳入《反垄断法》对行政垄断的反制范畴。从世界各国的经验来看，《反垄断法》的根本任务是预防和制止垄断行为，对合法垄断的经营者进行监督，保护市场公平竞争，维护消费者和社会公共利益，对各种行业一视同仁，烟草行业亦不例外。

事实上，烟草种植环节属于《反垄断法》的豁免范围，烟草商品生产的市场准入限制由《烟草专卖法》规定，但烟草经营者的生产经营活动应受《反垄断法》反制。对于烟草商品的专卖，由于受《烟草专卖法》的管辖，则属于《反垄断法》豁免内容；滥用法定垄断地位导致的烟草附条件交易、搭售、强制交易等行为则必须通过《反垄断法》来规范。

## 八、重庆青阳药业有限公司拒绝交易行政处罚案

（一）当事人

当事人：重庆青阳药业有限公司

行政机关：重庆市工商行政管理局

（二）案情简介

重庆青阳药业有限公司（以下简称青阳药业）到重庆市工商行政管理局（以下简称重庆市工商局）咨询，称其在2013年9月与湖南湘百合医药公司

(以下简称湘百合公司)签订《别嘌醇原料经销协议》(以下简称《协议》)后,客户反映其经营行为违反《反垄断法》的相关规定。为避免更大的法律责任,青阳药业向重庆市工商局提供了《协议》原件和别嘌醇原料药、制剂的相关生产情况,请求重庆市工商局对其经营活动是否违法进行确认。经核查,重庆市工商局认为青阳药业涉嫌滥用在别嘌醇原料药市场上的支配地位实施拒绝交易行为。2014 年 12 月,国家工商行政管理总局授权重庆市工商局对青阳药业启动反垄断调查。

1. 相关市场的认定

本案涉嫌的违法行为是青阳药业滥用市场支配地位,拒绝向市场提供其生产的别嘌醇原料药。

(1)本案相关商品市场。别嘌醇是治疗高尿酸血症的常见药。高尿酸血症又称痛风,是嘌呤代谢紊乱所致的疾病,其临床特点为高尿酸血症及由此而引起的痛风性急性关节炎反复发作、痛风石沉积、痛风石性慢性关节炎和关节畸形,常影响肾脏,引起慢性间质性肾炎和尿酸肾结石形成。目前,临床上常用的治疗高尿酸血症的制剂较少,除别嘌醇外,还有苯溴马隆、秋水仙碱和非布司他等。这几种药品在药理作用方面不完全相同,对治疗高尿酸血症起着不同的治疗作用,具有不同功效及不同药理作用的药品之间替代性较弱。

非布司他与别嘌醇的药理作用较为类似,也属于酶抑制剂,抑制尿酸生成。但别嘌醇价格低廉,患者每月服用花费仅在 25 元左右,且被列为国家基本医疗保险药品目录中的甲类药品;非布司他价格昂贵,患者每月服用花费在 400 ~ 500 元,且属于自费药品。根据国家基本医疗保险制度,患者在住院时使用甲类药品采用全额药价按比例报销原则报销,使用自费药品将不享受任何报销,完全由患者全额支付。因此,非布司他与别嘌醇的替代性也较弱。

综上所述,在抗痛风药物中,能阻止尿酸生成、价格便宜且被列为国家基本医疗保险药品目录中甲类药品的就只有别嘌醇。

从需求替代方面看,别嘌醇原料药具有不可替代性,只有使用别嘌醇原料药才能生产出别嘌醇制剂。别嘌醇制剂生产经营者无论别嘌醇原料药价格如何变化,都无法选择其他商品进行别嘌醇制剂的生产。经查,从 2012 年 7 月起,青阳药业是全国唯一生产、销售别嘌醇原料药的生产经营者。

综上所述,本案的相关商品市场应界定为别嘌醇原料药市场。

（2）本案相关地域市场。依据国家药品管理法律、法规，别嘌醇原料药生产资质认证范围为全国范围，无地域限制。别嘌醇原料药尚未批准进口，别嘌醇原料药需求者不能擅自在国外进行采购。因此，本案的相关地域市场为全国市场。

2. 青阳药业在相关市场具有支配地位的认定

（1）青阳药业的产品在相关市场中的市场份额。《药品管理法实施条例》规定，药品生产需取得药品生产许可证、药品注册批文和通过《药品生产质量管理规范》认证。经查，国内曾通过别嘌醇原料药生产《药品生产质量管理规范》认证的经营者包括青阳药业在内共有6家。其中4家经营者的《药品生产质量管理规范》认证已于2012年1月前全部到期。这4家经营者中，有3家经营者从未生产过别嘌醇原料药，只有江苏省的某经营者在2012年1月前在实际生产别嘌醇原料药，并于2012年7月销售完最后一批别嘌醇原料药存货。另外1家重庆某经营者的《药品生产质量管理规范》认证虽未到期，但也从未实际生产、销售过别嘌醇原料药。至本案发生时，国家食品药品监督管理总局[1]也未批准进口国外的别嘌醇原料药。青阳药业自2012年7月至本案发生时，具有别嘌醇原料药生产销售的完全垄断地位，没有其他竞争者与之竞争。

（2）青阳药业控制销售市场的能力。青阳药业至本案发生时在全国别嘌醇原料药市场占据100%市场份额，且国家食品药品监督管理总局未批准进口国外生产的别嘌醇原料药。青阳药业具有控制别嘌醇原料药价格、供应与否、如何供应及其他相关交易条件的能力。

（3）其他经营者进入市场难易程度。在中国现行法律框架之下，原料药产业的市场准入门槛较高，药品生产经营者需投入大量资金和科研力量获得相关资质，其中最为重要，也最为关键的是以下四个认证：一是环保测评；二是安全生产认证；三是消防验收评定；四是药品生产相关认证，药品注册、药品生产许可和《药品生产质量管理规范》认证等。药厂获得以上全部资质并进行正常生产，至少需要1年至2年的时间，且需投入大量资金。

（4）其他经营者对青阳药业的依赖性。青阳药业对其他别嘌醇制剂生产经营者的生产经营规模、经营利润等具有决定性影响，别嘌醇制剂生产经

[1] 现为国家药品监督管理总局。

营者对青阳药业有很强的依赖性。

综上所述,重庆市工商局认定青阳药业在全国别嘌醇原料药市场具有市场支配地位。

3. 青阳药业滥用市场支配地位拒绝交易的行为

2013 年 9 月 25 日,青阳药业与湘百合公司签订了全国独家代理销售别嘌醇原料药协议及别嘌醇片全国经销协议。青阳药业签订独家代理合同后自 2013 年 10 月至 2014 年 3 月,未向湘百合公司销售别嘌醇原料药,也未向国内其他任何客户销售别嘌醇原料药。在此期间,湘百合公司、国内其他多家别嘌醇制剂生产经营者通过电话、信函等方式向青阳药业提出购买别嘌醇原料药的请求,均被青阳药业拒绝。2014 年 4 月以后,青阳药业恢复向市场销售别嘌醇原料药,其拒绝向市场销售别嘌醇原料药的时间长达半年。

4. 青阳药业拒绝交易无正当理由的认定

正常竞争情况下,经营者为了盈利都愿意多销售产品,获取更多的利润。但青阳药业为了提高别嘌醇成品药市场占有率,宁愿牺牲半年别嘌醇原料药的销售利润,拒绝多方供货请求,清理市场,其做法违反自身正常经营活动和经济效益需要。经查,青阳药业在实施拒绝供货行为时仍有 10 吨别嘌醇原料药库存,在 2013 年 10 月至 2014 年 3 月的拒绝供货期间内,青阳药业生产了别嘌醇原料药 30,350 千克。

5. 青阳药业拒绝交易行为造成的危害后果

青阳药业作为别嘌醇原料药的唯一生产经营者,对市场上别嘌醇原料药的供求关系起着决定作用。在没有正当理由的情况下拒绝向市场销售别嘌醇原料药,直接导致需求经营者因原料短缺而减产、转产或停产,被迫让出别嘌醇制剂市场份额,排除或降低下游经营者参与竞争的权利和机会,进而获得垄断利润,扰乱了别嘌醇制剂市场生产销售的正常市场竞争秩序。

青阳药业拒绝供货影响了市场正常的别嘌醇原料药供求关系,导致市场缺货,原料价格陡增,原料药价格助推制剂成本上涨最终都转嫁给了消费者,增加了别嘌醇制剂消费者的负担。

(三)重庆市工商局处理

重庆市工商局认为,青阳药业利用其在别嘌醇原料药市场的支配地位,于 2013 年 10 月至 2014 年 3 月对别嘌醇原料药需求者实施了拒绝交易行为,违反了《反垄断法》第 17 条第 1 款第 3 项“禁止具有市场支配地位的经营者从事没有正当理由,拒绝与交易相对人进行交易的滥用市场支配地位的行为”,属于滥用市场支配地位拒绝交易的行为。依照《反垄断法》第47条第1款及《行政处罚法》第27条的规定,重庆市工商局决定对青阳药业处罚如下:(1)责令停止违法行为;(2)处2013年度销售收入3%的罚款439,308.53元。

(四)评析

医药行业领域直接涉及人身生命安危,对该领域实施垄断行为,性质非常恶劣,医药经营者的垄断行为不仅会对医药经营者、整个医药产业产生影响,并将严重伤害到消费者本身。国家发展和改革委员会对本案件的查处,对于有效抑制低价药涨价成风的现象、建立低价药品的市场竞争机制具有重要的示范作用。

根据《反垄断法》第47条的规定,经营者违反本法规定,滥用市场支配地位的,由反垄断执法机构责令停止违法行为,没收违法所得,并处上一年度销售额1%以上10%以下的罚款。本案重庆市工商局决定处罚青阳药业上一年度销售收入3%的罚款,有人提出该处罚过轻。不过,2016年2月初,国家发展和改革委员会对青阳药业等5家公司达成并实施别嘌醇片垄断协议案依法作出处罚,并且给出高达8%的处罚比例,彰显了中国反垄断执法机构对涉及民生和生命安全的医药领域重拳反制的执法态度。

(五)律师提示

拒绝交易行为,是指具有市场支配地位的经营者没有正当理由,拒绝与交易相对人进行交易的行为。尽管市场主体拥有拒绝交易权,但对于具有市场支配地位或拥有独占产品的市场主体来讲,其市场影响力过于强大,交易相对人和消费者除了与其交易并没有更多的选择余地,产生非常大的依赖性。具有市场支配地位的市场主体由于市场力量的强大或提供产品的独特性,在没有正当理由的情形下是不能行使拒绝交易权的,否则构成滥用市场支配地位。

## 九、内蒙古广播电视网络集团有限公司锡林郭勒分公司滥用市场支配地位行政处罚案

(一)当事人

当事人:内蒙古广播电视网络集团有限公司锡林郭勒分公司

行政机关:内蒙古自治区工商行政管理局

(二)案情简介

2015 年 11 月 13 日,经国家工商行政管理总局授权,内蒙古自治区工商行政管理局(以下简称内蒙古工商局)对内蒙古广播电视网络集团有限公司锡林郭勒公司锡林郭勒分公司(以下简称内蒙古广电锡林郭勒分公司)涉嫌滥用市场支配地位行为展开立案调查。根据调查,内蒙古工商局认为,在通过有线电视和 IPTV 传送的电视服务市场,内蒙古广电锡林郭勒分公司具有市场支配地位。2015 年 3 月至 10 月,内蒙古广电锡林郭勒分公司实施了以下滥用市场支配地位行为:

(1)交易时附带加收"4 元基本付费节目包"费用的不合理交易条件。为提高营业收入,内蒙古广电锡林郭勒分公司于 2015 年 3 月开始凭借其所具有的支配地位,在收取收视费的过程中未告知或提醒用户,收取 26 元基本收视维护费的同时强制附带加收"4 元基本付费节目包"的费用。用户对此提出异议的,当事人工作人员就以这是上级规定等理由搪塞,拒绝或者拖延办理有线电视业务。当事人强制附带加收"4 元基本付费节目包"费用的行为并不符合相关有线电视收费项目应当由用户自由选择、自愿订购等的规定,违背了交易相对人的意愿,剥夺了用户的选择权,侵害了消费者的合法权益,破坏了市场竞争秩序。这一行为并无正当的理由。

(2)调查中,内蒙古广电锡林郭勒分公司承认其在业务办理时附加不合理交易条件的事实。2015 年 10 月,当事人在工商部门启动核查时停止了上述行为。内蒙古广电锡林郭勒分公司通过各收费网点共收取"4 元基本付费节目包"金额共计 9.16 万元。内蒙古广电锡林郭勒分公司上一年度销售额,即 2014 年度收取有线电视收视费共计 980 万元。

(三)内蒙古工商局处理

内蒙古工商局认为内蒙古广电锡林郭勒分公司的上述行为,违反了《反垄断法》第 17 条第 5 项"禁止具有市场支配地位的经营者没有正当理由搭售商品,或者在交易时附加不合理交易条件"的规定,构成滥用市场支配地位行为。依据《反垄断法》的规定,内蒙古工商局责令内蒙古广电锡林郭勒分公司停止违法行为,没收违法所得 9.16 万元,并处上一年度销售额 1% 的罚款即 9.8 万元。以上罚没款合计 18.96 万元。

（四）评析

内蒙古工商局对内蒙古广电锡林郭勒分公司滥用市场支配地位行为进行处罚案件，是工商系统第一个适用《反垄断法》办结的广播电视网络公司滥用市场支配地位案件。经国家工商行政管理总局授权，内蒙古工商局于2015年11月对内蒙古广电锡林郭勒分公司涉嫌垄断的行为进行立案调查，于2016年6月7日对涉案当事人作出行政处罚决定。

在日益激烈的市场竞争中，公用经营者的垄断、限制竞争行为日益突出，特别是供水、供电、供气、公共交通等向社会提供基础公用产品或公共服务的垄断行业中，存在的各种危害竞争、损害消费者利益的行为广受诟病，社会反映强烈。因此，分析此类案件的违法行为特点，对适用法律问题进行分析，向相关经营者提出合规建议，并依法进行处罚，很有必要。

1. 本案的违法行为表现形式和特点

本案是一起有线电视运营商滥用其市场支配地位，没有正当理由搭售商品和服务，在交易时附加不合理交易条件，侵犯消费者合法权益的垄断案件。本案违法行为的表现形式有以下几点：

（1）当事人在相关市场具有市场支配地位。当事人成立于2001年3月，通过有线电视网络提供电视服务。从用户数量上看，当事人在锡林浩特市城区的有线电视用户数占98.6%的市场份额。当事人于2015年3月开始凭借其所具有的支配地位，在收取收视费的过程中未告知或未提醒用户，收取26元基本收视维护费的同时强制附带加收“4元基本付费节目包”的费用。用户对此提出异议，当事人工作人员就以这是上级规定等理由搪塞，拒绝或者拖延办理有线电视业务。

（2）当事人的行为损害了用户的自主选择权，侵犯了消费者的合法权益。中国有线电视基础视频业务包括各类直播数字电视频道和少量保留的模拟广播频道，这类频道属于公益性公共服务，由国家定价，收取基本收视维护费，以确保受众的公共文化权益。同时，各地有线电视运营商的视频增值服务业务包括专业化数字付费频道、视频点播、频道回放、时移业务、电子商务、游戏等。而向当事人强制附带加收“4元基本付费节目包”费用的行为，不符合相关有线电视收费项目应当由用户自由选择、自愿订购等规定，违背了交易相对人的意愿，损害了用户的选择权，侵害了消费者的合法权益，破坏了市场竞争秩序。

2. 法律适用问题分析及需要注意的问题

关于有线电视台的法律地位，在国家商事制度改革的新形势下，营造统一开放、竞争有序的市场经济环境，已经成为反垄断局更为突出、更为紧迫的工作目标。按照国家市场监督管理总局的统一部署，全国各地正在开展集中整治公用经营者限制竞争和垄断行为突出问题专项执法行动，集中查处公用经营者指定经营、强制搭售、滥收费用等限制竞争违法行为。

需要注意的是，相关执法部门在查处类似案件时应当注意准确适用法律，从而取得更好的社会与法律效果。同时，在执法时需要注重以下因素：注意收集相关的书证、物证。经营者没有正当理由搭售商品，或者在交易时附加不合理交易条件的过程中，必然会采取一定的手段，必然留下书证、物证。这些证据，绝大多数能够客观地反映具有市场支配地位的经营者强制用户放弃自愿原则、接受其捆绑式交易的基本事实。

在这类案件中，强制手段是关键证据，而这种强制手段大都是以文件、通知、内部规定、会议纪要等形式表现出来的。在收集上述证据的同时，要注意限于特定的经营者。

经营者不正当地获取交易机会而剥夺其他经营者的交易机会，就是排挤了其他经营者的公平竞争。当然，另外，只要滥用市场支配地位行为得到证明，其排挤其他经营者的公平竞争的损害结果通过分析就可以得出，因为此处的排挤对象既包括现实的竞争者，也包括潜在的竞争者。由于没有正当理由搭售商品和服务或者在交易时附加不合理交易条件的存在，为潜在的竞争者设置了进入障碍或迫使其放弃进入该市场，都是损害结果的表现。

3. 公用经营者须增强反垄断合规意识

反垄断执法的目的不只是处罚违法经营者，而是预防和制止垄断行为，保护市场竞争，维护消费者合法权益，促进经济健康发展。

伴随中国市场经济的不断发展，垄断逐渐成为影响产业结构优化的重要因素，尤其是在涉及国计民生的支柱性产业中，其已成为经济政策制定和产业发展方向的重要议题。

（五）律师提示

本案中，内蒙古广电锡林郭勒分公司因将两种服务进行搭售而受到查处。由于历史原因，中国公用经营者占据市场优势地位的情况较为普遍，加上某些行业不够规范，导致公用经营者涉嫌垄断的行为频频发生。要改变这种现状,公用经营者必须增强合规意识。作为公用经营者,应当将自身视为市场竞争的主体之一,认真学习与《反垄断法》相关的法律法规,建立并完善经营者的反垄断合规体系,切实发挥公用经营者“服务为民”的根本属性。

为提高公用经营者经营效率和服务质量,国家逐步尝试在电力、电信、铁路运输、民用航空等公用经营者领域引入竞争机制,打破垄断,鼓励私人投资进入石油、电力、电信以及其他领域,强调深化对公用经营者等垄断以及半垄断行业的改革。

在这种情形下,传统公用经营者要在激烈的市场竞争中求得生存与发展,在各种风险中立于不败之地,就要不断改进和完善提供的基础公用产品或公共服务,保证消费者享受更先进的商品和多样性的商品的权利,充分尊重消费者的知情权和选择权;加强对《反垄断法》《反不正当竞争法》的学习,充分认识自身特殊地位,改变固有经营理念,防止限制竞争、滥收费用、强制搭售、附加不合理条件等违法行为;通过强化内部管理、降低成本、改进服务实现盈利,制定有效的反垄断合规制度,完善内部合规与风险防控体系,并确保其有效实施。

## 十、内蒙古自治区阿拉善左旗城市给排水公司滥用市场支配地位行政处罚案

(一)当事人

当事人:内蒙古自治区阿拉善左旗城市给排水公司

行政机关:内蒙古自治区工商行政管理局

(二)案情简介

2015 年 7 月 24 日,内蒙古自治区工商行政管理局(以下简称内蒙古工商局)对内蒙古自治区阿拉善左旗城市给排水公司(以下简称左旗给排水公司)涉嫌滥用市场支配地位行为展开立案调查。根据调查,内蒙古工商局认为,左旗给排水公司在阿拉善左旗巴彦浩特镇所辖地域范围内的城市公共供水服务市场具有市场支配地位。2013 年 5 月至 2015 年 7 月,左旗给排水公司,实施了滥用市场支配地位行为:

1. 强制购买指定水表。用户申请安装或更换水表时必须购买安装左旗给排水公司提供的水表,否则不予供水。自 2013 年 5 月开始,左旗给排水公司以便于管理,避免良莠不齐、造成不必要的水费纠纷、防止用户私自更换

水表为由,要求用户必须安装和使用当事人提供的水表。左旗给排水公司与宁波水表股份有限公司协商,定购了表盘上印制有“阿水”统一编号的自来水水表。该水表是专门为左旗给排水公司供水服务市场生产的,左旗给排水公司要求用户必须安装其提供的水表,否则不予办理入户供水手续和接入城市给水服务管网。左旗给排水公司指定的水表价格远高于市场上同类水表价格。

2. 强制自行施工。左旗给排水公司在用户申请接入城市供水管网时必须由其自行施工,否则不予供水。用户(包括房地产开发商)向左旗给排水公司申请接入城市给排水服务管网时,要求自行选择有城市给排水工程设计、施工资质的施工单位进行施工,但左旗给排水公司要求必须由其安排施工,否则不予供水。同时必须按照其作出的远高于市场价的《阿左旗自来水公司派工单》或者《安装工程预(决)算书》交纳工程款。《城市供水条例》并没有规定必须由城市供水部门负责供水工程的施工。

左旗给排水公司以供水成本高、压力大、水价偏低影响销售收入为由,强制要求安装其指定的水表和指定其自行施工的行为没有任何法律依据,不能成为附加不合理交易条件的理由。上述行为剥夺了消费者的选择权,排除、限制了水表生产、销售市场其他合法经营者以及具有合格资质的给排水施工经营者参与市场竞争的权利,破坏了市场的公平竞争秩序。

(三)内蒙古工商局处理

内蒙古工商局认为左旗给排水公司的上述行为,违反了《反垄断法》第17条第5项“禁止具有市场支配地位的经营者没有正当理由搭售商品,或者在交易时附加不合理交易条件”的规定,构成滥用市场支配地位行为。依据《反垄断法》,内蒙古工商局责令左旗排水停止违法行为,没收违法所得300,741元,并处其上一年度销售额2%的罚款451,600元。以上罚没款合计752,341元。

(四)评析

左旗给排水公司在提供供水服务时,附加其他不合理交易条件,对市场公平竞争造成了不良影响:

1. 附加不合理交易条件的行为。排除、限制了水表生产、销售市场其他合法经营者以及具有合格资质的给排水施工经营者参与市场竞争的权利,破坏了市场的公平竞争秩序。对阿左旗巴彦浩特镇地区5家规模较大的个体建材店进行的市场调查也充分显示,5 家建材店经销常用型号的水表及配件材料,普遍反映购买水表的主要是巴彦浩特镇住平房居民用于分户(住户为租房客接入供水管网的水表户),其他居民购买建材店的水表,自来水公司不予安装入户。

2. 损害了交易相对人的合法权益。左旗给排水公司在接入城市公共供水服务中指定安装其提供的水表、将给排水安装工程自行施工,违背了交易相对人的意愿,剥夺了用户和施工单位的选择权。

3. 垄断高价。左旗给排水公司附加不合理交易条件的行为,还表现在水表价格和给排水施工价格都远高于同类市场价格,加重了消费者和经营者的负担。

内蒙古工商局的处罚决定值得肯定。反垄断执法的目的不只是处罚违法经营者,更是预防和制止垄断行为,保护市场竞争,维护消费者合法权益,促进经济健康发展。

(五)律师提示

本案中,左旗给排水公司作为公用经营者,在阿拉善左旗巴彦浩特镇所辖地域范围内的城市公共供水服务市场具有市场支配地位,其滥用市场支配地位对市场公平竞争造成了不良的影响;内蒙古工商局顺应趋势,有效利用《反垄断法》的规定给予处罚,是公益的、顺应民心的做法。并可以此促使公用经营者知法、守法。公用经营者应当将自身视为市场竞争的主体之一,认真学习与《反垄断法》相关的法律法规,建立并完善经营者的反垄断合规体系,切实发挥公用经营者"服务为民"的根本属性。

## 十一、内蒙古自治区赤峰市盐业公司滥用市场支配地位行政处罚案

(一)当事人

当事人:内蒙古赤峰市盐业公司

行政机关:内蒙古自治区工商行政管理局

(二)案情简介

2014 年 11 月 21 日,内蒙古自治区工商行政管理局(以下简称内蒙古工商局)对内蒙古自治区赤峰市盐业公司(以下简称赤峰盐业)涉嫌滥用市场支配地位行为展开立案调查。根据调查,内蒙古工商局认为,赤峰盐业在赤峰市行政区域内的食用盐批发市场具有市场支配地位。赤峰盐业实施了通

过拒绝交易，对不同区域的食盐零售商在食用盐交易品种上实施差别待遇的滥用市场支配地位行为。

赤峰地区居民有在秋季腌制秋菜的习俗，每年9～10月是赤峰地区居民购买腌制秋菜盐的旺季。在食用盐库存充足的情况下，赤峰盐业在食用盐批发业务中，对条件相同的食用盐零售商在交易品种上实行了不同的待遇：(1)在赤峰市与辽宁、河北两省毗邻的旗县、乡镇(以下简称毗邻外省地区)，元宝山区、宁城县、敖汉旗、喀喇沁旗、平庄镇等地区的食盐专营机构，向食盐零售商供应500克装日晒盐和800克装湖水晶盐，并增加供应新产品400克装腌制盐。(2)在赤峰市与辽宁、河北两省不接壤的其他地区(以下简称内陆地区)，只供应800克装湖水晶盐，拒绝供应500克装日晒盐和400克装腌制盐。当事人对赤峰市地域内的食盐零售商采取不同地区供应不同品种的方式，造成毗邻外省地区食盐零售商的食用盐品种多，内陆地区食盐零售商的食用盐品种少，内陆地区与毗邻外省地区食盐零售商在食用盐的经营品种上有了差别，明显是采取拒绝交易的手段，对不同区域的食盐零售商在食用盐交易品种上实施了差别待遇。

(三)内蒙古工商局处理

内蒙古工商局认为赤峰盐业的上述行为，违反了《反垄断法》第17条第6项所禁止的拒绝交易行为的规定，构成滥用市场支配地位实施差别待遇的违法行为。依据《反垄断法》的规定，内蒙古工商局责令赤峰盐业停止违法行为，没收违法所得1,940,544元，并处其上一年度销售额2%的罚款1,047,814元。以上罚没款合计2,988,358元。

(四)评析

食用盐是居民生存、生活的必需品，属于国家法定的基本生活保障用品，在一定区域内全体居民在购买的食用盐品种、品质等级、价格等方面，有权享受平等的待遇。供应居民食用盐的零售商在向赤峰盐业购进食用盐时，应根据居民需求购进相应的品种、相应的品质等级和相应价格的食用盐，才能保障广大居民在食用盐方面平等的待遇，才能实现满足人民群众不同需求的要求，故食用盐零售商也应是具有相同食用盐供应能力的经营者，因此，本案相关市场内的食用盐零售商，在食用盐的购进和销售上应属于具有同等待遇、条件相同的经营者。

良性的市场竞争必然带来产品的供应充裕、品种丰富、质量提升、价格降低,并最终惠及消费者。赤峰盐业在赤峰地区腌制秋菜季节批发供应食用盐时,采取拒绝交易的方式实施差别待遇,侵害了广大居民消费者的合法权益,给食用盐生产销售市场的公平竞争造成了不良影响:

1. 侵害了广大居民消费者的合法权益。良性的市场竞争会使消费者对同类商品的选择机会增多,购买成本下降。涉案盐品的生产厂家、生产原料、执行标准、营养成分、产品形状相同,亦即产品的性能相同,只因规格和包装不同而产生了较大的价格差异,对性能相同的产品而言,消费者当然愿意选择价格较低的产品。赤峰盐业在内陆地区各分支机构 2014 年腌制盐需求旺季前(8 月底)尚存有 1105.80 吨 500 克装日晒盐,为上年同期同一地区销量 2632.00 吨的 42.01% 的情况下,应当按照《盐业管理条例》第 1 条“适应人民生活需要”的规定,从履行国家垄断行业社会责任的角度出发,准许其将库存低价位腌制盐积极投放市场,但当事人利用自身的垄断地位在腌制秋菜季节却拒绝向内陆地区食盐零售商供应尚有大量库存的低价位腌制盐,违背了国家设立食盐专营专卖制度的宗旨,迫使消费者购买高价位腌制盐,使内陆地区居民在购买等量等质产品“腌制盐”的情况下多支出 81.25% 的费用,违背了《反垄断法》第 7 条第 2 款关于依法实行专营专卖的行业“不得利用其控制地位或者专营专卖地位损害消费者利益”的规定。无论是居住于与邻省交界处的居民还是居住于内陆地区的居民,在腌制秋菜的习俗和对腌制盐质量及价格的需求上是一致的,对腌制盐品种的选择、腌制盐交易的成本应是平等的,当事人的行为不仅剥夺了内陆地区消费者对低价位腌制盐的选择权,还致使内陆地区居民在购买等量等质产品的情况下多支付了费用,明显侵害了内陆地区广大居民的选择权和公平交易权,损害了广大居民消费者的合法权益。

2. 破坏了食用盐生产销售的良性竞争。赤峰盐业通过“差别待遇”不仅获取了高额利润,而且其向上游食盐生产经营者订购的食用盐品种、数量等与居民真实需求不符的信息,必然会导致上游食盐生产经营者因接受其违背市场规律的食用盐订购信息而发生对广大居民食用盐多样化需求的误判,削弱开发“适销对路”产品的能力。食盐零售商的食用盐零售完全受制于当事人的供给,赤峰盐业采取“差别待遇”手段,拒绝向内陆地区食盐零售商供应 400 克装腌制盐和 500 克装日晒盐,明显会影响内陆地区食盐零售商的食用盐保障能力,导致食用盐品种少、价格高、性价比低,相对于食用盐品种丰富、价格相对合理、性价比高的毗邻外省地区的食盐零售商，显然处于不利的竞争地位，特别是内陆地区的食盐零售商购进等质等量的腌制盐要增加86.74%的采购成本，同样会削弱内陆地区食盐零售商的竞争力。

（五）律师提示

食用盐是居民生存、生活的必需品，属于国家法定的基本生活保障用品，经营者应以民生为本，确保守法经营。赤峰盐业是赤峰市行政区域内专营专卖食用盐的独家经营者，为确保食盐零售商保障广大居民腌制盐的一致需求，对赤峰市行政区域内的食盐零售商供应的腌制盐品种、品质等级和价格等，应当平等对待，一视同仁，不应有差异。

但赤峰盐业却以平抑与毗邻省份过大的价格断层和防止外省低价盐"侵销"为由，对本行政区域内与外省毗邻的边界地区和其他内陆地区食盐零售商的腌制盐供应实行差别待遇的行为，最后受到内蒙古工商局处罚。以此提醒涉及民生的垄断经营者，应始终以"民生"为本，切勿心存侥幸，滥用市场支配地位，最终将会受到处罚。

## 十二、太平财产保险有限公司浙江分公司价格垄断行政处罚案

（一）当事人

当事人：太平财产保险有限公司浙江分公司

行政机关：国家发展和改革委员会

（二）案情简介

2009年以来，太平财产保险有限公司浙江分公司（以下简称浙江太保）与浙江省财产保险行业具有竞争关系的经营者一道，多次通过集体开会、磋商等方式，达成《浙江省机动车辆保险行业自律公约》《补充约定》固定价格，并在业务活动中实施了相关约定：

1.参与讨论、达成并实施固定商业车险费率的协议。2009年7月22日，浙江太保相关负责人与浙江省其他财产保险公司有关人员一起，参加浙江省保险行业协会召开的车险专业委员会会议，讨论了新车和高档车的费率问题，约定新车费率调整系数不得低于0.95。对上年有赔款的9座以下客车按车辆购置价区别适用费率调整系数，购置价在50万~100万元的，费率调整系数不得低于0.9；购置价在100万元及以上的，费率调整系数不得低于1。会后，浙江太保通过OA系统转发会议决定，并融入承保政策中一

直执行。

2. 参与讨论、达成并实施固定、调整商业车险代理手续费的协议。2009年5月8日，浙江太保主要负责人参加了浙江省各财产保险公司总经理高峰会议。会上讨论并约定2008年车险市场份额超过4%的公司（人保、太保、平安、天安、中华联合、大地、国寿财险）商业车险代理手续费不超过15%，市场份额低于4%的公司不超过16%，天平公司不超过18%，并据此形成《〈浙江省机动车辆保险行业自律公约〉补充约定》（浙保行协〔2009〕52号），印发给各财产保险公司。同时规定对违约公司处以每单2万~4万元罚款，从自律公约履约保证金中扣除。会后，浙江太保通过OA系统转发会议决定，要求贯彻执行。6月25日，浙江太保下发《严格执行车险行业自律公约，禁止贴费、返佣行为的管理规定》的通知，要求“各销售渠道及机构应严格执行车险行业自律公约规定的手续费、佣金支付上限规定”“依据行业自律补充约定，公司将对销售人员的违规行为做出相应的扣款处理，根据监管部门查实并对公司进行违约金处罚金额的50%要有违规人员承担。”

2010年5月5日，浙江太保相关负责人参加了浙江省保险行业协会召开的车险专业委员会会议，商定对部分公司的手续费进行调整，分六档执行不同标准：第一档为人保、太保和平安，手续费7%；第二档为中华联合和国寿财险，手续费8%；第三档为阳光，手续费9%；第四档为浙江太保和大地、天安等10家保险公司，手续费10%；第五档为安诚、安信、长安，手续费11%；第六档为天平、中银、渤海和民安，手续费12%。在实际经营活动中，浙江太保按照约定的手续费标准与保险中介机构签订了代理合同。

（三）国家发展和改革委员会处理

国家发展和改革委员会认为浙江太保的行为违反了《反垄断法》第13条第1款第1项“禁止具有竞争关系的经营者达成固定或者变更商品价格的垄断协议”和《反价格垄断规定》第7条“禁止具有竞争关系的经营者达成下列价格垄断协议：（一）固定或者变更商品和服务（以下统称商品）的价格水平……（三）固定或者变更对价格有影响的手续费、折扣或者其他费用”的规定。国家发展和改革委员会责令浙江太保立即停止达成、实施价格垄断协议的行为，并处罚款300万元。

（四）评析

商业车险费率及手续费率属于市场调节价，应当由各保险公司自主确定。任何具有竞争关系的经营者,都不得共同达成、实施固定或者变更价格的垄断协议。

浙江太保会同浙江省内其他财产保险公司,统一、固定新车和高档车商业保险费率,导致投保人只能被动接受价格无差异的同质化商业车险服务,享受不到竞争带来的个性化特色服务,并且为获得相应保险服务付出了更高代价。浙江太保位会同浙江省内其他财产保险公司,统一、固定商业车险代理手续费率,限定采购代理销售服务的价格,削弱了各公司通过吸引优质代理人拓展市场的竞争,使市场份额相对固化,阻碍了各公司在保险产品、价格和服务质量方面的竞争,降低了商业车险及其代理市场的经济效率,损害了消费者福利。

(五)律师提示

在自由公平竞争的市场上,服务质量差、管理水平低的经营者,少赢利、不赢利甚至亏损,都是市场竞争的必然结果。只有通过充分的竞争,促使各公司通过吸引优质代理人拓展市场的竞争,优胜劣汰,才能促进整个行业做大做强;达成、实施上述横向垄断协议,最终必然妨害各公司提升竞争力,阻碍财产保险行业持续健康发展,应当受到处罚。

## 十三、江苏省电力公司海安县供电公司滥用市场支配地位行政调查案

(一)当事人

当事人:江苏省电力公司海安县供电公司

行政机关:江苏省工商行政管理局[1]

(二)案情简介

2013年8月19日,依照国家工商行政管理总局的授权,江苏省工商行政管理局(以下简称江苏工商局)对江苏省电力公司海安县供电公司(以下简称江苏电力海安公司)涉嫌滥用市场支配地位的垄断行为立案调查。江苏电力海安公司在海安区域内具有市场支配地位。江苏电力海安公司滥用市场支配地位实施了附加不合理交易条件的行为。2008年以来,江苏电力海安公司在经营者申请高压用电、签订供电合同时,以口头告知或者发放书面工作单的形式,要求经营者缴纳最低限额的预付电费,并将之作为供电公

[1] 现为江苏省市场监督管理局。

司供电的前提条件，即要求经营者“准备一定数量的预付电费”，预付电费的限额为“变压器容量×144”元，经营者办理用电手续须“带好预付电费进账回单”。不按江苏电力海安公司要求支付“预付电费”，即便经营者用电设施全部安装到位，亦不予供电。经营者用电后，电费不是从其“预付电费”中扣除，而是另行缴纳。2010 年，江苏电力海安公司通过电子邮件下发考核标准，要求所属营业所消灭“预付电费”空白，“预付电费”预收率要达到 100% ~ 105%，“对不续缴购电款的用电人坚决由负控断电”。经调查，江苏电力海安公司对 4033 户高压电用户收取了预付电费；至 2013 年 6 月，收取预付电费 19,992.98 万元。

（三）江苏工商局处理

2014 年 8 月 19 日，江苏电力海安公司按照法律规定，向江苏工商局提交了《中止调查申请书》，江苏工商局于 2014 年 9 月 5 日对本案作出中止调查决定。江苏工商局对江苏电力海安公司履行承诺的情况进行了监督检查，经确认其已按承诺采取了以下措施进行整改，清理了已收预付电费。经江苏电力海安公司书面申请，2016 年 8 月 19 日江苏工商局对江苏电力海安公司涉嫌违反《反垄断法》附加不合理交易条件的行为终止调查。

（四）评析

1. 江苏工商局对江苏电力海安公司涉嫌滥用市场支配地位行为作出终止调查的决定，是工商部门在反垄断执法中适用经营者承诺制度的积极尝试，体现了工商部门刚柔相济、宽严并举的反垄断执法思路，进一步提高了反垄断执法的工作效率，更好地维护了公平竞争的市场秩序。

世界各国在反垄断执法工作中广泛运用经营者承诺制度。美国《反托拉斯法》中的同意判决程序、欧盟的承诺决定程序、日本公正交易委员会的同意审决程序等，均属于反垄断法中的经营者承诺制度。同时，经营者承诺制度也是中国反垄断执法中的一项重要制度。

中国《反垄断法》第 45 条规定，在反垄断执法调查中，经营者如果承诺在反垄断执法部门认可的期限内采取具体措施消除涉嫌垄断行为的消极后果的，反垄断执法部门可作出中止调查决定；在经营者履行承诺后，反垄断执法部门可作出终止调查决定，从而结束反垄断执法程序的处理方式。

2. 本案适用了经营者承诺制度，提高了反垄断执法的工作效率，维护了公平竞争的市场秩序，取得了良好的社会效果和法律效果，对各地工商部门反垄断执法工作具有重要的借鉴意义,这主要表现在以下几个方面。

一是适用经营者承诺制度可提高反垄断执法的工作效率。垄断违法行为比其他市场违法行为更具隐蔽性和复杂性,反垄断执法机构调查取证的难度更大、要求更高。反垄断执法工作不仅需要大量的人力、财力、物力支持,而且执法周期通常十分漫长,以年计算。美国的重大反托拉斯诉讼案件,从起诉到最后判决所需时间一般不少于3年,经常超过5年。

中国工商部门反垄断执法的实践表明,反垄断案件的执法周期很长,往往要耗费数年时间。显然,对反垄断执法机构而言,垄断行为的调查取证很困难,研究分析具有不确定性,是一项内容复杂、成本高昂的工作。因此,如果经营者能够承诺在反垄断执法机构认可的期限内采取具体措施消除其限制或者排除竞争的后果,以换取反垄断执法机构的中止调查,将大大地节省反垄断执法机构的执法成本,提高反垄断执法机构的工作效率。

涉案电力公司向江苏工商局提交《中止调查申请书》,提出了具体整改措施,并明确表示如果违反承诺,将愿意承担相应法律责任,接受处罚。江苏工商局经过调查后认为,涉案电力公司如果实现其承诺即能达到反垄断执法的目的,故作出了中止调查决定,对其履行承诺的情况进行监督,并依法作出了终止调查决定。显而易见,江苏工商局的上述处理决定,既预防和制止了垄断行为,又降低了反垄断工作的执法成本,提高了反垄断执法的工作效率。

二是本案中,涉案电力公司承诺采取的整改措施切实有效且富有针对性,同时其提出的整改措施能在工商部门认可的合理期限内消除限制或排除竞争行为的后果。涉案电力公司在营业场所张贴《告电力客户书》,并在当地海安电视台、《海安日报》以及海安政府门户网站公开办电流程,公示电费缴付方式;在电力销售中,提供后付费一次性结算、后付费分次结算、负控预购电、电卡表预购电、分次结算等多种电费结算方式,供用户选择;全面清理已收预付电费,对用户主动登门解释电费结算方式,协商签订新的电费结算协议,不再强制要求客户交纳预付电费作为供电条件。在整改期间,涉案电力公司与4033家用户协商了结算方式,减少预收电费16,616.96万元。正是涉案电力公司的整改措施达到了反垄断执法的目的,江苏工商局才根据承诺执行情况和实际效果依法作出了终止调查的决定。

（五）律师提示

本案既是一件典型的公用经营者滥用市场支配地位附加不合理条件案件，又是一件反垄断执法部门适用《反垄断法》第45条终止调查的案件，具有一定的借鉴意义。公用经营者是提供人民群众日常生活必需品的经营者，与广大群众的生活密切相关，具有不可替代性。此类案件往往引发较高的社会关注，反垄断执法部门应把握好处罚与教育的尺度，力争取得案件查办法律效果与社会效果的统一。同时，反垄断案件具有复杂性，查处此类案件往往需要历经较长的时间，耗费大量的行政资源。在中国公用经营者垄断案件的查处过程中，常常会遇到行政力量和地方保护的阻碍。为了更好地打破垄断、维护公平竞争的市场秩序，反垄断执法部门应充分利用中止调查和终止调查的规定，依法与经营者和解，这既可鼓励经营者主动改正自身的滥用行为，又可节约行政资源。

查处公用经营者滥用市场支配地位限制竞争行为应注意的法律适用问题。对于公用经营者限制竞争行为，目前市场监督管理部门可分别适用《反不正当竞争法》和《反垄断法》的规定。因此，在查处供电行业的滥用市场独占地位限制竞争行为时，既可适用《反不正当竞争法》《关于禁止公用企业限制竞争行为的若干规定》的规定，也可适用《反垄断法》及《禁止滥用市场支配地位行为暂行规定》的规定，属于法条竞合。市场监督管理部门在查处类似案件时应当注意正确适用法律，力争取得更好的社会与法律效果。

## 十四、四川久远银海畅辉软件有限公司涉嫌滥用市场支配地位行政处罚案

（一）当事人

当事人：四川久远银海畅辉软件有限公司

行政机关：四川省工商行政管理局〔1〕

（二）案情简介

人力资源和社会保障部〔2〕2003年开始在全国推行统一的劳动和社会保障电子政务工程，简称“金保工程”（“社会保险管理信息系统”）。其主要

〔1〕 现为四川省市场监督管理局。

〔2〕 现为国家医疗保障局。

是利用先进的信息技术,实现劳动和社会保障业务经办、公共服务、基金监管和宏观决策等核心应用,包括了就业、失业、医保、社保等子系统。“金保工程”由各地政府通过招投标的方式确定软件公司开发设计,并且按照国家相关政策的规定,一个地级市的区域内只能有一个“金保工程”系统,由人力和社会资源部门管理使用。

为了实现跟“金保工程”对接,定点药店和定点医疗机构(以下简称两定机构)需要安装一套医保刷卡支付终端结算应用软件(以下简称医保支付软件),该软件在社保卡刷卡终端应用,实现社保卡持卡人使用社保金购买目录内药品或服务时实时结算。医保支付软件虽与“金保工程”配套使用,但从开发设计、功能目的、使用主体和方式等方面来看,医保支付软件属于独立于“金保工程”之外的一套应用软件。

2010 年 2 月,四川久远银海软件股份有限公司(以下简称银海公司)通过招投标承接了广元市“金保工程”的开发设计项目,于 2012 年 4 月上线运行。随后,银海公司向广元市人力和社会资源局(以下简称广元市人社局)申请开发医保支付软件,并成功通过广元市人社局测试。广元市人社局向其所辖县(区)人社局以及城区两定机构下发了《关于金保工程上线后医疗保险网络切换有关工作的通知》,明确要求“各定点机构请及时与通信公司和四川久远银海软件股份有限公司联系,切换网络、更换前端读卡设备,安装新的医疗支付系统软件”,并在附件中明确了与新系统匹配的硬件设备配置标准。截至调查终结,广元市辖区内两定机构只能使用该医保支付软件。

2014 年 4 月,银海公司在绵阳市全资设立当事人四川久远银海畅辉软件有限公司(以下简称当事人)。同时,银海公司将其在广元市的全部社保业务都转交给当事人,包括对两定机构医保支付软件的安装维护。当事人为扩大销售收入,在与两定机构签订《技术开发合同》时,将加密键盘和读卡器作为合同附件,约定两定机构必须同时购买加密键盘和读卡器,否则不予安装。因为当事人是广元市两定机构唯一可以选择的医保支付软件安装公司,两定机构只能购买其提供的加密键盘和读卡器。

(三)四川省工商行政管理局处理

当事人利用其在广元市医保支付软件市场的支配地位,与两定机构签订《技术开发合同》时,无正当理由,强行向两定机构搭售由其提供的加密键盘和读卡器。当事人的行为违反《反垄断法》第 17 条“禁止具有市场支配地位的经营者从事下列滥用市场支配地位的行为:……没有正当理由搭售商品,或者在交易时附加其他不合理的交易条件”之规定,依据《反垄断法》第47条“经营者违反本法规定,滥用市场支配地位的,由反垄断执法机构责令停止违法行为,没收违法所得,并处上一年度销售额百分之一以上百分之十以下的罚款。”的规定,依法应当予以处罚。2017年7月3日,四川省工商行政管理局向当事人依法告知拟对其实施行政处罚的事实、理由和依据,当事人在法定期限内,未向工商局提出陈述、申辩意见和听证要求。经研究决定,鉴于当事人谋取垄断利润,性质恶劣,工商局责令当事人改正违法行为,并对当事人作出如下处罚:(1)没收违法所得39.473万元;(2)对当事人处以2015年度广元市医保支付软件销售额7%的罚款,共计20.9601万元。

(四)评析

1.相关市场的界定

《相关市场界定的指南》明确了界定相关市场的原则和方法。本案中,界定相关市场主要从需求者角度进行需求替代分析。

(1)相关商品市场。从需求方面分析,对于两定机构,医保支付软件是实现个人使用医保金消费药品或医疗服务时,完成个人医保金实时结算的唯一手段,同时也是政府要求两定机构必须安装的软件。对于消费者,第一,其所持有的社保(医保)卡只有通过医保支付软件,才能使用医保金购买药品或医疗服务。现金支付的方式虽可以实现医保金的结算,但需要先自行按市场价格支付,然后凭票据按相应的政策进行报销,不能实现实时结算,同时国家推行“金保工程”的目的也是要用医保支付这种实时结算的模式取代现金支付这种“先支付后报销”的模式。银行卡支付和网络支付可以实现个人资金账户的实时结算,但这个资金账户是独立于个人医保金账户的,二者之间并无关联,因此也无法实现医保金账户的实时结算。第二,个人医保账户上的资金只能用于购买药品或医疗服务,不能用于日常生活开支;而非医保金除了用于日常生活开支外,在所有医院和药店(含两定机构)内只能按市场价格购买所需的药品或医疗服务。因此,消费者往往会优先选择具备定点资质的药店或医院,用自己的医保金购买药品或医疗服务。两定机构为满足消费者医保刷卡的需求,也需要安装医保支付软件。综上所述,该案件所涉及的相关商品市场应确定为医保支付软件市场。

(2)相关地域市场。本案件所涉及的相关地域市场应确定为广元市(含其所辖的四县三区)。按照国家相关政策和规定,“金保工程”是以行政区划为单位划分,每个地级市人力和社会保障部门负责本区域的相关工作,每个市的“金保工程”都是不同的,其医保支付软件的端口数据也不同。广元市只能有一个“金保工程”,其他市的“金保工程”也无法在广元市上线运行,因此,配合广元市“金保工程”的医保支付软件仅能在广元市区域内使用。综上所述,本案相关市场应界定为:广元市行政管辖规划区域内的医保支付软件市场。

2. 当事人市场支配地位的认定

(1)当事人在相关市场中的市场份额。银海公司开发了一套医保支付软件并通过了广元市人社局的测试。该医保支付软件是广元市唯一的医保支付软件,广元市人社局也下发了相关文件明确了广元市两定机构配合“金保工程”使用的医保支付软件的安装和维护由银海公司负责。2014 年当事人成立后,银海公司将医保支付软件业务全部移交给当事人,故在广元市医保支付软件市场上仅有当事人一家经营者,当事人占有 100% 的市场份额。

(2)两定机构对当事人依赖程度。广元市的两定机构必须使用当事人提供的医保支付软件,才能实现消费者购买药品或医疗服务时使用个人医保金的实时结算。消费者大多选择使用医保金购买目录范围内的药品,而医保卡只能在两定机构使用,因此,两定机构必须要安装医保支付软件。而在广元市,当事人是唯一能提供医保支付软件产品和服务的经营者,因此,两定机构对当事人具有很强的依赖性。

3. 其他经营者进入相关市场的难易程度

其他软件公司要开发医保支付软件,必须向广元市人社局提出申请,获得开发该软件所必需的外接端口数据标准,完成开发并通过广元市人社局的测试后,才能投入市场销售。截至调查时止,没有其他软件公司向广元市人社局提出测试申请。

综上所述,当事人在广元市辖区范围内的医保支付软件市场上具有市场支配地位。

4. 当事人滥用市场支配地位的行为认定

(1)当事人的违法行为。当事人为提高营业收入,凭借在医保支付软件市场上的支配地位,与两定机构签订《技术开发合同》时,以合同附件的方式,直接强制向两定机构销售由其提供的加密键盘和读卡器。若两定机构不购买加密键盘和读卡器,则当事人不予提供医保支付软件安装服务。

(2)无正当理由的认定。尽管加密键盘和读卡器是正常使用医保支付软件的必需硬件设备,但是其与医保支付软件之间不具备直接的关联性。按照广元市人社局《关于金保工程上线后医疗保险网络切换有关工作的通知》(广人社〔2012〕16 号)的规定,任何厂家生产的加密键盘和读卡器,只要符合国家人力和社会资源部的技术标准,均能够满足医保支付软件的使用要求,两定机构可以自由选择购买符合技术标准的加密键盘和读卡器。因此,当事人向两定机构搭售加密键盘和读卡器是不具备正当性的。

综上所述,当事人无正当理由,滥用其在广元市医保支付软件市场的支配地位,搭售加密键盘和读卡器。

(五)律师提示

当事人的上述行为,对竞争秩序、两定机构的合法利益都造成了直接损害。具体表现在以下几点:

(1)破坏了广元市加密键盘和读卡器销售市场的竞争秩序。当事人通过搭售加密键盘和读卡器的行为,控制了广元市医保刷卡加密键盘和读卡器的销售市场,排除、限制了其他供货商竞争,破坏广元市加密键盘和读卡器市场的竞争格局。

(2)限制了两定机构的选择权。加密键盘和读卡器是在市场上自由流通的产品,只要是符合技术要求的,两定机构都可以根据自身需要自主选择购买,当事人利用在广元市医保支付软件市场的支配地位,要求两定机构购买其提供的产品,剥夺了两定机构对加密键盘和读卡器的自由选择权。

(3)损害了广元市两定机构的合法利益。当事人向广元市两定机构的销售价格为 1200 元/套,明显高于其他市类似产品的市场价格。当事人这种不合理搭售商品谋取垄断利润的行为同时也增加了两定机构的经营成本,损害了两定机构的合法利益。

# 第八章

# 滥用市场支配地位案件的反垄断民事诉讼反制

## 第一节　中国滥用市场支配地位案件法院审理概况

### 一、中国历年滥用市场支配地位案件审理概述

自2008年8月1日《反垄断法》实施以来，中国法院受理的反垄断案件数量逐年增长，如图8-1所示。其中，在2012年，增速有了较大幅度的提高，而增幅最大的是2015年，达到了81.4%，新收垄断民事案件年均增长率达到35.6%。自2008年《反垄断法》实施以来至2019年年底，全国法院共受理垄断民事一审案件808件，审结734件。

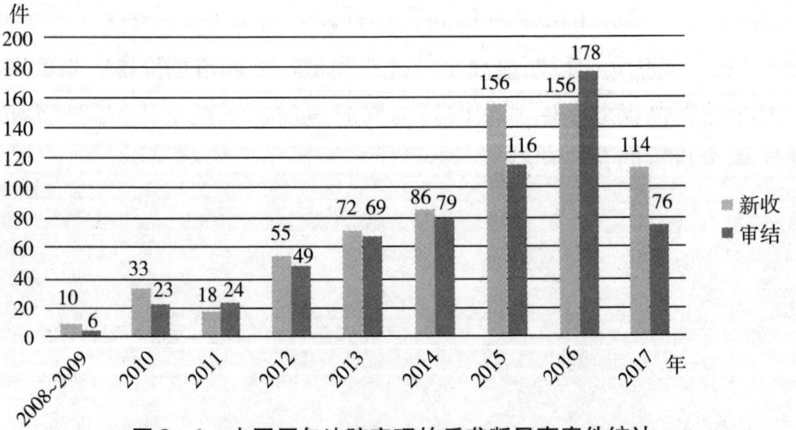


**图8-1　中国历年法院审理的反垄断民事案件统计**

从再审审判程序来看，最高人民法院再审反垄断案件几十余件，显示出最高人民法院加强反垄断案件审判监督、统一裁判尺度的努力。从地域来看，广东和北京两省市的反垄断案件数量最多，约占到案件总数的一半，其他省市的反垄断案件数量较少，地域分布很不均衡。从审理结果看，原告败诉率极高，除了原告最终胜诉的3起案件和解5起案件，其余案件均以原告败诉告终。

## 二、中国滥用市场支配地位案件审判特点

### （一）反垄断案件数量不断增长

案件数量持续增长主要有以下三个原因：(1)中国在体制转轨时期，仍然存在大量行政垄断、行业垄断，以及跨国公司对中国市场垄断的情况，垄断行为的受害者需要依法维权。(2)2012年最高人民法院发布了《垄断纠纷司法解释》，明确了相关的诉讼规则。该司法解释在一定程度上推进了中国反垄断民事诉讼的发展。(3)随着《反垄断法》实施的日益深入，社会公众运用《反垄断法》维护自身权益的积极性和信心不断增强。

### （二）试探性反垄断案件逐步减少，维护自身权益的反垄断诉讼案件不断增加

在《反垄断法》实施初期，很多诉讼案是由法律专业人士提起的，他们提起诉讼的目的并不是维护自身权益，而是想试探和检验《反垄断法》实施的具体规则和适用标准，同时也希望能够引起社会关注。而近几年来，这类诉讼开始减少，作为垄断行为的受害者，为维护自身合法权益提起反垄断诉讼的案件数量增加，意味着中国《反垄断法》的实施开始进入比较常态化的轨道。

### （三）反垄断案件涉及的行业领域广泛，市场中垄断行为存在广泛性

据最高人民法院统计，相关反垄断诉讼涵盖汽车、保险、医药、食品、家用电器、供电、信息网络、知识产权等领域。一定程度上体现出市场中垄断行为存在的广泛性。特别是，近年来互联网领域中垄断纠纷不断增加。说明在互联网市场中，垄断和竞争状态更为突出，此起彼伏，瞬息万变。

### （四）反垄断案件类型呈现多样化趋势

这主要体现在两方面：(1)在垄断纠纷案件中，案件类型呈现多样化，滥用市场支配地位案件和纵向垄断行为案件处于并行状态，且滥用市场支配

地位案件数量占全部垄断民事案件的90%以上,涉及的具体滥用行为包括不公平高价、限定交易、捆绑交易、拒绝交易等。(2)国内案件和涉外案件并存,而且涉外案件逐步增多,这反映国内当事人开始不断运用法律武器反制跨国公司的垄断行为。

(五)反垄断案件的影响和关注度不断增强

近几年,如“北京奇虎科技有限公司诉腾讯科技(深圳)有限公司等滥用市场支配地位案”“华为技术有限公司诉美国国际数据公司滥用市场支配地位和专利许可费率案”“国家发展和改革委员会对美国高通公司滥用市场支配地位行政处罚案”等“惊世大案”成为行业的焦点、社会关注的热点,同时在国际上产生了比较广泛的影响。

(六)原告撤诉和败诉的反垄断案件逐步减少

由于原告举证不足或者举证困难,诉讼能力比较弱,加之法院一般按照“谁主张,谁举证”的举证规则分配举证责任,导致原告举证责任偏重,法院对原告举证责任的要求,显著高于反垄断执法机构对违法行为认定所掌握的标准,导致在绝大多数的反垄断民事诉讼案件中,原告由于举证不能而败诉的概率极高,这也反映了反垄断法执行的最大困难。近两年来,原告撤诉和败诉的案件逐步减少,一方面体现出法院在举证规则方面的改进和完善,另一方面也说明,原告及其代理人的诉讼能力在不断提高。

(七)法院判决的反垄断民事诉讼案件数量多于反垄断执法机构案件数量

法院判决的反垄断民事诉讼案件数量多于行政执法案件数量。截至2019年,根据官方发布的数据,中国法院十年来受理的反垄断民事诉讼案件是800多件,而反垄断执法机构公布的查处案件是200多件,也就是说,社会公众通过反垄断法进行私人诉讼或者反垄断后继民事诉讼,诉求停止垄断行为,获得损害赔偿的积极性较高。

(八)法院审理的滥用市场支配地位案件多,反垄断执法机构查处的垄断协议案件多

法院审理的滥用市场支配地位案件多,而反垄断执法机构查处的垄断协议案件多。这一现象也反映司法审判和行政执法各自的长处所在,反垄断执法机构将主要目标集中在那些市场危害大而且很难被发现的纵向垄断协议案件和跨国公司对中国市场垄断案件的处罚上。

## 第二节　滥用市场支配地位案件反垄断民事诉讼的保全措施

### 一、证据保全

（一）证据是诉讼能否取胜的重要因素

《民事诉讼法》第81条规定："在证据可能灭失或者以后难以取得的情况下，当事人可以在诉讼过程中向人民法院申请保全证据，人民法院也可以主动采取保全措施。"证据是诉讼能否取胜的重要保障，滥用市场支配地位案件中需进行保全的主要证据为侵权人实施侵权行为及其侵权获取利益两方面的证据，通常可以选择采用诉前证据保全、诉中证据保全、公证证据保全等方式。相关证据种类包括书证、物证、证人证言、视听资料、电子数据、鉴定意见等，有关证据应当有证据提供人的签名并注明获得证据的来源。

（二）证据保全措施

1. 诉前证据保全

为防范侵权人毁灭证据和证据遭受其他破坏，诉前证据保全为最佳方式。同时，诉前证据保全可能受限于地方性规范性文件的规定和地方法院的实施程度，原告应把握诉前证据保全的时机，及时顺利推动诉前保全。

2. 诉中证据保全

与诉前证据保全相比较，诉中保全最为常见且相对容易。但顺利实现诉中证据保全也需要具备相应的条件，如原告的权利内容明确、权利来源和权利基础合法有效、侵权嫌疑较为明显、保全证据的内容和线索具体、当事人确实无法通过公证等方式自行获取以及能够向法院提供相应的担保等。

3. 公证证据保全

相对于需经法院裁定和实施的证据保全而言，当事人可以随时向公证机关申请证据保全。除非有相反证据足以推翻公证证据，公证保全是当事人能够主动、充分运用的收集、保全相关证据的有效措施。公证证据保全包括现场购买公证、现场拍摄公证、送达公证等。

## 二、财产保全

(一)财产保全是胜诉判决的赔偿执行的重要保障

《民事诉讼法》第101条规定:“利害关系人因情况紧急,不立即申请保全将会使其合法权益受到难以弥补的损害的,可以在提起诉讼或者申请仲裁前向被保全财产所在地、被申请人住所地或者对案件有管辖权的人民法院申请采取保全措施。申请人应当提供担保,不提供担保的,裁定驳回申请。”

(二)财产保全措施

及时申请财产保全,有利于保障胜诉判决的赔偿执行,也可以给被告施压,促使被告主动提出或者积极配合和解。为降低实现财产保全的难度,当事人需要收集能够证明自己胜诉可能性和保全必要性的证据。为保证财产保全的有效性和及时性,在诉前或者起诉同时提出财产保全申请为宜。鉴于申请财产保全需要向法院提供财产担保和财产线索,要就提供财产担保和财产线索作出充分风险评估。

## 三、行为保全

(一)行为保全的规定和适用范围

《民事诉讼法》第100条规定:“人民法院对于可能因当事人一方的行为或者其他原因,使判决难以执行或者造成当事人其他损害的案件,根据对方当事人的申请,可以裁定对其财产进行保全、责令其作出一定行为或者禁止其作出一定行为;当事人没有提出申请的,人民法院在必要时也可以裁定采取保全措施。人民法院采取保全措施,可以责令申请人提供担保,申请人不提供担保的,裁定驳回申请。人民法院接受申请后,对情况紧急的,必须在四十八小时内作出裁定;裁定采取保全措施的,应当立即开始执行。”上述新规定确立了诉前临时禁令制度,类似于《商标法》第57条的诉前保全制度。

(二)行为保全是避免“赢了官司,输掉市场”的保障措施

为了防止滥用市场支配地位案件的原告(受害人)在反垄断民事诉讼过程中遭受的损失进一步扩大,可以向法院申请行为保全措施。申请行为保全之前,应当着重收集原告胜诉的实质可能性,如不发布临时禁令将遭受无可挽回损失的实质性威胁,原告可能受到的损害大于对被告的任何潜在损

害，发布临时禁令不违反公共利益等相关证据，以此争取法院采信并作出行为保全相关裁定。在司法实践中，法院还会关注原告诉请与禁令申请统一、临时禁令与终局裁判关系、审执兼顾等问题，需要律师积极收集证据及与法院充分沟通。同时，不作为行为临时禁令的执行需要被申请人的配合，需注意向法院提供被告的全面准确信息，以便法院送达裁定并告知法律义务，以增强被申请人履行生效法律文书的自觉性。

2013 年，北京市第一中级法人民法院在两起网络不正当竞争案件中，首次采取行为保全措施，发出了诉讼行为禁令，及时喊停了涉案不正当竞争行为，增强了救济的时效性，避免因法院审判周期较长，造成原告“赢了官司，输了市场”。

（三）采取行为保全措施常见情形

反垄断民事诉讼中，对滥用市场支配地位经营者采取行为保全措施的常见情形有以下几种：(1)经营者以不公平的高价销售商品或者以不公平的低价购买商品的；(2)经营者没有正当理由，以低于成本的价格销售商品的；(3)经营者没有正当理由，限定交易相对人只能与其进行交易或者只能与其指定的经营者进行交易的；(4)经营者没有正当理由搭售商品，或者在交易时附加其他不合理的交易条件的；(5)经营者没有正当理由，对条件相同的交易相对人在交易价格等交易条件上实行差别待遇的；(6)掌握关键必要设施的经营者以拒绝交易、强制交易、提高关键必需设施使用费来排斥竞争对手等。

综上所述，证据保全、财产保全、行为保全三种诉讼保全措施的措施、优势及限制，如表 8－1 所示。

**表 8－1　三大诉讼保全措施对比**

| 措施 | | 优势 | 限制 |
|---|---|---|---|
| 证据保全 | 诉前证据保全 | 防范侵权人毁灭证据和证据遭受其他破坏 | 有可能受限于侵权人的配合、地方性规范性文件规定和地方法院的执法程度 |
| | 诉中证据保全 | 最为常见且相对容易 | 需具备相应的条件，如原告的权利内容明确、权利来源和权利基础合法有效、理由正当等 |

续表

| 措施 | | 优势 | 限制 |
|---|---|---|---|
| | 公证证据保全 | 当事人能够主动、充分运用的收集、保全相关证据的有效措施 | 一般具有法律效力，相反证据足以推翻公证证据的除外 |
| 财产保全 | | 有利于保障胜诉判决的赔偿执行，也可以促使被告主动提出或者积极配合诉讼 | 需要向法院提供财产担保和保全财产线索 |
| 行为保全 | | 避免“赢了官司，输掉市场”的重要保障措施 | 证据确凿，理由正当，需注意向法院提供被告的全面准确信息，以便法院向被申请人送达裁定 |

## 第三节　滥用市场支配地位之反垄断民事诉讼主体

### 一、反垄断民事诉讼主体资格的认定原则

《垄断纠纷司法解释》第1条规定：“本规定所称因垄断行为引发的民事纠纷案件，是指因垄断行为受到损失以及因合同内容、行业协会的章程等违反反垄断法而发生争议的自然人、法人或者其他组织，向人民法院提起的民事诉讼案件。”上述解释规定列举了三类案件：(1)有证据证明因垄断行为受到损失；(2)有证据证明因合同内容违反《反垄断法》而发生争议；(3)行业协会的章程等违反《反垄断法》而发生争议。这三类垄断民事纠纷的当事人(包括原告、被告、第三人)具有主体资格。当然，该解释仅仅是列举式，并没有穷尽所有的当事人，个案中，一般仍应以《民事诉讼法》第119条规定的：(1)原告是与本案有直接利害关系的公民、法人和其他组织；(2)有明确的被告；(3)有具体的诉讼请求和事实、理由；(4)属于人民法院受理民事诉讼的范围和受诉人民法院管辖四个条件来认定当事人是否具有主体资格。

## 二、反垄断民事诉讼原告的主体资格

（一）滥用市场支配地位案件原告的主体资格

1. 原告主体资格

在滥用市场支配地位案件中，如果原告符合《垄断纠纷司法解释》第1条规定的三类案件，一般情况下其具有主体资格。

2. 直接利害关系认定

（1）《民事诉讼法》第119条规定，起诉必须符合的条件之一是原告是与被告有直接利害关系的公民、法人和其他组织。而滥用市场支配地位案件主要争议是经营者在相关市场内行为是否属于滥用市场支配地位的行为。因为受滥用行为影响的除了与其存在竞争关系的经营者外，还有存在利益关系的其他经营者和消费者，如果滥用行为损害了这些主体的利益，可以认定双方之间存在“直接利害关系”。

（2）在滥用市场支配地位案件中，一般情况下，原告多为消费者或竞争对手，被告多为具有市场支配地位的经营者。例如，“北京奇虎科技有限公司诉腾讯科技（深圳）有限公司等滥用市场支配地位案”“唐山市人人信息服务有限公司诉北京百度网讯科技有限公司垄断纠纷案”“华为技术有限公司诉美国国际数据公司滥用市场支配地位和专利许可费率案”等。原告的诉讼请求有确认合同无效、停止侵害、赔偿损失等，法院均认为这些原告适格。

3. 间接购买者是否适格问题

（1）间接购买者认定。现有的滥用市场支配地位案例中，原告仅系直接消费者或竞争对手，对于间接购买者是否适格的问题，尚未涉及。在滥用市场支配地位经营者与最终消费者之间的中间环节，包括经销商、批发商、零售商等均是间接购买者，涉及一系列连环合同关系。间接购买者是垄断高价的受害者，但是，当间接购买者将垄断高价转嫁给了消费者之后，间接购买者作为原告是否是适格？间接购买是否不免除经营者的垄断责任？在原告已经向被告提起诉讼情况下，间接购买者能否作为第三人参加诉讼？均不明确。

（2）美国制定的间接购买者规则。美国制定的间接购买者规则否定了消费终端的消费者作为原告主体资格，侧重对间接购买者所遭受的损害予以救济,这样真正的受害人消费者可能得不到赔偿。[1] 另外,对传递抗辩、间接购买者范围、间接购买者救济,世界各国规定并不一致,中国也没有制定间接购买者规则,司法实践中,有待考量更多的案例。

(二)垄断协议案件原告的主体资格

1. 一般准许垄断协议的一方当事人提起反垄断民事诉讼

垄断协议的一方当事人主体资格。在垄断协议案件中,无论是横向垄断协议,还是纵向垄断协议,如果垄断协议双方符合《垄断纠纷司法解释》第1条规定,有证据证明因合同内容违反反垄断法而发生争议的,一般情况下具有主体资格。但是,对垄断协议中一方请求赔偿损失的是否为适格原告存在争议。如"锐邦涌和科贸有限公司诉强生(上海)医疗器材有限公司等纵向垄断协议纠纷案",被告对原告主体是否适格提出了质疑。但是,法院认为,被告作为接受限制最低转售价格协议的经销商,可能因垄断行为导致损失,垄断协议的当事人有可能是垄断行为的参与者、实施者,原告主体资格符合《垄断纠纷司法解释》第1条规定,故应准许垄断协议的合同当事人提起反垄断民事诉讼。

2. 2005年修订的德国《反对限制竞争法》规定原告主体资格较广泛

根据2005年修订的德国《反对限制竞争法》第33条规定,反垄断法适格原告主体广泛,不限于违法行为特定指向的主体,也不限于直接的消费者,而是"受到违法行为影响的主体",包括所有受到违法行为损害的竞争者和其他市场参与者。

(三)侵犯商业秘密案件的原告主体资格

根据《不正当竞争司法解释》规定,侵犯商业秘密案件中,在商业秘密许可使用的情况下,对于侵犯商业秘密行为,作为原告起诉主体如下:(1)商业秘密独占使用许可合同的被许可人;(2)排他使用许可合同的被许可人和权利人共同提起诉讼;(3)在权利人不起诉的情况下,排他使用许可合同的被许可人自行提起诉讼;(4)普通使用许可合同的被许可人和权利人共同提起诉讼;(5)权利人书面授权,普通使用许可合同的被许可人单独提起诉讼。

---

[1] 参见易柔池:《垄断协议参与者的原告资格问题研究》,载《法制与社会》2016年第1期。

(四)法院对原告主体资格认定的特点

1. 中国法院倾向于对垄断行为的主体在程序上的诉权给予相对宽松的司法支持

现有案例中,法院倾向于对适格原告主体资格范围予以扩大解释,对垄断行为的主体在程序上的诉权给予相对宽松的司法支持,无论是垄断行为参与者、实施者还是受害者,无论是经营者还是消费者,只要是与垄断行为主体有利害关系的公民、法人和其他组织,都可以作为原告。无论是垄断协议案件,还是滥用市场支配地位案件,无论原告请求是确认合同无效,还是请求停止侵害或者赔偿损失,原告的诉讼请求取向变化一般不影响主体资格,仅影响实体权益。原告只要证明是直接消费者或违法行为指向的主体,与被告之间具有利害关系,至于原告是否存在违法行为或者是否具有过错行为,是否能够证明损害事实,一般情况下,都不影响原告的诉权。原告多为直接消费者或违法行为指向的主体,双方之间具有利害关系,但较少涉及违法主体与最终消费者中间环节的间接购买者问题,间接购买者在什么条件下具有原告主体资格,或者间接购买者能否作为第三人参加原告与被告之间已经开始的诉讼问题,尚不明确。

2. 美国法院对反托拉斯诉讼原告主体资格的认定特点

(1)美国法院对反托拉斯诉讼原告主体资格的否定,一般审查三方面:①缺乏实际损失和清晰的损害赔偿请求;②缺乏直接关联性,存在双重起诉的风险、复杂的分摊计算,而且存在替代原告;③不具备反垄断法意义上的损害。“美国 AGC 案”[1]中,美国联邦最高法院审理的两个原告工会诉被告建筑承包商协会损害赔偿案件,法院以两个原告工会的诉求仅是建筑总承包与分包市场限制,不是劳工服务市场限制,其诉求与所受损失之间的因果关系“过分遥远”,缺乏“直接关联性”“目标区域标准”为由,判决两个原告工会败诉。

(2)美国法院的认定。美国法院为了认定原告是否具备主体资格,通常采取假设指控的违反反垄断法行为存在,然后审查原告的诉讼请求,通过审查原告的诉讼请求是否明确适当来审查原告是否具备主体资格,正当竞争

〔1〕 Associated General Contractors of California, Inc. v. California State Council of Carpenters(AGC), 459 U. S. 519,简称 AGC。

行为是否导致竞争对手的损害等。

(3)美国法院对反托拉斯诉讼原告主体资格的认定,归纳如下:①当消费者或者非商业原告是被诉垄断行为的直接受害人时,其具有诉讼主体资格;当消费者或者其他下游购买者从无辜的中间商那里获得产品时,其不具有损害赔偿原告的诉讼主体资格。另有观点认为,可以将中间商的损害赔偿建立在其利润丧失的基础上,将最终消费者的损失建立在可以合理追踪至被告价格上涨的违法行为上。②对于直接竞争对手在市场上实施非法排他行为给竞争者造成的损害,竞争者都有请求损害赔偿的诉讼主体资格。如果原告与被告之间的竞争是间接的,当原告与被告在同一产品层级上进行经营时,即使两者不在同一市场销售,因为使用了不同的中间商,原告仍具备诉讼主体资格。如果原告与被告不在同一层级上经营,一般应否定竞争者诉讼主体资格。③供应商大多不具备诉讼主体资格。除非供应商起诉一个低价购买的卡特尔,或者供应商是集体抵制的直接受害人,或者供应商是捆绑销售或纵向合并中被排除的竞争对手。④对于反垄断违法行为损害雇用市场竞争的,受到损害的雇员具有损害赔偿的诉讼主体资格。⑤纳税人、市民、债权人、股东针对被告的垄断行为侵害政府机构、债权人或者公司的损害赔偿之诉中,因缺乏"直接关联性",一般情况下,法院将否定其诉讼主体资格。⑥专利、商标、版权、特许经营权的许可人,对他人影响被许可人的垄断行为,也不具备诉讼主体资格。⑦州政府可以对其财产利益的损害寻求损害赔偿,或者代表受害的居民寻求赔偿,但是,不能对州总体经济的损害要求赔偿。

## 三、被告主体适格

### (一)滥用市场支配地位纠纷中适格被告的认定

在滥用市场支配地位案件中,《垄断纠纷司法解释》第1条规定了三类案件:(1)有证据证明因垄断行为受到损失;(2)有证据证明因合同内容违反反垄断法而发生争议;(3)行业协会的章程等违反反垄断法而发生争议。这是对原告主体资格的要求,反过来看,也同样是对被告主体资格的要求。如果原告符合上述条件,且与被告之间有利害关系,根据《民事诉讼法》第119条的规定,原告的相对人被告也同样具有主体资格。

滥用市场支配地位案件中,被告多为具有市场支配地位的经营者,受滥用行为影响，除了与被告存在竞争关系的经营者外，还有与被告存在利益关系的其他主体，如经销商、批发商、零售商和消费者等，如果滥用行为损害了这些主体的利益，可以认定双方之间存在“直接的利害关系”。

在滥用市场支配地位案件中，出现了有争议的“被告是否因存在关联关系而适格”的问题。“华为技术有限公司诉美国国际数据公司滥用市场支配地位和专利许可费率案”中，被告包括交互数字技术公司、交互数字通信有限公司和交互数字公司三个独立法律主体。被告交互数字公司认为，其既不是标准化组织的成员和专利权人，也不是具体许可合同的谈判人，其仅是交互数字技术公司、交互数字通信有限公司的母公司。即使两公司在高管上有重合，亦不能否定其独立法人人格。因此，被告提出抗辩认为交互数字公司作为被告不适格。法院在判断母公司与子公司之间是否构成单一实体时，不考虑子公司是否具有独立人格，是否实际参与违法行为等因素，而是注重三家公司是否存在高管混同，是否存在关联关系，是否存在分工合作以及共同获得收益的事实，据此认定交互数字公司应为本案适格被告。法院的认定方法与美国、欧盟所采用的“单一实体测试”基本一致。

（二）垄断协议案件被告主体资格

在垄断协议案件中，如果垄断协议双方符合《垄断纠纷司法解释》第1条规定，有证据证明因合同内容违反反垄断法而发生争议的规定，根据《民事诉讼法》第119条的规定，一般情况下，垄断协议双方具有主体资格。在垄断协议案件中，反垄断民事诉讼的被告通常是垄断协议的参与者、实施者，而且原告也可能是垄断协议的参与者、实施者或者与被告有利害关系。

（三）侵犯商业秘密案件的被告主体资格

就侵犯商业秘密案件而言，侵权人单一的情况下，可以直接以侵权人作为被告。非法获取和使用商业秘密的侵权人不同的，通常列为共同被告；在特殊情况下，也可以选择起诉其中一个侵权人。负有保密义务的劳动者入职新的用人单位，将原用人单位的商业秘密用于新的用人单位，该劳动者与新的用人单位可能构成共同侵权，应区分具体情况确定被告：(1)新的用人单位已获取并使用商业秘密的，将劳动者与新的用人单位列为共同被告；(2)新的用人单位未掌握商业秘密的，可以仅以劳动者为被告；(3)劳动者的赔偿能力有限，在其愿为原用人单位的起诉提供证据的特殊情形下，可以考虑仅以新的用人单位为被告。

(四)法院对被告主体资格认定的特点

根据现有案例分析,法院对垄断行为的被告主体资格在程序上给予相对宽松的扩大解释,法院这种适当扩充原告主体范围与相应扩充被告主体范围的同步配套做法,是改革创新的举措。法院通过对实体性问题的论证,而非通过程序或技术细节来解决垄断案件中,被告的主体资格争议问题,倾向于将涉案垄断行为的具有关联关系主体视为适格共同被告(见表8-2)。

**表8-2 反垄断民事诉讼主体资格示意**

| 主体 | 一般主体资格要求 | 特殊主体资格要求 | | |
|---|---|---|---|---|
| | | 滥用市场支配地位案件 | 垄断协议案件 | 侵犯商业秘密案件 |
| 原告 | 原告是与本案有直接利害关系的公民、法人和其他组织 | 原告多为消费者或竞争对手 | 有证据证明因合同内容违反反垄断法而发生争议的;原告也可能是垄断协议的参与者、实施者或者原告与被告有利害关系 | 商业秘密独占使用许可合同的被许可人 |
| | | | | 排他使用许可合同的被许可人和权利人共同提起诉讼 |
| | 有具体的诉讼请求和事实、理由 | | | 在权利人不起诉的情况下,排他使用许可合同的被许可人自行提起诉讼 |
| | 属于法院受理民事诉讼的范围和受诉法院管辖 | | | 普通使用许可合同的被许可人必须和权利人共同提起诉讼 |
| 被告 | 有明确的被告 | 多为具有市场支配地位的经营者,也有竞争对手 | 被告通常是垄断协议的参与者、实施者 | 侵权人单一的情况下,可以直接以侵权人作为被告。非法获取和使用商业秘密的侵权人不同的,通常列为共同被告;在特殊情况下,也可以选择起诉其中一个侵权人 |

## 四、滥用市场支配地位垄断民事诉讼中的第三人

(一)垄断民事诉讼中的第三人的规定

《民事诉讼法》第56条规定:"对当事人双方的诉讼标的,第三人认为有独立请求权的,有权提起诉讼。对当事人双方的诉讼标的,第三人虽然没有独立请求权,但案件处理结果同他有法律上的利害关系的,可以申请参加诉

讼,或者由人民法院通知他参加诉讼。人民法院判决承担民事责任的第三人,有当事人的诉讼权利义务。”因此,符合上述规定的有独立请求权的第三人与无有独立请求权的第三人,均可申请参加垄断民事诉讼。

(二)滥用市场支配地位案件第三人

1. 垄断协议案件和滥用市场支配地位案件所涉合同中的第三人

由于垄断协议案件和滥用市场支配地位案件所涉合同中的第三人,一般是指除了合同双方当事人之外的主体,涉及连环合同关系。例如,生产商、经销商、批发商、零售商和消费者等。垄断协议和滥用市场支配地位所涉合同,一般转介适用《合同法》,该法第 64 条与第 65 条规定了向第三人履行与第三人代为履行的制度,该法第 73 条和第 74 条还规定了代位权和撤销权。因此,只要是符合《民事诉讼法》第 56 条规定,有独立请求权的;或者虽然没有独立请求权,但案件处理结果同他有法律上的利害关系的;均可以作为第三人,申请法院参加垄断民事诉讼。当然,有独立请求权的第三人也可选择作为原告,另案提起反垄断民事诉讼。

2. 滥用市场支配地位案件侵权损害赔偿中第三人

滥用市场支配地位案件侵权损害赔偿中第三人,是指除了滥用市场支配地位之侵权损害双方当事人之外的主体。例如,经销商、批发商、零售商和消费者。涉及侵权损害赔偿关系,一般转介适用《侵权责任法》,该法第 28 条规定:“损害是因第三人造成的,第三人应当承担侵权责任。”因此,只要是符合《民事诉讼法》第 56 条规定,有独立请求权的;或者虽然没有独立请求权,但案件处理结果同他有法律上的利害关系的,均可以作为第三人,申请法院参加垄断民事诉讼。

3. 间接购买者能否作为第三人参加垄断民事诉讼问题

在滥用市场支配地位案件中,许可人(权利人)和被许可人(生产者)与最终消费者之间的一系列中间环节,包括经销商、批发商、零售商等均是间接购买者,一般涉及连环合同关系,类似合同法上的第三人的概念,无论间接购买者是否具有转嫁传递抗辩事由,笔者认为,可以参照上述规定,作为第三人申请法院参加垄断民事诉讼。当然,因为在审判实践中缺乏案例,这个观点仅是探讨性。

4. 行政复议和行政诉讼程序第三人参加垄断民事诉讼问题

在滥用市场支配地位行政处罚案件的行政复议和行政诉讼程序中,会涉及第三人能否参加行政复议和行政诉讼问题，一般按照《行政复议法》《行政诉讼法》的规定执行，即与具体行政行为有法律上的利害关系人，可以作为第三人申请参加诉讼。

## 第四节　滥用市场支配地位案件所涉垄断合同的效力

### 一、滥用市场支配地位案件所涉合同效力

（一）以不公平的高价销售或以不公平的低价购买的合同

1. 以不公平的高价销售或以不公平的低价购买的认定

经营者依赖其特殊的市场支配地位，对商品的价格进行操控，从而获取超额利润，严重损害其他经营者和消费者的合法权益。《反垄断法》第 17 条第 1 款第 1 项规定的目的在于保护弱势地位的经营者不受具有市场支配地位的经营者的高价盘剥或低价索取，如利用关键基础设施提高网间结算费、以不公平的高价许可知识产权等，从而维护公平自由的市场竞争秩序。

具有市场支配地位者以不公平的高价销售商品或者以不公平的低价购买商品的“高价”或“低价”的衡量标准，除了国家定价或国家指导价外，应当是以市场价格作为衡量标准，至于高于市场价格多少可以认定为不公平的“高价”，或者低于市场价格多少可以认定为不公平的“低价”，应当根据个案具体情况，经过价格评估和同类商品横向价格比较来认定。根据《禁止滥用市场支配地位行为暂行规定》第 14 条的规定，认定“不公平的高价”或者“不公平的低价”，可以考虑下列因素：(1)销售价格或者购买价格是否明显高于或者明显低于其他经营者在相同或者相似市场条件下销售或者购买同种商品或可比较商品的价格；(2)销售价格或者购买价格是否明显高于或者明显低于同一经营者在其他相同或者相似市场条件区域销售或者购买商品的价格；(3)在成本基本稳定的情况下，是否超过正常幅度提高销售价格或者降低购买价格；(4)销售商品的提价幅度是否明显高于成本增长幅度，或者购买商品的降价幅度是否明显高于交易相对人成本降低幅度；(5)需要考虑的其他相关因素。

2. 标准必要专利许可合同的价格认定

标准必要专利许可合同的价格受 FRAND 原则约束，许可合同价格确定有两种方法：一种是自上而下的，好比先确定了大蛋糕后再往下分，看各权利人在大蛋糕中的份额是多少，最后确定每个权利人的费率是多少。另一种是可比协议。例如，许可协议费率与情况相似、定位相似和专利范围相似的许可协议横向比较，确定合理的费率。需要综合考虑专利的创新程度及其在标准中的作用、标准所属的技术领域、标准的性质、标准实施的范围和相关的许可条件等因素。在 FRAND 原则下确定专利权人是否收取高额许可费时，还需要考虑许可费的计量单位（单元），是以整机计价，还是以最小单元计价。可以考虑整机计价和最小单元计价两者并行，互相对比，并应由许可方提供以往向第三方的同类许可费进行比较，以便权衡 FRAND 原则是否落实。

例如，“国家发展和改革委员会对美国高通公司滥用市场支配地位行政处罚案”中，美国高通公司因滥用市场支配地位向被许可人按照整机计价收取不公平的高价专利许可费等行为被处罚（详见本书第七章第四节案例评析，此处不再赘述）。

对于具有市场支配地位者与交易相对人达成的以不公平的高价销售商品或者以不公平的低价购买商品的买卖合同，不宜简单认定为无效，法院有权确定公平合理的价格；如果法院难以确定公平合理的价格，宜将该买卖合同认定为可撤销可变更合同，赋予与具有市场支配地位的经营者交易的相对人以撤销权或变更权更为妥当，即买卖合同的受害方当事人可以据此主张撤销该合同或者主张变更该合同的价格。

（二）搭售或附加其他不合理交易条件合同

1. 搭售或附加其他不合理交易条件合同的概念

搭售，是指具有市场支配地位的经营者将两个商品捆绑销售，消费者不能单独购买；或者经营者要求消费者至少承诺不会从其他供应商处购买该搭售的产品。在这种情况下，被搭售的商品往往是消费者不需要的商品或者消费者在其他经销商处可以以相对低廉的价格买到的商品。附加不合理交易条件是指不符合公平交易惯例的附条件行为，如“一揽子”交易、综合集成服务、限制转售价格和违背交易惯例习惯等。

《禁止滥用市场支配地位行为暂行规定》第 18 条规定，禁止具有市场支配地位的经营者没有正当理由搭售商品，或者在交易时附加其他不合理的交易条件：(1)违背交易惯例、消费习惯或者无视商品的功能，将不同商品捆绑销售或者组合销售；(2)对合同期限、支付方式、商品的运输及交付方式或者服务的提供方式等附加不合理的限制；(3)对商品的销售地域、销售对象、售后服务等附加不合理的限制；(4)交易时在价格之外附加不合理费用；(5)附加与交易标的无关的交易条件。

2. 搭售或附加其他不合理交易条件合同的效力

搭售或附加其他不合理交易条件合同对竞争同样具有双重影响。具有市场支配地位的经营者的搭售行为会产生传导效应，将搭售品市场的支配地位传导致被搭售品市场，从而在两个市场上产生排除限制竞争效果，"一揽子"许可合同有可能构成搭售行为。搭售还往往剥夺消费者的选择权、知情权，损害消费者的利益。《反垄断法》第17条明确禁止没有正当理由的搭售行为。对于搭售或附加其他不合理交易条件合同的效力问题，建议为了保护消费者的利益，将其认定为可撤销的合同，以将决定权交给消费者。如果消费者认为搭售的合同对其有利，可以不行使撤销权，合同生效；如果消费者认为搭售的部分有损其利益，可将该部分撤销或者将原合同变更为撤销搭售、撤销附加条件的合同，主张返还相应部分的价款并退还搭售部分的商品，这样能较好地保护消费者的利益。当然，实施搭售行为的具有市场支配地位者应受到反垄断法上的制裁。

(三)指定交易合同

指定交易合同，是指具有市场支配地位经营者没有正当理由，限定交易相对人只能与其进行交易或者只能与其指定的经营者进行交易。处于市场支配地位的经营者采取利诱、胁迫或其他不正当的方法，迫使其他经营者违背其真实意愿与之交易或促使其他经营者从事限制竞争的行为，包括强迫他人与自己进行交易、强迫他人不与自己的竞争对手进行交易、迫使竞争对手放弃或回避与自己竞争等。

一方面，限定交易可以促使制造商与销售商建立长期稳固的供应、销售渠道，降低经营者运营成本；另一方面，也往往会违背交易相对人的意愿，损害其利益，并且限制、影响其他竞争对手的经营行为。

依据《禁止滥用市场支配地位行为暂行规定》第17条的规定，禁止具有市场支配地位的经营者没有正当理由，从事下列限定交易行为：(1)限定交易相对人只能与其进行交易;(2)限定交易相对人只能与其指定的经营者进行交易;(3)限定交易相对人不得与特定经营者进行交易。从事上述限定交易行为可以是直接限定,也可以以设定交易条件等方式变相限定。

对于指定交易合同,建议为了保护受害者的利益,将其认定为可撤销的合同为宜,以将决定权交给受害者。如果受害者认为指定交易对其有利,可以不行使撤销权,合同生效;如果受害者认为指定交易有损其利益,可将该指定交易合同撤销。

(四)独家交易合同

1.独家交易的概念

独家交易,是指滥用市场支配地位经营者的独家交易行为,又称排他性交易,是指处于市场支配地位的经营者要求一切经销商在特定市场内只经销自己的商品,不得经销其他经营者的同种或同类商品,包括经销商只向制造商独买、制造商只向经销商独卖。例如,“利乐国际股份有限公司等滥用市场支配地位行政处罚案”(详见本书第七章第四节案例评析,此处不再赘述)。

独家交易协议,是指供应商与经销商通过合同约定供应商在特定的地区内向经销商独家供应产品,或者经销商只从供应商处购买用于转售的产品等。因此,独家交易协议又被称为独占许可协议,独占许可与独家交易具有同样的竞争效果。许可人禁止被许可人再许可、出售、分销或使用与许可的知识产权相竞争的其他知识产权,而且,许可人自己也不能实施该知识产权。独家交易可以通过许可合同的排他交易条款,或违约赔偿条款,或其他经济激励条款来阻止或限制被许可人许可、出售、传播或使用竞争性知识产权。

2.独家交易合同的效力

独家交易对竞争具有双重影响。在实践中,纯粹的独家交易合同并不多见,可能会出现某些变相的独家交易合同,但可能发生独家交易合同的反竞争后果。一种是在许可合同中权利人滥用权利限制对方的竞争;另一种是在许可合同中,合同双方联合限制排除第三方的正当竞争。如果独家交易合同排除或限制了相关市场的竞争,该合同本身违法,有可能被认定无效。但是,对反竞争效果不明显的独占许可合同,为了保护交易安全和合同相对人的利益,赋予与具有市场支配地位的经营者交易的相对人以撤销权或变更权更为妥当。

(五)差别待遇合同

滥用市场支配地位差别待遇是指处于市场支配地位的经营者没有正当理由,对条件相同的交易对象,就其所提供的商品的价格或其他交易条件给予明显区别对待的行为,最常见的形式是价格歧视,卖方对购买相同等级、相同质量货物的买方要求支付不同的价格,或买方对于提供相同等级、相同质量货物的卖方要求不同的价格,从而使相同产品的卖方因销售价格不同或买方因进货价格不同而获得不同的交易机会,差别待遇直接影响到他们之间的公平竞争,制造商的差别待遇会给经销商之间的公平竞争带来不利因素,最终使消费者受到不应有的不公平待遇。同一产品的不同批发价会直接影响到零售价,不同的零售价则直接影响到消费者的利益。

根据《禁止滥用市场支配地位行为暂行规定》第19条的规定,禁止具有市场支配地位的经营者没有正当理由,对条件相同的交易相对人在交易条件上实行下列差别待遇:(1)实行不同的交易价格、数量、品种、品质等级;(2)实行不同的数量折扣等优惠条件;(3)实行不同的付款条件、交付方式;(4)实行不同的保修内容和期限、维修内容和时间、零配件供应、技术指导等售后服务条件。例如,“内蒙古自治区赤峰市盐业公司滥用市场支配地位行政处罚案”(详见本书第七章第四节案例评析,此处不再赘述)。

条件相同是指交易相对人之间在交易安全、交易成本、规模和能力、信用状况、所处交易环节、交易持续时间等方面不存在实质性影响交易的差别。

对于差别待遇合同,建议为了保护受害者的利益,将其认定为可撤销或可变更的合同,以将决定权交给受害者。如果受害者同时主张返还因差别待遇行为产生的相应差价部分的价款,一般应予支持。

## 二、垄断合同效力

### (一)横向垄断协议的效力

#### 1. 横向垄断协议的概念

横向垄断协议,是指具有竞争关系的经营者之间达成旨在排除、限制竞争或者实际上具有排除、限制竞争效果的协议、决定或者其他协同一致的行为。根据《反垄断法》第13条的规定:“禁止具有竞争关系的经营者达成下列垄断协议:固定或者变更商品价格;限制商品的生产数量或者销售数量;分割销售市场或者原材料采购市场;限制购买新技术、新设备或者限制开发新技术、新产品;联合抵制交易;国务院反垄断执法机构认定的其他垄断协议。”

2. 横向垄断协议的效力

(1)横向垄断协议效力的认定。第一,应判断是否符合《反垄断法》第15条规定的七项豁免情形,若经营者主张前五项情形豁免,还需要证明所达成的协议不会严重限制相关市场的竞争,并且能够使消费者分享由此产生的利益。第二,如果符合上述豁免情形,具备一般合同生效要件,不违反法律强制性、禁止性规定,方为有效。美国反托拉斯法对于固定价格、划分市场、产量限制、抵制第三方交易者等横向垄断协议适用本身违法原则,采用严厉态度否定横向垄断协议的效力。

(2)根据《禁止垄断协议暂行规定》第7条规定,禁止具有竞争关系的经营者就商品或者服务(以下统称商品)价格达成下列垄断协议:①固定或者变更价格水平、价格变动幅度、利润水平或者折扣、手续费等其他费用;②约定采用据以计算价格的标准公式;③限制参与协议的经营者的自主定价权;④通过其他方式固定或者变更价格。

第8条规定,禁止具有竞争关系的经营者就限制商品的生产数量或者销售数量达成下列垄断协议:①以限制产量、固定产量、停止生产等方式限制商品的生产数量,或者限制特定品种、型号商品的生产数量;②以限制商品投放量等方式限制商品的销售数量,或者限制特定品种、型号商品的销售数量;③通过其他方式限制商品的生产数量或者销售数量。

第9条规定,禁止具有竞争关系的经营者就分割销售市场或者原材料采购市场达成下列垄断协议:①划分商品销售地域、市场份额、销售对象、销售收入、销售利润或者销售商品的种类、数量、时间;②划分原料、半成品、零部件、相关设备等原材料的采购区域、种类、数量、时间或者供应商;③通过其他方式分割销售市场或者原材料采购市场。上述规定中的原材料还包括经营者生产经营所必需的技术和服务。

第10条规定,禁止具有竞争关系的经营者就限制购买新技术、新设备或者限制开发新技术、新产品达成下列垄断协议:①限制购买、使用新技术、新工艺;②限制购买、租赁、使用新设备、新产品;③限制投资、研发新技术、新工艺、新产品;④拒绝使用新技术、新工艺、新设备、新产品;⑤通过其他方式限制购买新技术、新设备或者限制开发新技术、新产品。

第11条规定,禁止具有竞争关系的经营者就联合抵制交易达成下列垄断协议:①联合拒绝向特定经营者供应或者销售商品;②联合拒绝采购或者销售特定经营者的商品;③联合限定特定经营者不得与其具有竞争关系的经营者进行交易;④通过其他方式联合抵制交易。

(3)适用本身违法原则。在实践中,当事人能够证明横向垄断协议具有豁免情形是非常难的,若不能够证明横向垄断协议具有法定豁免情形,应当适用本身违法原则,认定横向垄断协议无效,从横向垄断协议缔结之初就不具有法律上的约束力,这样有利于瓦解垄断协议联盟,有利于惩罚这种最严重的垄断行为。

(二)纵向垄断协议的效力

1.纵向垄断协议的概念

纵向垄断协议,是指经营者在向其他经营者提供商品的过程中,设定其向第三人转售商品的价格或者其他排除、限制竞争的交易条件。简言之,纵向垄断协议就是上下游经营者之间达成的纵向排除、限制竞争协议。《反垄断法》第14条规定:"禁止经营者与交易相对人达成下列垄断协议:固定向第三人转售商品的价格;限定向第三人转售商品的最低价格;国务院反垄断执法机构认定的其他垄断协议。"

依据《禁止垄断协议暂行规定》第12条的规定,禁止经营者与交易相对人就商品价格达成下列垄断协议:①固定向第三人转售商品的价格水平、价格变动幅度、利润水平或者折扣、手续费等其他费用;②限定向第三人转售商品的最低价格,或者通过限定价格变动幅度、利润水平或者折扣、手续费等其他费用限定向第三人转售商品的最低价格;③通过其他方式固定转售商品价格或者限定转售商品最低价格。

2.纵向垄断协议的效力

(1)豁免情形。认定纵向垄断协议的效力也应判断是否符合《反垄断法》第15条规定的七项豁免情形,若经营者主张前五项情形豁免,还需要证明所达成的协议不会严重限制相关市场的竞争,并且能够使消费者分享由此产生的利益。如果符合上述豁免情形,具备一般合同生效要件,不违反法律强制性、禁止性规定,即为有效。美国反托拉斯法对于纵向垄断协议,除了固定价格或限定转售价格按照本身违法原则认定之外，其余纵向垄断协议效力按照合理分析原则判断。

（2）纵向垄断协议效力。由于纵向垄断协议是发生在上下游经营者之间的，固定转售价格或限定转售价格条款一般都蕴含在上下游经营者的知识产权许可合同当中，在认定许可合同效力时，不宜因该许可合同中含有违法条款而认定全部合同无效，应当将固定价格或限定转售价格的部分条款认定为无效，如果许可合同的其他部分不违法的，效力不受影响。如锐邦涌和科贸有限公司诉强生（上海）医疗器材有限公司等纵向垄断协议纠纷案（详见本书第五章第五节案例评析，此处不再赘述）。法院对垄断协议的认定往往会把排除、限制竞争效果作为必要要件，在衡量固定转售价格的纵向垄断协议是否具有排除、限制竞争的效果时，主要考量以下几个因素：①相关市场竞争是否充分（首要条件）；②被告市场地位是否强大（前提和基础）；③被告实施限制最低转售价格的动机（重要因素）；④限制最低转售价格的竞争效果同时考虑反竞争效果以及促进竞争的效果。

（3）处理原则。反垄断执法机构对纵向价格维持条款垄断协议的处理原则一般是本身违法原则，即“概括禁止＋个案豁免”。但是，法院对纵向价格维持条款垄断协议的处理原则一般是合理分析原则。司法与行政之间存在分歧，这个分歧暂时没有解决。如果采用本身违法原则，因为行政执法有预防和惩罚违法的功能，一般不需要考虑受害人的损失，不是以损失作为认定要件，《反垄断法》的行政执法成本更低。在反垄断民事案件诉讼中，需要法院认定当事人的损失，就需要证明反竞争效果。如果采用本身违法原则，举证责任会转给被告承担。如果采用合理分析原则，举证责任转给原告承担。笔者认为，本身违法原则与合理分析原则，两者没有正确或错误，只有利弊问题。

## 三、垄断合同无效的确认

### （一）确认垄断合同无效

1. 合同无效确认

（1）确认合同无效。如果经营者滥用市场支配地位达成的合同具有排除、限制竞争效果，又不存在法定豁免情形，该合同应当确认无效，无效合同自始就不发生法律效力。《垄断纠纷司法解释》第 15 条规定：“被诉合同内容、行业协会的章程等违反反垄断法或者其他法律、行政法规的强制性规定的,人民法院应当依法认定其无效。”这个解释与《欧盟运行条例》第101条第2款类推适用于滥用市场支配地位案件不同。《反垄断法》未明确规定对垄断行为应当确认无效,而是由法院转介适用《民法总则》第153条“违反法律、行政法规的强制性规定的民事法律行为无效。”《合同法》第52条第1款第5项“违反法律、行政法规的强制性规定的合同无效”等规定。

(2)转介条款。上述解释属于反垄断法与民法衔接的转介条款,而非引致条款,转介条款和引致条款的目的都在于实现公法与私法的外部接轨,转介条款应由法官行使裁量权决定,但在引致条款中,法官没有多少释法的余地。如果垄断合同被法院确认无效,转介适用民法规定,将按照恢复原状、过错赔偿和追缴国库原则处理。

2. 全部无效与部分无效

《合同法》第56条规定:“无效的合同或者被撤销的合同自始没有法律约束力。合同部分无效,不影响其他部分效力的,其他部分仍然有效。”在确认垄断合同效力时,需要考量交易安全和保护合同相对人的利益。由于固定价格或转售价格约束条款一般都蕴含在双方的合同中,在认定合同效力时,不宜因为该合同中含有违法条款而认定整个合同都无效,而是应当将固定价格或转售价格条款认定为无效,合同的其他部分效力不受影响,法院实际上按照部分有效合同处理。例如,“娄某某诉北京市水产批发行业协会垄断纠纷案”(详见本书第四章第七节案例评析,此处不再赘述)中,法院仅认定违反《反垄断法》那部分的章程条款无效,而非整个章程无效。又如“吴某某诉陕西广电传媒(集团)股份有限公司搭售案”(详见本书第四章第七节案例评析,此处不再赘述)中,法院虽然认定双方合同构成搭售,但仅认定有关搭卖品的条款无效,而非整个合同无效。

(二)合同垄断条款可撤销

滥用市场支配地位案件所涉垄断合同条款,包括独家交易合同条款、排他性条款、搭售条款和回馈授权条款等,并不当然无效,而是作为可撤销、可变更的合同条款较为合适。在适用法律上,法院可以考虑将上述情形转至适用《合同法》第52条“显失公平”类别的合同,赋予受害方当事人撤销权或变更权,保护弱势地位的合同相对人的利益。如果一概认定合同无效,则不利于交易成本的节约以及交易的安全,对于交易双方可能是“双输”。而且,这样处理并不影响《反垄断法》追究对违法者的责任。

## 四、确认垄断合同无效的处理方式

### （一）合同无效的一般法律后果

《合同法》第58条规定："合同无效或者被撤销后，因该合同取得的财产，应当予以返还；不能返还或者没有必要返还的，应当折价补偿。有过错的一方应当赔偿对方因此所受到的损失，双方都有过错的，应当各自承担相应的责任。"第59条规定："当事人恶意串通，损害国家、集体或者第三人利益的，因此取得的财产收归国家所有或者返还集体、第三人。"可见，垄断合同无效、被撤销的一般法律后果处理方式如下：

1. 返还财产。合同无效、被撤销后，双方应当将财产关系恢复到签订合同以前各自的原始状态，即恢复原状，当标的物已经毁损不能返还或者没有必要返还时，应当采用折价方式补偿返还。

2. 赔偿损失。因合同无效或被撤销，适用过错赔偿原则，有过错的一方应当赔偿对方因此所受到的损失；双方都有过错的，应当各自承担与各自责任相适应的损失范围，即过错赔偿。

3. 追缴国库或返还第三人。对无效合同中的违法合同，如果因双方恶意串通，损害国家、集体或者第三人利益的，应当将取得的财产收归国家所有或者返还集体、第三人。

### （二）垄断合同无效的特殊后果

上文所述是传统民法对垄断合同无效的一般法律后果处理。在反垄断法语境下，还有特殊性，横向垄断协议无效，一般不涉及上述返还财产、过错损害赔偿的问题，认定其无效的特殊意义在于否定经营者的横向垄断协议的约束力，即终止履行。对于纵向垄断协议，认定其无效的特殊意义在于否定固定价格或转售价格约束条款的效力，从而免除当事人履行固定价格或转售价格约束条款的义务。但是，一般情况下，法院认定垄断合同无效并不涉及反垄断法惩罚问题。

### （三）合同效力与损害赔偿的衔接

在确认垄断合同有关违反《反垄断法》被确认无效后，仅仅停止履行是不够的，对于合同一方受害人而言，主张损害赔偿可能更为实际。所以，合同的无效确认或撤销应与赔偿救济并行，即原告在请求法院确认合同无效同时,请求对方当事人对其损害进行赔偿,主张损害赔偿需要原告举证。但是,确认合同无效或撤销违法合同并非损害赔偿的必经前置程序,有些是合同违约与侵权损害两者竞合案件,有些是滥用市场支配地位合同案件。审判实践中,法院既有按照《合同法》违法处理的,也有按照《反垄断法》侵权损害处理的。有些案件与合同无关,受害人可以选择提起反垄断侵权损害赔偿诉讼。还有一种情形发生在原告提起知识产权侵权诉讼中,被告认为合同因违反《反垄断法》无效,可以提起反垄断反诉,并主张损害赔偿。

美国反托拉斯法适用"同等过错原则"。"同等过错原则"是指垄断协议参与者可以请求法院确认垄断协议无效,但是,如果原告主动积极参加而不是被迫参与了垄断协议,则不能获得反托拉斯法语境下的赔偿。《欧盟运行条约》和德国《反对限制竞争法》认为,只有那些被被迫参与垄断协议的主体遭受的损失才受法律保护。

(四)认定垄断合同与反垄断处罚的衔接问题

认定垄断合同无效、撤销或变更通常需要法院作出民事裁决,但是,法院在垄断民事案件的裁决中,一般不考虑对垄断合同当事人进行反垄断惩罚问题。而对垄断合同当事人,反垄断执法机构通常仅对垄断合同当事人进行行政处罚,一般不考虑认定垄断合同效力和赔偿损失问题,执法手段较为单一。行政与司法各有利弊。因此,实践中,法院认定垄断民事合同责任与反垄断行政处罚之间是脱节的,需要完善立法漏洞,在立法漏洞完善前,可以由法院与反垄断执法机构之间协调,但是,由于我国法院与反垄断执法机构是两种不同性质的体制,没有隶属关系,各自独立办案,如果缺乏法律制度保障,两家的协调沟通比较困难。

韩国《规制垄断与公平交易法》(2005 年修订)第 30 条规定,经营者为了决定和维持商品的转售价格而缔结的合同,可能严重损害费者利益或者违反公共利益的,公平交易委员会可以责令其修改合同内容。笔者认为,我国也可以借鉴这种制度,由反垄断执法机构在日常监督过程中对某些垄断合同进行介入,增加执法的广度和深度,为当事人提供便利。而且,事前制止比起事后打官司,做到了防患于未然,可大大提高执法的效率。

## 五、滥用市场支配地位所涉垄断合同无效的特点

根据现有案例,在确认垄断合同无效时,无论是垄断协议案件,还是滥

用市场支配地位案件，法院在维护合同的安定性和节约交易成本方面均尚未能对双方当事人的法益给予全面的保护，现有案例尚未涉及已经执行完毕的垄断合同如何处理。法院审判的结果限于制止垄断行为，补偿受害人的直接损失，原则上不赔偿间接损失，也不直接制裁处罚垄断行为。而且，目前我国的司法实践中仅有原告主张垄断行为损害赔偿案例，缺乏被告反垄断反诉案例。

## 第五节　滥用市场支配地位行为之民事损害赔偿

### 一、滥用市场支配地位行为损害赔偿概述

#### （一）垄断行为损害赔偿的概念

滥用市场支配地位行为损害赔偿是指经营者违反《反垄断法》，实施滥用市场支配地位行为，给他人造成损害而应当依法承担的金钱给付责任。

#### （二）垄断行为损害赔偿应当转介适用民法损害赔偿的相关规定

《反垄断法》第 50 条规定："经管者实施垄断行为，给他人造成损失的，依法承担民事责任。"《垄断纠纷司法解释》第 14 条规定："被告实施垄断行为，给原告造成损失的，根据原告的诉讼请求和查明的事实，人民法院可以依法判令被告承担停止侵害、赔偿损失等民事责任。根据原告的请求，人民法院可以将原告因调查、制止垄断行为所支付的合理开支计入损失赔偿范围。"据此，垄断行为造成的损害赔偿，应当转介适用民法体系中，《民法总则》第 176 条、《侵权责任法》第 15 条、《合同法》第 113 条等相关规定。

### 二、垄断行为损害赔偿的构成要件

#### （一）美国《克莱顿法》相关规定的损害赔偿构成要件

按照美国《克莱顿法》相关规定，反托拉斯行为损害赔偿构成要件：(1)最接近意义上的损害是因为垄断行为造成的损害；(2)必须是针对其他经营者或者财产造成的损害；(3)必须是违反反垄断法的行为；(4)这种损害赔偿是可以计量的。关于侵权损害，美国法院通过直接侵权和帮助侵权、替代侵权、引诱侵权等一系列间接侵权责任体系来认定侵权人的责任。

（二）中国垄断行为损害赔偿构成要件

根据《反垄断法》第 50 条、《民法总则》第 176 条、《侵权责任法》第 15 条、《合同法》第 113 条等相关规定，垄断行为损害赔偿的一般构成要件：(1)经管者实施了垄断行为；(2)经管者实施了违反《反垄断法》的行为；(3)垄断行为给其他经营者、组织和个人造成了损失；(4)垄断行为与损害后果之间存在因果关系。

（三）法院对垄断行为损害赔偿构成要件认定的特点

1. 垄断行为损害赔偿之因果关系

(1)《垄断纠纷司法解释》(讨论稿)第 7 条曾经规定："垄断行为受害人应当对被诉垄断行为的存在承担举证责任；受害人请求赔偿损失的，还应对所受损失、被诉垄断行为与所受损失之间的因果关系承担举证责任。"虽然该规定在正式稿中被删除，但是在审判实践中，法院仍然非常重视损害赔偿的因果关系，仍然要求原告举证证明被诉垄断行为与所受损失之间的因果关系。

(2)美国反托拉斯法不要求垄断违法行为是原告所受损害的唯一原因或排他性原因。但是，应当是"实质性"重要原因。而且，要求被诉垄断行为与所受损失之间的因果关系不能"过分遥远"，而"过分遥远"包括五方面：①因果关系"过分遥远"可能说明实际损害与因果关系甚至垄断违法行为不可能存在；②影响原告起诉的原因越多，说明原告与损害的距离越遥远；③给予"过分遥远"的原告赔偿超出必要限度，可能威慑过度；④给予"过分遥远"的原告赔偿可能导致双重赔偿效果；⑤因果关系"过分遥远"的原告，通常说明还有潜在主体适格的原告。

美国法院对下列索赔诉请一般不会受理：①对于与非法行为反竞争影响非密切相关的损害而提出的索赔；②对于间接损害所提出的索赔；③对于从他人的索赔衍生出来的赔偿诉求。例如，一家公司的员工、供应商和股东不能因公司所受到的损害而获得损害赔偿。

(3)法理上，行为与损害法益之间的因果关系被称为"使责任成立的因果关系"，行为与损害事实之间的因果关系被称为"满足责任的因果关系"。《德国民法典》第 823 条第 1 款规定，损害赔偿请求权所要求的因果关系，应由受害人承担证明责任；对于第 823 条第 2 款之损害赔偿请求权所要求的因果关系，同样应由受害人承担证明责任，但"原则上应采用第一表象证据的原则，推定违反法律与出现损害之间存在因果关系"。

(4)由于有时原告对被告的垄断行为并没有提起反垄断损害赔偿,而是提起侵权损害赔偿或者合同违约赔偿,原告没有将其损害与被告垄断违法行为联系在一起,出现“一因多果”。因此,法院有必要对原告的诉求进行审查,在聚合了反垄断、侵权和合同的复杂案件中,这种审查尤为重要。例如,在“锐邦涌和科贸有限公司诉强生(上海)医疗器材有限公司等纵向垄断协议纠纷案”(详见本书第五章第五节案例评析,此处不再赘述)中,一审法院强调,因为原告未能充分说明其是否因为纵向价格限制条款而遭受了反垄断法意义上的损害,故对原告主张被告赔偿这些损失不予支持。

(5)源于被告不正当竞争行为导致原告的损害,由于损害与违法行为之间缺乏因果关系,法院不支持原告基于《反垄断法》提起的损害赔偿之诉求,因为《反垄断法》支持和鼓励正当竞争行为,维护公平竞争机制。

2. 本身违法行为与损害赔偿

本身违法的行为主要指横向垄断协议、固定价格、限制数量、划分市场的有限类型情形。本身违法行为被认定存在后,可以推定其具有损害市场竞争的普遍效果。但是,本身违法行为的存在“本身并不赋予原告诉请赔偿的权利”。无论这种违法行为是何等清晰,原告要获得本身违法行为损害赔偿,必须举证证明其本身受到了实际损害。例如,在美国反托拉斯法案例中,某银行指控竞争对手银行共谋固定价格卡特尔跨行交易的最高费用,尽管共谋固定价格属于本身违法,但是,某银行本身并非固定价格卡特尔损害的受害人,因此,法院不支持某银行提起的固定价格卡特尔损害赔偿请求。

3. 损害赔偿之传递抗辩

(1)在损害赔偿诉讼中,具有争议的是传递抗辩问题,即被告声称原告已经将其损失转嫁给了下游的经营者以及最终消费者,因此,被告实施的垄断行为并没有使原告遭受任何经济上的损失。即指间接购买是否免责问题。目前,中国法院缺乏相关案例。

(2)为了防止出现高额损害赔偿诉讼,美国法院一般不受理因损害转嫁而导致的损害赔偿诉讼。直接购买者的损害赔偿不会因为其向顾客转嫁的过高索价数额而有所减少,间接购买者也不会因为被转嫁的过高索价而获得损害赔偿,除非能证明直接购买者未受到任何损失。

(3)2005 年修订的德国《反对限制竞争法》第 33 条第 3 款规定:“如果一个商品或者一项服务以超高价格购得,则不能因该商品或者服务转售而排除损害之存在"。也就是说,即使直接购买者将垄断定价的商品转售给下游他人,仍然不能排除其所遭受的损失。允许传递抗辩理由,实际上是允许垄断者保留因垄断行为所获得的经济收益,这是一种"不正当的利益",有违竞争法的立法初衷。因此,德国法律虽然没有完全禁止传递抗辩,但限制了传递抗辩适用范围。即垄断者不能以"直接购买者将超额价格传递给了下游市场的消费者而没有遭受损失"作为抗辩的理由。但是,如果垄断者确实能够证明原告通过传递较高价格给下游消费者而实际上没有承担任何损失,那么,垄断者可以不用承担损害赔偿责任。

## 三、反垄断后继民事诉讼问题

### (一)反垄断执法机构处罚与法院在反垄断后继民事诉讼的衔接问题

《垄断纠纷司法解释》明确了反垄断民事诉讼的两种类型:直接诉讼和后继诉讼。反垄断民事后继诉讼实践中,由于行政处罚决定所披露的信息有限,记载事项的范围存在争议,法院很难直接确定行政处罚决定书具有约束力。法院一般会认可行政处罚决定,但并不能减轻原告在反垄断后继民事诉讼中的举证责任,尤其是损害赔偿的举证责任,导致原告在后继诉讼中因举证不能而败诉的情形不少。目前,最高人民法院与国家市场监督管理总局之间还没有建立协调机制,明确行政处罚决定的证明力,因此,反垄断后继诉讼衔接不畅。值得注意的是,目前反垄断执法机构做出的滥用市场支配地位的行政处罚决定书中,已经有认定相关市场范围和论证当事人是否具有市场支配地位以及是否滥用的论述,行政处罚决定书披露的信息正在逐步完善。

### (二)美国、欧盟对反垄断后继民事诉讼的做法

美国反垄断后继诉讼中,基本上会把行政处罚决定作为后继诉讼中的证据,当然,这只是初步的证明,还需要法院进一步审查。欧盟的某一成员国本身确认某个行为是违法的或者是初步违法的情况,整个欧盟各成员国都是认可的。笔者认为,我国最高人民法院与国家市场监督管理总局可以借鉴美国、欧盟的做法。

### (三)反垄断后继民事诉讼的举证责任

反垄断后继民事诉讼中,原告举证至少要证明三个方面:(1)垄断行为的违法性;(2)原告自己存在实际损失;(3)原告存在的实际损失和违法行为

之间存在因果关系。行政处罚仅仅证明垄断行为的违法性,还需要原告证明实际损失和因果关系。对于原告来说举证责任非常重,解决的途径之一是原告可以申请法院向反垄断执法机构调取证据。解决的途径之二是法院能否考虑把行政处罚决定作为原告初步的证据,把举证责任转移到被告,由被告证明自己为什么不应当承担责任。例如,对横向垄断协议的行政处罚决定,如果被告主张不是横向垄断协议,则被告应负有举证责任。2019 年最高人民法院发布了修改后的《关于民事诉讼证据的若干规定》,根据其第 47 条、第 48 条的规定,解决的途径之三是如果与违法行为相关的账簿、资料主要由被告掌握的情况下,原告可以申请法院向被告调取证据,人民法院经原告申请可以责令被告提供该账簿、资料,被告无正当理由拒不提供或者提供虚假的账簿、资料的,人民法院可以根据原告的主张和提供的证据认定被告承担不利责任。

## 四、垄断行为损害赔偿的范围

### (一)垄断行为造成合同损害赔偿范围

《反垄断法》第 50 条规定:“经营者实施垄断行为,给他人造成损失的,依法承担民事责任。”因此,垄断行为导致合同损害赔偿范围,应当转介适用《合同法》第 113 条“当事人一方不履行合同义务或者履行合同义务不符合约定,给对方造成损失的,损失赔偿额应当相当于因违约所造成的损失,包括合同履行后可以获得的利益,但不得超过违反合同一方订立合同时预见到或者应当预见到的因违反合同可能造成的损失”的规定,即一般参考合同违约损害赔偿范围来确定垄断行为导致合同损害赔偿范围。

### (二)垄断行为造成侵权损害赔偿范围

《反垄断法》第 50 条规定:“经营者实施垄断行为,给他人造成损失的,依法承担民事责任。”但是,由于该条规定太抽象,未对垄断行为侵权损害赔偿范围界定具体标准。《垄断纠纷司法解释》第 14 条规定:“被告实施垄断行为,给原告造成损失的,根据原告的诉讼请求和查明的事实,人民法院可以依法判令被告承担停止侵害、赔偿损失等民事责任。根据原告的请求,人民法院将原告因调查、制止垄断行为所支付的合理开支计入损失赔偿范围。”据此,垄断行为造成的损害赔偿,应当转介适用民法体系中,《民法总则》第 176 条,《侵权责任法》第 15 条、第 19 条等相关规定,确定侵权损害赔偿范围。司法实践中，一般按照“谁主张，谁举证”的规则，原告负有证明受到垄断行为损害范围的举证责任，法院享有自由裁量权。

合同违约与侵权行为的损害赔偿对比，如表 8－3 所示。

**表 8－3　合同违约与侵权行为的损害赔偿对比**

| | 原因 | 构成要件 | 赔偿范围 |
|---|---|---|---|
| 合同违约损害赔偿 | 因合同关系发生的损害赔偿是因违反合同义务而发生的损害赔偿责任，即违反合同义务一方向对方进行赔偿 | 行为人有违约行为 | 赔偿范围为直接损失和可得利益两部分，但是，赔偿范围受合理预见原则约束。目前，我国反垄断司法实践中仅限于赔偿直接损失 |
| | | 行为人的违约行为没有法定或约定的免责事由 | |
| 侵权行为的侵权损害赔偿（一般侵权） | 侵权行为的侵权损害赔偿指当事人之间原无法律关系，因一方故意或过失行为，不法侵害他人的法益，依法应当承担的损害赔偿责任 | 是否有垄断行为 | 未对侵权损害赔偿范围规定具体标准，法院对此享有自由裁量权 |
| | | 是否有损害事实 | |
| | | 行为人主观上是否有过错 | |
| | | 损害事实与行为人的垄断行为之间是否存在因果关系 | |

（三）法院对损害赔偿范围认定的特点

1. 赔偿损失范围涉及“垄断差价”

“垄断差价”，是指受害人因垄断经营者高价销售或垄断经营者低价购买、搭售安排等而遭受的损失。损害赔偿范围量化的主要数据源于被告及其顾客的业务记录。对过高索赔的估算通常采用某种形式的前后比较，即将在损害期间的价格与在此之前或之后或在此前后的价格加以比较。鉴于垄断行为之外的其他因素也可能对损害产生影响，对损害进行量化的过程中，必须对所有会产生影响损害的主要因素都作出说明。例如，“娄某某诉北京市水产批发行业协会垄断纠纷案”（详见本书第四章第七节案例评析，此处不再赘述）涉及成员因行业协议价格卡特尔而受到的损失；“锐邦涌和科贸有限公司诉强生（上海）医疗器材有限公司等纵向垄断协议纠纷案”（详见本书第五章第五节案例评析，此处不再赘述）、“华为技术有限公司诉美国国际数据公司滥用市场支配地位和专利许可费率案”（详见本书第二章第九节案例评析,此处不再赘述)均涉及买方因垄断经营者抬高价格而受到的损失等。

2. 损害赔偿范围限于直接损失

(1)《垄断纠纷司法解释》第 14 条规定:“被告实施垄断行为,给原告造成损失的,根据原告的诉讼请求和查明的事实,人民法院可以依法判令被告承担停止侵害、赔偿损失等民事责任。根据原告的请求,人民法院可以将原告因调查、制止垄断行为所支付的合理开支计入损失赔偿范围。”审判实践中,法院所认定的损失赔偿范围一般仅为直接损失,不包括预期可得利益(间接损失)。

(2)垄断行为导致合同损害赔偿范围,应当转介适用《合同法》第 113 条规定,损失赔偿范围为直接损失和可得利益两部分,赔偿范围受可预见原则约束。但是,现有的反垄断案例表明,法院对垄断行为造成的合同损失赔偿范围仅支持直接损失,一般不支持预期可得利益(间接损失)。

例如,“锐邦涌和科贸有限公司诉强生(上海)医疗器材有限公司等纵向垄断协议纠纷案”中,法院认为,“当限制最低转售价格协议的当事人主张反垄断损失赔偿时,不应该按照履行限制最低转售价格协议的可得利润来计算损失,而应参照相关市场的正常利润计算利润损失。否则,会陷入通过反垄断诉讼追求垄断利润的逻辑冲突。”

3. 遵循“填平损失”原则,未考虑惩罚赔偿问题

法院原则上运用民法中的“等价因果关系说”,遵循“受害人不得因违法行为而获益”理念来确定具体赔偿数额。例如,“华为技术有限公司诉美国国际数据公司滥用市场支配地位和专利许可费率案”“锐邦涌和科贸有限公司诉强生(上海)医疗器材有限公司等纵向垄断协议纠纷案”,法院仅制止垄断行为,补偿受害人的直接损失。中国法院在垄断民事案件中原则上不直接惩罚垄断行为,导致违反反垄断法的惩罚落空。这与美国、欧盟的多倍惩罚性赔偿制度不同。

4. 法院行使自由裁量权来确定损失

在“华为技术有限公司诉美国国际数据公司滥用市场支配地位和专利许可费率案”中,法院在当事人双方均未证明实际损害或实际收益的前提下,判决被告赔偿原告损失,并酌情认定具体金钱补偿数额。显然,该案法院支持了赔偿义务原因与赔偿范围相互分离的原则,行使自由裁量权来确

定损失。因此,只要被告违反反垄断法,法院在判断赔偿义务是否成立时,倾向于适当降低举证要求,对受害人予以保护。

5. 美国、德国的多倍损害赔偿制度

(1)美国《克莱顿法》规定了的3倍赔偿制度,包括诉讼费和合理的律师费,这是惩罚垄断行为对市场竞争秩序造成的损害。对被告来说,由于败诉后需要支付3倍赔偿,对被告违法有较强的威慑作用。对原告来说,胜诉后获得3倍赔偿弥补了诉讼成本,大大提高了原告及其律师提起反托拉斯诉讼的积极性,成为美国反托拉斯私人诉讼快速发展,经久不衰的原因之一,笔者认为,值得研究和借鉴。

(2)德国2005年修订后的《反对限制竞争法》简化了损害赔偿的计算方式,该法第33条第3款规定,法院对损害大小的评定应特别考虑(违法)经营者实施违法行为中所获收益的比例,从而确定具体的赔偿金额。该规定简化了计算方式,有利于促进损害赔偿诉讼的实践。然而,该规定在适用过程中仍然存在一些问题,原告要举证证明哪些利润是经营者因违法行为所获收益,同样涉及复杂的经济分析和计算。另外,德国《反对限制竞争法》规定了"判决前利息"制度。该法第33条第3款规定,(违法)经营者应支付依据本款规定产生的金钱债务自损害发生时起的利息。也就是说,利息从损害发生之日起计算。由于反垄断案件处理的时间比较长,其间积累的利息数额也较可观,能够起到类似三倍损害赔偿的效果。该规定对(违法)经营者具有较强的威慑作用,尤其有助于原告提起反垄断后继民事诉讼。

## 第六节 滥用市场支配地位之反垄断民事诉讼的举证责任分配

### 一、反垄断民事诉讼举证责任分配的理论框架与价值取向

(一)美国、欧盟反垄断举证责任分配理论框架

1. 美国、欧盟反垄断举证责任分配理论要点

美国、欧盟反垄断举证责任分配理论的要点是:(1)反垄断法反制目标与举证责任分配相适应理论;(2)美国著名法官波斯纳的"威慑理论";

(3)“决策理论”。

2. 美国学者对举证责任分配的观点

美国学者托马斯·A. 皮埃诺认为:“为了满足进入限制案件初始举证责任,原告只需要展示被告实施了一项限制措施,该项限制措施阻碍了原告使用被垄断的产品或者服务就可以了。原告承担这样低程度的举证责任之所以合适,是因为进入限制,从其外观上看,就与垄断着的经济利益是背道而驰的……”

美国学者赫伯特·霍温坎普认为:虽然最终的举证责任总是要由原告承担,但要使合理规则调查具有可操作性,法院要基于其对案件的判断,将举证责任在原告和被告之间进行来回转换。如果证据总是完整的、完美的,举证责任的分配无关紧要。证据就摆在那里,原、被告双方都可以收集,哪一方负有举证责任就由哪一方提交证据而已。但证据可能并不完美,也就是说,可能并不足以对争议事实以某种方式予以证明时,则举证责任的分配就会成为问题了。证据不足的可能性越大,举证责任分配问题就越重要。在极端的情况下,举证责任的分配可能决定着案件的审判结果,谁承担举证责任,谁就会败诉。

在决定举证责任应如何分配时,最重要的因素是可信性,通常谁的主张最难以令人相信,就由谁承担举证责任。如果原告的主张不可信,那么就让他自己来证明。如果一项抗辩看起来很牵强,就让被告提供证据证明。如果根据市场结构来看,产生反竞争结果的可能性相当小,那么就让原告来证明的确存在反竞争效果;或者相反,如果市场结构方面的证据表明该行为很可疑,则让被告证明自己为什么不应当承担责任。

(二)举证责任分配决定着有利或不利的实体诉讼结果

反垄断民事诉讼举证责任分配涉及法院如何依法配置和平衡双方当事人的举证责任的重要问题,民事诉讼的核心内容即是举证责任分配,举证责任分配决定着有利或不利诉讼结果,它虽然在程序法中规定,但本质上是实体法结果责任。因此,其直接关系着反垄断实体法的立法目的是否能在程序法中实现,在反垄断法上有着极重要的意义。举证责任分配相关因素包括《民事诉讼法》的一般性规则、《反垄断法》、知识产权法反制目的、实体规则、责任反制、程序规则和分析方式和经济分析方法的应用等。它是反垄断实体法与民事诉讼程序法的交汇,应当在《反垄断法》、知识产权法背景下,运用经济分析与法律规则相结合来设计举证责任。随着证据制度的发展，反垄断民事诉讼举证责任分配也应当日趋完善。

## 二、中国反垄断民事诉讼举证责任分配的发展过程

在反垄断法执法初期，由于原告举证能力较弱，中国各级法院审理的滥用市场支配地位案件，大多是以原告举证不能、举证不足败诉而告终。滥用市场支配地位案件在审理过程中存在原告举证难的问题，这将削弱受到滥用行为侵害的消费者或经营者依据《反垄断法》依靠法院的力量维护自身利益的积极性。《垄断纠纷司法解释》的出台，在一定程度上缓解了原告的举证困难，但是仍存在不完善之处，主要表现在此类纠纷的举证责任分配在该司法解释中并没有取得较大突破，该司法解释在减轻原告举证责任和举证责任倒置等方面并没有实质性的突破。所以，中国在滥用市场支配地位诉讼中原告仍负担较重举证责任，导致滥用市场支配地位案大多败诉。

## 三、目前中国在反垄断民事诉讼举证责任分配中存在的问题

### （一）"谁主张，谁举证"规则在反垄断民事诉讼中具有较大的影响力

1. 旧的司法解释关于民事诉讼证据的规定

根据《民事诉讼法》和最高人民法院于2011年发布的《关于民事诉讼证据的若干规定》（以下简称旧规定）要求："当事人对自己提出的诉讼请求所依据的事实或者反驳对方诉讼请求所依据的事实有责任提供证据加以证明。没有证据或者证据不足以证明当事人的事实主张的，由负有举证责任的当事人承担不利后果。"当事人对自己提出的诉讼请求所依据的事实负有举证义务，没有提供证据或者提供证据不足的，由负有举证责任的当事人承担不利后果。待证事实包括积极性事实和消极性事实，主张积极性事实者承担举证责任，而主张消极性事实者不承担举证责任。但是，多家法院将"谁主张，谁举证"规则机械地笼统适用于所有的反垄断民事诉讼案件，没有适用或者没有完全适用《垄断纠纷司法解释》中的有利于原告的举证责任的规定。因此，将一般性举证规则不加区别的一律适用于需要特殊性举证规则的反垄断案件，大大加重了处于弱势的原告的负担，同时大大减轻了处于强势的被告的负担。可见现有举证规则存在明显漏洞，导致双方举证责任配置严重失衡。

2. 新的司法解释关于民事诉讼证据的规定

2019 年修正的《关于民事诉讼证据的若干规定》(以下简称新规定)删除了旧规定中“当事人对自己提出的诉讼请求所依据的事实或者反驳对方诉讼请求所依据的事实有责任提供证据加以证明。没有证据或者证据不足以证明当事人的事实主张的,由负有举证责任的当事人承担不利后果”的规定,但是,新规定仍然保留了旧规定中“原告向人民法院起诉或者被告提出反诉,应当提供符合起诉条件的相应的证据”的规定,并且新规定为了避免与《民事诉讼司法解释》重复,将旧规定中举证责任分配不利于强势方,有利于弱势方的许多通用规则删除。因此,“谁主张,谁举证”规则仍然在反垄断民事诉讼中具有较大的影响力。反垄断民事诉讼案件原、被告举证责任示意,如表 8－4 所示。

**表 8－4　反垄断民事诉讼案件举证示意**

<table>
<tr><td rowspan="2">一般举证规则<br>(谁主张,谁举证)</td><td>原告举证:<br>1. 证明被控垄断行为的存在及其具有排除、限制竞争的效果<br>2. 证明被控垄断行为违反《反垄断法》等相关法律法规<br>3. 证明垄断行为造成的损失<br>4. 证明垄断行为与损失之间的因果关系</td></tr>
<tr><td>被告举证:各种抗辩事由</td></tr>
<tr><td rowspan="2">横向垄断协议(《反垄断法》第 13 条第 1 款第 1 项至第 5 项)</td><td>原告举证:<br>证明横向垄断协议存在</td></tr>
<tr><td>被告举证:<br>证明横向垄断协议不具有排除、限制竞争的效果(“本身违法”原则)</td></tr>
<tr><td rowspan="3">滥用市场支配地位(《反垄断法》第 17 条第 1 款)</td><td>原告举证:<br>证明被告在相关市场、证明被告具有市场支配地位、证明被告实施滥用市场支配地位的行为。原告应当对被告在相关市场内具有支配地位和其滥用市场支配地位承担举证责任</td></tr>
<tr><td>被告举证:<br>证明行为具有正当性</td></tr>
<tr><td>三个推定(可以被反证推翻):<br>1. 根据市场份额推定具有市场支配地位<br>2. 公用企业等依法具有独占地位的经营者,可根据市场结构和竞争状况,推定其具有市场支配地位<br>3. 被告对外发布的信息,能够证明其具有市场支配地位的</td></tr>
</table>

续表

| | |
|---|---|
| 专家证人、专家意见(原告、被告、第三人) | 《垄断纠纷司法解释》第12条:“当事人可以向人民法院申请一至二名具有相应专门知识的人员出庭,就案件的专门性问题进行说明。”第13条:“当事人可以向人民法院申请委托专业机构或者专业人员就案件的专门性问题做出市场调查或者经济分析报告。经人民法院同意,双方当事人可以协商确定专业机构或者专业人员;协商不成的,由人民法院指定。人民法院可以参照民事诉讼法及相关司法解释有关鉴定结论的规定,对前款规定的市场调查或者经济分析报告进行审查判断。” |

(二)法院对原告举证责任的要求,显著高于反垄断执法机构对违法行为认定的标准

将法院审理的反垄断民事诉讼案件与反垄断执法机构查处的反垄断行政案件进行比较分析,法院对原告举证责任的要求显著高于反垄断执法机构对被调查人(被告)违法行为认定所掌握的标准,形成反垄断民事诉讼与反垄断行政处罚两者之间事实上的双重标准。据不完全统计,从法院与反垄断执法机构各自公布的案例分析(详见第八章法院关于滥用市场支配地位民事案件举证责任分配及审理结果、第七章市场监督管理局[1]关于滥用市场支配地位案件查处结果,此处不再赘述),法院审理的20个滥用市场支配地位案件中,18个案件原告均败诉,仅1个案件原告胜诉,1个案件原告部分胜诉,原告的败诉率高达90%以上。市场监督管理局处理的19个滥用市场支配地位案件中,13个案件行政处罚,5个案件中止调查,1个案件终止调查,成功率高达68%以上。法院与市场监督管理局的处理结果为什么会出现这种巨大反差?原因很多,除了两种执法方式的差别外,至少举报人在反垄断行政案件中不必承担充分的举证责任。假如,按照法院对原告(举报人)举证责任的要求来适用反垄断行政案件,则多数市场监督管理局处理的反垄断行政案件中,被告(被调查人)违法行为均难以认定,更难以决定行政处罚。

(三)中国法院几乎还没有通过原告举证界定相关市场的方式,成功证明被告具有市场支配地位的案例

从《反垄断法》于2008年实施至2019年为止的11年多,各级法院审理

[1] 原工商行政管理机关。

了许多反垄断民事诉讼案件，但是，迄今为止，除了标准必要专利案件和个别涉公用经营者案件外，几乎还没有在反垄断民事诉讼案件中，原告通过举证界定相关市场的方式，成功证明被告具有市场支配地位和滥用市场支配地位的案例。多数反垄断民事诉讼案件，都以因原告承担的举证责任过重导致举证不能，承担不利后果而告终，原告的败诉率高达90%以上。远远高于美国、欧盟等国家及国际组织的反垄断私人诉讼案件中原告的败诉率。为什么会产生这种不均衡的情况？原因之一是法院对原告举证责任的过高要求，加上双方信息不对称，大大增加了反垄断维权成本，严重挫伤了原告反垄断维权的积极性，由于违反《反垄断法》成本过低，通过反垄断诉讼追究垄断者成本过高，客观上造成到了放纵垄断者实施垄断行为的效果。我国反垄断民事诉讼案件中因原告举证不能而败诉的情形，如表8－5所示。

**表8－5　原告举证不能而败诉的情形示意**

| 原　因 | 案　　例 |
|---|---|
| 未能证明相关市场或者界定相关市场错误 | 长沙真善美诉公牛电器案、郑某某诉中国互联网络信息中心案、云南盈鼎生物能源股份有限公司诉中国石化销售有限公司云南石油分公司等拒绝交易案、刘某某诉湖南华源实业有限公司、东风汽车有限公司东风日产乘用车公司垄断纠纷案等 |
| 未能证明被诉协议或行为具有排除、限制竞争影响 | 东莞国昌电器诉晟世公司案、童某诉中国移动通信集团上海有限公司滥用市场支配地位案等 |
| 未能证明被告具有市场支配地位 | 长沙真善美诉公牛电器案、唐山市人人信息服务有限公司诉北京百度网讯科技有限公司垄断纠纷案、北京奇虎科技有限公司诉腾讯科技（深圳）有限公司等滥用市场支配地位案、宁波科元塑胶有限公司诉宁波联能热力有限公司技术服务合同案等 |
| 未能证明被告实施了滥用市场支配地位行为 | 吉林龙达诉四平热力案、北京米时科技股份有限公司诉北京奇虎科技有限公司滥用市场支配地位纠纷案、冯某某诉福建省高速公路有限责任公司滥用市场支配地位纠纷案等 |
| 鉴于滥用市场支配地位待证事实的复杂性和困难性、原告相对于被告天然地处于弱势地位，以及现实存在双方的信息不对称等问题，导致原告的举证责任负担较重，败诉率高 | |

## 四、垄断民事诉讼举证责任分配改革思路

### (一)美国反托拉斯法举证责任分配的衡平法原则

(1)原告必须证明被告行为已经损害或者可能损害竞争;

(2)如果原告证明了第一步,则被告必须提供促进竞争的证据,证明行为有利于竞争,促进竞争的效果超过了限制竞争效果;

(3)如果被告提供证据证明了促进竞争效果,则原告必须提供证据证明被告的行为是反竞争的,或者原告证明存在其他对竞争影响更小的替代方法,或者是法院进行查明;

(4)对损害赔偿的请求,原告需要提供遭受损害的证明,需要界定相关市场,证明市场力量以及该限制可能损害竞争的性质和效果。

然而,如果存在实际损害的效果、减少产出等,法院可以免除审查市场力量。即原告证明了实际损害竞争的效果,则可以替代证明市场力量。

### (二)欧盟的举证责任分配

欧盟第1/2003号条例第1章第2条的规定:"在适用条约第81条和第82条(现为第101条和第102条)的任何成员国和共同体的诉讼程序中,违反条约第81条(1)款和第82条的举证责任由作出此项指控的当事方或执法机构承担。声称享有第81条(3)款利益的事业或事业的联合,对行为满足该款规定承担举证责任。"

在德国,私人提起的竞争法诉讼最大的障碍就是原告需要证明违法行为、损害事实之间的因果关系以及损害的具体数额。鉴于双方信息严重不对称,原告将很难承担这样的证明责任。然而,德国通过修订法律使得这种情况得以改善,2005年修订的《反对限制竞争法》第33条第4款规定:"在审理依据本法或《欧盟条约》第81条和第82条的规定主张损害赔偿的案件时,法院受到卡特尔当局、欧盟委员会及其他欧盟成员国竞争主管机关或法院作出的终局裁决中的事实认定的约束。"此项规定大大减轻了原告的举证责任,有利于原告提起后继反垄断诉讼。

在德国私人诉讼中,原告证明责任的减轻还可以通过证明责任的转移来实现,即"表面证据"规则。在原告提出了证明被告违法行为的初步证据之后,证明责任就转移到了被告一方,被告有责任就原告的主张事实进行反驳。同时,德国法院主导举证责任的分配,包括证明责任转移的时间、原告

在证明责任达到何种标准或程度时证明责任可以转移,需要根据具体案件具体分析。在核心卡特尔案件中,德国法院倾向于在原告证明责任的减轻上采用举证责任倒置,由被告对反竞争行为的合法性承担举证责任,被告如果未能证明,将承担举证不能的不利后果。

### 五、滥用市场支配地位案件的举证责任分配

#### (一)《垄断纠纷司法解释》对滥用市场支配地位案件的举证责任分配规定

《垄断纠纷司法解释》第 8 条规定:"被诉垄断行为属于反垄断法第十七条第一款规定的滥用市场支配地位的,原告应当对被告在相关市场内具有支配地位和其滥用市场支配地位承担举证责任。被告以其行为具有正当性为由进行抗辩的,应当承担举证责任。"

根据上述司法解释,"原告应当对被告在相关市场内具有支配地位和其滥用市场支配地位承担举证责任"。但是,在司法实践中,除了原告对"公用经营者或者其他依法具有独占地位的经营者"是否具有市场支配地位证明责任较轻外,在其他案件中,原告不但要界定相关市场范围,而且要能够证明被告具有市场支配地位,还要能够证明被告滥用市场支配地位之行为,对往往处于弱势的原告来讲是比较困难的。一律实行一般性举证原则,即"谁主张,谁举证",客观上起到加重原告承担举证不能的不利后果,对保护受害人合法权益不利,对遏制垄断行为不利。

上述司法解释第 10 条规定:"原告可以以被告对外发布的信息作为证明其具有市场支配地位的证据。被告对外发布的信息能够证明其在相关市场内具有支配地位的,人民法院可以据此作出认定,但有相反证据足以推翻的除外。"这条规定实际上减轻了原告的举证责任,因为具有市场支配地位的经营者中,有许多是上市公司、公用经营者和其他依法具有独占地位的经营者,负有向社会公众披露相关信息的法定义务。原告可以其发布的信息作为证明其具有市场支配地位的证据,法院也可以以其发布的信息来认定其是否具有市场支配地位。

上述司法解释第 13 条规定:"当事人可以向人民法院申请委托专业机构或者专业人员就案件的专门性问题作出市场调查或者经济分析报告。经人民法院同意,双方当事人可以协商确定专业机构或者专业人员;协商不成

的,由人民法院指定。人民法院可以参照民事诉讼法及相关司法解释有关鉴定结论的规定,对前款规定的市场调查或者经济分析报告进行审查判断。”这条规定为原告举证证明被告的垄断行为,开辟了一条新的证明途径,即经双方同意或者原告单方面申请法院指定专业机构或者专业人员,作出市场调查或者经济分析报告,由专业机构对于比较复杂的界定相关市场等问题出具报告,可以大大减轻原告的举证负担。

上述司法解释第8条还规定:“被告以其行为具有正当性为由进行抗辩的,应当承担举证责任。”似乎可以理解为在滥用市场支配地位案件中,被告也负有相应的举证责任,即被告应当对促进竞争效果承担举证责任。然而,如果被告不能证明其行为具有正当性,即被告举证不能时,是否也会像原告那样承担不利后果,从现有的案例看,尚不明确。

1987年,“美国18家图像技术服务公司诉柯达公司案”(详见本书第二章第九节案例评析,此处不再赘述)中,由于柯达公司与18家图像技术服务公司在柯达公司产品的零部件市场(次级市场)形成竞争关系,柯达公司拒绝向图像技术服务公司销售零部件。图像技术服务公司提起诉讼,原告仅需要证明柯达公司拒绝交易,限制竞争,就完成了举证责任。接下来举证责任就转移到被告方面,美国联邦最高法院要求垄断者柯达公司举证证明其拒绝向18家图像技术服务公司提供零部件的合理商业理由,因被告柯达公司不能证明其拒绝交易的合理性,联邦最高法院和加利福尼亚州联邦地区法院都判决被告柯达公司败诉。

而在1912年美国联邦最高法院判决的“铁路终端案”中,如果上游市场中的一个主导经营者控制了下游生产经营不可缺少且不可复制的必需设施,则其有义务让下游经营者以适当的商业条款共享使用该设施。下游经营者起诉后,上游市场垄断者不能证明其拒绝交易的合理商业理由,联邦最高法院判决上游市场垄断者败诉。

欧盟在一系列的案例中都使用了“必需设施原则”。例如,在“欧盟与美国微软公司10年反垄断案”中,欧盟命令美国微软公司开放部分源代码,与竞争者共享计算机系统的软件必要信息。

以上美国、欧盟的案例对反垄断案件举证责任分配具有判例性,值得研究。

(二)滥用市场支配地位案件举证责任分配改革设计

1. 合法合理平衡双方的举证责任

既要考虑保护弱势一方原告的合法权益,减轻弱势一方原告举证责任负担,又要加重强势一方被告举证责任负担;既要支持和鼓励反垄断维权诉讼,又要避免举证责任分配失衡导致反垄断私人诉讼泛滥。鉴于在滥用市场支配地位案件中,被告具有实施滥用市场支配地位之力量,许多被告是公用经营者或具有独占地位经营者,往往被告是强者,原告是弱者,双方地位悬殊,信息严重不对称,既然原告指控被告滥用市场支配地位,说明被告涉嫌具有市场支配地位和涉嫌实施滥用市场支配地位之行为,因此,举证责任的天平应当适当向弱者倾斜。

2. 设立举证责任转移规定

(1)举证责任转移制度。参照美国反托拉斯法体系举证责任分配衡平法原则和德国私人诉讼制度及上述司法解释规定,设计举证责任转移制度。如果原告已经初步证明被告滥用市场支配地位行为造成损害效果,但被告否认具有市场支配地位,否认滥用市场支配地位行为。在这种情况下,若法院仅仅按照原告举证不能,一律承担不利后果,简单判决驳回原告诉讼请求,难以维护市场竞争的公平正义,难以实现反垄断法的目的。因此,在原告已经履行初步举证义务后,举证责任应当转移至被告承担,即被告应当承担具有促进竞争效果或者不具有排除、限制竞争效果的举证责任。可以规定原告申请法院责令被告举证,如果被告拒绝举证,将承担不利后果。

(2)借鉴“快速审查”制度。在不宜适用本身违法(如协议或行为并非总是排除、限制竞争),但又不需使用合理原则详细分析时,如限制购买新技术、联合抵制交易等,可以适用“快速审查”。该快速审查是指:如果基于经济学知识和市场经验,某协议或行为很可能损害竞争,则假定其违法,被告为了免责,应当证明该协议或行为不太可能损害消费者或有利竞争影响大于不利竞争影响。快速审查举证责任步骤如下:①原告对被诉协议或行为具有不利竞争影响提出有法理支持的主张;②法院考虑原告主张存在理论基础及提出的影响是否真的不利于竞争;③举证责任转移至被告提供协议或行为有利竞争影响的实践证据;④如果被告完成了第 3 步,法院则需进行详细竞争分析。

(3)按照《专利纠纷司法解释二》第 27 条规定:“权利人因被侵权所受到

的实际损失难以确定的，人民法院应当依照专利法第六十五条第一款的规定，要求权利人对侵权人因侵权所获得的利益进行举证；在权利人已经提供侵权人所获利益的初步证据，而与专利侵权行为相关的账簿、资料主要由侵权人掌握的情况下，人民法院可以责令侵权人提供该账簿、资料；侵权人无正当理由拒不提供或者提供虚假的账簿、资料的，人民法院可以根据权利人的主张和提供的证据认定侵权人因侵权所获得的利益。”尽管不够完备，但该司法解释中开始出现了初步的举证责任转移规定。

3. 设立举证责任倒置的规定

《民事诉讼证据规定》(2001 年版)第 4 条规定了八种侵权诉讼举证责任倒置情形，《民事诉讼法意见》第 74 条规定了六种侵权诉讼举证责任倒置情形。《审理劳动争议案件解释》等司法解释中也规定了若干举证责任倒置情形。

参考最高人民法院已经发布的司法解释来设计反垄断民事诉讼举证责任倒置的规定，参照特殊侵权案件、劳动争议案件、医疗纠纷案件中举证责任倒置的规定，结合反垄断法的目标和滥用市场支配地位案件特点，制定滥用市场支配地位行为的举证责任倒置规定。被告应当承担不具有排除、限制竞争效果的举证责任。如果账簿、资料等主要证据在被告手中，则被告负有举证责任。

4. 2019 年修正的《关于民事诉讼证据的若干规定》“自认”原则在反垄断民事诉讼中的运用

根据新修正的《关于民事诉讼证据的若干规定》第 47 条、第 48 条规定，对待证事实负有举证责任的原告可以向法院申请控制书证的被告提交书证，控制书证的被告无正当理由拒不提交书证的，由被告承担不能举证的后果。法院可以认定原告所主张的书证内容为真实，减轻原告的举证责任。在具有市场支配地位的经营者中，有许多是上市公司，公用企业和其他依法具有独占地位的经营者，负有向社会公众披露相关信息的法定义务，将被告发布的能够证明其具有市场支配地位的信息，视为其控制的书证，是其在诉讼外的自认，法院也可以以其发布的信息来认定其是否具有市场支配地位。

5. 以市场竞争效果为标准分配双方各自的举证责任

法理上一般以要件事实的法律效果为标准来配置举证责任。“主张权利的当事人,应就权利发生规范的要件事实负举证责任,否则,权利的当事人,应就权利妨害规范、权利受制规范、权利消灭规范的要件事实负举证责任。”举证责任倒置是以法律要件说为形式背景的,法律要件说为原则,举证责任倒置则为例外。

在滥用市场支配地位案件中,要件事实的法律效果就是市场竞争效果,应当以市场竞争效果为标准分配双方各自承担的举证责任。也就是说,双方当事人中,哪一方有可能对市场竞争效果损害较大,哪一方就应当承担较大的举证责任,即该方应当承担不具有排除、限制竞争效果的较大的举证责任;哪一方没有对市场竞争效果造成损害或者是垄断行为的受害方,哪一方就应当承担较小的举证责任。这样来分配双方的举证责任,是市场公平竞争政策在反垄断民事诉讼举证责任分配的具体体现。例如,如果原告证明两年前价格比现在的价格低,现在的产销量比两年前下降,现在的情况是价格上升了,产量下降了,则可以免除原告再证明被告具有市场支配地位的举证责任。

6. 根据不同类型违法行为特点分配双方不同的举证责任

由于滥用市场支配地位行为有几种类型,如垄断高价、掠夺性低价、指定交易、搭售、拒绝交易、附加不合理条件、差别待遇等,具有不同的特点,法院对滥用市场支配地位不同类型行为的审查重点不同,相应的,双方当事人应当分配不同大小和不同证明内容的举证责任,即具体情况具体分析,根据个案情况的不同,双方举证责任也不同。

7. 完善专家证人、司法与行政衔接的救济措施

设计举证困难的救济措施:(1)鼓励双方聘请各自的经济学专家证人。(2)法院主动聘请自己的中立的产业组织经济学专家,对双方聘请的专家证人进行询问以及对双方提交的市场调查报告进行评估。(3)建立司法与行政衔接制度。例如,反垄断执法机构作出的行政裁决中的认定事实对法院具有一定的约束力等。

8. 被告是否滥用市场支配地位,也是法院应主动查清的重要事实

法院应弥补现有举证规则的漏洞,弥补原告举证的不足,本着对法律高度负责精神,积极依职权调查取证,准确地认定相关市场、正确地认定被告是否具有市场支配地位以及被告是否滥用市场支配地位,这样才能发挥出反垄断民事诉讼的威慑力。当然,如果法院依职权调取证据仍然不能查明,

举证责任仍然由原告承担。

(三)解决界定相关市场的举证责任困难的思路

关于滥用市场支配地位案件中界定相关市场的举证责任,2014 年最高人民法院终审判决的“北京奇虎科技有限公司诉腾讯科技(深圳)有限公司等滥用市场支配案”,尽管存在对判决结果的争议,但是该判决为各级法院如何分析滥用市场支配地位的案件,以解决举证责任分配问题给出了指导意见。

由于滥用市场支配地位案件都涉及界定相关市场问题,上述司法解释规定由原告承担证明相关市场范围,对处于弱势的原告而言是比较困难的。如果因双方对相关市场界定出现巨大分歧,导致法院难以界定相关市场,就会影响对市场支配地位的准确认定。但是,界定相关市场是法院应当独立认定的重要事实,不受双方举证责任的影响。

解决的思路是,尽管界定相关市场非常重要,但是,如果界定相关市场存在争议,可以不必过分纠缠于相关市场界定是否准确,而是按照《反垄断法》第 18 条规定,综合考虑各种相关因素,如经营者市场份额以及相关市场的竞争状况、经营者控制销售市场或者原材料采购市场的能力、经营者的财力和技术条件、其他经营者对该经营者在交易上的依赖程度、其他经营者进入相关市场的难易程度等,从而由法院直接认定其市场竞争效果。笔者认为,这一实质性认定要比上述司法解释更具有示范性,值得研究。

(四)“公用经营者或其他依法具有独占地位经营者”市场支配地位的认定

1.“公用经营者或其他依法具有独占地位经营者”主体的认定

《反垄断法》第 7 条规定的“国有经济占控制地位的关系国民经济命脉和国家安全的行业以及依法实行专营专卖的行业”,一般理解包括了公用经营者或者其他依法其有独占地位的经营者。实践中,我国法院基本采纳了《认定其他具有独占地位经营者问题答复》中的观点,认为公用经营者指涉及公用事业的经营者,包括供水、供电、供热、供气、邮政、电讯、交通运输等行业的经营者。如“吴某某诉陕西广电传媒(集团)股份有限公司搭售案”(详见本书第四章第七节案例评析,此处不再赘述)、“冯某某诉福建省高速公路有限责任公司滥用市场支配地位案”(详见本书第八章第七节案例评析,此处不再赘述)等案件,被告均被法院认定为“公用经营者者其他依法具有独占地位的经营者”。

2.“公用经营者或其他依法具有独占地位经营者”市场支配地位之推定

在审判实践中,“公用经营者或者其他依法具有独占地位的经营者”是否依照《反垄断法》第18条和第19条之规定,被推定具有市场支配地位的问题,根据《垄断纠纷司法解释》第9条规定:“被诉垄断行为属于公用企业或者其他依法具有独占地位的经营者滥用市场支配地位的,人民法院可以根据市场结构和竞争状况的具体情况,认定被告在相关市场内具有支配地位,但有相反证据足以推翻的除外。”因此,不能得出被告属于“公用经营者或者其他依法具有独占地位的经营者”时,原告无须承担举证责任,一律由法院推定其具有市场支配地位。

“宁波科元塑胶有限公司诉宁波联能热力有限公司技术服务合同案”(详见本书第二章第九节案例评析,此处不再赘述)中,法院指出:“原告对被告在相关市场内具有市场支配地位负有举证责任,是一般举证原则。而在公用经营者或者其他依法具有独占地位的经营者所在的市场往往是自然垄断或者是市场竞争不充分的市场,其市场支配地位或是其自身固有或是依法确立的,基于此类市场主体和市场竞争的特殊性。依据司法解释应适当减轻原告相应的举证责任,但这并不意味只要原告证明被告属于公用经营者,就完成了举证责任,当然,得出公用经营者在相关市场支配地位的结论,仍应由法院按照认定市场支配地位的市场竞争标准,根据举证证明的市场结构和竞争状况的具体情况来依法认定。”

(五)专利案件举证责任分配

1.确认专利侵权案件举证责任分配

在传统意义上的专利侵权诉讼中,因为原告是发起方,应该首先负担举证责任,即“谁主张,谁举证”。但是,垄断行为的侵权诉讼,原告举证能力与被告侵权方相比,往往天然较弱,双方信息不对称,如果一味要求原告承担举证责任,则难以实现反垄断法的目的。所以,从美国衡平法角度来看,应当按照具体情况,对双方当事人之间的举证责任进行平衡,改变原告(权利人)的举证难度较大导致的其在诉讼中所处的不利地位(见本节“四、垄断民事诉讼举证责任分配改革思路”,此处不再赘述)。

根据专利实践的特殊性,一般专利侵权诉讼的归责原则采取过错责任原则,方法专利侵权诉讼的归责原则采取过错推定原则,目的是在反垄断民事诉讼中实行更加完善的举证责任倒置规则。

2. 确认不侵犯专利权案件举证责任分配

主流观点认为，待证事实包括积极性事实和消极性事实，主张积极性事实者承担举证责任，主张消极性事实者不承担举证责任。按照该观点，在确认不侵犯专利权案件中，原告对自己没有侵犯被告合法权利所依据的事实属于消极性事实，不负举证责任，而被告则需对于原告侵犯自己合法权利所依据的积极性事实承担举证责任，这才是正确的适法。

2014 年"Medtronic, Inc. v. Mirowski Family Ventures, LLC 确认不侵犯专利权案"，美国联邦最高法院认为，专利拥有者（非被控侵权人）必须承担举证责任，即使当事人间已经达成了一份许可协议，也不能违反这一原则。即被许可人提起不侵权之诉的，仍应由专利权人承担侵犯专利权的举证责任。

为便于对照理解，笔者整理总结了部分我国法院关于滥用市场支配地位民事案件举证责任分配及审理结果，如表 8－6 所示。

**表 8－6　我国法院关于滥用市场支配地位民事案件举证责任分配及审理结果**

| 编号 | 案件 | 一审法院及受理时间 | 原告对被告具有市场支配地位举证 | 原告对被告滥用市场支配地位行为举证 | 被告对被诉垄断行为具有正当性举证 | 法院对市场竞争效果分析 | 审理结果 |
|---|---|---|---|---|---|---|---|
| 1 | 北京掌中无限公司信息技术有限公司诉深圳市腾讯计算机系统有限公司垄断案 | 广东省深圳市中级人民法院 2006 年 | 需要举证 | 需要举证 | 不需要举证 | 无 | 二审驳回上诉，维持原判（一审驳回原告诉讼请求） |
| 2 | 湖州一亭白蚁防治服务有限公司诉湖州市白蚁防治研究所有限公司垄断案 | 浙江省杭州市中级人民法院 2010 年 | 需要举证 | 需要举证 | 不需要举证 | 无 | 二审驳回上诉，维持原判（一审驳回原告诉讼请求） |

续表

| 编号 | 案件 | 一审法院及受理时间 | 原告对被告具有市场支配地位举证 | 原告对被告滥用市场支配地位行为举证 | 被告对被诉垄断行为具有正当性举证 | 法院对市场竞争效果分析 | 审理结果 |
| --- | --- | --- | --- | --- | --- | --- | --- |
| 3 | 刘某某诉湖南华源实业有限公司、东风汽车有限公司东风日产乘用车公司垄断纠纷案 | 湖南省长沙市中级人民法院2011年 | 需要举证 | 需要举证 | 不需要举证 | 有 | 二审驳回上诉,维持原判(一审驳回原告诉讼请求) |
| 4 | 冯某某诉福建省高速公路有限责任公司滥用市场支配地位纠纷案 | 福建省福州市中级人民法院2012年 | 需要举证 | 需要举证 | 不需要举证 | 无 | 二审驳回上诉,维持原判(一审驳回原告诉讼请求) |
| 5 | 高邮市通源油运有限公司诉泰州石油化工有限责任公司等垄断案 | 江苏省南京市中级人民法院2012年 | 需要举证 | 需要举证 | 不需要举证 | 有 | 二审驳回上诉,维持原判(一审驳回原告诉讼请求) |
| 6 | 戴某某诉中国电信重庆公司等案 | 重庆市第一中级人民法院2012年 | 需要举证 | 需要举证 | 不需要举证 | 无 | 一审驳回原告诉讼请求 |
| 7 | 吴某某诉陕西广电传媒(集团)股份有限公司搭售案 | 陕西省西安市中级人民法院2012年 | 需要举证 | 需要举证 | 需要举证 | 有 | 一审支持原告诉讼请求 |

续表

| 编号 | 案件 | 一审法院及受理时间 | 原告对被告具有市场支配地位举证 | 原告对被告滥用市场支配地位行为举证 | 被告对被诉垄断行为具有正当性举证 | 法院对市场竞争效果分析 | 审理结果 |
|---|---|---|---|---|---|---|---|
| 8 | 刘某某、广东粤超体育发展股份有限公司诉广东省足球协会、广州珠超联赛体育经营管理有限公司垄断案 | 广东省广州市中级人民法院2012年 | 需要举证 | 需要举证 | 不需要举证 | 有 | 二审驳回上诉,维持原判(一审驳回原告诉讼请求) |
| 9 | 陈某某诉广东燕塘乳业案 | 广东省广州市中级人民法院2012年 | 需要举证 | 需要举证 | 不需要举证 | 有 | 二审驳回上诉,维持原判(一审驳回原告诉讼请求) |
| 10 | 宁波科元塑胶有限公司诉宁波联能热力有限公司技术服务合同案 | 浙江省宁波市中级人民法院2013年 | 需要举证 | 需要举证 | 不需要举证 | 有 | 一审驳回原告诉讼请求 |
| 11 | 华为技术有限公司诉美国国际数据公司滥用市场支配地位和专利许可费率案 | 广东省深圳市中级人民法院2013年 | 需要举证(标准必要专利) | 需要举证 | 需要举证 | 有 | 一审支持原告多数诉讼请求,二审驳回被告上诉,维持原判 |
| 12 | 京奇虎科技有限公司诉腾讯科技(深圳)有限公司等滥用市场支配地位案 | 广东省高级人民法院2013年 | 需要举证 | 需要举证 | 不需要举证 | 有 | 二审驳回上诉,维持原判(一审驳回原告诉讼请求) |

续表

| 编号 | 案件 | 一审法院及受理时间 | 原告对被告具有市场支配地位举证 | 原告对被告滥用市场支配地位行为举证 | 被告对被诉垄断行为具有正当性举证 | 法院对市场竞争效果分析 | 审理结果 |
| --- | --- | --- | --- | --- | --- | --- | --- |
| 13 | 咸阳联合客运诉咸阳城市客运管理处等案 | 陕西省西安市中级人民法院2013年 | 需要举证 | 需要举证 | 不需要举证 | 有 | 二审驳回上诉,维持原判(一审驳回原告诉讼请求) |
| 14 | 华秦出租车诉咸阳城市客运管理处等案 | 陕西省西安市中级人民法院2013年 | 需要举证 | 需要举证 | 不需要举证 | 有 | 二审驳回上诉,维持原判(一审驳回原告诉讼请求) |
| 15 | 童某诉中国移动通信集团上海有限公司滥用市场支配地位案 | 上海市第二中级人民法院2014年 | 需要举证 | 需要举证 | 不需要举证 | 有 | 二审驳回上诉,维持原判(一审驳回原告诉讼请求) |
| 16 | 江某某诉遵义铁路联营联运实业有限公司、中国铁路总公司成都铁路局垄断案 | 贵州省贵阳市中级人民法院2014年 | 需要举证 | 需要举证 | 不需要举证 | 有 | 一审驳回原告诉讼请求 |
| 17 | 王某某诉中国电信徐州公司案 | 江苏省南京市中级人民法院2014年 | 需要举证 | 需要举证 | 不需要举证 | 有 | 一审驳回原告诉讼请求 |
| 18 | 赵某诉遵义铁路公司、成都铁路局案 | 贵州省贵阳市中级人民法院2014年 | 需要举证 | 需要举证 | 不需要举证 | 有 | 一审驳回原告诉讼请求 |

续表

| 编号 | 案件 | 一审法院及受理时间 | 原告对被告具有市场支配地位举证 | 原告对被告滥用市场支配地位行为举证 | 被告对被诉垄断行为具有正当性举证 | 法院对市场竞争效果分析 | 审理结果 |
|---|---|---|---|---|---|---|---|
| 19 | 北京米时科技股份有限公司诉北京奇虎科技有限公司滥用市场支配地位纠纷案 | 北京市第二级人民法院 2014 年 | 需要举证 | 需要举证 | 不需要举证 | 有 | 二审驳回上诉,维持原判(一审驳回原告诉讼请求) |
| 20 | 杨某某诉中国电信股份有限公司、中国电信股份有限公司上海分公司滥用市场支配地位案 | 上海市第一中级人民法院 2015 年 | 需要举证 | 需要举证 | 不需要举证 | 有 | 二审驳回上诉,维持原判(一审驳回原告诉讼请求) |

## 六、垄断协议案件的举证责任分配

### (一)横向垄断协议的举证责任分配

《垄断纠纷司法解释》第 7 条规定:“被诉垄断行为属于反垄断法第十三条第一款第一项至第五项规定的垄断协议的,被告应对该协议不具有排除、限制竞争的效果承担举证责任。”《反垄断法》第 13 条第 1 条第 1 项至第 5 项规定的垄断协议均为横向垄断协议。根据上述司法解释规定,被告负责对横向垄断协议不具有排除、限制竞争的效果承担举证责任,减轻了原告的举证责任,原告仅需证明被告垄断行为存在即可。但是,上述司法解释规定尚未涉及《反垄断法》第 14 条、第 16 条规定的纵向垄断协议以及行业协会的垄断行为的证明责任问题。

### (二)纵向垄断协议的举证责任分配

最高人民法院知识产权庭的专家认为,对于纵向垄断协议,由于其对竞争效果影响尚不确定，原则上仍适用举证责任分配的一般规则，即“谁主张，谁举证”。因此，原告应该对纵向垄断协议具有排除、限制竞争效果承担举证责任。虽然上述司法解释并没有完全排除被告对纵向垄断协议不具有排除、限制竞争效果或者符合豁免条款承担证明责任。但是，在审判实践中，现有案例表明，证明责任仍然主要由原告承担。对纵向维持价格协议，如果采用本身违法原则，举证责任会转给被告承担。如果采用合理分析原则，则举证责任转给原告承担。如“锐邦涌和科贸有限公司诉强生（上海）医疗器材有限公司等纵向垄断协议纠纷案”（详见本书第五章第五节案例评析，此处不再赘述）中，一审法院以原告未证明涉案纵向垄断协议具有排除、限制竞争的效果为由，认定原告举证不足，判决驳回起诉。二审法院确认了一审法院对证明责任的解释，证明责任仍然主要由原告承担，但是，二审法院认为，被告应当对纵向垄断协议符合豁免条款承担证明责任，因被告未能举证证明符合豁免，二审法院改判被告承担垄断行为责任。

“美国消费者集团诉德国拜耳公司等反向支付案”（详见本书第六章第八节案例评析，此处不再赘述）中，国拜耳公司与仿制药竞争者 Barr Laboratories 公司之间为和解专利诉讼而达成了反向支付协议（纵向垄断协议）。美国加利福尼亚州高等法院认为，在反向支付案中，原告美国消费者集团应承担四项举证责任：（1）仿制药竞争者和解的门槛限额；（2）和解包括现金或同等金额的金融结算手段；（3）德国拜耳公司补偿的金额价值（减去延期的费用）超过了仿制药竞争者 Barr Laboratories 公司向德国拜耳公司提供的任何其他药品或服务；（4）和解金额超过了德国拜耳公司不和解的诉讼费用。由于上述第（3）、（4）项证据很可能掌握在被告德国拜耳公司手中，法庭认为，在举证责任转移到原告方之前，德国拜耳公司首先应该履行举证责任，提供相关证据。如果原告美国消费者集团能够提供上述四项基本证据，则无须划定相关市场界定或计算市场份额，就可以假设专利所有人德国拜耳公司拥有市场支配力量（见表 8－7）。

表 8－7　垄断协议案件举证责任分配

| 类型 | 原告 | 被告 |
| --- | --- | --- |
| 横向垄断协议 | 原告仅需证明垄断协议存在 | 被告对横向垄断协议不具有排除、限制竞争的效果或者符合豁免条款承担举证责任 |
| 纵向垄断协议 | 原告对纵向垄断协议具有排除、限制竞争效果承担举证责任 | 一般情况，被告对纵向垄断协议不具有排除、限制竞争效果或者符合豁免条款承担证明责任 |
| 行业协会组织垄断行为 | 原告应对被告行业协会组织垄断行为（“自律公约”）具有排除限制竞争的目的或效果承担证明责任 | 被告对组织垄断行为（“自律公约”）不具有排除、限制竞争效果或者符合豁免条款承担证明责任 |

## 七、行业协会组织垄断行为的举证责任分配

### （一）行业协会组织垄断行为的举证责任分配

《垄断纠纷司法解释》第 15 条规定：“被诉合同内容、行业协会的章程等违反反垄断法或者其他法律、行政法规的强制性规定的，人民法院应当依法认定其无效。”司法实践中，认定行业协会组织实施的垄断协议或者章程的效力时，仍然以是否具有排除限制竞争效果、是否满足豁免条件作为违反《反垄断法》的标准。但是，在举证责任分配上，现有案例各不相同。

### （二）现有案例的分析

在“惠尔讯公司诉深圳市有害生物防治协会垄断协议案”中，法院认为，原告应对被告深圳市有害生物防治协会与其会员签订的《自律公约》固定服务价格行为具有排除限制竞争的目的或效果承担证明责任。然而，“娄某某诉北京市水产批发行业协会垄断纠纷案”（详见本书第四章第七节案例评析，此处不再赘述）中，法院认为，被告北京市水产批发行业协会未充分证明固定价格协议不具有排除、限制竞争的效果，不予采纳，而倾向于采纳举证责任倒置的原则。将“惠尔讯公司诉深圳市有害生物防治协会垄断协议案”与“娄某某诉北京市水产批发行业协会垄断纠纷案”比较，前案法院按照“谁主张，谁举证”的一般原则，后案法院倾向于采纳举证责任倒置的原则。同样涉及变更价格或固定价格的认定，法院对证明责任分配所持观点各不相同。因此，行业协会组织垄断行为的举证责任分配问题，需要司法解释或者更多的案例予以澄清。

## 八、垄断行为侵权损害赔偿的举证责任分配

（一）司法解释对垄断行为侵权损害赔偿的举证责任的规定

《垄断纠纷司法解释》第 14 条规定："被告实施垄断行为，给原告造成损失的，根据原告的诉讼请求和查明的事实，人民法院可以依法判令被告承担停止侵害、赔偿损失等民事责任。"该司法解释（征求意见稿）第 7 条曾经规定："垄断行为受害人应当对被诉垄断行为的存在承担举证责任；受害人请求赔偿损失的，还应对所受损失、被诉垄断行为与所受损失之间的因果关系承担举证责任。"该规定在正式稿中被删除。但是，审判实践中，法院仍然要求垄断行为的受害人对"被诉垄断行为与所受损失之间的因果关系承担举证责任"。往往会加重受害人的举证负担，对保护受害人合法权益不利。

（二）垄断行为侵权损害赔偿的举证责任

1. 垄断行为侵权损害赔偿举证责任一般参考侵权损害赔偿举证责任

《侵权责任法》确定侵权责任一般有四个条件：侵权人、侵权行为、侵权损失和存在因果关系。在以上四个条件中，垄断行为受害人证明因果关系较为困难，证明难度较大。因此，侵权责任法规定了无过错原则、过错推定原则和公平原则等，主要原因是考虑到处于弱势的受害人有限的举证能力，允许受害人不必证明侵权损害之因果关系，如果垄断侵权人据此主张免责，则负有举证证明符合法定免责事由的义务。这一举证责任分配观点也体现在《关于民事诉讼证据的若干规定》（2001 年版）第 7 条规定："在法律没有具体规定，依本规定及其他司法解释无法确定举证责任承担时，人民法院可以根据公平原则和诚实信用原则，综合当事人举证能力等因素确定举证责任的承担。"

2. 美国法院对损害赔偿的举证责任

美国法院要求，原告需要举证证明：（1）因垄断行为遭受的实际损害存在；（2）其遭受的实际损害与非法行为之间存在因果关系，即其所遭受的损害是被诉非法行为造成的；（3）分解其损害，即需要单独剥离出由非法行为所造成的损害，而不是其他原因造成的损失。其中，证明因果关系的存在尤为复杂，经营者往往会将经营失败的原因归咎于某个更强大的对手的非法行为。在这种情形下，法院虽然可以认定被诉的竞争对手实施了非法行为，但这并不能证明该非法行为与原告所受损害之间存在因果关系，因为原告

的效率低下和管理不善也可能是其经营失败的主要原因。

(三)滥用专利权侵权损害赔偿范围的举证责任

一般参考专利权侵权损害赔偿举证责任来确定滥用专利权侵权损害赔偿举证责任。除了"谁主张,谁举证"原则外,还应考虑举证责任转移的规定,即参照《专利纠纷司法解释二》第 27 条规定:"权利人因被侵权所受到的实际损失难以确定的,人民法院应当依照专利法第六十五条第一款的规定,要求权利人对侵权人因侵权所获得的利益进行举证;在权利人已经提供侵权人所获利益的初步证据,而与专利侵权行为相关的账簿、资料主要由侵权人掌握的情况下,人民法院可以责令侵权人提供该账簿、资料;侵权人无正当理由拒不提供或者提供虚假的账簿、资料的,人民法院可以根据权利人的主张和提供的证据认定侵权人因侵权所获得的利益。"专利侵权损害赔偿范围的举证责任分配,如表 8-8 所示。

**表 8-8 专利侵权损害赔偿范围的举证责任分配**

| 当事人 | 原告 | 被告 |
|---|---|---|
| 赔偿范围 | 《专利权纠纷司法解释》第 20 条、第 21 条、第 22 条规定的损害赔偿范围 | |
| 双方协商赔偿 | 权利人、侵权人依法约定专利侵权的赔偿数额或者赔偿计算方法,并在专利侵权诉讼中主张依据该约定确定赔偿数额的,法院应予支持 | |
| 双方举证责任分配与法院责令当事人举证 | 原告因被侵权所受到的实际损失难以确定的,法院应当依照《专利法》第 65 条第 1 款的规定,要求原告对被告因侵权所获得的利益进行举证,包括被告所获利益的初步证据 | 在原告已经提供被告所获利益的初步证据,而与专利侵权行为相关的账簿、资料主要由侵权人掌握的情况下,法院可以责令被告提供该账簿、资料;被告无正当理由拒不提供或者提供虚假的账簿、资料的,法院可以根据原告的主张和提供的证据认定被告因侵权所获得的利益 |

(四)滥用著作权侵权损害赔偿范围的举证责任

一般参考著作权侵权损害赔偿举证责任来确定滥用著作权侵权损害赔偿举证责任。除了"谁主张,谁举证"原则外,应考虑举证责任转移的规定,即可以参照《专利纠纷司法解释二》第 27 条的规定,来确定滥用著作权侵权损害赔偿举证责任。

## 九、侵犯商业秘密的举证责任分配

(一)侵犯商业秘密行为成立的条件

侵犯商业秘密行为成立的条件包括三个方面:(1)商业秘密符合法定条

件;(2)被告的信息与原告的信息相同或者实质相同;(3)采用了不正当手段。

（二）侵犯商业秘密案件的举证责任分配

1. 反不正当竞争民事案件司法解释规定

《不正当竞争司法解释》第 14 条规定:“当事人指称他人侵犯其商业秘密的,应当对其拥有的商业秘密符合法定条件、对方当事人的信息与其商业秘密相同或者实质相同以及对方当事人采取不正当手段的事实负举证责任。其中,商业秘密符合法定条件的证据,包括商业秘密的载体、具体内容、商业价值和对该项商业秘密所采取的具体保密措施等。”据此,原告应当对其拥有商业秘密、双方信息的相同性和被告采取的不正当手段负举证责任。对于是否拥有商业秘密,原告举证证明商业秘密的载体、具体内容、商业价值和采取的具体保密措施后,一般就可以认为其完成了此项举证责任。

2. 最高人民法院发布的有关商业秘密的司法政策

(1)把握秘密性和不正当手段的证明标准。《发挥知产审判职能推动文化繁荣促进经济发展的意见》第 25 条规定:“依法加强商业秘密保护,有效制止侵犯商业秘密的行为,为企业的创新和投资创造安全和可信赖的法律环境。根据案件具体情况,合理把握秘密性和不正当手段的证明标准,适度减轻商业秘密权利人的维权困难。权利人提供了证明秘密性的优势证据或者对其主张的商业秘密信息与公有领域信息的区别点作出充分合理的解释或者说明的,可以认定秘密性成立。商业秘密权利人提供证据证明被诉当事人的信息与其商业秘密相同或者实质相同且被诉当事人具有接触或者非法获取该商业秘密的条件,根据案件具体情况或者已知事实以及日常生活经验,能够认定被诉当事人具有采取不正当手段的较大可能性,可以推定被诉当事人采取不正当手段获取商业秘密的事实成立,但被诉当事人能够证明其通过合法手段获得该信息的除外”。

(2)准确界定商业秘密的保护范围。上述意见第 25 条还指出:“以符合法定条件的商业秘密信息为依据,准确界定商业秘密的保护范围,每个单独的商业秘密信息单元均构成独立的保护对象。完善商业秘密案件的审理和质证方式,对于涉及商业秘密的证据,要尝试采取仅向代理人展示、分阶段展示、具结保密承诺等措施限制商业秘密的知悉范围和传播渠道,防止在审理过程中二次泄密。妥善处理商业秘密民事侵权诉讼程序与刑事诉讼程序的关系,既注意两种程序的关联性,又注意其相互独立性,在依法保护商业秘密的同时,也要防止经营者恶意启动刑事诉讼程序干扰和打压竞争对手”。

## 第七节 案例评析

### 一、北京书生电子技术公司诉上海盛大网络发展有限公司等滥用市场支配地位案

(一)当事人

原告:北京书生电子技术有限公司

被告:上海盛大网络发展有限公司、上海玄霆娱乐信息科技有限公司

(二)案情简介

原告北京书生电子技术有限公司(以下简称书生电子公司)诉称,原告运营的 www. du8. com(读吧网)与被告上海盛大网络发展有限公司(以下简称盛大公司)、上海玄霆娱乐信息科技有限公司(以下简称玄霆公司)旗下网站 www. qidian. com(起点中文网)的经营范围类似。案外人北京书生网络技术有限公司(以下简称书生网络公司)于 2008 年 5 月开始委托寇某以笔名“不吃西红柿”创作网络小说《星辰变后传》,并授权原告在某经营的读吧网上刊载。被告利用其在网络文学市场的支配地位胁迫寇某、李某某两位作者放弃《星辰变后传》的写作并在起点中文网上发表致歉声明,构成了《反垄断法》所规定滥用市场支配地位的行为,请求法院确认被告行为系滥用市场支配地位的行为,判令被告删除寇某、李某某两位作者道歉信,向原告赔礼道歉和赔偿原告公证费、律师费用等支出。

原告为证明两被告在中国网络文学市场中具有市场支配地位,提交以下证据:(1)起点中文网的版权信息;(2)起点中文网关于占中国网络文学80%以上的市场份额的自我宣传网页;(3)盛大公司的官方网站关于盛大文学占网络文学95%的市场份额的宣传网页;(4)起点中文网上刊登的盛大文学占网络原创文学95%的市场份额的宣传;(5)新华网刊登的“盛大文学网旗下起点中文网、红袖添香、晋江原创网三大文学网站占据中国网络文学份

额 80% 以上……”一文。

原告以上述证据 1 证明起点中文网为两被告共同经营，以上述证据 2 至证据 4 证明两被告作为共同经营者在中国网络文学市场中占有 80% 以上的市场份额，具有市场支配地位。

被告盛大公司辩称，其主营业务为与原告诉称的经营范围不是同一市场，盛大公司经营的是网络游戏。并且盛大公司对原告和被告玄霆公司之间的纠纷毫不知情，完全是案外人，请求法院驳回书生电子公司对其的全部诉讼请求。

被告玄霆公司辩称，玄霆公司不具有市场支配地位。原告未界定本案相关市场的范围，仅凭公司网站上宣传的份额就认定玄霆公司具有市场支配地位是错误的，因为原告自己就在其读吧网上宣称“读吧网是全球最大电子书门户网站”，另外，多家网站均在自己的网站上宣称自己在网络文学领域具有支配地位或拥有较大的市场份额，可见，宣传的所谓份额并非就是真实的实际市场份额。且被告从未胁迫《星辰变后传》的作者，没有滥用市场支配地位的行为，请求法院驳回原告的诉讼请求。

（三）法院审理

上海市第一中级人民法院认定两被告未构成滥用市场支配地位的行为，依照《反垄断法》第 6 条、第 17 条第 1 款第 4 项、第 2 款，《民事诉讼证据规定》（2011 年版）第 2 条之规定，判决驳回原告北京书生电子技术有限公司的诉讼请求。

一审判决后，书生电子公司向上海市高级人民法院提起上诉。上海市高级人民法院认为，上诉人指控被上诉人实施滥用市场支配地位行为，首先应提交证据证明被上诉人具有市场支配地位。上诉人称被上诉人占有市场支配地位，应先界定商品或服务竞争的相关市场。只有界定了相关商品市场和相关地域市场两个市场范围，才能够明确本案的相关市场。本案中，由于上诉人对相关商品市场没有清晰的界定，导致法院不能够认清本案的相关市场。由于法院无法明确本案的相关市场，导致法院无法判断被上诉人是否具有市场支配地位。尽管上诉人用以证明被上诉人具有市场支配地位的被上诉人及第三方网站的宣传描述中，有“80% 以上”“95% 以上”等关于市场份额的数据描述，但这些数据是根据什么数据资料计算得出，又是依据什么算法得出，是否真实，均无法得知。上诉人对被上诉人市场地位的评价没有测度依据。因此,上海市高级人民法院认为上诉人对被上诉人市场地位的评价并没有建立在对被上诉人影响市场力量的度量基础上。

综上所述,上海市高级人民法院认为,上诉人在本案中主张被上诉人具有支配地位,但没有就界定相关市场提供必要的证据。上海市高级人民法院判决驳回书生电子公司上诉,维持原判。

(四)评析

本案的争议焦点在于两被告是否实施了滥用市场支配地位的垄断行为。

1. 关于市场支配地位的认定

《反垄断法》第 18 条、第 19 条对市场支配地位的认定作出了明确的规定。原告依据被告盛大公司官方网站、起点中文网及其他网站上关于"盛大文学"旗下三家网站的宣传内容,认定两被告在中国网络文学市场中占有 80% 以上的份额,并依据《反垄断法》第 19 条第 1 款第 2 项的规定,推定两被告具有市场支配地位。法院认为,首先,原告提供的证据中涉及"盛大文学"、起点中文网、晋江原创网和红袖添香网等多个主体,根据起点中文网上的相关版权信息,可以认定该网站系由被告盛大公司和玄霆公司共同经营。但对于晋江原创网和红袖添香网是否由两被告共同经营,原告未能提供证据证明,其认为"盛大文学"即被告盛大公司,故晋江原创网和红袖添香网亦由两被告共同经营,原告的上述主张缺乏事实依据,法院不予支持。其次,原告提供的证据仅仅是各网站上的宣传内容,这些宣传未经核实且无其他证据可以印证,故原告将宣传的市场份额等同于实际所占的市场份额,其依据不足。最后,作为与起点中文网经营范围相似的网站,原告的读吧网亦自称是全球最大的电子书门户网站。因此,仅凭原告提供的宣传内容难以认定两被告在中国网络文学市场已经具有支配地位。

2. 关于滥用市场支配地位的认定

进一步而言,即便两被告在中国网络文学市场具有支配地位,原告的指控亦不能成立。理由如下:具有市场支配地位本身并不违法,只有对这种地位加以滥用才属于中国反垄断法反制的范畴,故其关键在于审查两被告是否有滥用的行为。原告认为,两被告以胁迫手段要求《星辰变后传》的两位作者停止为原告继续创作并在起点中文网上发表致歉声明,还限制其他网站转载该部作品,其行为符合《反垄断法》第 17 条第 1 款第 4 项的规定,属于滥用市场支配地位限定交易的行为。法院认为,首先,原告提供的证据不能证明两被告采取了胁迫手段。其次,本案纠纷由《星辰变后传》引发,从原告在读吧网上所作的声明以及《星辰变后传》两位作者在起点中文网上的致歉声明可以得知,《星辰变后传》的创作背景为“我吃西红柿”创作的《星辰变》在起点中文网上发表后深受广大网友的喜爱,在该部作品创作终结后,书生网络公司委托寇某、李某某以笔名“不吃西红柿”创作了《星辰变后传》。该两位作者采用与《星辰变》作者相似的笔名,并在创作时沿用《星辰变》中的人物、情节、环境等要素,这种创作方式会使读者误认为《星辰变后传》与《星辰变》之间存在关联,其目的在于借助《星辰变》在网络上积累的人气,吸引那些喜爱《星辰变》的读者去关注《星辰变后传》,上述行为确有不当之处,故即便两被告确有要求两位作者停止继续创作或要求其他网站停止转载《星辰变后传》的行为,其行为亦在情理之中。而《反垄断法》第 17 条第 1 款第 4 项认定构成滥用市场支配地位限定交易行为的前提条件是审查其行为有无正当理由,因此,无论两被告的行为是否属于限定交易的行为,从其行为的正当性判断,法院认定两被告未构成滥用市场支配地位的行为。

(五)律师提示

原告以盛大公司的官方网站关于盛大文学占网络文学 95% 的市场份额的宣传网页、起点中文网上刊登的盛大文学占网络原创文学 95% 的市场份额的宣传、新华网刊登的“盛大文学网旗下起点中文网、红袖添香、晋江原创网三大文学网站占据中国网络文学份额 80% 以上……”一文等证据试图证明被告具有市场支配地位。以上证据看起来可以合理推断所要证明的目的,其实不然。因为市场地位是相对而言的,如果不先对相关市场进行界定,是无法得出一个经营者是否具有市场支配地位结论的。

认定经营者是否具备了市场支配地位,应先就该经营者所处的相关市场进行科学合理的界定。相关市场包含相关商品市场、相关地域市场和相关时间,界定这三者是界定相关市场的基础。通常情况下,只有时间性成为商品不可忽视的特征时,界定相关市场才考虑时间因素,反之,一般不需要考虑。在本案中无须考虑时间因素。本案原告北京书生电子公司既没有对相关商品市场进行界定,也没有对相关地域市场进行界定,直接得出被告的市场份额,令人无法信服,上海市高级人民法院判决原告败诉是十分合理的。

相关商品市场的界定,需要从基本的商品范围开始。在本案中,可以暂时先确定为起点中文网所宣传的"网络原创文学",然后从需求替代的角度和供给替代的角度进行考虑,寻找能够有效替代的范围;或者以假定垄断者测试法寻找一个被告可以获利的最小的商品区域。相关地域市场的界定,也先从一个基本的地域范围开始。这个基本的范围为中国大陆,然后依据替代性分析法或假定垄断者测试法界定被告的相关地域市场。

在界定相关市场的基础上,获取相关市场上真实可靠的销售数据,根据这些数据得出该经营者的市场份额。这样的市场份额才是令人信服的数据。

## 二、潘某诉上海国际商品拍卖有限公司滥用市场支配地位案

(一)当事人

上诉人(原审原告):潘某

被上诉人(原审被告):上海国际商品拍卖有限公司

(二)案情简介

上海国际商品拍卖有限公司(以下简称国拍公司)于1995年成立,经营范围包括生产资料、生活资料、文物、艺术品、机动车、交通工具等的拍卖业务。国拍公司受上海市交通委员会(以下简称市交通委)的委托,成为上海市非营业性客车额度的唯一拍卖公司。国拍公司在其网站 www. alltobid. com(劲标网)上宣称:"公司2012年拍卖成交额为85.15亿元,2013年拍卖成交额突破百亿元,2014年拍卖成交额88.63亿元,成为国内目前拍卖范围最广、拍卖案例最多、拍卖成交额最大,拍卖操作最为规范的拍卖经营者之一""公司是上海市城市交通管理局指定唯一'上海市私人、私企客车额度投标拍卖'和'公务车额度投标拍卖'的拍卖机构""上海市人民政府指定的唯一机动车额度拍卖商"。

针对上海市非营业性客车额度拍卖事宜,市交通委于每次拍卖前向国拍公司出具委托函,告知拍卖时间、客车额度、拍卖设置警示价等拍卖安排,委托国拍公司负责具体实施,函件内容并不涉及拍卖手续费及保证金的收取事宜。函件还要求国拍公司做好拍卖系统安全防范工作,保证投标拍卖信息公开和通畅,保持拍卖过程和结果的严肃性、有效性,确保投标活动顺利进行;同时,按照应急预案,及时应对可能出现的新情况,并报告投标拍卖

情况。上述委托函件同时在市交通委的官方网站上发布。国拍公司于拍卖前在其网站上发布拍卖公告,告知拍卖数量、拍卖时间、拍卖方式、办理拍卖登记手续及办理退还保证金费用的日期时间、地点、拍卖成交结算时间等事宜。

此外,国拍公司还在其网站上发布上海市个人非营业性客车额度拍卖须知。竞买人在参加竞拍前,须先至国拍公司的办理点办理拍卖申请、登记手续,同时交付拍卖保证金,领取拍卖密码封条,当参拍申请核实通过后拍卖密码封条被自动激活,竞买人可通过国拍公司网站或电话参加竞拍。竞买人还须向国拍公司支付拍卖手续费,该项费用按实际拍卖次数发生的金额在成交付款或未成交退款时收取。国拍公司称上述拍卖手续费和保证金的收取由其自主定价,并经委托方认可。就拍卖手续费及保证金的收取标准,2016 年 9 月前,国拍公司向每位竞买人收取保证金 2000 元,并收取每次拍卖的手续费 100 元;2016 年 9 月之后,将保证金收取标准调整为 1000 元,拍卖手续费收取标准调整为 60 元/次。全国多个城市对小客车实施数量调控和配额管理制度,但每个城市的实施方式不同,如北京通过摇号方式无偿取得,广州和深圳将客车指标分为增量指标、更新指标和其他指标,对于增量指标可以通过摇号或竞价方式取得。对于以竞价方式取得的,广州规定以每个申请编码 2000 元的标准缴付竞价保证金,每个竞价指标设保留价 1 万元,不设最高限价;深圳规定按每个申请编码 5000 元的标准缴付竞价保证金,每个竞价指标设保留价 1 万元。

潘某于 2016 年 5 月起参加上海市非营业性客车额度的竞拍,共六次竞拍均未获成。遂向法院起诉法请求确认国拍公司收取高额费用的行为构成滥用市场支配地位的垄断行为及赔偿手续费损失 300 元。

(三)法院审理

一审法院认为,潘某将上海市非营业性客车额度拍卖服务界定为相关市场,缺乏依据,一审法院难以支持,认为国拍公司并非自主经营的经营者,国拍公司所提供的拍卖服务不构成可以竞争的服务市场。一审法院依照《反垄断法》第 6 条、第 12 条之规定,判决驳回潘某的全部诉讼请求。

一审判决后,潘某向上海市中级人民法院提起上诉。

二审中,当事人均未提交新证据。上海市中级人民法院经审理查明,一审法院查明的事实属实。潘某的上诉请求不能成立,应予驳回;一审判决认定事实清楚,适用法律正确,应予维持。判决驳回上诉,维持原判。

(四)评析

本案中,首先需要对上海市非营业性客车额度拍卖的性质作出界定。和其他城市一样,为了实现非营业性客车数量的合理、有序增长,有效缓解交通拥堵状况等,上海市交通管理职能部门亦在全市范围内实行对非营业性客车数量调控和配额管理,而对非营业性客车额度以竞价方式进行配置则是上述调控管理政策施行中所采用的一种具体操作方式。对于国拍公司而言,其系基于交通管理职能部门的委托而成为上述竞价方式的具体执行者,故就此受托事项,国拍公司并非自主经营的经营者。在此基础上,上海市非营业性客车额度作为由交通管理职能部门统一调控和管理的社会公共资源,其本质上不构成《反垄断法》第 12 条规定的可以竞争的商品市场,国拍公司就此提供的拍卖服务亦不构成可以竞争的服务市场。

本案中,国拍公司系基于接受市交通委的委托开展非营业性客车额度拍卖。非营业性客车额度并非《反垄断法》上规定的商品或服务,对非营业性客车额度进行拍卖,本质上是政府对非营业性客车额度的一种分配方式,国拍公司实质上是接受市交通委的委托而完成一项行政职能,其中并不存在需要《反垄断法》去规范的市场,更难言国拍公司在相关市场内具有市场支配地位。

(五)律师提示

我国《反垄断法》第 6 条规定,具有市场支配地位的经营者,不得滥用市场支配地位,排除、限制竞争。该法第 12 条规定,本法所称经营者,是指从事商品生产、经营或者提供服务的自然人、法人和其他组织。本法所称相关市场,是指经营者在一定时期内就特定商品或者服务进行竞争的商品范围和地域范围。

判断相关主体是否滥用市场支配地位,须先判断其是否具有市场支配地位。所谓市场支配地位,是指经营者在相关市场内具有能够控制商品价格、数量或其他交易条件,或者能够阻碍、影响其他经营者进入相关市场能力的市场地位。要判断是否具有市场支配地位,又须先判断相关主体是否在相关市场内提供商品或服务,其判断的关键在于该主体提供的商品或服务是否属于其他主体可以参与竞争的商品或服务。但是,国拍公司提供的拍卖服务不属于可以竞争的服务市场。因此,原告的诉讼请求不能成立。

### 三、湖州一亭白蚁防治服务有限公司诉湖州市白蚁防治研究所有限公司垄断案

（一）当事人

原告：湖州一亭白蚁防治服务有限公司

被告：湖州市白蚁防治研究所有限公司

（二）案情简介

湖州市白蚁防治研究所有限公司（以下简称白蚁防治研究所）原系案外人湖州市规划与建设局下属的一个事业单位，于2005年10月通过改制成为有限责任公司，经营范围为白蚁防治（壹级）及其新科技开发研究、新产品推广、技术咨询服务。湖州一亭白蚁防治服务有限公司（以下简称一亭公司）成立于2008年11月，经营范围为白蚁防治服务。此后，一亭公司向湖州市规划与建设局递交《关于白蚂蚁防治工程市场化运作的请示》及催复，要求将白蚂蚁防治工程项目进行市场化运作。该局复函称：根据相关规定，白蚁防治单位应具备一定资金、人员等条件，并需备案；白蚁防治费为行政事业性收费，由湖州市规划和建设局收取，白蚁防治研究所负责与建设单位签订及实施白蚁防治合同；一亭公司在达到成立条件并备案后，可以接受委托进行白蚁灭治业务工作，但不能开展新建房屋白蚁预防工作。一亭公司对上述回复表示异议，继续以书面形式对白蚁防治费的收取等问题提出意见，该局也作了相应函复。截至2010年1月4日，在湖州市规划与建设局备案的白蚁防治机构只有白蚁防治研究所，一亭公司直至一审开庭时仍未申请备案，且一亭公司仅有1名参加社保的工作人员。

白蚁防治研究所在开展白蚁防治业务时，与委托方单位签订由湖州市规划与建设局监制的《湖州市房屋建筑白蚁预防工程技术服务合同文本》，其中第3条第5款约定："在签订本合同时，应根据物价、财政部门核定的收费标准……将白蚁防治费缴纳到湖州市预算外资金专户。"实际履行过程中，该白蚁防治费执行行政事业性收费，由湖州市规划与建设局委托白蚁防治研究所收取，使用"浙江省政府非税收收入统一票据"，款项缴入湖州市预算外资金专户后，从中提取20%的后备基金交该局管理，然后按一定比例向白蚁防治研究所返还。

一亭公司认为：白蚁防治研究所通过在湖州市规划与建设局监制的合

同中,约定将白蚁防治费缴纳至湖州市预算外资金专户等方式,借助该局实施滥用市场支配地位的行为,违反了《反垄断法》第 17 条第 1 款第 4 项的规定,遂诉至杭州市中级人民法院,请求判令白蚁防治研究所赔偿经济损失 2,230,306.32元。

(三)法院审理

杭州市中级人民法院经审理认为:第一,关于白蚁防治研究所是否具有"市场支配地位"的问题。《反垄断法》第 17 条第 2 款规定:"本法所称市场支配地位,是指经营者在相关市场内具有能够控制商品价格、数量或者其他交易条件,或者能够阻碍、影响其他经营者进入相关市场能力的市场地位。"相关市场包括相关服务市场和相关地域市场。本案中,双方当事人均在湖州市注册成立,均以提供白蚁防治服务为主要经营业务,同时我国相关法规中也规定了房屋建筑白蚁防治的区域划分以行政区划为界。参照《相关市场界定指南》第 3 条的规定,可以认定湖州市的房屋建筑白蚁防治市场是本案中的相关市场。本案中,截至 2010 年 1 月 4 日,白蚁防治研究所是唯一在湖州市规划与建设局备案的白蚁防治机构,同时该所也自称湖州市的白蚁防治工作主要由其完成。因此,按照《反垄断法》第 19 条的规定,可以推定白蚁防治研究所在湖州市房屋建筑白蚁防治市场中具有支配地位。

第二,关于白蚁防治研究所是否存在"滥用市场支配地位"的行为。本案中,一亭公司依据《反垄断法》第 17 条第 1 款第 4 项所规定的"没有正当理由,限定交易相对人只能与其进行交易或者只能与其指定的经营者进行交易"起诉白蚁防治研究所滥用市场支配地位,并认为具体表现为其在合同中约定将白蚁防治费缴纳至湖州市预算外资金专户,由湖州市规划与建设局收取。

《浙江省房屋建筑白蚁防治工程质量管理办法》、湖州市人民政府办公室的抄告单和湖州市物价局颁发的收费许可证均明确白蚁防治费按行政事业性收费,收费主体是湖州市规划与建设局,故白蚁防治研究所在合同中约定的缴费方式并非其擅自做出的行为,而是由相关行政规定所决定的。上述内容只是对白蚁防治费的付费方式进行了约定,并没有限定交易相对人只能与白蚁防治研究所交易。

第三,虽然白蚁防治研究所使用的合同文本是由湖州市规划与建设局监制的,但从整个合同内容来看,没有限定交易相对人选择交易对象的内容。同时,一亭公司也没有其他证据证明白蚁防治研究所通过湖州市规划与建设局指定交易相对人只能与其交易。

从《城市房屋白蚁防治管理规定》《浙江省房屋建筑白蚁防治管理办法》《浙江省房屋建筑白蚁防治工程质量管理办法》等行政规章的规定来看,虽然国家对于从事白蚁防治行业的主体资格有一定条件和要求,但从整体来说,这个市场是放开的,并不需要经过特别的行政审批许可。一亭公司自身尚未完全具备开展白蚁防治的资格条件,故相关行政部门对其提出"白蚁防治市场化运作"的请示进行的回复并不是对其排除和限制,也不能证明系白蚁防治研究所的垄断行为。因此,一亭公司的诉讼请求缺乏事实和法律依据,判决驳回一亭公司的诉讼请求。

浙江省高级人民法院经审理后认为:因双方当事人就白蚁防治研究所在湖州市白蚁防治市场上占据市场支配地位均无异议,故本案二审的争议焦点在于白蚁防治研究所是否存在《反垄断法》第 17 条第 1 款第 4 项禁止的滥用市场支配地位的行为。一亭公司认为白蚁防治研究所滥用市场支配地位限定交易的行为具体表现为:使用湖州市规划与建设局监制的格式合同,在合同中约定将白蚁防治费缴纳至湖州市预算外资金专户,并且通过湖州市规划与建设局向潜在的交易相对人提供该合同文本。

(1)湖州市规划与建设局监制合同的行为系其作为湖州地区白蚁防治行业的行政主管部门所实施的监督管理行为,白蚁防治研究所使用该合同属于其经营自由,既未妨碍潜在交易相对人的选择,也未损害一亭公司的合法权益。一亭公司同样也可以使用监制合同文本进行交易。虽然一亭公司称如果不使用上述合同文本,其交易相对人在湖州市规划与建设局办理其他手续将受到阻碍,但该主张并无证据予以证明。即使确有其事,阻碍相关手续办理的也是湖州市规划与建设局,而非本案当事人白蚁防治研究所。

(2)白蚁防治研究所约定将白蚁防治费缴纳至湖州市预算外资金专户的行为,系根据《浙江省房屋建筑白蚁防治工程质量管理办法》第 20 条的规定实施,且该约定仅涉及交易费用的支付方式,从其影响来看,并不会产生限定交易相对人只能与白蚁防治研究所进行交易的后果。最后,一亭公司认为,白蚁防治研究所将其空白合同文本放置于湖州市规划与建设局的办公场所,供潜在的交易相对人取阅,从而限制了交易相对人与其他白蚁防治公司进行交易。但该事实并无证据予以证明,即使情况属实,白蚁防治研究所的上述行为也只是对自身业务的积极推广，而未限制交易相对人与一亭公司进行交易。至于一亭公司在上诉状中提及的《浙江省房屋建筑白蚁防治工程质量管理办法》等相关规定的合法性问题，因不属于民事案件的审理范围，故不予评述。综上所述，一亭公司的上诉请求不能成立。据此判决驳回上诉，维持原判。

（四）评析

本案是浙江省法院受理的第一起垄断纠纷案件，也是自2008年8月1日《反垄断法》施行以来，中国法院较早受理的垄断纠纷案件之一。据不完全统计，目前全国法院已受理的垄断纠纷案件以滥用市场支配地位纠纷居多。通过该案对垄断纠纷案件的受理程序以及滥用市场支配地位纠纷的审理思路进行梳理和分析，有助于积累审判经验，指导今后此类案件的正确审理。

1. 垄断纠纷案件的受理

（1）《反垄断法》的相关规定。为制止非法垄断行为，保护经营者和消费者的合法权益，维护公平竞争的市场秩序，《反垄断法》第2章规定了禁止垄断协议；第3章规定了禁止滥用市场支配地位；第4章规定了控制经营者集中。上述三项制度也是世界各国反垄断法的主要内容，其反制的行为主体均为作为市场主体的经营者。由于经济体制等因素的影响，我国《反垄断法》第5章还规定了禁止政府部门滥用行政权力限制竞争的行为。

（2）两种救济途径。对反垄断法的执行分为公共执行和私人执行两种途径。《反垄断法》第50条的规定，被认为是法院受理垄断民事纠纷最直接的法律依据，并且《学习贯彻反垄断法的通知》也明确规定："当事人因垄断行为提起民事诉讼的，只要符合民事诉讼法第一百零八条和反垄断法规定的受理条件，人民法院应当依法受理，并依法审判。"

（3）无论是垄断协议、滥用市场支配地位，还是经营者集中行为，当事人都可以直接向法院提起民事诉讼，当然也可以在反垄断执法机构对涉嫌垄断行为的处理决定效力确定后，再提起民事诉讼。从案由来看，由于反垄断法与制止滥用市场支配地位行为和保护知识产权紧密相关，也与反不正当竞争法同属于竞争法范畴，《民事案件案由规定》将"垄断纠纷"作为第三级案由，与各种不正当竞争纠纷集中规定，统一纳入知识产权纠纷范围，由知识产权庭审理。目前，由于垄断纠纷案件数量少，且专业性强，诉讼结果对当事人利益和行业发展都可能带来巨大影响,因此为积累审判经验,慎重稳妥处理案件,目前垄断纠纷案件一般集中由省会城市所在地或计划单列市所在地中级人民法院以及最高法院指定的法院管辖。

(4)在审判实践中尚存争议的是行政垄断纠纷案件的受理问题。一种意见认为,当事人可以根据《民法通则》第121条的规定,通过垄断民事诉讼追究行政机关的民事责任。另一种意见认为,也是目前的主流意见认为,上述条款已为后来的《国家赔偿法》取代,当事人针对滥用行政权力排除、限制竞争行为本身提起的诉讼在性质上属于行政诉讼,不应作为民事纠纷案件受理,但当事人可以在相关行政行为被依法认定为违法行为后,根据《反垄断法》第32条和第36条,向被行政机关或相关组织指定或者强制的经营者提起民事诉讼,请求损害赔偿。若以本案为例,则一亭公司不但可以白蚁防治研究所限定交易、构成滥用市场支配地位的垄断行为为由提起民事诉讼,还可以湖州市规划与建设局限定交易者购买其指定的白蚁防治研究所提供的服务为由起诉白蚁防治研究所,但须以该局的相关行为已被确认违法为前提。

2. 滥用市场支配地位的垄断纠纷案件的审理思路

在经营者通过技术创新、市场营销或者政府授权等合法手段获取市场支配地位的情况下,反垄断法对该支配地位本身并不进行干预,被禁止的仅仅是经营者滥用市场支配地位的行为。滥用市场支配地位的垄断纠纷案件的审理主要涉及以下三个步骤:

(1)界定相关市场。保护竞争是反垄断法的直接目的,而特定经营者及其产品之间的竞争又总是发生在一定的市场范围内,很难想象白蚁防治市场中的垄断行为会对服装市场或者汽车市场的竞争产生什么影响。因此,要认定经营者是否占市场支配地位,首先需要界定经营者竞争的市场范围,即法律上所谓的"相关市场"。

根据《反垄断法》第12条第2款规定:"本法所称相关市场是指经营者在一定时期内就特定商品或者服务进行竞争的商品范围和地域范围。"这说明,界定相关市场最重要的两个因素是:相关商品(含服务)市场和相关地域市场。在特定情况下,还要考虑相关时间和相关技术。《相关市场界定指南》第3条对上述几个因素作了详细解释。理解该条款的关键词是商品之间的"替代关系"。一般而言,从需求者角度来看,在一种商品涨价时,另一种商品的可替代程度越高，两者的竞争关系就越强，就越可能属于同一相关市场，橙汁和苹果汁、棉被和羽绒被都是替代程度较高的例子。必要时，人民法院还要从供给者的角度，考虑潜在竞争者在某一商品涨价后，介入竞争提供紧密替代商品的难易程度。供给替代程度高的，在界定相关市场时就要予以考虑。

根据举证责任分配规则，原告应当界定被诉垄断行为所涉的相关市场，说明理由并提供相应证据。如果原告在起诉时对相关市场界定不明的，人民法院应当及时释明，要求其予以明确，此后再根据被告所作的相应答辩，整理和固定双方的争议焦点，在充分听取双方意见的基础上，正确界定相关市场。

（2）认定市场支配地位。《反垄断法》第17条规定："本法所称市场支配地位，是指经营者在相关市场内具有能够控制商品价格、数量或者其他交易条件，或者能够阻碍、影响其他经营者进入相关市场能力的市场地位。"这说明，拥有市场支配地位的经营者已经可以不受其他竞争者制约，自由定价或自由做出其他经营决策。为了使这个定义具有可操作性，《反垄断法》第18条提出了认定市场支配地位的一系列因素；第19条还规定了可推定市场支配地位的几种情况。除此之外，如果被告属于供水、供电、供热、供气等公用经营者，或者属于由法律、法规和规章或者其他规范性文件赋予其从事特定商品或者服务的独占经营资格的经营者，法院也可以据此推定市场支配地位。当然，无论是上述第19条"法律上的推定"，还是"事实上的推定"，都可以被相反证据所推翻。被告可以提供的反证包括：它和另一个或者另几个经营者之间存在实质性的竞争；或者因技术条件，它的市场份额不足以说明其市场支配力；或者它存在潜在的竞争对手，等等。

本案中，相关证据表明，截至2010年1月4日，白蚁防治研究所是唯一在湖州市规划与建设局备案的白蚁防治机构，同时该所也自认当时在湖州市的白蚁防治工作主要由其完成。因此，一审法院按照《反垄断法》第19条的规定，推定白蚁防治研究所在湖州市房屋建筑白蚁防治市场中具有市场支配地位。

（3）认定滥用市场支配地位的行为。《反垄断法》第17条规定的滥用市场支配地位的行为包括但不限于：以不公平的高价销售商品或者以不公平的低价购买商品；没有正当理由，以低于成本的价格销售商品；没有正当理由，拒绝与交易相对人进行交易；没有正当理由，限定交易相对人只能与其进行交易或者只能与其指定的经营者进行交易；没有正当理由搭售商品，或者在交易时附加其他不合理的交易条件；没有正当理由，对条件相同的交易相对人在交易价格等交易条件上实行差别待遇。可以看出，每种滥用市场支配地位行为的构成都以“不公平”或“没有正当理由”为要件，这说明中国反垄断法在认定滥用市场支配地位行为时采用的是“合理规则”，也就是通过个案分析的方法，考虑行为目的、后果以及主体市场力量等因素，综合评价其对市场竞争的影响之后，认定行为是否违法。限定交易行为本身还不足以说明其违法性，只有在其没有正当理由，且产生限制、排除竞争后果的情况下，才构成违法行为。合理规则的适用不仅需要法律知识，而且需要相关的经济学知识甚至专业技术知识。

（五）律师提示

本案中，法院实际上还无须进入适用合理规则进行分析的阶段，因为被诉垄断行为尚未构成限定交易行为。白蚁防治研究所在格式合同中约定将白蚁防治费缴纳至湖州市预算外资金专户的行为，只是其依照相关规定对付款方式做出的安排，并未对交易相对人选择白蚁防治机构的范围产生限定性的影响；至于其在湖州市规划与建设局放置合同文本的行为，并无证据证明。当然，在理解《反垄断法》规定的限定交易行为时，也要避免仅仅将其理解为一种积极、明确地要求交易相对人只能与特定对象交易的行为，而应当包括通过各种途径，在实质上达到限定交易对象的后果的行为。

## 四、冯某某诉福建省高速公路有限责任公司滥用市场支配地位纠纷案

（一）当事人

上诉人（原审原告）：冯某某

被上诉人（原审被告）：福建省高速公路有限责任公司

（二）案情简介

2010 年 11 月 9 日，福建省物价局以闽价服〔2010〕420 号文件，批复同意被告福建省高速公路有限责任公司（以下简称高速公路公司）开展不停车收费的电子标签继续按原收费标准执行，即电子标签每套（含电子标签和闽通卡）最高收费标准为 350 元，允许下浮、幅度不限。该批复的执行期限为两年。

2012 年 6 月 1 日，原告冯某某向被告申请办理电子收费业务，并缴纳了

闽通卡和电子标签工本费350元。其后,原告与被告公司的客服人员通话,被告知:收取的350元为电子标签工本费,持有中国银行卡收取175元的工本费,持其他银行卡收取350元工本费。被告制定的《福建省高速公路电子收费(闽通卡)用户章程》(以下简称《用户章程》)第12条规定:"用户理解使用闽通卡和电子标签以及本公司提供的服务不可避免会受到网络故障及系统优化、升级的影响,并可能造成服务中断,我司无需对此承担责任。"第14条规定:"本章程由我司负责制定、修改和解释。本章程如有变更,我司将以业务公告形式通知;用户方如对变更有异议的,须在公告发出后30日内向我司提出,否则视为用户得知并同意此章程。"

2012年6月27日,原告从沙县入口进入高速公路,并于2012年6月28日从三明北出口离开高速公路,被收取超时通行费270元。

2009年11月10日至2010年5月31日,中国建设银行福建省分行与被告合作开展高速公路通行费代扣业务营销活动,活动期间,建设银行客户在被告公司各电子收费管理分中心安装电子收费标签,可享受五折优惠(175元/套)。2009年下半年、2011年9月至2012年6月30日,中国银行福建省分行先后与高速公路公司开展合作,在合作期间,高速公路公司向中国银行的客户提供"闽通卡"安装五折优惠(175元/套)。

冯某某以高速公路公司利用市场支配地位,高价销售高速公路不停车收费的电子标签以及对交易相对人实行差别待遇,构成滥用市场支配地位为由,向法院提起诉讼。冯某某请求法院确认:(1)被告收取闽通卡与电子标签工本费行为违法;(2)被告对使用不同银行卡的消费者在收取闽通卡与电子标签工本费价格上实行差别待遇行为违法;(3)《福建省高速公路电子收费(闽通卡)用户章程》无效;(4)被告对原告从沙县入口到三明北出口以超时为由收取通行费270元行为违法;(5)被告立即停止侵害并采取措施消除其违法行为造成的影响;(6)被告赔偿原告损失5650元。

(三)法院审理

原审法院认为,《反垄断法》的立法目的在于制止具有垄断地位的经营者实施垄断行为,以维护市场的自由竞争与公平竞争,保护消费者的正当权益。消费者与占据垄断地位的经营者因垄断行为而发生民事争议的,有权以自己的名义提起反垄断民事诉讼。本案被告在相关市场上具有支配地位,但并不意味着其做出的经营行为均属于垄断行为,也不意味着垄断者根据民法上的等价有偿原则实施的经营行为都会阻碍科技与社会进步。原告指控被告实施滥用市场支配地位的行为，事实依据和法律依据均不充分，部分诉讼请求与原告缺乏法律上的直接利害关系，其公益意识值得鼓励，但其诉讼请求不能得到法律上的支持。此外，由于被告实施的被诉行为不构成滥用市场支配地位的行为，原告要求被告消除影响、赔偿损失无法律依据，法院不予支持。原审宣判后，冯某某不服，向福建省高级人民法院提起上诉。

福建省高级人民法院认为，冯某某主张高速公路公司实施滥用市场支配地位的行为，主要是认为高速公路公司收取闽通卡和电子标签工本费违法及对使用不同银行卡的消费者在收取工本费上实际差别待遇的行为违法。本案中高速公路公司对福建省内的高速公路享有独家经营和管理的权利，应认定其属于在相关市场上具有支配地位的经营主体。判断高速公路公司实施的相关经营行为是否构成滥用市场支配地位的垄断行为，应当严格按照《反垄断法》第 17 条所界定的滥用市场支配地位的垄断行为的表现形式和具体特征来分析。经查，本案发生时福建省内高速公路通行的方式共有两种：一种是人工收费通道，另一种是不停车电子收费通道。如果消费者选择人工收费通道，除交纳正常的通行费外无须交纳其他费用。如果消费者选择不停车电子收费通道，就应当事先办理好相关手续，即申请安装闽通卡及电子标签并交纳相关的工本费用。可见，消费者在进入高速路前对采用何种通行方式是完全可以进行选择的，高速公路公司并不存在限定消费者只能选择不停车电子收费通道通行的行为。消费者是否愿意向高速公路公司办理闽通卡和电子标签是平等民事主体之间的交易行为，不具有强制性，也不影响消费者对高速公路的正常使用。

高速公路公司为消费者提供不停车电子收费通道的服务，是在人工收费通道外附加的服务，其向消费者收取一次性的办理闽通卡和电子标签的工本费应当是合法的。这种情况并不属于《收费公路管理条例》第 35 条第 2 项所规定的“在车辆通行费收费标准之外加收或者代收任何其他费用”的行为。虽然采用不停车电子收费通道确实有利于高速公路快速缴费通行，方便于用路人，也提高了道路的通行效率等，是应当推广的一项技术服务，但这与认定高速公路公司是否存在垄断行为并不存在必然的关系。另外，根据高速公路公司提交的福建省物价局闽价服〔2010〕420 号文件，物价部门批复同意高速公路公司以 350 元的最高价格收取电子标签（含闽通卡）费用，该价格允许下浮，幅度不限。因此，高速公路公司向消费者收取不超过350元的工本费也是合法的。如果冯某某认为该价格畸高，其也应当通过行政诉讼或其他的方式对物价部门的具体行政批复行为进行纠正，这并不属于本案的审查范围。因此，冯某某主张高速公路公司收取闽通卡和电子标签工本费的行为违法没有事实和法律依据。

从本案查明的事实来看，高速公路公司仅在2012年6月，对持有中国银行卡的消费者实行办理闽通卡和电子标签半价优惠，对持有其他银行卡的消费者则实行全价收费，价格上确实存在差别待遇。但这种差别待遇并非无正当理由的随意行为，高速公路公司曾在不同时期与不同的商业银行之间存在合作推广业务的关系，高速公路公司对业务推广期间持有该银行卡的高速公路用户办理闽通卡和电子标签均给予了工本费上的优惠。如果消费者想要享受这种优惠，其完全可以选择成为相应银行的客户来实现。因此，高速公路公司对持有不同银行卡的高速公路用户在收取闽通卡和电子标签的工本费上采取不同的收费标准并不属于《反垄断法》第17条第1款第6项所规定的："没有正当理由，对条件相同的交易相对人在交易价格等交易条件上实行差别待遇"的行为，故冯某某关于高速公路公司存在对消费者实行差别待遇的主张不能成立。

关于《用户章程》的效力问题。消费者在办理闽通卡和电子标签时，就已经知悉《用户章程》的相关内容，选择成为闽通卡的用户就证明其愿意遵守《用户章程》所规定的相关权利义务，且《用户章程》虽由高速公路公司单方制作，但内容并不违反法律法规的强制性规定，应当认定合法有效，冯某某要求确认《用户章程》无效的主张不能成立。由于高速公路公司并不存在滥用市场支配地位的垄断行为，故冯某某要求高速公路公司赔偿相关损失的主张没有事实和法律依据。

综上所述，二审法院判决上诉人冯某某的上诉请求没有事实和法律依据，不予支持。原审法院认定事实清楚，适用法律正确，依法应予维持。

（四）评析

1. 关于原告提起诉讼是否符合民事诉讼法规定的问题

（1）根据《民事诉讼法》第119条的规定，起诉必须符合的条件之一是原告是与本案有直接利害关系的公民、法人和其他组织。本案原告提起的是滥用市场支配地位诉讼，该诉讼针对的是经营者在相关市场内的行为是否属于滥用市场支配地位的行为。受经营者在相关市场内的行为影响的除与经营者存在竞争关系的其他经营者，还有与经营者的经营行为存在利益关系的经营者和普通消费者，如果经营者的经营行为对这些主体的权益造成了损益变动，这些主体就可以认定为与经营者的经营行为存在“直接的利害关系”。本案涉及的相关市场是高速公路经营市场，被告是该市场内具有支配地位的经营者，原告是高速公路的用路人，针对被告在该市场内与消费者利益直接相关的经营行为，有权以自己的名义提起反垄断诉讼。

（2）对于民事诉讼中对于被告的行为是否应当直接进行违法性评价的问题，被告的意见并不准确。通常而言，法院在民事诉讼中并不对被告的行为进行抽象评价，但在被诉行为造成对当事人的损害后果时，对行为的违法性评价就是认定是否存在侵权责任的前提，故而，法院并非在任何情况下均不对被告的行为进行直接的违法性评价。《垄断纠纷司法解释》第 15 条规定，被诉合同内容、行业协会的章程等违反反垄断法或者其他法律、行政法规的强制性规定的，法院应当依法认定其无效。该条规定了法院在反垄断诉讼中直接对合同内容、行业协会章程进行评价的条件。据此，原告请求法院认定被告的经营行为违法并未超出法院受理民事案件的范围，其请求能否得到支持应当进行实体审理。

2. 关于被告的被诉行为是否属于滥用市场支配地位的行为的问题

（1）对于被告向原告收取闽通卡及电子标签工本费是否违法的问题。原告主张，应当以《反垄断法》第 17 条第 1 款“以不公平的高价销售商品或者以不公平的低价购买商品”之规定以及《收费公路管理条例》第 35 条第 2 项的规定，即“收费公路经营管理者不得有下列行为：……（二）在车辆通行费收费标准之外加收或者代收任何其他费用”来进行评价。法院认为，由于本案被告在相关市场内支配地位的形成是经由行政法规授权产生的，被告向消费者提供的是公共产品，其经营行为处于监管部门的监管之下。被告向法院提交的福建省物价局闽价服〔2010〕420 号文件，批复同意被告以 350 元的最高价格收取电子标签（含闽通卡）费用，该价格允许下浮，幅度不限。即其收费标准已经由行政审批，在此前提下，原告主张的该收费行为违反《收费公路管理条例》第 35 条第 2 项的规定涉及对行政审批的效力评价问题，而该问题并非民事诉讼中应当解决的问题。

（2）经营服务性收费问题。被告收取的电子标签和闽通卡工本费属于经营服务性收费，是被告为了便于用路人实现高速公路快速缴费通行推出的附加服务，该费用的收取是一次性的，针对的是愿意与被告进行有偿交易的高速公路用户，是平等主体之间的交易行为，不具有强制性。用路人即使不接受不停车收费服务，也不影响正常使用高速公路。原告引述的《收费公路管理条例》第 35 条第 2 项的规定从其制定本意看，是反制针对用路人强制加收或代收的通行费外的其他费用。故被告收取电子标签和闽通卡工本费的行为未违反《收费公路管理条例》第 35 条第 2 项的规定。被告收取的工本费是否属于《反垄断法》第 17 条第 1 款禁止的"以不公平的高价销售商品"，需要原告对此进行举证，证明被告收取的费用远远高于正常的价格，属于垄断高价，由于原告在本案中并未就此提交证据，故对原告的该项主张不予支持。

(3)差别待遇问题。对于被告针对持中国银行卡用户半价收费，对原告进行全价收费的行为，原告认为该行为违反了《反垄断法》第 17 条第 1 款第 6 项关于禁止价格歧视的规定，其实质是被告欲与中国银行联手垄断福建高速电子收费结算市场，阻碍了其他银行的竞争。法院认为，价格歧视的实质在于拥有市场支配地位的经营者在提供产品或服务时，无正当理由对不同的客户实行与成本无关的价格上的差别待遇。就本案的现有证据看，在 2012 年 6 月期间，被告对持有中国银行卡的高速公路用户实行购置电子标签半价优惠，除此之外的其他银行卡用户实行全价收费，价格上存在差别待遇。但并非所有的差别待遇行为都构成滥用市场支配地位的行为。被告提交的证据显示，被告给予中国银行卡用户的价格优惠是建立在中国银行福建省分行与被告之间合作推广业务的基础上的，在合作活动期间，中国银行福建省分行负有向自己的客户推广"闽通卡"业务，并保证活动期间用户安装闽通卡及电子标签最低数量的义务，该义务可以构成被告给予半价优惠的对价，因此，被告对持有中国银行卡的用户在活动期间给予安装价格的优惠并非没有正当理由。

(4)不同的银行与被告之间存在有合作关系或没有合作关系的差别，持有不同的银行卡构成了高速公路电子结算业务中不同的交易条件，消费者可以通过选择成为中国银行的客户享受办理闽通卡的价格优惠，其选择权并未被剥夺，而受到被告行为直接影响的是与中国银行福建省分行在高速公路电子收费结算市场中有竞争关系的其他银行。原告主张被告"无正当理由，对条件相同的交易相对人在交易价格上实行差别待遇”不能成立。

（5）对于《用户章程》的效力问题。原告主张该《用户章程》属于《合同法》第52条第4项“损害社会公共利益”的无效合同，其理由是消费者因要缴纳闽通卡工本费而放弃申请电子收费业务，客观上阻碍了科技及社会进步。因此，占据相关市场支配地位的经营者的经营行为也适用等价有偿的原则，电子收费业务具有特定优点，是被告在高速公路人工收费方式之外推出的附加服务，法律并未要求有支配地位的经营者必须为社会公共利益提供无偿服务，被告对电子收费业务收取闽通卡及电子标签的工本费并不违反法律规定。原告对于被告的收费及定价方式是否在客观上起到阻碍科技及社会进步的效果没有提交证据予以证明。

（6）格式条款问题。原告还主张，《用户章程》第12条、第14条属于《合同法》第40条“免除其责任，加重对方责任，排除对方主要权利”的无效格式条款。对此，依据《垄断纠纷司法解释》第1条的规定：“本规定所称因垄断行为引发的民事纠纷案件（以下简称垄断民事纠纷案件），是指因垄断行为受到损失以及因合同内容、行业协会的章程等违反反垄断法而发生争议的自然人、法人或者其他组织，向人民法院提起的民事诉讼案件。”法院认定合同内容是否违反《反垄断法》或其他法律、行政法规的强制性规定的前提是双方发生争议。《用户章程》第12条、第14条的相关规定是特定情形下关于被告与用户之间责任分配的条款，在特定情形没有发生时，本案原告与被告之间并未因《用户章程》第12条、第14条规定的情形发生实际争议，不宜进行抽象评价。

（五）律师提示

本案属于福建省受理的第一起公民个人提起的反垄断民事纠纷案件，案情虽不复杂，但高速公路电子不停车收费问题与广大车主的日常用车息息相关，案件影响大，社会关注度较高。本案审理的关键在于，如何做到既要维护相关消费者合法权益，使方便群众生产生活的技术得到推广，又使经营者的正当权益得到保障，维护公平合理的市场竞争秩序。两级法院在处理中能够较好地根据《反垄断法》第17条的规定，对经营者实施的具体行为进行全面、细致的分析，最终认定高速公路公司的经营行为不属于滥用市场支配地位的垄断行为。

## 五、高邮市通源油运有限公司诉泰州石油化工有限责任公司等垄断案

(一)当事人

原告:高邮市通源油运有限公司

被告:泰州石油化工有限责任公司

(二)案情简介

原告高邮市通源油运有限公司(以下简称通源公司)诉称:2001年11月15日,经高邮市人民政府具函举荐,被告泰州石油化工有限责任公司(以下简称泰州石化公司)(原名江苏泰州石油化工总厂)吸纳原告10条油驳参与原油运输,为此,双方于2003年3月6日签订了《意向书》。同年12月23日,双方签订运输合同,约定运价和运量,2004年约定运价为20.5元/吨。2006年12月20日,被告中石化公司投资设立扬子石化公司。2008年11月21日,扬子石化公司以原"江苏泰州石油化工总厂"的资产设立被告泰州石化公司。自中石化公司与扬子石化公司控制泰州石化公司后,三被告便利用原油运输资源垄断支配权,在运输成本持续上涨的情况下,非但不适时、适度上调运价或增加运量,反而差别性地对待承运船队,削减原告运量,致使原告亏损与日俱增,举步维艰。根据审计报告,原告于2010年、2011年共计亏损91.1万元,与2008年相比,因运量削减原因造成的亏损达到35万余元;与2004年相比,因运输成本上涨造成的亏损达到61万余元。自2011年5月起,原告多次恳求被告修改格式合同中不公平条款,然而三被告置之不理。综上所述,被告泰州石化公司受其他两被告的操控,滥用市场支配地位,使原告陷入进退两难的绝境并已经给原告造成经济损失,故向法院提起诉讼,请求判令:(1)三被告立即停止利用原油运输的支配地位,以不公平的运输条件侵害原告利益的行为;(2)三被告赔偿因滥用市场支配地位给原告造成的经济损失91.1万元;(3)三被告承担本案诉讼费。

被告泰州石化公司答辩称:其未实施原告指控的垄断行为,原告提起诉讼的目的是获取不应有的合同利益。故请求法院驳回原告的诉讼请求。

被告扬子石化公司、中石化公司答辩称:(1)原告起诉主体错误,原告与三被告不是同一行业,三被告均不是市场垄断主体;(2)三被告不占据相关市场垄断地位;(3)三被告未实施原告指控的垄断行为;(4)原告未提供任何

有效证据证明其主张;(5)原告是滥用诉权的恶意诉讼,以垄断诉讼为名,实际是为了逃避竞争。故请求法院驳回原告的诉讼请求。

(三)法院审理

法院认为:原告指控被告占据相关市场支配地位的主张不能成立。

1.关于本案的相关市场

原告当庭明确其所指的本案相关市场是国内原油运输市场,被告陈述其所理解的相关市场是指国内原油水路运输市场。法院认为,从现有证据看,三被告的营业执照中记载的经营范围虽包括货运或道路运输、水路运输,但被告所提交证据已初步证明其实际上不从事原油运输业务,原告亦未就此提出反证,应当认为被告不从事原油运输业务,也不会基于原油运输产生竞争关系,因而不具备占据原油运输市场支配地位的基础条件,原、被告双方关于相关市场的界定缺乏相应证据证实,不符合《反垄断法》规定的相关市场界定的原则和方法。

法院认为,根据三被告经核准的经营范围和实际运营状况来判断,三被告属于原油加工、销售经营者。原告与三被告之间的关系虽不是同业竞争者,但原告为被告泰州石化公司提供运输服务,双方基于承运合同形成上下游经营主体之间的协议关系。协议关系的双方当事人本应为平等主体之间的法律关系,现原告作为协议一方指控被告不当控制原油运输价格、实施差别待遇,根据原告的诉称理由,被告据以实施上述行为依赖的是其在原油加工、销售市场的优势地位,故本案的相关市场应当界定为国内原油加工销售市场。

2.关于被告是否占据相关市场支配地位

现原告主张被告占据相关市场支配地位,其提供的证据为:国务院《关于组建中国石油化工集团公司有关问题的批复》、中石化公司在互联网上发布的经营者信息的网页打印件、中石化公司董事长傅成玉在全国“两会”的发言及相关评论的网页打印件。从形式上分析,因互联网的虚拟性和不确定特征,原告所提供的两份网页打印件未经过合法公证程序,均不符合法律规定的证据的形式要件;从内容上分析,上述证据内容并未涉及法律规定的判定经营者是否具有市场支配地位的诸项因素,亦未涉及被告在国内原油加工、销售市场所占据的市场份额,因此,原告在本案中提供的相关证据均不能达到其所主张的被告占据相关市场支配地位的证明目的。

3. 现有证据不足以证明被告实施了原告所指控的垄断低价或差别待遇的垄断行为

我国《反垄断法》反制和禁止的并非经营者占据市场支配地位，而是经营者滥用市场支配地位的行为，因此，被告是否实施了原告所指控的滥用市场支配地位的行为，是本案的关键所在。

4. 关于原告所指控的被告实施垄断低价行为是否成立

原告为证明其该项主张，提供了2011年度、2012年度的审计报告及燃油、人工成本等票据作为证据，被告则提供了泰州石化公司与所有运输经营者近年来的运输合同及相关运输经营者负责人证言作为证据。根据原、被告双方的证据以及法院依法调查的证据分析，法院认为，首先，原告所提供的证据仅证明其存在亏损，但经营中导致经营者亏损的原因很多，经营者的盈亏与整体经济环境、经营者自身运营管理情况、交易市场拓展等多种因素相关，亏损事实本身并不能证明被告实施了垄断低价行为，也尚不足以证明亏损与被告行为之间具有因果关系；其次，被告举证证明其与运输经营者约定的运价均为同一价格，该价格高于泰州地区另一家原油加工经营者的运价，且两家相关运输经营者的负责人在法院依法调查时均明确表示，其在经营中可以实现微利经营，这说明，在与原告同等条件下经营的同业竞争者仍有利可图。因此，现有证据不足以证明被告实施了原告所指控的垄断低价行为。

5. 关于原告所指控的被告实施差别待遇行为是否成立

(1)原告认可被告泰州石化公司与运输经营者所约定的运价是同一的，但认为泰州石化公司不当削减其运量，导致其经营亏损。被告则抗辩称双方并未在合同中就运量进行约定，在产能确定的基础上，运量分配一般根据各运输船队的承运能力来进行，其之所以削减原告运量，是因其船队存在安全隐患，承运能力具有瑕疵。对此，法院认为，原、被告双方系平等主体之间的民事关系，双方就运量分配问题应当遵循自愿、平等的原则进行，具体运量与被告年度运输总需求量、特定运输经营者的承运能力等因素息息相关，在不同年度、不同时期并非一成不变，也并非如运价一般可以对所有运输经营者完全一视同仁，原、被告双方并未就每年运量在合同中明确约定，在此情况下，双方均应尊重对方意愿，在充分沟通、协商的前提下确定运量。根据被告的举证及法院依法向相关海事监管部门调查的证据分析，被告所做的关于原告船龄较老、曾发生安全事故、承运能力具有瑕疵等陈述属实，足以证明被告近几年来削减原告运量符合市场竞争规则，具有正当理由和合理客观因素，并非实施差别待遇行为。

（2）证明责任。原告虽主张其因被告滥用市场支配地位、实施垄断行为造成其于2010年、2011年共计亏损91.1万元，但未充分举证证明被告滥用相关市场支配地位并实施垄断行为，亦未举证证明其损失与被告行为之间具有因果关系，故其要求被告停止相关垄断行为、赔偿经济损失的诉讼请求缺乏事实和法律依据，法院不予支持。依据《反垄断法》第12条第2款、第17条第1款第1项、第6项及第2款、第18条、第19条，《垄断纠纷司法解释》第8条之规定，判决驳回原告通源公司的诉讼请求。

（四）评析

根据中国《反垄断法》第18条、第19条相关规定，认定经营者具有市场支配地位，应当依据该经营者在相关市场的市场份额、相关市场竞争状况、控制销售市场或原材料采购市场的能力、该经营者的财力和技术条件、其他经营者对该经营者在交易上的依赖程度以及其他经营者进入相关市场的难易程度等因素进行判定，或根据经营者在相关市场所占据的市场份额进行推定。根据《垄断纠纷司法解释》第8条的规定，原告应当对被告在相关市场内具有支配地位和其滥用市场支配地位承担举证责任。本案中，原告主张被告占据相关市场支配地位，其应当举证证明被告在相关市场内具有能够控制商品价格、数量或者其他交易条件，或者能够阻碍、影响其他经营者进入相关市场能力的市场地位，相关证据应当合法、客观、真实，由第三方权威部门发布，与原告主张具有直接关联性，才具有证明效力。

（五）律师提示

在石油产业上游，中国一直处于政府集中管理状态，而石油生产准入也要通过竞争由主管部门核准，因而，石油石化行业并非一个完全的自然垄断行业，目前石油石化行业存在的资本集中、规模化经济的现状并不是《反垄断法》所要反制或禁止的，即市场支配地位本身并不违法。根据《反垄断法》第12条第2款、第17条第2款的规定，相关市场是指经营者在一定时期内就特定商品或者服务进行竞争的商品范围和地域范围；市场支配地位是指经营者在相关市场内具有能够控制商品价格、数量或者其他交易条件，或者能够阻碍、影响其他经营者进入相关市场能力的市场地位。因此，要确定被告是否占据相关市场支配地位，首先要界定其所处的相关市场，然后判定其是否占据市场支配地位，最后再判断其是否实施了滥用市场支配地位的行为。

**六、江某某诉遵义铁路联营联运实业有限公司、中国铁路总公司成都铁路局垄断案**

（一）当事人

原告：江某某

被告：遵义铁路联营联运实业有限公司、中国铁路总公司成都铁路局〔1〕

（二）案情简介

原告江某某诉称，原告是遵义市颜村新世界建材市场及外环路沙坝建材市场的商户，每月有大批货物通过铁路集装箱从外地运输到遵义，货物到达后再通过汽车运输到原告库房。2010年5月前，所有集装箱货物运输业务均在遵义火车南站，价格相对合理。2010年5月后，遵义铁路集装箱运输业务由遵义火车南站迁移至北站，被告中国铁路总公司成都铁路局（以下简称成都铁路局）指定遵义铁路联营联运实业有限公司（以下简称遵联公司）遵联公司从事集装箱门到门运输服务，运输价格由二被告决定，遵联公司享有绝对市场支配地位并进行滥用，损害了市场经营环境、给原告造成较大的经济损失，体现在：（1）运输价格飞速上涨，完全背离市场公平价格。从车站运输到商家库房的运输价格从火车南站的1000元左右上涨到2700元左右，而路程不超过20公里，合理运费应当在1000元至1200元。2014年4月30日则再发通知要求上涨500元，系以不公平的高价销售商品（服务），属于滥用市场支配地位的行为。（2）被告遵联公司与原告签订的《集装箱到达服务合同》不平等，系格式合同且不交付原告，经常不出具发票及拒绝发送货物，属于拒绝交易和捆绑交易的行为，滥用市场支配地位。（3）乱收费、重复收费。在运输中，被告遵联公司的司机会额外收取500元至800元的费用，装卸工也另外收费，均不出具发票，而这些费用被告遵联公司已经收取。

原告认为，被告成都铁路局指定被告遵联公司进行取货运输，致原告不

---

〔1〕 现为中国铁路成都局集团有限公司。

能自行取货，也不能通过其他运输公司取货，二被告存在限定交易和捆绑交易的行为，滥用市场支配地位。被告遵联公司具有市场支配地位，以明显高于市场的不公平价格提供运输服务，重复收费、不开具发票，违反了相关规定，滥用市场支配地位。被告成都铁路局与遵联公司达成的不允许原告自行提货、禁止原告委托其他运输经营者提货运输及禁止其他运输经营者参与铁路集装箱经营构成经营者集中行为。因此，原告诉请法院判令：(1)依法确认被告遵联公司构成滥用市场支配地位操纵遵义火车北站集装箱运输市场；判令其降低运输服务收费；将双方签订的《集装箱到达服务合同》交付原告；向原告出具正规缴费发票；停止侵害原告合法权益；(2)依法确认被告成都铁路局构成具有排除竞争、限制竞争效果的经营者集中行为；判令其开放遵义火车北站集装箱运输市场，降低市场准入门槛；(3)依法判令二被告不得妨碍原告自行或委托他人到遵义火车北站提货，不能额外收取费用。(4)请求判令二被告共同赔偿原告经济损失1万元；(5)诉讼费用由二被告承担。

被告一遵联公司答辩称：(1)遵义北站的货物铁路运输存在四家经营者，其只是遵义北站为货物铁路运输提供服务的经营者之一，不具有控制其他服务经营者的能力，也不具有控制或影响其他经营者到遵义北站附近设立铁路专用线的能力，不具有市场支配地位；(2)其收费具有相应的文件依据，没有拒绝原告自行到货场“掏箱”，没有指定其他运输经营者，不存在滥用市场支配地位的行为；(3)因为原告的集装箱需要使用其专用线，也需要其装卸，故收取一定费用，其没有高收费的问题。另外，原告的诉讼请求涉及两个主体的两个垄断行为，不应当并案进行处理。请求驳回原告的诉讼请求。

被告二成都铁路局答辩称：(1)因为规划建战略装车点，故撤除遵义南站集装箱运输线，因遵义北站受地理条件限制，需铁路专用线装卸，经被告一申请、铁道部[1]同意，由遵联公司的专用线承担集装箱运输业务，并非被告二指定；(2)该铁路专用线是被告一投资修建及管理使用，并非被告二资产；(3)其没有限制原告只使用铁路集装箱业务，且遵义火车北站集装箱运输市场是对外开放的，只要符合集装箱运输到站作业能力的都可申请准入，

---

〔1〕 现为国家铁路局。

其也没有限制原告自行到遵义北站遵联公司专用线提货;(4)原告请求经济赔偿的诉讼请求超过了诉讼时效,请求驳回原告的诉讼请求。

(三)法院审理

根据双方当事人的诉辩主张、举证质证及综合庭审调查情况,法院认为:(1)原告不应当分别起诉两被告的垄断行为;(2)被案中,铁路集装箱运输市场由遵义南站转移至遵义北站后,遵义北站的铁路集装箱运输业务目前只能在被告一的专用线进行办理,其占据了遵义北站铁路集装箱运输市场的全部业务,应当认定被告一遵联公司在遵义北站具有铁路集装箱运输市场的市场支配地位;(3)二被告在遵义北站铁路集装箱运输市场有市场支配地位,但是二被告不构成滥用市场支配地位的垄断行为;(4)本案中,分析被告一遵联公司和被告二成都铁路局的在遵义北站铁路集装箱运输市场的相关业务,二者并不存在竞争关系,不会排除、限制竞争效果,因此,本案中成都铁路局并未实施反垄断法所反制的经营者集中行为。因此,原告起诉被告的行为未构成违反《反垄断法》所反制的垄断行为,或不属于垄断纠纷的审理范围,对于原告的诉请,法院不予支持。

(四)评析

本案的争议焦点为:(1)原告是否应当分别起诉两被告的垄断行为;(2)被告一遵联公司和被告二成都铁路局是否在遵义北站铁路集装箱运输市场有市场支配地位;(3)如果二被告在遵义北站铁路集装箱运输市场有市场支配地位,二被告是否实施了滥用市场支配地位的垄断行为;(4)被告二成都铁路局是否在遵义北站铁路集装箱运输市场实施了经营者集中的垄断行为;(5)原告的诉讼请求是否能得到支持。

1. 关于本案第一个争议焦点,本案被告一遵联公司使用专用线办理集装箱运输业务是被告二成都铁路局向铁道部运输局申请的结果,即被告一被诉市场支配地位的取得与被告二具有事实和法律上的牵连关系。同时,原告诉请认定被告二实施经营者集中的垄断行为,认为被告二实施经营者集中,二被告共同垄断遵义北站铁路集装箱运输市场。因此,原告针对二被告所提出的诉讼请求应在本案中一并审理,对于被告一主张原告应对两个被告分别起诉的意见,法院不予采纳。

2. 关于本案第二个争议焦点,根据《反垄断法》第 19 条第 1 款第 1 项的规定,一个经营者在相关市场的市场份额达到 1/2 的,可以推定其具有市场支配地位。本案中,铁路集装箱运输市场由遵义南站转移至遵义北站后,遵义北站的铁路集装箱运输业务目前只能在被告一的专用线进行办理,其占据了遵义北站铁路集装箱运输市场的全部业务,应当认定被告一遵联公司在遵义北站具有铁路集装箱运输市场的市场支配地位。被告一提出相关市场为遵义北站接发货物的物流服务市场,其不具有控制其他服务经营者的能力,也不具有控制或影响其他经营者到遵义北站附近设立铁路专用线的经营者能力,不具有市场支配地位的主张,在本案诉请的相关市场为遵义北站铁路集装箱运输市场的范围内,法院对此辩解不予采纳。

3. 关于本案第三个争议焦点,根据《反垄断法》第 17 条第 1 款规定,禁止具有市场支配地位的经营者从事下列滥用市场支配地位的行为:(1)以不公平的高价销售商品或者以不公平的低价购买商品;(2)没有正当理由,以低于成本的价格销售商品;(3)没有正当理由,拒绝与交易相对人进行交易;(4)没有正当理由,限定交易相对人只能与其进行交易或者只能与其指定的经营者进行交易;(5)没有正当理由搭售商品,或在交易时附加其他不合理的交易条件;(6)没有正当理由,对条件相同的交易相对人在交易价格等交易条件上实行差别待遇;(7)国务院反垄断执法机构认定的其他滥用市场支配地位的行为。结合原告的诉请及理由,关于二被告是否滥用市场支配地位主要争议在于其是否具有上述第(1)项的垄断定价、第(3)项的拒绝交易、第(4)项的限定交易、第(5)项的捆绑交易的行为,下面进行具体分析。

(1)关于被告是否涉及第(4)项的限定交易问题,被告二按照铁道部运输局《关于全路建设战略装车点的指导性意见》进行具体实施,规划将遵义南站建设成战略装车点而将铁路集装箱市场运输业务转移至遵义北站,是基于整个铁路建设运输的需要,而申请增加遵义北站遵联公司专用线办理集装箱运输业务是因为遵联公司符合集装箱运输业务要求,并无不妥,不能据此确认被告二成都铁路局实施了指定原告与被告一交易的限定交易行为。

关于被告一遵联公司是否实施限定交易的行为,即被告一是否准许原告自行或委托他人到遵义火车北站进行提货(背箱或掏箱)的问题,根据《垄断纠纷司法解释》第 8 条第 1 款,被诉垄断行为属于《反垄断法》第 17 条第 1 款规定的滥用市场支配地位的,原告应当对被告在相关市场内具有支配地位和其滥用市场支配地位承担举证责任,原告并未就被告禁止原告自行或委托他人到遵义火车北站进行提货(背箱或掏箱)进行举证,同时,二被告当庭表示从未禁止原告自行或委托他人到遵义火车北站进行提货(包括背箱),江某某委托他人到遵义北站办理掏箱手续并办理成功。因此,不能确认二被告实施了限定汽车运输公司为原告进行汽车运输的限定交易行为。

(2)关于被告是否涉及第(1)项的垄断定价的问题,原告认为被告一以不公平的高价销售商品,即2690元/组的集装箱"门到门"运输服务费用过高。关于2690元/组的集装箱运输服务费的费用组成中,双方就根据铁运〔2008〕138号文件规定收取的27元均无异议,法院对此费用不再审理。下面具体分析其余2663元项目的构成情况,首先,双方对项目构成中专用线使用费275元与装卸费390元的名称和金额主张一致,但原告认为二者重复而只能收取其中任意一笔。对该问题法院认为,从被告一的国有土地使用权证、铁路场地租用协议书及贵州省物价局及铁道部运输局的相关文件来看,被告一运营铁路确为专用线,使用被告一的专用线进行货物运输需支付一定的费用是合理的。

因将集装箱从铁路上转移至铁路车站公共装卸场所是被告一实施的,该服务需要一定的费用,即便未使用被告一的铁路专用线进行运输,也需要产生上述装卸费用。因此,被告一依据黔价费〔2009〕94号文件收取的专用线使用费及依据铁运〔2005〕5号文件收取的装卸费并未重复,原告的此项主张与事实不符,法院不予支持。关于其余2000元,原告主张的是场地安全管理费600元、支付运输公司运输费用900元、线路改造绕行费用500元,而被告主张的是接取送达费2000元的问题,该项费用的产生原因是从铁路车站公共装卸场所至收货人约定接货地点的短途汽车运输。如前所述,原告并未就被告禁止原告自行或委托他人到遵义火车北站进行提货(背箱或掏箱)进行举证,货物在该段的运输过程中,原告存在着多种选择方式,该费用也是双方通过签订的《集装箱到达服务合同》而产生的服务费用。

同时,铁总运〔2013〕39号文件规定:对货物从托运人约定的交货地点至铁路车站公共装卸场所或从铁路车站公共装卸场所至收货人约定接货地点的短途运输,核收接取送达费,因此,在此段收取接取送达费是有依据的。关于该费用是否过高的问题,铁总运〔2013〕39号文件规定接取送达费起码10公里的费率为20英尺箱450元/箱,超过起码里程后每公里费率为20英尺箱24元/箱公里,铁路局可上浮50%,下浮不限。依据该文件,按原告主张的其经营场所距离遵义火车北站13公里左右,上浮50%后计算每组接取送达费应在1500余元,因此,被告一在路线改造绕行前收取的1500元运输服务费用并未超出上诉文件规定的范围,同时,在线路改造绕行后增加30余公里而增加的500元的接取送达费也未超出上诉文件规定的范围。关于原告主张被告一的运输车辆并未就线路改造而绕行的问题,因原告的相关举证均为凌晨6时许,结合遵义市区主干道大货车禁止通行时间及东联线封闭时间,要求驾驶员在深夜作业的确不符合正常的作息时间,同时,被告收取的接取送达费在增加30余公里时只增加的500元,已经适当考虑到其部分运输车辆在深夜作业的实际情况,故原告该主张不予采纳。

(3)关于被告是否涉及第(3)项的拒绝交易的问题,原告在起诉状中认为被告一不出具合同、发票,经常滞留货物,司机和装卸工个人私自重复收费等为拒绝交易,法院认为,原告与被告一签订《集装箱到达服务合同》,并未拒绝在其专用线上进行原告的铁路集装箱运输业务,因此,并未存在《反垄断法》第17条第1款第3项规定的拒绝交易行为,而原告此诉请指向的相关行为均属合同履行过程中是否依法定及约定的内容履行合同义务而产生的问题,不涉及本案审理的垄断纠纷。

(4)关于被告是否涉及第(5)项的捆绑交易的问题,原告在起诉状中认为被告一经常附加不合理的交易条件,即被告一不出具合同、发票,经常滞留货物,司机和装卸工重复收费等,如上所述,上述问题属于合同履行过程中产生的问题,本案不予审理。同时,根据《垄断纠纷司法解释》第8条第1款的规定,原告应当就被告在交易中没有正当理由搭售商品,或在交易时附加其他不合理的交易条件的捆绑交易行为提供证据。本案中,原告既未提供证据,也未提出符合反垄断法要求的主张,本案对此不予审理。

综上所述,二被告不构成滥用市场支配地位的垄断行为,对于原告的该项主张,法院不予采纳。

4.关于本案的第四个争议焦点,法院认为,《反垄断法》第3条第3项规定:具有或者可能排除、限制竞争效果的经营者集中。本案中,分析被告一遵联公司和被告二成都铁路局在遵义北站铁路集装箱运输市场的相关业务,二者并不存在竞争关系,不会排除、限制竞争效果,因此,本案中成都铁路局并未实施《反垄断法》所反制的限制竞争行为。

5.关于本案的第五个争议焦点,对于其诉请中要求依法确认被告一遵联公司构成滥用市场支配地位操纵遵义火车北站集装箱运输市场,判令其降低运输服务收费及要求依法确认被告二成都铁路局构成具有排除竞争、限制竞争效果的经营者集中行为的主张，如上所述，因被告一遵联公司、被告二成都铁路局均不构成滥用市场支配地位，被告二成都铁路局未实施反垄断法所反制的限制竞争行为，故对该诉请不予支持。对于其诉请中要求将双方签订的《集装箱到达服务合同》交付原告，向原告出具正规缴费发票的主张，如上所述，不属于本案的审理范围，不予审理。对判令其开发遵义火车北站集装箱运输市场，降低市场准入门槛的主张，铁道部运输局《关于修改集装箱办理限制的通知》载明，根据成都铁路局的申请，增加遵义北站遵义铁路联营联运实业有限公司专用线办理集装箱运输业务，原告未能举证证明被告成都铁路局拒绝其他符合遵义北站铁路集装箱运输要求的经营者办理集装箱运输业务，故对原告该诉请亦不予支持。对于原告要求依法判令二被告不得妨碍原告自行或委托他人到遵义火车北站提货，不得额外收取费用的诉请，如上所述，原告既未能就被告妨碍其自行或委托他人到遵义火车北站提货的事实进行举证，也未能就其自行或委托他人提货时被告额外收取费用的事实进行举证，而江某某委托他人到遵义北站办理掏箱手续并办理成功，故对原告该诉请，法院不予支持。

（五）律师提示

《反垄断法》第 12 条第 2 款规定："本法所称的相关市场，是指经营者在一定时期内就特定商品或者服务进行竞争的商品范围和地域范围。"本案中，特定服务为铁路集装箱运输，地域范围为遵义北站，故本案的相关市场为遵义北站铁路集装箱运输市场。根据《垄断纠纷司法解释》第 9 条的规定："被诉垄断行为属于公用经营者或者其他依法具有独占地位的经营者滥用市场支配地位的，人民法院可以根据市场结构和竞争状况的具体情况，认定被告在相关市场内具有支配地位，但有相反证据足以推翻的除外。"本案中，从铁路运输市场结构和竞争状况来分析，成都铁路局属于公用经营者，因此法院确认成都铁路局在遵义北站铁路集装箱运输市场内具有支配地位。

《反垄断法》并不禁止经营者取得市场支配地位，但是，具有市场支配地位的经营者，由于拥有强大的经济实力和经营能力，能够控制相关市场上商品的价格、数量和其他交易条件，这种支配地位对市场竞争是一种潜在的威胁，如果其滥用这一市场支配地位，从事排除、限制竞争的行为，将会严重影响市场竞争秩序。因此,《反垄断法》对经营者滥用市场支配地位,排除、限制竞争的行为予以严格禁止。

## 七、美国反垄断执法机构诉甲骨文公司并购仁科公司案

(一)当事人

原告:美国司法部反垄断司和10个州司法部

被告:甲骨文公司

(二)案情简介

2003年6月6日,甲骨文公司主动提出以现金收购仁科公司所有在外流通的股票。2004年12月,美国司法部联合康涅狄格州、夏威夷州、马里兰州、密歇根州、明尼苏达州、纽约州、北塔科达州、俄亥俄州及得克萨斯州,上告禁止甲骨文公司对仁科公司的收购。美国司法部的理由是,此项兼并会因为单边竞争效应对ERP的买方产生不利影响。换言之,美国司法部没有宣称该并购案会导致暗地或明里的合谋,但认为此次收购会导致双方不再彼此激烈竞争,从而对优先购买两家公司产品的顾客产生负面影响(若假定其他竞争对手不改变他们的竞争策略)。特别是美国司法部认为,顾客购买ERP软件的行为符合拍卖理论,此收购会使仁科公司不再成为ERP的竞价供应者。

(三)法官的裁决

在加利福尼亚州北区联邦地区法院一次审理后,凡·渥克法官于2004年9月9日做出判决,美国司法部没能证实意向收购违反了美国的反托拉斯法。美国司法部在2004年10月1日宣布,对凡·渥克法官的判决不提出上诉。2004年12月,仁科公司的董事会接受了甲骨文公司103亿美元的收购价。

(四)评析

该案中,美国司法部的立场和法官决议之间有两个重要的分歧点。

1. 控方反对在涉及差异产品的合并中有关单边效应所需因素的决定

在1997年美国《横向并购指南》中,控方认为,必须满足两个条件:"在差异产品市场中,实质性的单边价格提升需要:(1)把合并公司的产品作为首选或次选的顾客在市场中占有显著的销售额;(2)通过合并,非合并方产品线的重新定位以弥补局部竞争损失的可能性极低。"

相反,渥克法官认为,需要“四个要素以证实单边效应的存在”。第一,合并公司的产品必须存在差别;第二,它们必须是近似代用品;第三,“其他产品必须与合并公司的产品有足够的差异,以使合并公司能获得假定垄断者测试法利润”;第四,非合并公司的产品重新定位必须是不可能的。此外,渥克法官认为,为了“让差异产品单边效应的申诉令人信服,控方必须证明相关市场中的合并各方将实质性地拥有垄断或市场支配地位。”

2. 控方不同意法官有关价格歧视如何影响单边效应分析的判定

控方把该案例视为“3 变 2”合并,即“竞争在这种情况下涉及一个投标过程,且对每个顾客来说都是分别进行的,因为销售高端 HRM 和 FMS 软件的价格竞争会针对特定客户而展开,介于甲骨文和仁科之间短兵相接的竞争,合并对不同的顾客影响也会不同。”因此,根据原告的立场,从经济学角度来看,每次采购就是一次拍卖,在这一过程中,价格的设定独立于其他此类的拍卖,这在很大程度上是因为套利是不可能的。这一分析的逻辑结论是,每次采购或拍卖应组成一个独立的市场,尽管控方没有就此阐明。

相反的,法官关注的是合并的产品差异方面,并谴责原告没有使用“诸如转换率等证实夺回效果”,而这本可能满足其发现单边效应的测试。但是,在独立拍卖情况下,无论不同产品之间的转换率是多大,拟合并都可能会导致反竞争效应。转换率测量是由一个产品价格(对所有顾客)上涨所损失的销售部分流向第二个产品的那部分,同时假设第二个产品的价格(对所有的顾客)保持不变。在价格歧视市场中,“价格竞争……是争针对特定顾客的”,合并公司对每一个体客户的提价幅度是不同的。在这样一个针对个体定价的市场中,本身假定所有客户面对同样价格上涨的转换率概念发挥不了任何作用。

自甲骨文公司 2004 年对仁科公司进行收购以来,甲骨文公司又收购了 40 家软件公同,其中包括西贝尔公司,该公司之前和甲骨文公司在公司电子商务套餐业务上存在竞争。SAP 仍是甲骨文公司在企业资源规划服务销售上的最大竞争对手。

自 2004 年以来,重要的技术变化是企业“云计算”的发展。云计算使顾客能进入一个共享的计算资源库,该资源库通过网络(通常是互联网)传播。甲骨文公司和 salesforce 公司及其他公司展开了竞争,在订阅的基础上,提供基于云的企业资源规划服务。由于企业资源规划软件和基于云的订阅的销售都是保密的,所以,客户合同和价格数据没有公布于众。因此,不可能使用公共数据来衡量甲骨文公司收购仁科公司后对合并后公司的价格影响。

(五)律师提示

渥克法官对于差异产品市场中合并公司可能的单边效应的描述受到许多经济学家的指责。他们认为,法官关于控方必须证明相关市场的结论是不正确的。差异化产品合并的经济学分析不需要定义相关反垄断市场。例如,美国 2010 年《横向并购指南》中阐述道:在分析差异化产品合并中,"根据转移销售价值诊断单边价格效应不用依据市场定义或市场份额和集中度的计算……(同样地,差异化产品)合并模拟方法也不需要依据市场定义。"

法官的结论"其他产品必须与合并公司产品足够不同,这样合并将产生小的但是很重要的非短暂性的价格增加,从而使合并公司获利"是不正确的。作为阈值事件,反垄断法没有要求合并将导致"小的但是很重要的非短暂性的价格增加"作为该合并的违法条件。但是更重要的是,从经济学角度来看,法官推断为了合并产生反竞争的价格增加,非合并公司的产品必须和合并公司的产品"足够不同",这是不正确的。美国 2010 年《横向并购指南》中阐述道:"对合并公司一方之前销售的产品在合并后出现大幅度的单边提高价格,通常需要有充分比例的购买该产品的客户把合并公司另一方销售的产品视为他们的下一个最佳选择……合并会对某一给定产品产生显著的单边效应,即使有更多的销量被转移到非合并公司出售的产品,而不是被合并方之前所销售的产品上。"正如"对于产生显著价格上涨的合并,在足够多数的个别客户眼中,合并的品牌必须彼此是最接近的替代品。"但是,从全体顾客的角度来看,合并的品牌不需要是特别紧密的替代品。

甲骨文案例后,在两个合并案例的诉讼中提出了合并模拟。在两家汽车修理成本软件公司(CC 控股公司和 Audatex North America 公司)的合并中,法庭发现"通过有关该记录的证据,(在模拟中)数据和预测不能合理的得到认可"。在两家预备缴税软件公司(HI& R Block 公司和 ss Holding 公司)的合并中,法庭发现"政府专家使用的合并模拟模型是一个不精确的工具,但是,在预测合并后潜在价格增加的可能性上却有一些证明价值。"

关于客户证词的作用,甲骨文一案的经验是,这些有关证词(客户对可能的价格上涨会做出如何应对的信息)应尽可能详细。客户证词可能成为经济分析的有效补充。但是,合并公司的客户可以选择"理性无知"——考虑到收集信息的成本和利益,客户可能会理性地选择不去了解合并后的公司在将来会如何给自己造成伤害。而且,直接采购者(可能是制造商或经销商)的经济引诱可能不同于最终消费者相比企业客户可能会很谨慎地公开他们的观点,否则会导致商业机密的泄露。

**八、Ross - Simmons 硬木公司诉惠好公司案**

(一)当事人

原告:Ross - Simmons 硬木公司

被告:惠好公司

(二)案情简介

Ross - Simmons 硬木公司(Ross - Simmons)在华盛顿地区的朗维优经营一家锯木坊 40 余年。Ross - Simmons 指控惠好公司(以下简称惠好)利用其市场支配地位提升了西北太平洋地区红赤杨锯原木的价格,该价格降低了或完全消除了 Ross - Sirmons 的利润;惠好提升价格的目的是把 Ross - Sirmons 和其他竞争者逐出市场。作为这一行为已经发生了的证据,Ross - Sirmons 指出惠好在红赤杨锯原木购买市场中占有大量份额;在涉嫌掠夺性投标的时间段中,红赤杨锯原木价格的升高;同一时间段内惠好硬木板材部门利润下降。

(三)法院审理

庭审之前,惠好要求对 Ross - Simmons 提出的掠夺性投标指控进行简易程序判决。惠好辩称,美国联邦最高法院在"布鲁克集团案"(1993 年)中建立的掠夺性定价检验应适用于此。联邦地区法院否决了这一动议,否定了布鲁克集团案检验可以适用于此;联邦地区法院坚持不需要证明惠好是亏损经营的。在庭审中,Ross - Simmons 没有提出证据证明惠好生产红赤杨板材的成本,这也包括涉嫌上涨的原木成本超过其销售板材收入的证据。事实上,在涉嫌的时间段中惠好及其在西北太平洋地区的红赤杨锯木坊保持盈利是无可争议的。Ross - Simmons 也没有证据证明惠好在竞争消失后通过提高价格搭售等方式弥补其因掠奇性投标而造成的损失。

2003 年 4 月 18 日,陪审团发还了一个判决,该判决声称红赤杨锯原木具有相关市场,但相应的红赤杨板材没有相关市场。陪审团同时判决 Ross - Simmons 已经证明了惠好垄断或试图垄断,并获赔 7900 万美元,该赔偿为其损失2625.6406万美元的3倍。

惠好提出上诉,美国联邦第九巡回上诉法院维持了陪审团的判决。法院的推理是布鲁克集团案“建立了一个销售方掠夺性定价的高责任标准,这是因为考虑到消费者在低价下获益且降价会促进竞争这一事实。”与之相对,美国联邦第九巡回法院指出,如果掠夺性投标者维持或提升其产出的价格,一方面,消费者短期不会受益且会遭受长期损失;另一方面,如果产出价格同时下降,这将会在掠夺性投标的时间段给竞争者带来更大的压力,加大了竞争对手被迫退出市场的风险。美国联邦第九巡回上诉法院接受了原告关于锯原木上游市场供给高度缺乏弹性的证据,法院驳回了投资人更高价格“可能会鼓励新厂商进入市场的供给一侧并扩大产出,因此增加创新和效率以使消费者受益”的观点。

相应地,美国联邦第九巡回上诉法院认定布鲁克集团案不适用,且美国联邦地区法院“没有必要去指导陪审团以下内容:只有惠好产生了损失以及惠好有补偿其损失的可能性,惠好对于锯原木的超额竞标才可能是反竞争的行为。”美国联邦第九巡回法院补充说,美国联邦地区法院对陪审团给出的指导(惠好是否购买了多于其需求的原木,或为原木支付了不必要的高价、阻止原告在公平的价格获得原木)“为如何决定行为是否反竞争提供了足够的指导”。

(四)评析

在Ross-Simmons起诉惠好公司案中,美国联邦最高法院遭遇了以下问题:先前宣布的衡量掠夺性定价的标准是否能够应用于所谓的掠夺性投标。在掠夺性定价中,商品的一个卖家暂时将其价格降低到盈利点之下,以此从那些不能承受这种损失的竞争对手那里抢夺生意。通过消灭这些竞争对手,这个卖家随后能够获得垄断利润。

在掠夺性投标中,一个厂商暂时为一两种重要原材料支付高价,以剥夺其竞争对手的供给。当对手买家因为无法盈利而被迫退出市场后,掠夺性投标者就维持(或增加)了它的买方垄断势力。这个垄断买家因此能够限制其随后购买的原材料数量,使产生的成本结余超过因限制产量而损失的利润,也超过先前以高价竞标时的损失。

比较这两种行为,上述案件的法庭指出二者都“包含故意使用以反竞争为目的的单边定价的方式”,且二者都需要承受短期自身损失以便在未来获得竞争利润的受益。由于厂商通常不愿意承受这样的损失，这两种行为都相对不太可能发生。此外，进攻性的竞标原料价格和对产出降价都包含着竞争的本质，法庭指出“为什么买家要投标原材料价格，这存在着无数从温和对待竞争到坚定促进竞争的合理原因。”

（五）律师提示

垄断是出现在市场的销售一侧，而买方垄断是在市场的购买一侧，因而买方垄断也被通俗地称为“买家垄断”。基于掠夺性定价和掠夺性投标的假定对称性，法庭认为对于掠夺性销售产品和掠夺性购买原材料应当使用相同的衡量标准。在先前的掠夺性定价中，官方建立了一个双柄式的检验，该检验需要证明：(1)产出价格定在低于涉嫌掠夺者的成本；(2)掠夺者随后通过实施市场势力就有合理的机会（或“危险的可能”）弥补低于成本定价带来的损失。

将这些标准改编到掠夺性投标中，本案的裁判要旨证明：(1)原材料价格被定在产出的成本超过利润的水平；(2)存在买断者实施市场势力弥补损失的可能性。由于本案中的原告没有满足这些标准，原告甚至没有试图满足这些标准，因此，有利于他们的判决被修改了，案件也被法庭发回重审。

## 九、精灵航空公司诉西北航空公司案

（一）当事人

原告：精灵航空公司

被告：西北航空公司

（二）案情简介

在20世纪90年代后期，精灵航空公司提供区域性的航班搭载乘客往返于美国国内少数几个城市。西北航空公司是一个大型航空公司，它在全世界的年运载量达到几百万。乘客运载量是这两家公司的主要区别。

1996年，精灵航空和西北航空在它们各自服务的国内航线底特律—费城和底特律—波士顿航线展开了一场价格战。费用降低到了这些城市的大部分旅客都想象不到的水平。精灵航空公司声称，西北航空公司所收取的低廉价格构成了掠夺性定价，这会迫使精灵航空公司退出市场，之后西北航空公司将会提高价格至垄断水平，最终消费者利益将会受到损害。西北航空公司回应称，以上两条航线的低价是两家航空公司势均力敌的竞争所致，并且低价导致消费者受益。

2000 年,精灵航空公司对西北航空提出反垄断诉讼,声称后者的策略构成掠夺性定价,违反《谢尔曼法》第二部分的规定。西北航空公司在法庭上辩解称,它的价格策略既不符合经济学也不符合法律上关于掠夺性定价的定义,并以此来回应这次诉讼。西北航空公司还指出,运用反垄断法来处罚发生在精灵航空公司和西北航空公司之间的这种价格竞争会损害消费者的利益,从长远来看还会形成一个阻碍有利价格竞争的法律先例。

(三)法院审理

在本案中,美国联邦地区法院的初始意见来自“松下电器案和布鲁克集团案”,法院认为精灵航空公司的主张缺乏有利条件,西北航空公司在判决中胜出。然而在上诉过程中,美国联邦第六巡回上诉法院发现合理的事实证明,精灵航空公司对西北航空公司行为的分析是可信的,并且把这个案子退回美国联邦地区法院进行重审。2005 年,精灵航空公司在巡回上诉法庭取得成功。

(四)评析

精灵航空公司和西北航空公司的这次诉讼作为一个典型案例,为我们提供了一个探究两企业间价格竞争的经济特征及两企业间竞争本质的机会。除此之外,这个案子还引出了整个掠夺性定价的问题。

掠夺性定价是为了创造或者保持市场垄断地位而设计的一种商业策略。在典型的掠夺性定价案例中,垄断者使用短期低价格来驱逐小型在位企业或者阻止那些会加剧市场竞争程度的潜在进入者。它发挥作用的原理是:掠夺性定价者通过大幅降低价格来对小型竞争对手或潜在进入者施加财务压力,从而迫使目标企业退出市场。一旦目标企业退出,掠夺性定价者会索要独占性价格。

通过这种价格战争,消费者在短期内会享受到低价格。但是从长期来看消费者最终必须支付垄断价格。如果掠夺性定价者在价格战中的长期垄断利润的现值超过它的短期利润损失,那么消费者在长期损失的现值会超过他们在价格战中获得的利益。总体来说,如果目标企业在价格战中生存下来而不是被淘汰,那么消费者的境遇会好很多,市场也会更有效率。

掠夺性定价展示了反垄断的政策困境:在掠夺性定价的前期,定价者的行为看上去很像强力的竞争,因此很难区分这种状况中的低价是可持续的且促进竞争的,还是不可持续的且目的在于说服竞争对手其商业计划是很难成功的。研究掠夺性定价的两位著名学者,奥多瓦和威利格[1]把掠夺性定价定义为在目标企业被迫退出市场前(或者在一些例子中,屈从于垄断者的价格领导地位)不会给垄断者带来利润的低价格。

由于(在一个掠夺性定价时期中)来自积极干预的正收益和(在一个促进竞争时期中)来自阻碍性干预的损失都相当大,且难以区别其性质,所以在判定掠夺性定价时的反垄断困境被加强了。阻止掠夺性定价者的最佳时机是在进入者离开市场之前。但是令人信服的掠夺性定价证据在此时几乎是找不到的。在这一时期如果反垄断者迅速结束低价格而不是等待进入者失败后再行动,那么破坏竞争性低价格的风险则相对较大。

(五)律师提示

自从在"松下电器案"(1986 年)和"布鲁克集团案"中美国联邦最高法院做出的判决后,掠夺性定价案例中的原告在法院不占上风。全美航空公司案表明这种困境延伸到了航空业。

这个案例为法院提供了一个充分的机会来重新考虑判定掠夺性定价案的布鲁克集团方法如何应用于航空业。不同于松下电器案和布鲁克集团案中涉嫌的掠夺性定价没有引起高效竞争者的灭亡和随之而来的高价格,精灵航空公司诉西北航空公司案的特点是,使一个可以生存的竞争者退出市场以及随后而来的价格增长。反垄断不应该阻止有效率的生产商替代低效率的在位者(松下电器案),也不应该阻止在位者通过生产新的产品来与对手竞争(布鲁克集团案)。反垄断是否应该阻止以下行为是精灵航空公司诉西北航空案应决定的一个问题:一个航空业在位者为了和低价格的进入者进行竞争而降低价格,遭受损失,并且用充足的产能来冲击市场,使进入者的载客量降低到一个不可持续的水平。

因为航空公司一般可以在许多市场经营并且它们可以很容易地从一个市场向另一个市场转移投入,因此航空业掠夺性定价案所需的经济分析是非常复杂的。掌握了航空业市场界定的微妙之处,审判法院在价格成本分析和补偿分析方面需要做更多的工作。关于精灵航空公司诉西北航空公司

---

[1] Janusz A. Ordover and Robert D. Willing: An Economic Definition of Predation: Pricing and Product Innovation, 91 *Yale Law Journal* 8. 1981, pp. 9 – 10.

案，卡恩[1]写道："我们只能祝愿巡回法院所任命的这个案件的陪审团能够清楚地看到一个问题：到底哪一方阻止竞争过程。"他对于这个案件的祝愿是否能够实现还不清楚。

沃登[2]在对全美航空公司案的描述中指出，这个受广泛关注的掠夺性定价案在一片"抱怨声"中结束了。尽管经济学分析在该案中得到了发展，精灵航空公司诉西北航空公司案却因为别的原因也在"抱怨声"中结束。2005年，就是精灵航空公司在巡回上诉法院取得成功的那年，西北航空公司申请破产。西北航空公司并不是唯一一个破产的主要航空公司。在那段时间，三角洲航空、联合航空、美国航空都面临破产。

在与西北航空公司的诉讼悬而未决的时期，精灵航空进行了所有权重组并改变了商业模式。寻求对西北航空公司的掠夺性定价实施限制令对于精灵航空公司的生存已不重要了。追究西北航空公司过去的掠夺性定价带来的损失对于精灵航空公司也是困难的，因为如果要这样做，精灵航空公司就必须与其他债务人在西北航空公司的破产程序中争斗。由于以上两个原因，精灵航空公司选择不再进一步追究西北航空公司。

2008年，西北航空公司与三角洲航空公司合并形成了世界上最大的航空公司。但合并中西北航空公司失去了它的名字。在精灵航空公司案中至关重要的底特律机场成为三角洲航空公司的母港。与西北航空公司比，精灵航空公司算是飙升了。虽然精灵航空公司的飞机不再在底特律—波士顿和底特律—费城航线上服务，但它从小机场（如普拉茨堡机场、拉特罗布机场）开始了对加勒比和拉丁美洲的多条航线。

精灵航空公司标榜自己是"美洲终极低成本航空"，并因其低价机票和鲜明的广告为人所知。精灵航空公司也因其应用边际成本定价而知名，精灵航空公司对托运行李、手提行李、打印登机牌、机上食品、过道边的座位额外收费。但在反垄断圈子里，精灵航空公司因为在掠夺性定价的案件中作为原告战胜了一度具有支配地位的被告而知名。

---

[1] 参见［美］J. E. 克伍卡、L. J. 怀特 Lawrence J. White 编著：《反托拉斯革命——经济学、竞争与政策》，林平、臧旭恒等译，中国财经出版传媒集团、法律科学出版社2017年版，第333页。

[2] 参见［美］J. E. 克伍卡、L. J. 怀特 Lawrence J. White 编著：《反托拉斯革命——经济学、竞争与政策》，林平、臧旭恒等译，中国财经出版传媒集团、法律科学出版社2017年版，第333页。

## 十、美国联邦贸易委员会、欧盟竞争局诉英特尔公司案

(一)当事人

原告:美国联邦贸易委员会、欧盟竞争局

被告:英特尔公司

(二)案情简介

20世纪90年代和21世纪初,英特尔公司是世界上最大的半导体芯片制造商。它生产芯片、插件板和其他半导体组件,这些都是构成电脑、服务器以及其他现代计算和通信产品的不可或缺的元件。

2009年和2010年,美国联邦贸易委员会和欧盟竞争局根据反垄断法规起诉并判罚了英特尔公司。在此之前,英特尔公司被竞争对手AMD公司起诉,于2009年和解结案,后又被纽约州总检察长以后续诉讼方式起诉,之后双方达成和解。上述案件声称英特尔公司滥用市场支配力和非法维持垄断地位。具体而言,英特尔利用其市场势力为一个特定的行(x86)微处理器采取一组行为以阻止竞争对手(尤其是AMD公司)进入以及影响相关市场的竞争(如潜在竞争对手如英伟达公司提供的图形处理单元)。通常这些行为包括与原始设备制造商(OEMs)之间的合同和非正式的安排,比如在他们的计算机产品中使用英特尔处理器的戴尔公司和惠普公司。

欧盟竞争局指控英特尔公司违反了《欧盟条约》第82条,关于禁止滥用在市场上的主导地位进行可能影响成员交易的行为。与此对比,美国联邦贸易委员会的调查指控英特尔公司违反了美国联邦贸易委员会法案第5条的规定,即禁止“不正当的竞争方式”和“不正当或欺骗性的行为或实践”。美国联邦最高法院早先发现所有违反《谢尔曼法》的行为也自动违反了《联邦贸易委员会法》。所以,虽然美国联邦贸易委员会不能执行谢尔曼法,但是美国联邦贸易委员会经常根据早先法院对违反《谢尔曼法》的调查结果实施强制行为。在本案件中,在AMD公司撤回它对英特尔公司违反《谢尔曼法》的诉讼的一个月之后,并将其作为与英特尔公司和解协议的一部分,美国联邦贸易委员会于2009年12月正式对英特尔公司提起诉讼。

所有这些案件都有共同点:从根本上说,每项指控英特尔公司采取特定行为故意地、有计划地妨碍或阻止芯片制造商对手与之公平竞争的行为,都对原始设备制造商和电脑硬件最终消费者造成伤害。在这些案件中,只有

欧盟竞争局的案件得到完整的判决。

（三）行政处罚和补救措施

这些针对英特尔公司的案件的最终结论涉及罚款和付款（在AMD公司和欧盟竞争局案件中相关金额总计超过20亿元），还有多种行为上的救济措施。欧盟竞争局决定要求英特尔停止其侵害活动。然而AMD公司和美国联邦贸易委员会在解决协议中强加了更多细节措施。这里的重点是美国联邦贸易委员会的和解协议，AMD公司也与美国联邦贸易委员会签订了类似的协议。

关于条件性回扣和直接限制，美国联邦贸易委员会要求英特尔公司的回扣、折扣和其他优惠不得建立在下列条件之上：其客户或终端用户独家使用和购买英特尔产品；同意限制、延迟或拒绝购买英特尔竞争对手的产品和包含英特尔竞争对手产品的计算机；或者放弃销售或开发包含英特尔竞争者产品的计算机。这些条件也不能按最小市场分割份额的形式，如“惠普案”的情形。英特尔公司不能因为它们设计、制造、分配或改进包含英特尔竞争对手产品的电脑而否定其客户或终端用户的利益，也不能在供应出现约束时在产品分配方面报复在以前年份中占英特尔产品销售额2%或更多的客户。

这一命令进一步禁止英特尔公司根据下面条件向客户提供好处：客户按照固定比例购买多种英特尔产品使得捆绑定价实际上低于成本。该命令明确区分了两种折扣结构：对超过总销售额Y单位的部分进行百分之X的折扣，还有如果销售额超过Y单位就对所有购买单位减少百分之X的折扣。根据协议命令，英特尔公司允许使用第一种折扣政策（增值折扣），后者只有在涉及特定客户的购买数量少于11个单位的相关产品时才能使用。但是，英特尔公司可以提供它合理地认为竞争者也在提供的折扣，并可以在某些特定的限制性很强的情况下提供独家合约。

关于英特尔公司在互补品市场的经营策略，美国联邦贸易委员会要求，如果设计上的改变会降低英特尔竞争者类似产品的业绩且不能提高自身CPUs和GPUs的利润，那么英特尔公司不能在其CPUs和GPUS上做任何设计上的改变。但由错误或其他不易发现的缺陷引起的降级不违反这一要求。还有一些措施是针对CPUs和编译器软件的，救济措施要求英特尔公司遵守某些行业标准，并将有关GPU的知识产权许可给AMD、Via和英伟达等其竞争对手。英特尔公司还被要求向互补品供应商提供细致的产品线路图以及公开其他信息,确保消费者了解编译器软件的影响。

(四)评析

到2010年为止有4起行政调查英特尔公司的案件:(1)欧盟竞争局的官方调查;(2)由英特尔公司的半导体竞争者AMD公司发起并最终和解的私人诉讼案件;(3)纽约州的调查;(4)由美国联邦贸易委员会发起的调查。

由AMD公司和纽约律师会发起的美国的这两起案件都宣称,英特尔公司非法维护垄断势力,违反了《谢尔曼法》第2章中禁止"垄断行为,试图垄断行为,合谋或联合垄断行为"的条款。虽然这是一个对反竞争行为结果的禁止,指控其非法维护垄断势力需要提供其存在垄断势力的证据。

(五)律师提示

英特尔案件值得研究是因为其展示了当垄断者在以封杀竞争对手竞争为共同目标而采用一系列策略时——每一策略针对某种特殊情况,将会出现什么情况。英特尔公司采取的回扣和策略成本都很高;实际上,当发现他们在多重司法权限上违反了反垄断规则时,关于英特尔公司收取的垄断利润是否超过其成本还是一个未知的问题。尽管如此,对于欧盟竞争局和美国联邦贸易委员会,英特尔公司对许多原始设备制造商采用的商业策略格式是决定英特尔公司法律责任的基础。

尽管欧盟竞争局和AMD公司的解决协议中附加了大量的财务罚款,在很大程度上,美国联邦贸易委员会附加的救济措施才是英特尔案对反垄断将来进一步发展所展示的特征。如AMD诉讼案一样,美国联邦贸易委员会的救济措施是和解协议的结果。虽然这些措施可能看起来具有限制性,但其仅在这样情形下才具有限制性,即英特尔公司的确曾经有从事现在被禁止的行动的意图。罚款的范围和正在进行的诉讼的可能性似乎显示了这不是英特尔公司的意图,因此,限制条件使英特尔公司能够向市场提供一个明确的关于其意图的承诺。这一案例将如何影响市场的演化,值得进一步思考。

## 十一、伊利诺伊工具工厂、三叉戟公司诉独立墨水公司案

(一)当事人

原告:伊利诺伊工具工厂、三叉戟

被告:独立墨水公司

(二)案情简介

三叉戟公司是伊利诺伊工具工厂的子公司,当时是(现仍是)生产压电式打印头的领先生产商之一。其产品用于高速工业喷墨打印机上。这些打印机往生产线的纸箱上打印条码、图像和其他内容。打印机生产商可通过授权协议获得三叉戟公司的专利打印头。这些协议规定,打印机使用的墨水必须从三叉戟公司独家购买,并且这种排他性购买一直延伸到最终的打印机购买者。

独立墨水公司是一家小型墨水生产商,它的产品与三叉戟公司生产的打印头是兼容的。独立墨水公司的产品价格在125美元~189美元,相比三叉戟公司325美元的价格便宜很多。这个价格差吸引了打印机生产商使用独立墨水公司的墨水。但这违反了它们与三叉戟公司的协定。

三叉戟公司于是威胁会终止对一些打印机供应商的供货,并同时起诉终端用户。于是在1997年,三叉戟公司在伊利诺伊州控告独立墨水公司侵犯专利权。这个案子由于缺乏属人管辖而被取消,因为独立墨水公司在该州业务很少。1998年,独立墨水公司试图发表声明称它的墨水没有侵犯三叉戟公司的专利权,而且三叉戟公司的专利权是无效的。三叉戟公司反诉独立墨水公司侵权,之后独立墨水公司修改了它的控词,同时控诉三叉戟公司的垄断和非法搭售。

(三)法院审理

加利福尼亚州中部联邦地区法院驳回了三叉戟公司对独立墨水公司专利侵权的诉讼。同时,该联邦地区法院也对三叉戟公司给出了一个简易判决,否决了独立墨水公司的反垄断诉讼。该判决的基础是独立墨水公司没能提供一个传统的经济分析来证明三叉戟公司拥有市场势力。独立墨水公司使用了本身违法原则。该原则假设涉及专利的搭售案例存在市场势力。该联邦地区法院驳回了独立墨水公司的以下陈述:“三叉戟势必必然拥有市场势力。这个市场势力来源于打印系统的专利,因而适用反垄断法中搭售的本身违法原则。”

美国联邦上诉巡回法院和地区法院的意见一致,认为专利本身并不一定会导致市场势力,但是,上诉巡回法院也认为这个判决和美国联邦最高法院此前80年的先例相矛盾,如“活动影像专利公司案”(1917年)、“国际盐公司案”(1947 年)、“Lews 案”(1962 年)和“Jefferson Parish 案”(1984 年)。虽然上诉巡回法院对这些先例颇有微词,但是认为地区法院不能推翻联邦最高法院的判决,这属于联邦最高法院的工作。所以申请这一简易判决的撤销上诉到了联邦最高法院,联邦最高法院决定受理。

最终,美国联邦最高法院决定推翻其先例。同时,美国联邦最高法院还认识到独立墨水合理地使用了这些先例来支持本身违法原则,因此为独立墨水公司提供一个机会来证明,三叉戟公司确实有市场势力并且通过搭售合约违反了《谢尔曼法》第 1 节的规定。

(四)评析

该案例的一般利益超越了三叉戟公司和独立墨水公司之间的冲突。一个更宽泛的问题涉及生产商通过搭售来实现和扩展市场势力的能力。这里所指的搭售是想要购买“商品 A”的顾客被迫接受一项合同,和商品 A 同时购买商品 B。在该案例之前,法律上有两个观点。根据第一种观点,对于有市场势力的公司,搭售合同本身违反了反垄断法。根据第二种观点,对于有专利的公司,搭售合同本身是违法的。法律推定专利导致市场势力。现在,美国法律上只有一个观点,即无论有没有专利,市场势力必须被证明存在。再进一步,甚至本身违法原则也受到了质疑。例如,批评者中有人认为,在“Jefferson Parish”案中,美国联邦最高法庭重申(5 票:4 票)拥有市场势力的生产商进行的搭售本身就是违法的结论应该被推翻,从而所有的搭售合同都应该在合理原则基础上进行评估。

(五)律师提示

这起发生于 2006 年的案件引起了很多争议。美国联邦最高法院利用这个案件颠覆了一个长期禁止拥有专利的企业进行搭售销售的本身违法原则。从此,无论一个企业有没有专利,都需要论证其市场势力的存在。一旦证明了企业拥有市场势力,搭售合同就是在本质上违反了反垄断法。

从某种程度上来说,美国联邦最高法院对该案的判决反映了一个明显的事实,即单纯地拥有专利并不能证明市场势力的存在。在更深的层面上,这个案件中讨论了企业为什么要实行需求计数和搭售销售,以及与这些行为相关的反垄断问题。虽然法院以往通常关注的是市场势力的影响力,但是该案提出了一个不同的关注点:利用互补商品(如打印机和墨水),企业可以使用搭售通过计数来进行价格歧视。反垄断的关注是消费者利益可能受到伤害,因为通过计数,商家能够成为更加有效的垄断者,从而攫取更多的消费者剩余。

## 十二、美国司法部反垄断局诉威士国际组织和万事达国际组织案

(一)当事人

原告:美国司法部反垄断局

被告:威士国际组织、万事达国际组织

(二)案情简介

1998 年 10 月,美国司法部反垄断局提起针对两大支付卡网络组织威士国际组织(VISA International,VISA)和万事达国际组织(MasterCard International,MasterCard)的反垄断诉讼。任何发行 VISA 卡的银行也可以自由发行 MasterCard 卡,反之亦然,其实很多银行也都同时发行两种卡。然而,Visa 和 MasterCard 都禁止发卡行发行其他网络的卡,特别是 American Express 卡和 Discovery 卡。另外,大多数银行都同时是 VISA 和 MasterCard 的会员,实际上是会员银行在控制着支付卡网络,而两个卡组织的管理层在一定程度上也是共享的。

美国司法部反垄断局声称,禁止发行其他卡和共享管理层的行为都是应该被制止的反竞争行为。VISA 和 MasterCard 辩称这些行为对于支付卡网络而言是有利于竞争的。

尽管美国政府认可 VISA 和 MasterCard 之间以及它们和 American Express、Discovery 之间存在竞争关系,但仍认为两家管理层的双重性和发卡限制降低了竞争程度,因此 VISA 和 MasterCard 在这点上违反了《谢尔曼法》第 1 条。美国司法部反垄断局特别在诉讼中指出,它的目的是防止 VISA 和 MasterCard 在"通用型支付卡网络产品和服务中因限制竞争而违反反断法。"诉讼中认为两个卡组织的管理层结构"……实质性减缓了 VISA 和 MasterCard 之间的竞争",会员规则和协会政策"消除了 VISA 和 MasterCard 会员银行间某些方式的竞争,并有效地排除了 American Express 和 Discovery/Novus 在美国通过银行发行各自卡片的竞争。"诉讼还指出这些违法行为的相关市场由"通用型支付卡网络提供的产品和服务"构成,这里很有意思的一点是,美国司法部反垄断局将借记卡和其他支付形式排除在相关市场范围之外。

美国司法部反垄断局声称，禁止发行其他卡和共享管理层的行为都是应该被制止的反竞争行为。VISA 和 MasterCard 辩称这些行为对于支付卡网络而言是有利于竞争的。最终，经过法庭判决和两家组织上诉失败后，美国司法部反垄断局赢得了发卡限制的指控，但对管理层共享的指控败诉。

（三）法院审理

本案于 2000 年 6 月 12 日进行审判，判决于 2001 年 10 月 9 日形成正式文件，随后 VISA 和 MasterCard 提起上诉。2003 年 9 月 17 日美国联邦第二巡回上诉法院支持了联邦地区法院的判决结果，当美国联邦最高法院在 2004 年 10 月拒绝对本案进行复审时，两个发卡组织的上诉机会终结。

（四）评析

要想确定 VISA 和 MasterCard 是否具有市场势力，就必须首先对相关市场进行界定，VISA、MasterCard、American Express 和 Discovery 发行的信用卡和签账卡显然属于这一市场，但是否还存在具有同样支付功能，与信用卡和签账卡具有较替代性的其他产品？例如，是否应将借记卡或现金、支票等其他支付方式也归入这一市场中？市场界定中是否应同时考虑供给方的替代性和需求方的替代性？

教科书中对市场的定义是一个买卖双方的集合，产品或产品集合的价格由买卖双方共同决定，供给方和需求方的替代性很显然都会对市场边界产生影响。无论是供给方还是需求方，两种产品在任何一方具有较高的替代性都应被归入同一市场范围中，因为任何一方的替代性都会使两种产品的价格具有较高的相关性。尽管初审法官在其判决中做了调整，但美国反垄断机构明显只重视需求方替代性的作用，在对潜在进入的分析中对供给方的分析也很有限，事实上需求方和供给方的替代性都很重要。

本案双方都面临的一个难题是不存在支付卡的使用者（相对于其他支付方式）支付的确切“价格”，从而很难基于价格的改变程度来估算需求方或供给方的替代性。对于支付卡而言，消费者支付的价格可能包括年费、滞纳金、其他费用，再减去刷卡消费的奖励和返还。商户支付的价格即为商户折扣，也是支付卡网络的相关各方实际收到的价格。对于其他支付方式，如现金而言，消费者付出的代价是携带现金的麻烦，包括丢失或被盗的风险，对于商户而言则主要是被盗的风险，虽然这很难量化但却很重要。

本案的相关各方均认同相关市场的地域范围是美国，分歧在于归入这一市场中的产品种类。正如大家所预料的,美国司法部反垄断局和 VISA 与 MasterCard 的观点完全不同。

(五)律师提示

作为原告,要想证明这些指控成立并的确损害了竞争,美国司法部反垄断局必须证明以下五点成立:(1)它提出的范围较窄的"通用型支付卡"市场界定与实际数据相符;(2)VISA 和 MasterCard 在行使市场势力时应作为一个整体还是作为两个独立个体来对待;(3)两家管理层双重性降低了 VISA 和 MasterCard 之间的竞争并有助于增强它们的市场势力;(4)VISA 和 MasterCard通过发卡限制来运用市场势力,对 American Express 公司和(或)Discovery 公司造成了损害;(5)VISA 和 MasterCard 运用市场势力的结果与竞争性市场的结果有很大差异,因而损害了消费者。

反垄断法的目标是保护消费者而不是竞争者,假设管理层双重性和发卡限制真的降低了 VISA 和 MasterCard 之间的竞争,并通过削弱 American Express 公司和 Discovery 公司来增强它们的市场势力,这如何对消费者造成损害?

司法部反垄断局认为两家管理层双重性会因限制创新和新产品投资而减少 VISA 和 MasterCard 的竞争动机,其结果是新产品和新技术应用的延缓,包括基于芯片的智能卡、互联网加密标准、广告信息和贵宾卡产品。对于发卡限制,美国司法部反垄断局认为这一做法限制了消费者对 American Express 卡和 Discovery 卡的使用,降低了商户对这两种卡的接受程度,从而抑制了 American Express 公司和 Discovery 公司研发智能卡之类新产品的能力。美国司法部反垄断局进一步认为,发卡限制致使 American Express 公司和 Discovery 公司无法发行离线借记卡(未来可以在技术支持下具备信用卡的功能)。由于 4 家支付卡公司的产品质量、特点、声誉等各不相同,消费者有权按照自己的意愿获得自己喜爱的银行所发行的任一个网络的信用卡,而发卡限制剥夺了消费者的这一权利。

# 参考文献

## 一、中文部分


1. 王晓晔:《欧共体竞争法》,中国法制出版社 2001 年版。
2. 王先林:《对滥用市场支配地位的法律反制》,载季晓南主编:《中国反垄断法研究》(文集),人民法院出版社 2001 年版。
3. 孔祥俊:《反垄断法原理》,中国法制出版社 2001 年版。
4. 薛兆丰:《反垄断法的经济学基础》,载《北京大学学报》(哲学社会科学版)2008 年第 6 期。
5. 倪振峰:《竞争的规则与策略——反不正当竞争法活用》,复旦大学出版社 1996 年版。
6. 李小明:《反垄断法中滥用市场支配地位违法认定问题研究》,载《河北法学》2007 年第 11 期。
7. 吴宏伟:《竞争法有关问题研究》,中国人民大学出版社 2000 年版。
8. 陈广平:《"本身违法规则"与"合理规则"功能的新思考》,载《法学杂志》2008 年第 5 期。
9. 曹士兵:《反垄断法研究》,法律出版社 1996 年版。
10. 熊志海:《网络证据收集与保全法律制度研究》,法律出版社 2013 年版。
11. 杨柏勇:《网络知识产权案件审判实务》,法律出版社 2012 年版。
12. 张学兵:《软件与网络侵权》,中国经济出版社 2004 年版。
13. 朱江:《网络知识产权卷》,法律出版社 2012 年版。
14. 汪涌、史学清:《网络侵权案例研究》,中国民主法制出版社 2009 年版。
15. 孔祥俊:《反不正当竞争法的创新性适用》,中国法制出版社 2014 年版。

16. 范长军:《德国反不正当竞争法研究》,法律出版社 2010 年版。
17. 李美娟:《瓶颈设施、网络接入反制与电信竞争》,科学出版社 2013 年版。
18. 段文奇、赵良杰:《基于复杂网络的平台扩散机制和竞争策略研究》,中国社会科学出版社 2012 年版。
19. 胡汉辉、顾成彦:《网络融合与交叉业务竞争研究》,科学出版社 2010 年版。
20. [美]托马斯 · H. 达文波特、[美]珍妮 · G. 哈里斯:《数据分析竞争法——企业赢之道》,康蓉、吴越译,商务印书馆 2011 年版。
21. 蒋岩波:《网络产业的反垄断政策研究》,中国社会科学出版社 2008 年版。
22. [美]戴维 · 格伯尔:《全球竞争:法律、市场和全球化》,陈若鸿译,中国法制出版社 2012 年版。
23. 黄晓斌:《网络环境下的竞争情报》,经济管理出版社 2006 年版。
24. [意]罗伯托 · 维甘提:《第三种创新:设计驱动式创新如何缔造新的竞争法则》,戴莎译,中国人民大学出版社 2014 年版。
25. 肖远飞:《网络关系、知识资源与竞争优势》,中国社会科学出版社 2012 年版。
26. 谷虹:《信息平台论——三网融合背景下信息平台的构建、运营、竞争与反制研究》,清华大学出版社 2012 年版。
27. 于良春:《自然垄断与政府管制》,经济科学出版社 2003 年版。
28. 李虹:《相关市场理论与实践——反垄断中相关市场界定的经济学分析》,商务印书馆出版社 2011 年版。
29. 詹昊:《反垄断法下的企业并购实务——经营者集中法律解读、案例分析与操作指引》,法律出版社 2008 年版。
30. 丁茂忠:《反垄断法实施中的相关市场界定研究》,复旦大学出版社 2011 年版。
31. 王长斌:《穿行于规则之间——中国对美贸易与美国反托拉斯法》,人民出版社 2008 年版。
32. 许光耀:《欧共体竞争法通论》,武汉大学出版社 2006 年版。
33. [美]杰伊 · 皮尔 · 乔伊:《反垄断研究新进展:理论与证据》,张嫚、崔文杰译,东北财经大学出版社 2008 年版。

34. 刘和平:《欧盟并购控制法律制度研究》,北京大学出版社 2006 年版。
35. 史建三、钱诗宇等:《企业并购反垄断审查比较研究》,法律出版社 2010 年版。
36. 薛兆丰:《商业无边界——反垄断法的经济学革命》,法律出版社 2008 年版。
37. 王健:《反垄断法的私人执行——基本原理与外国法制》,法律出版社 2008 年版。
38. 方小敏:《竞争法视野中的欧洲法律统一》,中国大百科全书出版社 2010 年版。
39. 王晓晔主编:《中华人民共和国反垄断法详解》,知识产权出版社 2008 年版。
40. 李晓蓉:《市场界定与反托拉斯政策研究》,南京大学出版社 2010 年版。
41. 方立维、徐步云:《并购与收购上市公司的反垄断反制》,知识产权出版社 2011 年版。
42. 袁达松、韩赤风、李树建等:《中外竞争法经典案例评析》,法律出版社 2011 年版。
43. 唐要家:《价格合谋的反垄断政策研究》,中国社会科学出版社 2011 年版。
44. 卫新江:《欧盟、美国企业并购反垄断反制比较研究》,北京大学出版社 2005 年版。
45. 朱国华、张青:《期货业反垄断与竞争政策研究》,上海财经大学出版社 2010 年版。
46. 刘桂清:《反垄断法中的产业政策与竞争政策》,北京大学出版社 2010 年版。
47. 全国人大常委会法制工作委员会经济法室编:《中华人民共和国反垄断法——条文说明、立法理由及相关规定》,北京大学出版社 2007 年版。
48. 商务部条法司编,尚明主编:《中华人民共和国反垄断法——理解与适用》,法律出版社 2007 年版。
49. 朱宏文、王健:《反垄断法——转变中的法律》,社会科学文献出版社 2006 年版。
50. 李雨龙主编:《企业投资、并购法律全书》,法律出版社 2010 年版。

51. 王中美:《并购与反垄断》,世纪出版集团、上海人民出版社 2008 年版。
52. 刘宁元、司平平、林燕萍:《国际反垄断法》,上海人民出版社 2009 年版。
53. 郗伟明:《经济全球化下中国反垄断执法专题研究》,法律出版社 2010 年版。
54. 黄勇、董灵:《反垄断法经典判例选读——禁止垄断性协议》,人民法院出版社 2008 年版。
55. 韩赤风、袁达松、赵英军、吴海航等:《中外反垄断法金典案例》,知识产权出版社 2010 年版。
56. 沈四宝、刘彤:《美国反垄断法原理与典型案例研究》,法律出版社 2006 年版。
57. 王晓晔主编:《反垄断法实施中的重大问题》,社会科学文献出版社 2010 年版。
58. 王晓晔:《论反垄断法》,社会科学文献出版社 2010 年版。
59. 冯江:《跨国公司技术交易的限制性商业惯例及其法律管制》,西安交通大学经济法学 1994 年硕士学位论文。
60. 冯江:《简论不正当竞争概念》,载《法律科学》(西北政法学院学报)1992 年第 S1 期。
61. 冯江:《美国反托拉斯法与技术转让》,载《现代企业》1994 年第 11 期。
62. 冯江:《跨国公司内部交易的反垄断法责任》,载《特区法制》1995 年第 11/12 期。
63. 冯江:《BOT 项目投资回报率的政府担保问题探讨》,载《法律科学》(西北政法学院学报)1998 年增刊(总第 92 期)。
64. 冯江:《打造大牌律师事务所》,载中华全国律师协会编印:《第三届中国律师论坛暨专业委员会年会论文集》(上),2003 年版。
65. 冯江:《知识产权与市场竞争规则》,载《广东科技报》2005 年 7 月 1 日,第 16 版。
66. 冯江:《银商事件的反垄断反不正当竞争评析》,载深圳市律师协会编:《深圳律师:探索 · 思考 · 改革》,法律出版社 2005 年版。
67. 冯江:《"油荒事件"的反垄断探讨》,载中华全国律师协会编:《第五届中国律师论坛优秀论文集》,中国政法大学出版社 2005 年版。
68. 冯江:《论知识产权滥用的竞争法反制》,载中华全国律师协会编:《第六届中国律师论坛优秀论文集》,中国政法大学出版社 2006 年版。
69. 冯江:《写在反垄断法实施时的几点思考》,载《深圳律师》2008 年第 20 期。
70. 冯江:《"传导效应"——可口可乐并购汇源案解析》,载中华全国律师协会编:《第八届中国律师论坛优秀论文集》,北京大学出版社 2009 年版。
71. 冯江:《可口可乐并购汇源案之"传导效应"》,载《广东律师》2010 年第 1 ~2 期。
72. 冯江:《中国企业并购的反垄断律师实务》,法律出版社 2012 年版。
73. 冯江主编:《中国网络市场之竞争法博弈》,法律出版社 2015 年版。
74. 冯江:《中国知识产权滥用之反垄断反制实务》,法律出版社 2018 年版。
75. 冯江、[美]Emilio Varanini:《最高人民法院奇虎诉腾讯案判决与中国法治》,载《竞争政策研究》2016 年第 7 期。

## 二、英文部分

1. Cambini C. ,"Competition Between Vertically Integrated Networks", *Information Economics and Policy* 13,2001.
2. Cambini C. ,valletti T. ,"Access Charges and Quality Choice in Competing Networks", *Information Economics and Policy* 16,2004.
3. Carter M. ,Wright J. ,"Interconnection in Network Industries", *Review of Industrial Organization* 14,1999.
4. Farrell J. , Klemperer P. , "Coordination and lock - in: competition with switching costs and network effects", http://www. paulklemperer. org, July 19,2006.
5. Gabszewicz J. ,et al. ,"Upstream Market Foreclosure", *Bulletin of Economic Research* 60 (1),2008.
6. Gans J. King S. ,"Using 'Bill and Keep' Interconnect Arrangements to Soften Network Competition", *Economics Letters* 71,2001.
7. Hahn JH, "Network Competition and Interconnection With Heterogenous Subseribers", *international Journal of Industrial Organization* 22(5),2004.
8. Haring J. ,Rohlfs J. H. ,"Efficient Competition in Local Telecommunications Without Excessive Regulation", *Information Economics and Policy* 9,1997.

9. Jeon S. , "Telephone Demands in Two - way Interconnected Networks", *Journal of Economic Theory and Econometrics* 7 ,2001.

10. LaPuerta C. , Tye W. , "Promoting Eeffective Competition Through Interconnection Policy" ,*Telecommunication Policy* 23 ,1999.

11. Fengjiang,Varanini:The Decision of the Supreme People's Court in Qihoo V. Tencent and the Rule of Law in China:Seeking Truth From Facts 1 *Competition* Vol. 25 ,No. 1 , Spring ,2016.

# 附　件

## 成立中国竞争法律师联盟倡议书[1]

反垄断法在国际上被称为“经济宪法”“自由经济大宪章”，已经有100多个国家相继制定了反垄断法。经过13年的风雨历程，2007年8月30日，第十届全国人民代表大会常务委员会第二十九次会议表决通过了《中华人民共和国反垄断法》，自2008年8月1日起施行。《中华人民共和国反垄断法》规定成立新的国务院反垄断委员会，并准备授权反垄断执法机构。另外，《反不正当竞争法》也准备修订。反垄断专家预测，10年后中国反垄断反不正当竞争方面的法律服务市场规模至少增至20亿美元，潜力巨大，大有可为。

中国加入WTO后，一方面，国内企业并购重组（包括境外并购）频繁发生，行政垄断与行业垄断屡禁不止，滥用市场支配地位与各种卡特尔行为愈演愈烈。另一方面，外资正在加大并购国内龙头企业的力度，跨国公司对国内市场的垄断行为也不断出现，反倾销加反垄断模式逐渐成为国际贸易的新壁垒。这两方面均对法律工作者提出了新要求，即律师要敏锐地把握先机，超前准备提供跨地区、跨国境的反垄断反不正当竞争专业新领域的高层次法律服务。否则，难以在新法律服务市场争得一席之地。

上述新要求也是中国国内众多中小律师事务所面临的“瓶颈”。在中国律师业界的并购重组不大可能在短期内大规模上演的情况下，比较现实可行的办法是创建包括外资所与我国港澳台地区所在内的跨国跨地区律师事

〔1〕 编辑：反垄断反不正当竞争律师网。作者：冯江。发表日期：2007年8月1日。

务所专业联盟,这方面的政策还需要中国司法行政机构进一步的支持。

中国国内已经出现了若干个跨地区律师事务所之间的联盟组织,但还没有反垄断反不正当竞争专业联盟。目前中国国内已经有12万余家律师事务所,但没有一家专门从事反垄断反不正当竞争专业的律师事务所。在全国律师协会与各地律师协会中,仅有北京、上海和深圳等几家协会成立了反垄断法或竞争法专业委员会,国内相当多的律师事务所和律师对反垄断反不正当竞争专业领域相对陌生,缺乏了解。尤其是当前国内反垄断反不正当竞争专业律师极其匮乏,难以满足《反垄断法》颁布后法律服务市场日益增长的巨大需求,而中国竞争法律师联盟的创建和发展可以填补这一空白。在国际上,已经有不少专门从事反垄断专业的知名律师事务所和知名律师,与国内律师事务所相比,外资所与港澳台所在人才和专业方面有优势,国内律师事务所有本土的优势。

目前中国国内个别律师事务所和律师独自开拓跨地区跨国境的反垄断反不正当竞争专业的法律服务市场是比较困难的;没有国内所的合作,外资所与我国港澳台地区所独力开拓中国法律服务市场也有一定难度。较好的方案是成立跨地区跨国境的,包括外资所、我国港澳台地区所与我国内地/大陆所在内的专业联盟,资源共享,优势互补,辐射全国与全球市场,更好地发挥各自的优势和联盟的整体优势。在创造规模效益的基础上,打造联盟和各成员的品牌。

我们提议在自愿的前提下,开始就成立专业联盟事宜进行联络、协商、签约、行动。初步设想如下:

## 一、宗旨

联盟宗旨是优化配置联盟成员的资源,打造以反垄断反不正当竞争专业为主业,兼顾其他业务的大牌律师事务所,逐步培养造就一支高素质的专业律师团队,共同开拓跨地区跨国境的反垄断反不正当竞争专业领域的法律服务市场,为海内外当事人提供优质、高效的专业服务,维护当事人的合法权益,维护社会公平与正义,争取获得良好的经济绩效。

## 二、名称、性质

“中国竞争法律师联盟”(暂定名)是由有志于从事中外反垄断反不正当

竞争事业的律师与律师事务所(包括外资所、港澳台所与国内所)自愿发起的行业联合体组织,参加与退出自由,联盟各成员按照联盟协议享受权利、承担义务。

## 三、发起人

发起人是有志于从事中外反垄断反不正当竞争事业的律师与律师事务所(包括外资所、我国港澳台地区所与我国内地/大陆所),主要发起所应当具备具有各自的核心竞争力的团队和网站。主要发起人应当是反垄断反不正当竞争领域的知名律师。

## 四、组织机构

设立联盟成员大会,成员大会是联盟的最高协调机构。分个人联盟成员与律师事务所联盟成员两类,在联盟大会行使表决权。联盟大会设立管理委员会,管理委员会是联盟的日常事务执行机构,设主任一名,副主任二名。管理委员会成员由联盟成员在成员大会上提名并通过表决产生,每个律师事务所联盟成员可以指定一名管理委员会成员,若干个人联盟成员可以联合提名一名管理委员会成员。

## 五、业务范围(暂定)

1. 反垄断业务:(1)经营者集中(并购重组)行为;(2)滥用市场支配地位行为;(3)垄断协议(卡特尔)行为;(4)行政性垄断行为;(5)滥用知识产权行为。

2. 反不正当竞争业务:(1)商业混同行为和虚假标示行为;(2)公用企业限制竞争行为;(3)滥用政府权力限制竞争行为;(4)商业贿赂行为;(5)虚假广告行为;(6)侵犯商业秘密行为;(7)压价销售排挤竞争对手行为;(8)附条件交易行为;(9)不正当有奖销售行为;(10)商业诽谤行为;(11)串通投标行为;(12)其他不正当竞争行为。

3. 其他可供选择的业务:并购重组业务、两反一保业务、知识产权业务、证券业务、公司业务、金融业务、保险业务、房地产业务、国际贸易业务等。

4. 服务形式(暂定)

接受海内外当事人的委托,提供反垄断业务、反不正当竞争业务与知识产权业务以及其他业务的咨询、培训、调查、申请、举报、谈判，代理行政许可、仲裁与诉讼等法律服务。

## 六、初期合作范围（松散型联盟暂定）

1. 联盟成员之间的个案合作：跨地区跨境律师事务所或律师之间共同办案或互相委托办案，按照约定承担风险，分享利益；

2. 联盟成员之间利用各自网站，互相链接、转载，争取形成反垄断反不正当竞争专业律师主流网站集群；

3. 联盟成员之间专业信息共享：相互通报情报、动态、交流经验、研讨案例等；

4. 联盟成员之间的其他协助。

## 七、组织类型、阶段

联盟组织类型可以分为松散型、半紧密型以及紧密型。大致分为三个阶段整合，在 1 ~3 年内逐步形成：

第一阶段，成立松散型联盟，即联盟各成员按照联盟协议享受权利、承担义务。先通过联盟各成员之间的个案合作和专业信息沟通等，逐步建立互连互助互信，增进友谊。但该阶段联盟成员各自独立核算、自负盈亏、独立或按约定承担民事责任。

第二阶段，经一段时期磨合，待条件初步成熟时，经全体成员一致决定，成立半紧密型联盟。除联盟各成员按照联盟协议享受权利、承担义务外，联盟主要成员各自的律师事务所和网站逐步统一名称（或者在原名称加前后缀）、商标、标识，个人联盟成员可以维持不变，也可以先加入某个联盟主要成员的律师事务所。但该阶段联盟成员仍然各自独立核算、自负盈亏、独立或按约定承担民事责任。

第三阶段，待联盟成员互相信赖，条件完全成熟时，经全体成员大会一致决定，成立新的紧密型联盟。即联盟主要成员各自的律师事务所整体或部分加入新联盟，个人联盟成员各自加入新联盟。新联盟为统一实体组织（暂定名：中国竞争法律师集团事务所），并向中国司法行政机关申请注册，经批准后正式成立。

经联盟主要成员一致决定，可以采用总部与各地分支机构模式，也可以试行内部公司制或其他先进律师事务所体制。

紧密型联盟成立初期,联盟成员可以各自原有的业务收入弥补反垄断反不正当竞争业务收入的不足来平稳过渡,过渡期后应当以反垄断反不正当竞争业务为主业,以其他业务为次业。

**八、专家顾问团与学术交流活动**

“中国竞争法律师集团事务所”正式成立后,准备聘请一批反垄断反不正当竞争专家、教授顾问团,并与国内外反垄断反不正当竞争执法机构、司法机构、科研机构与高等院校等建立和保持经常性的学术交流活动。

**九、联盟的扩展**

“中国竞争法律师集团事务所”(暂定名)正式成立后,经全体成员大会一致决定,可以并购吸收国内外新的律师事务所与律师加盟,也可以与国内外相关机构和人员建立各种联系。

**十、联盟协议**

“中国竞争法律师联盟”的具体类型、发起人、组织架构、各成员的具体权利义务、业务范围、合作方式等,在参加联盟的协议中进一步协商、完善、确定。

**十一、建议**

我们建议先在有意向的网站刊载本倡议书,发起网上论证会,完善可行性方案,联络同仁和专家,聚集人气。

以上仅系初步设想,错漏难免,设想变为现实需要付出艰辛的努力,期待海内外各位同仁和专家的参与和高论!我们呼吁,机不可失,时不我待,有志于从事中外反垄断反不正当竞争事业的律师们联合起来!行动起来!

**深圳市律师协会反垄断反不正当竞争专业委员会主任**

**冯　江　律师**

# 后　记

律师写书似乎是件"苦差事",因为相当多数律师整天忙于办案,有时心态浮躁,往往静不下心来专心写作,故律师著书立论者系少数。但是,律师写书也有优势,就是丰富的实践经验,这种经验是长期办案积累出来的财富,具有宝贵价值,但其中蕴含着酸甜苦辣,有的律师宁愿私下讨论,也不愿公开。但是,如果宝贵经验就此埋藏,甚至随人衰老生病而缥缈而去,岂不可惜,为了今生不悔,故而立言于世。

第十届深圳市律师协会公平交易法律专业委员会(原反垄断反不正当竞争专业委员会)成立后,经笔者发起,大家一致赞成继承历届公平交易法律专业委员会撰写专著的优良传统,届届相传。前三本专著已经由法律出版社出版(第一本:《中国企业并购的反垄断律师实务》;第二本《中国网络市场之竞争法博弈》;第三本《中国知识产权滥用之反垄断反制实务》),本书是第四本专著。经过大家几个月的寒窗灯下,艰辛努力,本书终于付梓,笔者颇有感慨,想要感谢的人诸多。首先,感谢深圳市律师协会原会长徐健,在他的大力支持下,在反垄断法颁布之前于 2004 年 1 月发起成立了第一届深圳市律师协会反垄断反不正当竞争专业委员会(后改名为公平交易法律专业委员会)。感谢第七届深圳市律师协会余俊福会长、于秀峰副会长、专门委员会主任张斌律师,是他们启动了组织编写深圳律师实务丛书计划。感谢第十届深圳市律师协会林昌炽会长、尹成刚副会长,业务创新与发展委员会主任李军强律师,是他们热心组织编写深圳律师实务丛书。感谢第十届深圳市律师协会公平交易法律专业委员会的委员律师徐孟君、潘献民、尹公辉、韩东辉、张伟、刘有名、李晓宁、彭俊清、肖喜梅、袁海雄、庄健龙、李琼英、孟淑玲,是他(她)们与笔者长期共同坚守暂不被“看好”的高端平台。同时感谢广东百利孚律师事务所笔者的同事孙明婵、蔡梦芳、许露、戴丽芩、尤双双、周晓鸿、袁清,陈娴,倪芳,是他(她)们帮助笔者整理资料,撰写、校对书稿。感谢法律出版社编辑的大力支持。

主编　冯　江

**图书在版编目(CIP)数据**

滥用市场支配地位之反垄断法反制实务 / 冯江主编
. -- 北京 : 法律出版社, 2020
(深圳律师实务丛书)
ISBN 978-7-5197-4364-2

Ⅰ. ①滥… Ⅱ. ①冯… Ⅲ. ①反垄断法-研究-中国
Ⅳ. ①D922.294.4

中国版本图书馆CIP数据核字(2020)第052865号

**滥用市场支配地位之反垄断法反制实务**
**LANYONG SHICHANG ZHIPEI DIWEI ZHI FANLONGDUANFA FANZHI SHIWU**

冯　江 主编

策划编辑 程　岳
责任编辑 程　岳　朱轶佳
装帧设计 汪奇峰

**编辑统筹** 司法实务出版分社

**出版** 法律出版社
**总发行** 中国法律图书有限公司
**经销** 新华书店
**印刷** 中煤(北京)印务有限公司
**责任印制** 胡晓雅

**开本** 710毫米×1000毫米 1/16
**印张** 29.5
**字数** 406千
**版本** 2020年12月第1版
**印次** 2020年12月第1次印刷

法律出版社/北京市丰台区莲花池西里7号(100073)
网址/www.lawpress.com.cn
投稿邮箱/info@lawpress.com.cn
举报维权邮箱/jbwq@lawpress.com.cn
销售热线/400-660-8393
咨询电话/010-63939796

中国法律图书有限公司/北京市丰台区莲花池西里7号(100073)
全国各地中法图分、子公司销售电话:
统一销售客服/400-660-8393/6393
第一法律书店/010-83938432/8433　西安分公司/029-85330678　重庆分公司/023-67453036
上海分公司/021-62071639/1636　深圳分公司/0755-83072995

**书号**:ISBN 978-7-5197-4364-2
**定价**:92.00元